主　编　梁景和
副主编　王歌雅　张志永

20世纪
中国婚姻史

第 5 卷

1980—2000

董怀良　著

中华书局

目　录

绪　论

一、问题的提出

改革开放后，中国社会的各个领域都发生了翻天覆地的变革。党和国家的工作重心从以"阶级斗争为纲"转向以经济建设为中心，中国陆续在农村和城市的各领域进行了改革，计划经济体制逐渐向社会主义市场经济体制转变，人民公社制度和单位体制逐渐解体，中国在经济、政治、文化、法律、伦理道德等方面逐渐发生深刻变化，中国社会从重视身份的、封闭的、稳定的社会逐渐向重视契约的、开放的、变动的社会发展，这一系列变化推动了国家、社会、家庭和个人关系的变动。

社会是一个从整体到个体，从身份到契约，从封闭到开放，从稳定到变动的历史发展过程。这个过程的变化程度不是均匀的，其中有停滞，有缓慢，有急速，有突破。抓住发展变化的关键时期，有助于更好地理解社会变迁的脉络，中国的改革开放就是这样的社会变革关键时期。在这个时期，政治、经济和文化等多方面的社会变革影响着人们的婚姻观念、行为、婚姻制度和风俗发生变化。婚姻变革也能灵敏地反映社会变革，通过婚姻变革也可以有效地观察和理解社会变革。

在改革开放推动下，国家、社会、家庭和个人关系发生了变化并影响了婚姻领域。在婚姻领域，国家、社会、家庭和个人关系逐渐从混沌不分走向分离，人们恋爱、择偶、结婚和离婚的自由度越来越高，个性解放的程度越来越高。这让笔者对一系列问题产生探索的冲动：人们的个性为什么能解放？是如何解放的？个性解放对国家、社会和家庭产生了什么影响？国家、社会和家庭是如何应对的？具体来说，需要解决的问题主要包括：婚姻嬗变的动力因素有哪些？这些动力因素如何对婚姻产生影响？这些影响使恋爱、择偶、结婚、离婚等内容产生了哪些积极或消极的变化？这些变化对国家、社会和家庭产生了什么样的影响？国家、社会和家庭是如何应对的？总之，就是要探索改革开放后婚姻领域个性解放的原因、发展变化的程度和影响，国家、社会和家庭对这些发展变化的回应以及在构建和谐婚姻秩序中所进行的努力。

对以上问题的研究具有理论和实践的意义。一是有助于丰富和完善有关理论和方法。本书探索改革开放后（1978—2000）的婚姻嬗变，研究个性解放与良性婚姻秩序的构建，一定程度上有助于为相关研究提供某些理论和方法的参考。二是有助于发展良性的个性。随着人们的自由程度和个性解放的程度越来越深，分析个性解放发展多维方向、原因和表现，从而采取有效措施发展积极的个性，批判消极的个性，管控恶性个性。三是有助于促进和谐婚姻秩序与社会秩序的构建。改革开放使国家、社会、家庭和个人关系发生了变化，无视个人价值和个人利益的状况已经逐渐失去了基础，本书通过研究婚姻，揭示国家、社会、家庭和个人之间关系的变化，进而有助于探索和谐社会秩序的构建。四是有助于国家落实以人为本的发展理念。婚姻是民生的重要内容，服务和解决民生问题，有助于落实为人民服务的宗旨，加强党和人民群众的鱼水深情关系，丰富以人为本的内涵，明确改革与发展的使命。

二、研究现状

关于上世纪 80 年代和 90 年代婚姻的研究，学术界已经取得较为丰硕的成果，与本书有关的成果也较为丰富，主要包括以下方面。

1. 关于婚姻嬗变的动力因素

研究者关注了社会变革对婚姻嬗变的影响，改革开放后，在政治、经济、文化、科技等因素变革的影响下，中国的婚姻制度、风俗、观念和行为随之发生了变化。

在政治方面，研究者发现社会管理体制的变革深刻影响着婚姻。例如阎云翔发现中华人民共和国成立后，个体被国家从宗族和社会的权力中解放出来，然后又被重新嵌入社会主义大家庭的再分配系统中，每个人属于国家在政治上控制和经济上管理的组织——农村的集体或城市的单位。① 国家通过建立集体主义体制实现对个人的管控，这实际上是把个人从家族、家庭的控制下解放出来，然后纳入国家的管控体系。林明鲜认为新中国成立后的集体主义体制通过"中间集团"实现对个人的管理，"中间集团"是在国家和个人之间，联系两者的组织，例如农村人民公社、城市里的单位和居委会。"中间集团"在政治、生活、道德等方面对个人进行全方面的管控。② 以上两位学者阐明了新中国成立后集体主义体制下国家对个人的管控方式，这是改革开放前中国社会的运行机制，它直接决定了婚姻是在集体主义价值导向下运行，婚姻被要求为政治服务。改革开放后，农村的集体主义体制逐渐解体，人民公社被解散，并实施了家庭联产承包责任制。杨善华认为这种变化使农民从集体经济时期吃"大锅饭"的劳动者和自然经济下的小生产者变成了相对独立的商品生产者，家庭重新成为生产的组织单位，家长在家庭中的权威增强。③ 这种变化使父母对子女婚姻的掌控力度增强了，父母包办的婚姻势必增多。雷洁琼认为家庭联产承包责任制使农村家庭恢复了生产单位的功能，家庭的规模变小了，并且家庭成员的关系越来越松弛，长辈对子辈的控制力减弱，家庭成员关系日趋民主和平等。④ 这种变化有助于婚姻自由度的提升。

---

① [美]阎云翔著，陆洋等译：《中国社会的个体化》，上海译文出版社，2012年，第334页。
② 林明鲜著：《中国的婚姻与社会干预的变迁》，山东人民出版社，2010年，第106—112页。
③ 杨善华：《经济体制改革和中国农村的家庭与婚姻》，北京大学出版社，1995年，第23—26页。
④ 雷洁琼：《新中国建立以来婚姻家庭制度的变革》，《北京大学学报》1988年第3期。

另外，城市中的集体主义体制也逐渐弱化，国家"包办"单位，单位"包办"职工生活的状况逐渐改变，企业获得了越来越多的经营和管理权，落实责任制，克服吃"大锅饭"的弊端，个人高度依附单位的状况逐渐改变，这些变化使国家对个人婚姻的干预减弱，婚姻日趋向个人私事发展。①

民主和法制的建设也是政治变革的重要内容。社会主义民主建设的发展对婚姻产生了深刻影响，但未发现针对性的研究，在婚姻研究中，有待关注社会主义民主对婚姻的影响。婚姻法治建设对婚姻影响的研究较丰富，在国内学术界，一是梳理了婚姻制度发展史。相关著作侧重梳理婚姻法规的发展脉络，例如《20 世纪中国婚姻制度研究》（肖爱树，2005）、《中国婚姻立法史》（张希坡，2004）、《20 世纪婚姻家庭法：从传统到现代》（蒋月，2015）、《中国婚姻与婚姻管理史》（孟昭华等，1992）、《天下婚姻——共和国三部婚姻法纪事》（黄传会，2004）。二是侧重研究婚姻制度的发展特征。例如《改革开放三十年中国婚姻立法之嬗变》（巫昌祯、夏吟兰，2009）总结了《婚姻法》的制度化和体系化，《试论〈中华人民共和国婚姻法〉的历史演进》（刘维芳，2014）分析了共和国三部《婚姻法》脱离政治、走向民间，回归人本位的过程，《中国婚姻法：制度构建与价值探究之间——婚姻法与改革开放三十年》（王歌雅，2009）探讨了从薄弱走向丰实的制度构建，从单一走向丰富的理论创新，从公平走向正义的价值探究。有的国外学者重视实证研究和案例分析，揭示婚姻制度背后的精神文化因素和社会动因。例如《离婚法实践——当代中国法庭调解制度的起源、虚构和现实》（［美］黄宗智，2006）通过分析调解制度揭示了中国社会的特征，《私人生活的变革：一个中国村庄里的爱情、家庭与亲密关系（1949—1999）》（［美］阎云翔，2009）通过研究婚恋行为准则揭示社会的变迁。

婚姻制度研究和时代新问题密切相关，学界日趋关注婚姻制度对人自由、平等、权利的保障，重视财产问题，尊重私权，婚姻效力，保护弱势群体权益等内容的研究，例如《中国当代性法律批判》（李银河，2004），《完

---

① 董怀良著：《改革开放以来中国婚姻"私事化"研究（1978—2000）》，社会科学文献出版社，2016 年，第 371 页。

善离婚损害赔偿制度的几点思考》（巫昌祯，2008），《变异与矫正：离婚制度的公正抉择》（王歌雅，2017），等等。

改革开放后，思想文化的变革对婚姻产生了重大影响。有关研究主要关注了思想解放、个人主义勃兴对婚姻的影响。例如有的学者发现，外部思潮的传入不仅促进了婚姻自由的思想观念，还引发婚姻领域的道德滑坡。例如姚立新、王迎春认为由于西方腐朽的思想文化和生活方式的传入，追求物质的思想抬头，婚姻家庭领域出现了伦理道德衰退甚至非道德主义的情况，极端个人主义抬头。[①] 有的研究者认为计划经济转向市场经济这一历史性变革伴随着深层的社会心理嬗变，传统的内缘的集体主义转向现代的外缘的个体主义，个体主义渗透到婚姻领域，以爱情为基础的婚姻就是个体主义的产物。[②] 有的研究者分析了个人主义在婚姻领域的消极影响，例如庄龙玉、简小鹰认为青年人由于缺乏作为个人主义核心价值基础的独立自主和自力更生意识，行为表现得非常自私，农村父母将为儿子完婚视为责任，但是青年人缺乏权利和义务相平衡的观念，农村男青年"啃老"现象突显，结婚前向父母索取，是为了充实婚后的小家庭，但是他们很少考虑父母的压力。[③]

经济因素的变革对婚姻嬗变产生的影响更具根本性。研究者重点关注了改革开放后，计划经济体制转向社会主义市场经济对婚姻产生的深刻影响。有的研究者指出市场经济促进了婚姻自由，例如王凤荣、孙长春认为市场经济给我国农业带来了生机，给农民的思想吹进了自由、新鲜和开放的空气，这使农民摆脱了传统观念的束缚，行使着法律赋予的越来越多的权利。[④] 有关研究者大都指出，社会主义市场经济为人口的自由流动创造了条件，农民进城"打工潮"出现，打工经济兴起，中国农民婚姻的革命性变化就是在 90年代中后期开始的，农民涌向大城市求发展，打工农民的思想观念和行为出现趋城化，自由恋爱现象大大增加，彩礼、嫁妆、婚礼也出现不同于村庄传

① 姚立新等：《关于社会主义市场经济条件下恋爱婚姻和家庭伦理道德的思考》，《新疆师范大学学报》1996年第 1 期。

② 刘力：《中国社会变革过程中的个体主义倾向》，《中国农业大学学报》2007 年第 1 期。

③ 庄龙玉：《个人主义视域下农村青年婚姻"啃老"现象探究——以黑龙江省 D 村为例》，《西北人口》2013 年第 3 期。

④ 王凤荣等：《市场经济与农民婚姻现状》，《黑龙江省政法管理干部学院学报》1999 年第 4 期。

统的特征，农民中的未婚先孕的现象也多起来。例如田先红、陈玲认为，尽管共和国成立后的社会变革推动了农村婚姻的变革，但只有进入改革开放后，农村的婚姻观念和行为方式才放生了根本性变化，尤其是打工经济冲击了农民的婚姻观念，进而对农民的婚姻方式产生重要影响，农村青年的婚恋观念和方式才日趋具有现代性，中国农民的婚姻革命才刚刚来临。① 有的研究者认为市场经济的一个显著特征是经济活动的信息化程度加强，瞬息万变的经济信息可使人迅速地致富，也可能导致人贫困，这影响到了婚姻。例如赵子祥认为市场经济使人懂得经济信息和人际关系的重要性，这促使人们加强业缘联系而不断淡化血缘和亲缘关系。为了获取经济信息和经济利益，在婚姻与家庭领域人们也不得不把以家庭为中心的婚姻关系转移到以社会为中心的婚姻关系。② 有的研究者指出市场经济是竞争经济，这对婚姻关系的影响是市场经济的竞争机制进入婚恋领域，影响着人们择偶，年轻人认识到自我提升和婚姻市场竞争优势之间的联系以及掌握婚姻市场信息的重要性。择偶者不仅要把自己推销给他人，还要了解自己在市场中的行情，从而又快又好地实现婚姻交换。③

总的来看，改革开放后经济、政治和思想变革对婚姻嬗变的影响有待系统研究。经济的变化尤其是市场经济的建立和发展对婚姻影响的研究相对较多，思想解放因素对婚姻影响的研究相对薄弱，官方的和民间的思想解放因素如何影响婚姻嬗变涉及较少而且较为零散，西方思潮传入中国对婚姻产生的正面和负面的价值有待系统分析。经济、政治和思想的变革推动了个人主义勃兴，个人主义发展方向的多元化对婚姻的影响也有待进一步分析。

2. 关于恋爱

已有研究成果主要涉及青年农民、大学生和其他青年群体。

学者们发现在 80 年代初，尽管中国的集体化组织对人们的婚恋加以政治干预，但城市青年表现出的恋爱主动性越来越强。美国学者巴特菲尔德在其《苦海沉浮——挣脱 10 年浩劫的中国》一书中详细描述了中国人在单位

---

① 田先红等：《打工经济对农村青年婚姻生活的影响》，《当代青年研究》2008 年第 12 期。
② 赵子祥：《中国市场经济的发展与婚姻家庭演进的态势》，《社会科学辑刊》1997 年第 3 期。
③ 叶文振：《论市场经济对婚姻关系的影响和对策》，《人口研究》1997 年第 3 期。

干预下的种种恋爱表现，例如爱情被视为骄奢淫逸、腐朽没落的资产阶级观念，禁止在大庭广众间议论，单位对青年人谈恋爱有政治要求，社会的需要高于个人的爱情，社会对恋人之间亲密行为的反对，同性恋被打击，恋爱不是个人之间的私事。[①]

在 80 年代，恋爱被认为要通过慎重、理性的方式结识异性，这是主流的话语。例如男女双方由于在一起工作、学习互相认识，经过长期交往产生感情，没有任何预谋，不经过任何人干预，自然成长；或者由父母、亲友介绍，或者经婚姻介绍所、征婚广告结识，但都要经过当事人同意。反对邂逅式的恋爱，在马路上、电影院偶然相识，就追求对方，这是受资产阶级思想的影响，这种求爱方式十分庸俗和轻浮。[②] 当结识对方之后，恋人被要求采取含蓄的表示方式，不要三心二意，而且反对过于亲密的行为。例如有的学者认为要保持适当的身体距离，不可过早亲昵，不要掩饰自己的缺点，更不能欺骗对方，要防止发生婚前性关系。[③]

在 80 年代早期，社会的主流观点是恋爱和爱情要坚持集体主义价值观。例如有学者指出爱情不是自然产生的，它是恋爱的结果，是一种理智的感情，爱情可以认识也应当为当事人的理智所驾驭。要反对不可知和无所作为的爱情观，因为不可知和无所作为的论调只能成为那些放荡无羁、不负责任的人的口实，也可能把人变成感情的奴隶。人们要遵守社会主义的恋爱道德，主要包括恋爱自由、互相尊重人格、排除爱情以外的附加因素、爱情要专一，要把恋爱和集体、祖国和事业结合起来。[④] 恋爱和爱情要理智的观点和集体主义价值的恋爱要求首先认可人们可以谈恋爱追求爱情，但是反对人们恋爱时仅仅追求个人情感，没理想没抱负。这反映了 80 年代初国家的集体主义价值诉求，号召大家为国家建设奋斗，但也逐渐给人们恋爱的自由。随着社会主义市场经济的建立和发展以及政治、文化等方面的变革，研究者

---

① ［美］弗克斯·巴特菲尔德著，张久安等译：《苦海沉浮——挣脱 10 年浩劫的中国》，四川文艺出版社，1989 年，第 166—209 页。
② 刘达临著：《婚姻社会学》，天津人民出版社，1987 年，第 36—42 页。
③ 刘达临著：《婚姻社会学》，天津人民出版社，1987 年，第 44—52 页。
④ 陶春芳：《谈爱情及道德》，中国婚姻家庭研究会编：《婚姻家庭文集》，法律出版社，1984 年，第 44—55 页。

普遍认为，90 年代的青年人恋爱自由度逐渐提升，结识方式、恋爱过程的表现、恋爱的道德要求等方面都逐渐摆脱了集体主义价值观的束缚，呈现出日趋自由的态势。

大学生恋爱也是已有研究的一个重点。例如有学者研究发现大学生恋爱的心理原因例如情感需要、从众心理以及价值观的变化，恋爱的自主性强、浪漫色彩浓厚和公开性突出，指明了不文明的恋爱方式、恋情至上、轻率恋和多角恋、功利恋等恋爱误区，并且提出了要坚持恋爱的纯洁性、感情上彼此尊重、自主自愿、文明端庄等恋爱道德要求。[①] 还有学者对 90 年代的大学生恋爱心理进行了实证调查，发现大学生选择恋爱对象的标准是把德才放在首位，男生重视外貌、仪表等因素，女生更期望男性的经济条件和社会地位等因素。被调查的大学生倾向浪漫型的恋爱观，成功率低，而且容易造成精神创伤和精神疾病。这需要积极了解大学生恋爱心理规律，并给予正确引导。[②]

农民的恋爱也是学者们关注的一个内容。阎云翔对农民婚恋的研究比较突出，他通过研究黑龙江下岬村人们的婚恋，揭示了社会的变迁。他研究发现，尽管集体主义价值观对农民的情感控制比较严格，反对浪漫爱情，但是青年农民依然存在浪漫的爱情，在集体劳动中，年轻人经常产生恋爱。在 80 年代非集体化推行之后，恋爱行为有所减少，但是随着人们流动自由程度的提高，农民在城市文化冲击等因素的影响下，农民的浪漫爱情又增加了。恋爱的青年人婚前性行为也逐渐增加。但区别于城市人的重要一点是，农民的恋爱和婚前性行为主要发生在订婚之后，农民恋爱的目的与结婚紧密联系在一起。[③]

总的来看，已有研究对改革开放后的恋爱变化的内容均有涉及，但研究相对比较零散，或者关注某一个群体，或者侧重某一个时段。对 20 世纪 80 年代、90 年代恋爱的研究有待系统化，需要关注人们如何摆脱政治的和传统

---

① 余逸群：《大学生恋爱心理与恋爱道德要求》，《北京青年政治学院学报》2003 年第 2 期。
② 孔祥荣等：《547 名大学生恋爱心理的调查分析》，《中国健康教育》1997 年第 9 期。
③ ［美］阎云翔著，龚小夏译：《私人生活的变革：一个中国村庄里的爱情、家庭与亲密关系（1949—1999）》，上海书店出版社，2006 年，第 61—66 页。

观念的束缚，恋爱如何逐渐成为青年人在婚前寻找爱情的过程，关注这个过程发展方向的多元性、恋爱对于婚姻的意义，以及恋爱的时代变化特征、城乡之间的差异，等等。

3. 关于择偶

改革开放后关于择偶的已有研究成果，主要涉及择偶途径、择偶标准、择偶方式、择偶范围等内容，主要观点大都指向择偶方式多元化，择偶标准的物质化和多元化，择偶自由度的提升。

关于择偶途径。学者们均认同"父母之命，媒妁之言"的传统择偶方式逐渐消失，人们择偶倾向于日趋自主结识，并且亲朋好友、同事的介绍日趋成为主流的方式，社会媒介例如电视红娘、婚介所、报刊征婚为择偶者提供了新的平台，也就是择偶途径日趋社会化和多元化。例如有学者认为尽管择偶自由度日趋提高，但是通过朋友、同事、社会团体等途径牵线搭桥的介绍婚是主流的择偶方式，通过亲戚、长辈等血缘关系介绍的婚姻减少了。[①] 还有学者通过对北京青年的调查发现，婚姻介绍人越来越成为牵线搭桥的人，这种媒人已经完全不同于传统的媒人，他们不能决定当事人是否选择对方。[②] 也有学者研究发现，择偶的空间和地域正在从家庭、学校和工作场所向更广阔的闲暇生活领域延伸，[③] 揭示了人们择偶地域的变化。还有学者通过调查发现了择偶方式的地域不平衡性，他发现开放地区和沿海地区的人通过社会媒介择偶更多。[④] 这种发现揭示了发达地区更容易摆脱传统择偶方式。还有学者研究发现社会的变革尤其是市场经济的建立和发展深刻影响了农村的婚姻、家庭，使得农民的择偶方式以及决定缔结婚姻的权利发生了变化。[⑤] 总的来看，已有研究成果揭示了改革开放后择偶方式的主要变化趋势。

关于择偶标准。"文革"的结束，并不意味着"文革"思想意识的结束，

① 单光鼐：《中国青年婚姻观的变化趋势》，《青年研究》1986 年第 7 期。
② 纪秋发：《北京青年的婚姻观——一项实证调查分析》，《青年研究》1995 年第 7 期。
③ 田晓虹：《转型期择偶模式的实态与变化》，《浙江学刊》2000 年第 1 期。
④ 杨新科：《改革开放条件下中国择偶观念的变化及发展趋势》，《西北人口》1997 年第 3 期。
⑤ 苏珊：《改革开放和中国农村的婚姻家庭变化》，《西南科技大学学报》2005 年第 1 期。

思想观念的改变远比制度的改革困难得多，迟缓得多。在改革开放初期，尽管政治导向的婚姻观念仍然在一定程度上影响着人们，但政治失去了影响婚姻的制度基础，婚姻逐渐摆脱政治本位的影响，例如王水珍指出随着国家对科学技术的重视，80 年代的知识分子在择偶时炙手可热，学历和文凭被重视。① 改革开放以后，经济因素在择偶市场日趋受到重视，但是这明显表现出性别差异，男性的经济水平始终是择偶的关键衡量因素，而女性自身的经济水平并不被视为择偶竞争的重要因素。② 李银河关注了择偶标准的性别差异，她指出男性更关心户口状态和收入，而女性更看重教育程度、身高和性格。③ 许多澍认为改革开放后，对婚姻经历的要求逐渐弱化，对户籍的要求的偏好也在淡化，经济因素一直是男性择偶资本，是女性择偶偏好中的重要因素。④ 总的来看，已有成果大都认为体现个人能力和素质的因素、与经济直接挂钩的因素日趋受到重视，而与之无关或关系较弱的因素日趋被冷落。到了 90 年代，人们择偶时的多元化趋势越来越明显，物质财富、人力资本、情感的通盘考虑成为特征。⑤

关于择偶范围。研究者发现择偶范围扩大是基本趋势，不仅国内的跨省、跨县的通婚增多，而且涉外婚姻也增多，有关研究例如《对中韩涉外婚姻若干问题的探讨》（姜海顺，1999）、《广东省的涉外婚姻》（周杏开，1988），但是也有学者指出通婚圈出现缩小的趋势，这主要出现在农村，例如《值得关注的农村通婚圈缩小现象》（周丽娜、王忠武，2006），作者指出，这源于农村一家一户的小生产方式，是农民实现自我保障的需要，是农村村庄分化的一种客观后果。类似的研究还有《提高农村人口素质必须重视农村通婚圈的拓展》（程归燕，1994）。

对于择偶自由度，研究者普遍认为当事人的自主权日趋提高。例如王水珍认为，80 年代中期婚姻"自主"意愿仍不是主流，农村青年更是如此，青

---

① 曹学恩：《改革开放以来婚姻习俗演变述论》，《唐都学刊》2010 年第 4 期。
② 许多澍：《十五年间征婚主体及其择偶标准的变迁——以征婚广告为分析切入点》，《长白学刊》2005 年第 5 期。
③ 李银河：《当代中国人的择偶标准》，《中国社会科学》1989 年第 4 期。
④ 许多澍：《改革开放 30 年中国人择偶偏好的变迁及其社会成因》，《东北师大学报》2008 年第 6 期。
⑤ 王水珍：《改革开放 30 年与青年择偶观念的变迁》，《中国青年研究》2008 年第 1 期。

年择偶观经历了去政治化、去道德化和去组织化，实现了择偶自主，走出了家庭包办，也摆脱了领导的政治包办，这充分体现了人性的解放与个性的张扬。[1] 学者们普遍认识到很少有年青人在择偶时完全听从父母的安排，但是青年人完全自己自主决定婚姻的也很少，主流的择偶模式是青年人自己做主，但是这个过程中有父母的参与和建议，代际之间的协商是主要模式。[2] 之所以出现这种状况，费孝通认为原因是年轻人婚姻自主却不独立，除了结婚成本上涨，年青人无法独立承担，可能还在于传统双向反馈代际模式的保留。[3]

4. 关于婚姻礼仪

关于婚姻礼仪的研究，从有关成果看，农村研究相对较多，而城市研究相对较少，这在某种程度上与农村婚礼更能体现从传统到现代的嬗变过程有关。

选取某个村为个案进行剖析是研究者通常采用的方法。例如《农村婚姻礼仪的社会功能——以鄂中荣村为个案》（荣娥，2009）、《农村婚姻彩礼上升的社会成因——福建省清流县彩礼情况调查分析》（全国妇联联合调查组，1987）、《"彩礼"与农村青年的婚姻困境——以陕西省子洲县清水沟等周边村庄为例》（苗涛，2012），等等。有关的著作，例如《礼物的流动：一个中国村庄中的互惠原则与社会网络》（[美]阎云翔，2000）、《私人生活的变革：一个中国村庄里的爱情、家庭与亲密关系（1949—1999）》（[美]阎云翔，2006），选取某个村、县城为研究对象，试图通过对个案的深度分析，揭示某种普遍的现象。

彩礼的流向、性质、功能等内容的变化是学术界关注的一个重点。学者们大都认为随着社会发展，彩礼从男方家庭流向女方家庭逐渐转变为彩礼流向子辈新婚家庭。[4] 彩礼的数额逐渐成为新婚夫妻共同推动的结果，这源于

---

① 王水珍：《改革开放 30 年与青年择偶观念的变迁》，《中国青年研究》2008 年第 1 期。
② 单光鼐：《中国青年婚姻观的变化趋势》，《青年研究》1986 年第 7 期。
③ 费孝通：《家庭结构变动中的老年赡养问题——再论中国家庭结构的变动》，《北京大学学报》1983 年第 3 期。
④ 韩玲：《论当代赣中南农村婚姻习俗中的彩礼和嫁妆》，《农业考古》2010 年第 3 期。

婚姻日趋自由，新郎新娘婚前产生了共同体意识，为了他们未来的家庭考虑，新郎往往会鼓动新娘向他家要高额彩礼。① 彩礼的功能也从男方家庭对女方家庭的偿付，逐渐转变为双方家庭对子女的资助。② 有人从彩礼的层次看出农村女性婚姻自主性的差异。③ 结婚当事人逐渐主导了彩礼的内容、形式，这已经成为研究者的共识，例如阎云翔对黑龙江下岬村的调查发现，彩礼支付的方式发生了变化，现金支付逐渐取代实物支付成为主要的方式，"干折"的出现"完全改变了婚姻契约中金钱转手的性质，如今新娘以及躲在新娘背后的新郎对于男方家提供的彩礼有了完全的支配权"。④ 关于彩礼的理论解释，除"偿付"和"资助"的功能外，还有人认为这是新郎提前继承财产的手段。⑤ 还有学者发现彩礼出现了代际之间剥削的功能，也就是通过支付彩礼的过程，子女实现了对父辈的剥削，兄弟实现了对姐妹的剥削，城镇实现了对农村的剥削，而彩礼的偿付功能和资助功能消失了。⑥ 以上研究一定程度上揭示了彩礼变化的趋势。

婚礼嬗变及其文化意义也为学者们所关注。学者们普遍强调其社会宣示的功能，吉国秀则强调婚礼的功能从构建姻亲关系向社会网络重建转变。⑦ 改革开放后的婚礼出现奢侈化的趋势，有人指出婚礼是出于对"面子"的考虑，隐含着提升自身在生存群体中提升地位和适应风俗的诉求。⑧ 有学者研究发现婚礼的举办具有群体差异，他认为越是相对弱势、经济拮据的群体越是倾向大办婚礼，而越是地位相对较高、经济相对富裕的群体，例如知识分子群体，他们大办婚礼的压力就相对较小。⑨ 还有学者研究发现，在日趋物

---

① ［美］阎云翔著，李放春等译：《礼物的流动：一个中国村庄中的互惠原则与社会网络》，上海人民出版社，2000年，第197页。

② ［美］阎云翔著，李放春等译：《礼物的流动——一个中国村庄的互惠原则与社会网络》，上海人民出版社，2000年，第192页。

③ 宋丽娜：《从彩礼的层次看农村女性的婚姻自主性》，《湖北财经高等专科学校学报》2010年第1期。

④ ［美］阎云翔著，龚小夏译：《私人生活的变革：一个中国村庄里的爱情、家庭与亲密关系（1949—1999）》，上海书店出版社，2006年，第173页。

⑤ 韩玲：《论当代赣中南农村婚姻习俗中的彩礼和嫁妆》，《农业考古》2010年第3期。

⑥ 吴天慧：《农村"高价彩礼"的社会学分析》，《湖北科技学院学报》2016年第6期。

⑦ 吉国秀：《婚姻仪礼变迁与社会网络重建——以辽宁省东部山区清原镇为个案》，中国社会科学出版社，2005年，第243—250页。

⑧ 董怀良：《改革开放以来中国婚姻"私事化"研究（1978—2000）》，社会科学文献出版社，2016年。

⑨ 李银河：《婚礼的变迁》，《江苏社会科学》2002年第5期。

质化的社会中，婚礼越来越表现出物质化的价值趋向，而婚礼中的文化表达，婚礼文化对社会凝聚力的作用，在社会整合中的作用都大大减弱了。[①]

关于国家与婚姻礼仪风俗的关系。有学者分析了习惯法与国家法之间的一致性和不协调之处，指出要建立二者之间的良性沟通机制，建议"将有利于社会发展的习惯法吸收到制定法中，对不利于社会发展、不顺应社会发展主旋律的习惯法通过国家制定法予以取缔或引导"。[②] 而有人认为，国家法必须以民间习俗为基础，只有与民间习俗协调统一，国家法才具有生命力。[③]

5. 关于离婚

离婚率升高及原因是已有研究的一个重点。观念的转变被认为是重要原因之一，从个人角度看，人们对个人幸福的考虑日趋成为离婚与否的重要因素，外在责任因素对离婚的阻力在减弱，例如对性生活质量的重视逐渐成为公开提出的离婚原因。尤其是女性的性观念逐渐开放，人们逐渐认识到，爱与性的和谐统一是美满婚姻的最坚实的基础。[④] 李萍认为农村离婚率升高的原因是女性独立型人格的形成，社会流动带来的夫妻间资源匹配失衡，婚姻替代资源增加，传统婚姻道德影响的弱化。[⑤] 刘蕾从女性视角分析离婚率上升的原因，认为女性在对待婚姻家庭问题上，有了不同以往的思考，当代女性注重夫妻交流，女性职业化，经济日趋独立，不再是男性的附庸。[⑥] 徐安琪认为草率结婚是新婚家庭不幸的祸根，例如邂逅相遇、一见钟情、轻信誓言、一时冲动、各有所图、一叶障目、条件欠缺、一味迁就。[⑦] 徐安琪还认为随着历史的变迁，夫妻之间的依赖性减弱，自我意识觉醒，人们的独立性增强，个性更加自由发展，夫妻间的差异被强化，婚姻的调试出现了困难，这是导致离婚的重要原因。[⑧] 从社会环境看，"离婚行为从被议论到得到社会

---

① 秦淮：《时尚婚礼的文化解读》，《兰州学刊》2012 年第 5 期。
② 于晶：《订婚习惯法与国家制定法冲突的实证研究——我国西北农村地区订婚习惯法透视》，《黑龙江社会科学》2006 年第 1 期。
③ 于晓青：《传统文化中的彩礼及其流变》，《河南省政法管理干部学院学报》2008 年第 2 期。
④ 范海燕等：《改革开放以来中国妇女婚姻观念的变迁》，《中华女子学院学报》1997 年第 4 期。
⑤ 李萍：《当前我国农村离婚率上升的社会学分析》，《中国青年研究》2011 年第 5 期。
⑥ 刘蕾：《从女性的角度分析离婚率升高的原因和对策》，《北京社会科学》2001 年第 4 期。
⑦ 徐安琪：《草率结合——新婚家庭不幸的祸根》，《当代青年研究》1984 年第 7 期。
⑧ 徐安琪著：《离婚心理》，中国妇女出版社，1988 年，第 66 页。

的理解和宽容"。① 汪国华认为熟人社会向陌生人社会发展，而陌生人社会对人的约束力减弱是城市离婚率趋高的原因，从而离婚的诱发因素容易产生作用。② 离婚的社会氛围也逐渐宽松。同时，亲朋好友在调解他人夫妻关系时不再把"劝和不劝散"、"宁毁十座庙，不毁一门亲"作为唯一的信条。③ 随着时间的推移，"离婚不再被看成丢人的事，而被认为是个人的权力"。④ 孙晓娟等人认为离婚率与城市化率之间具有长期依存关系，但短期内不存在因果关系。⑤ 刘学俊等人对某些离婚者与再婚者进行对比分析，发现经济问题是最为显著的原因。下岗、就业等问题直接影响着婚姻质量，经济拮据可能增加婚姻冲突。⑥ 张学见分析改革开放 30 年离婚问题后指出，公权的合理定位、社会舆论的宽松、社会流动的增强、市场经济的消极影响等因素推高了离婚率。⑦ 刘易平从两个方面分析了离婚原因，社会原因主要是调解机制匮乏、家庭核心化、社会流动加剧及经济压力加大，个人原因在于婚姻的责任意识差及个人社会性低下。⑧ 人们对婚姻行为的道德评判话语也发生了变化，陈新欣认为，过去人们存在"家国同构"的观念，认为家庭乃社会细胞，所以家庭的稳定直接影响社会稳定，人们常把离婚率的高低和社会稳定挂钩，同时把婚外性关系增多视为离婚率攀升的主要原因，从而主张遏制和制裁婚外性关系。陈新欣认为这是虚构的因果关系，社会没有一次因离婚率上升导致不稳定，现在的人们逐渐将其作为"个人私事"来看待，不再仅仅谴责越轨者，而是全面客观地分析具体原因。⑨ 有人特别关注了农村离婚现象的增加，离婚理由主要包括性格志趣不同、家务矛盾、草率结婚、生活作风问

---

① 张世飞：《1978 年至 1992 年青年婚姻观的若干变化》，《江西科技师范学院学报》2011 年第 6 期。

② 汪国华：《从熟人社会到陌生人社会：城市离婚率趋高的社会学透视》，《北京科技大学学报》2007 年第 1 期。

③ 萧扬：《婚姻法与婚姻家庭 50 年》，《中国妇运》2000 年第 5 期。

④ 柴俊琳：《河南城乡离婚问题研究（1978—2000）》，华中师范大学 2007 年硕士学位论文。

⑤ 孙晓娟等：《中国城市化进程与离婚率之间的实证分析》，《长春理工大学学报》2012 年第 3 期。

⑥ 刘学俊等：《离婚者婚姻质量的调查分析》，《健康心理学杂志》2001 年第 9 卷第 5 期。

⑦ 张学见：《改革开放以来我国离婚率嬗变研究——以社会历史背景变迁为视角》，首都师范大学 2008 年硕士学位论文。

⑧ 刘易平：《当代中国社会变迁背景下高离婚率的社会学分析》，《四川理工学院学报》2012 年第 2 期。

⑨ 陈新欣：《婚外性关系及道德评判》，《浙江学刊》1998 年第 6 期。

题、性生活不和谐、家庭暴力。① 卢淑华对离婚原因做了排序，1996 年的研究显示，超过半数的人认为造成离婚的重要因素依次是：不忠、虐待对方、长期分居、双方性格不合、双方沟通有困难、性生活不和谐、不照顾对方、没尽到家庭责任。② 还有人看到了 1980 年《婚姻法》的颁行对离婚的影响，"感情破裂"被确立为离婚的唯一标准，中国人开始重视婚姻质量，更多关注婚姻中的个人权利。③

离婚走势也是研究的一个重点。学者们普遍发现改革开放后女性离婚的主动性增强。另外，有人发现，在离婚者中，中年人和青年人多，结婚时间短的人多，没有孩子的人多。④ 这类人群思想相对开放，而且顾虑也相对较少。有学者通过对河南省的离婚研究发现，农村的离婚现象在改革开放初期并不突出，但是上升的趋势明显。⑤ 研究者也发现，随着人们思想的开放，社会的发展，离婚方式文明化成为趋势，主要表现为协议离婚和诉讼离婚增多，好聚好散的观念增强，离婚时大闹的行为逐渐减少。⑥ 还有人发现，相比之下，离婚者主要是城市群体。⑦ 再婚者离婚也增加，李华伟认为老年人再婚后的离婚率升高，原因是老年再婚者文化认同的缺失，老年之间社会互动的表层化，再婚老人的角色期待错位或过高。⑧ 对于离婚协议制度，张艳敏和王秀玲指出了其不足，她们认为离婚条件上过于简单化、离婚手续上简便化、对子女问题适当处理上缺乏操作。强调了离婚当事人的意思自治，而忽略了婚姻的本质，发挥了离婚当事人的充分自由，而忽略了离婚的限制条件，分注重了离婚的自由意志，而忽略了婚姻家庭的责任，⑨ 等等。

部分学者的研究关注了婚姻质量。国内学术界对婚姻质量的研究起步较

---

① 柴俊琳：《河南城乡离婚问题研究（1978—2000）》，华中师范大学 2007 年硕士学位论文。
② 卢淑华：《婚姻观的统计分析与变迁研究》，《社会学研究》1997 年第 2 期。
③ 李亚娟：《建国以来的婚姻法律与婚姻家庭变迁——从 1950 年婚姻法到 2001 年婚姻法修正案》，西北工业大学 2003 年硕士学位论文。
④ 倪金仲等：《对当前城区离婚状况的调查》，《政法论坛》1986 年第 3 期。
⑤ 柴俊琳：《河南城乡离婚问题研究（1978—2000）》，华中师范大学 2007 年硕士学位论文。
⑥ 范海燕等：《改革开放以来中国妇女婚姻观念的变迁》，《中华女子学院学报》1997 年第 4 期。
⑦ 程美东：《改革开放以来中国婚姻家庭制度的嬗变》，《中国特色社会主义研究》2003 年第 6 期。
⑧ 李华伟：《社会学视角下的老年再婚者离婚原因探析》，《社会科学论坛》2007 年 2 月（下）。
⑨ 张艳敏等：《马克思婚姻观视野下的我国协议离婚制度》，《河北青年管理干部学院学报》2011 年第 4 期。

晚，90 年代以来，才出现了少量关于婚姻质量的研究成果。有的是关于婚姻质量的综合研究，例如《世纪之交中国人的爱情和婚姻》（徐安琪主编，1997），内容涉及爱情、择偶、性、离婚等，当时被称为最新最权威的婚姻质量研究报告。《中国婚姻质量研究》（徐安琪、叶文振，1999）研究了婚姻质量的 30 多个主观和客观指标，分析了婚姻质量影响因素，并对婚姻质量的发展进行展望，并指出和谐夫妻关系是主流，中国婚姻质量属于中等水平。这不同于社会上流行的中国人的婚姻是"高稳定、低质量"、"凑合型婚姻"的观点。有的是关于婚姻质量的专项研究，有学者从某个婚姻质量评估指标分析了婚姻质量的状况，例如《婚姻满意度研究：以山东省为例》（申顺芬、林明鲜，2013）、《生计策略对农村留守妇女婚姻满意度的影响——性生活质量的调节作用》（罗丞，2014）。徐安琪考察 80 年代以前 40 年余的城市婚姻后发现，初婚年龄下降，但 80 年代又回升，介绍婚仍占主流地位，婚姻满意度降低但是质量提高，离婚率上升但稳定趋势依旧。[1] 其他学者的研究尽管并非针对性的婚姻质量研究，但研究的内容可以反映出人们对提高婚姻质量的诉求。总的来看，研究有待进一步关注婚姻质量的地域、性别、群体差异，揭示其复杂性，有待进一步开发新的解释理论和测量指标，以便更科学地揭示婚姻质量的真相。

6. 关于婚姻制度

婚姻制度是规范婚姻的成文法规和不成文的行动准则，其发展变化表现了国家在婚姻领域的理念，体现着国家推进婚姻自由、平等和权益保障的程度。在国内学术界，有学者对婚姻制度发展史进行了梳理，例如《20 世纪中国婚姻制度研究》（肖爱树，2005）通过梳理从古代到 1980 年代的中国婚姻管理制度，指出社会的发展深刻影响着婚姻的变革，在 20 世纪，社会的发展在众多方面影响了婚姻制度的变革。例如，人们的婚姻越来越自由自主，父母包办婚姻减少，夫妻关系从不平等向男女平等发展，传统一夫一妻制走向真正的一夫一妻制，夫妻地位由男尊女卑走向男女平等，夫妻财产制由夫妻一体主义走向夫妻别体主义，这些变化反映了中国社会在 20 世纪的变革

---

[1]　徐安琪：《我国城市婚姻的现状及其趋势》，《社会学研究》1991 年第 3 期。

状况，例如从农业社会向工业社会的转变。张志永著《婚姻制度从传统向现代的过渡》（中国社会科学出版社，2006）研究了河北省的婚姻家庭，发现《婚姻法》贯彻以后，传统的封建婚姻制度在中国被颠覆了，社会主义婚姻制度得以建立。择偶观从家族本位到个人本位，结婚从家长主婚到自主婚姻，离婚与再嫁基本上自由，婚姻程序简化，动摇和废除了封建家长制等传统家庭观念，妇女社会参与广泛，家庭关系从依附走向平等，民主和睦家庭大量增加，以及移风易俗，树立文明与理性的新风尚等。该书的结论是，新中国成立初期，中国封建的婚姻制度实现了向新民主主义婚姻制度的过渡，这体现了时代的发展和社会的进步。尽管该书的研究内容未涉及改革开放后的婚姻，但这一时期的婚姻研究是改革开放后婚姻研究的基础。另外，还有《中国婚姻立法史》（张希坡，2004）系统梳理了从古代到 2001 年中国婚姻立法的进程；《20 世纪婚姻家庭法：从传统到现代》（蒋月，2015）、《中国婚姻与婚姻管理史》（孟昭华等，1992）、《天下婚姻——共和国三部婚姻法纪事》（黄传会，2004），等等，以上成果侧重梳理婚姻法规的发展脉络。有的学者研究婚姻制度的发展特征，例如《改革开放三十年中国婚姻立法之嬗变》（巫昌祯、夏吟兰，2009）总结了《婚姻法》的制度化和体系化，《试论〈中华人民共和国婚姻法〉的历史演进》（刘维芳，2014）分析了共和国三部《婚姻法》的发展历程是脱离政治、走向民间，回归人本位的过程。《中国婚姻法：制度构建与价值探究之间——婚姻法与改革开放三十年》（王歌雅，2009）探讨了从薄弱走向丰实的制度构建，从单一走向丰富的理论创新，从公平走向正义的价值探究。《当代中国婚姻法治的变迁（1949—2003）》（周由强，中央党校 2004 年博士学位论文）梳理了共和国成立后，1950 年《婚姻法》的制定，1980 年、2001 年对《婚姻法》的修正、宣传、执行，以及有关的婚姻法规、司法解释的颁布实施等内容，作者认为立法的过程经历了从"破旧立新"到"以人为本"的过程。有的国外学者重视实证研究和案例分析，揭示婚姻制度背后的精神文化因素和社会动因，例如《离婚法实践——当代中国法庭调解制度的起源、虚构和现实》（［美］黄宗智，2006）通过分析调解制度揭示了中国社会的变革。婚姻制度研究和时代新情况、新问题密切相关，学界日趋关注婚姻制度对人们自由、平等和权利的保障，重视财产问题，尊重私权，婚姻效力，保护弱势群体权益等内容的研究，例如《变异与矫正：离婚制度的公正抉择》（王歌雅，2017）、《完善离婚损害赔偿制度的几点思考》（巫昌祯，2008）、《中国当代性法律批判》（李银河，2004）。

萧扬把共和国成立后《婚姻法》的演变与对婚姻家庭的影响结合起来。① 周由强梳理了 1949 年至 2003 年中国法治的变迁，认为法治作为国家调整婚姻关系的主要方式，与现代民主、政治文明密切相连，受到社会经济、政治、文化等多种因素的影响。② 李亚娟通过对共和国成立后 1950 年、1980 年和 2001 年三次《婚姻法》变化的研究，分析了《婚姻法》变化特点，进而揭示了其反映的社会变化。③ 而秦燕、李亚娟研究发现婚姻家庭和《婚姻法》都随着社会的变化而变化，1980 年《婚姻法》是一个界，它是婚姻家庭关系政治化结束的标志，在社会主义市场经济环境下，中国人越来越重视婚姻质量，重视婚姻的感情价值，人们也越来越重视婚姻中的个人权利，观念的变化是改革开放后婚姻家庭的实质性变化。④ 杨大文对改革开放以来的婚姻家庭立法与妇女权益保障进行研究，探索了进一步完善保障妇女婚姻家庭权益法律机制的途径和方案。⑤ 从有关研究成果看，婚姻制度研究需要进一步关注在国家发展的宏大格局下，婚姻制度发展脉络特征仍需进一步提炼，婚姻制度发展的动力机制有待进一步分析，有待加强《婚姻法》与其他有关婚姻法规、行为准则相结合的系统研究。

显然，以上相关研究成果较为丰富，在此基础上，本书尝试进行某些方面研究的推进。

一是较为系统地分析婚姻嬗变的社会背景。总结改革开放前后的社会特征，把传统社会和共和国成立后的单位体制下的社会总结为群体性社会。群

---

① 萧扬：《婚姻法与婚姻家庭 50 年》，《中国妇运》2000 年第 5 期。
② 周由强：《当代中国婚姻法治的变迁（1949—2003）》，中央党校 2004 年博士学位论文。
③ 李亚娟：《建国以来的婚姻法律与婚姻家庭变迁——从 1950 年婚姻法到 2001 年婚姻法修正案》，西北工业大学 2003 年硕士学位论文。
④ 秦燕等：《20 世纪 80 年代的婚姻法律与婚姻家庭变迁》，《当代中国史研究》2003 年第 3 期。
⑤ 杨大文：《改革开放以来的婚姻家庭立法与妇女权益保障》，《中华女子学院学报》2008 年第 12 期。

体性社会以自然经济或集体经济为存在的经济基础。群体性社会的基本运行单位是"群体","群体"分为两类,一类是由血缘关系组建的家族和家庭,另一类是依靠行政力量组建和维系的单位,共和国成立后建立的农村人民公社和城市企事业单位等组织属于此类。维系群体性社会运行的基本观念,前者是孝道和传统的纲常伦理制度,即子女对父母或晚辈对长辈的尊敬和服从;后者是集体主义,即对国家和集体的服从和向心力。群体性社会是熟人社会,"群体"是由互相熟悉的成员组成,道德是调节社会秩序的主要方式,"利他"是被群体大力推崇的道德准则,个人依附和服从群体,个人欲望和需求被限制,缺少独立的人格特征,群体中的个体没有独立的利益,个人主义被批判和控制,因此群体性社会也可称为道德社会。道德是群体性社会调节社会秩序的主要方式,法律是道德的辅助手段。

在改革开放背景下,群体性社会逐渐向个体性社会转变。个体性社会是市场经济建立和发展的产物,其运行的基础细胞是具有独立人格的个人。在个体性社会中,单位和家庭主要是作为服务个人的组织,失去了对个人的主宰力量。而个人有能力走出原来隶属的稳定的封闭的群体,进入社会范围内和陌生人交融在一起,人和人之间的相遇充满偶然性,个体性社会也是陌生人社会。个体性社会的个人具有独立的人格和利益,维系个体性社会运行的基本观念是契约精神和法制观念。个体性社会主要依靠法律调节社会秩序,所以个体性社会也可称为法律社会。道德是个体性社会调节社会秩序的辅助方式,但此道德非群体性社会以"利他"为特征的道德,而是一种调节和促进个人与社会、个人与个人之间和谐共处的规范。

改革开放后政治、经济和思想等方面的社会变革,反映的是社会从群体性社会向个体性社会逐渐转变的过程,这种转变直接对婚姻产生了影响。明确了社会变革的逻辑,有助于更清晰地把握婚姻变革的路径。

二是主要解决的问题。通过分析群体性社会向个体性社会过渡时婚姻的变革,解释个性解放的时代发展逻辑,进而尝试提出和谐婚姻秩序的构建途径。

三是内容。较为系统地、综合地梳理和分析八九十年代婚姻变化的内容，包括婚姻嬗变的动力因素，以及恋爱、择偶、婚姻礼仪、离婚等内容。

四是方法。使用系统论的方法，把握整体和局部、群体和个体关系，在国家、社会、家庭和个人的互动中，综合运用历史学、心理学等多学科交叉研究进行多维分析，通过比较的方法分析婚姻的制度、观念、行为等因素的发展变化。

五是理论。使用现代化理论、资源匹配理论、马斯洛人类动机理论等解释这一时期婚姻嬗变的动力和过程。并尝试总结个性解放的路径，尝试探索构建和谐的婚姻秩序与和谐社会秩序的途径。

六是资料。综合使用访谈、社会调查和报刊等资料，增强研究的严谨性和生动性。

三、资料介绍

有关资料非常丰富，主要包括民政、妇联等有关部门编纂的婚姻管理资料、访谈资料、报纸资料、期刊资料、社会调查资料、回忆录以及文学、歌曲、影视剧等类别。这些资料综合使用，可以有效支撑研究的顺利进行。

国家管理婚姻的各类法律、法规、条例，可以体现不同时期国家管理和服务婚姻的理念。此类资料覆盖了改革开放至 2000 年的历年管理资料，例如山东省民政厅编《婚姻登记工作文件资料汇编》（内部资料，1988），民政部基层政权和社区建设司编《婚姻登记管理资料汇编（1950—2003.5）》（中国社会出版社，2003）；另外，法学教材编辑部《婚姻法教程》编写组所编《婚姻立法资料选编》（法律出版社，1983）选编了古今中外的立法资料，可用于研究中的回顾与对比。

报纸和期刊资料分为两类。一类是《人民日报》《光明日报》《参考消息》等报纸和期刊资料往往表现了国家话语，这有助于分析国家的政策。另一类报刊，例如《青年一代》《婚姻与家庭》《民主与法制》可以有效反映广大群众的日常生活，有助于反映广大群众的观念和行为。

改革开放已经 40 余年，对这一时期人物的访谈具有可行性，而且人们自己述说所见所闻或者亲身经历对研究也有必要性，可以增加佐证资料，也可以增加论证的鲜活性。访谈资料包括直接访谈资料和间接访谈资料，直接访谈资料是笔者和访谈对象直接交谈获取，此类访谈能使笔者亲身感受访谈对象叙述的语气、姿态，从而体验到直接、深刻的访谈感受，易于加深对访谈对象话语的理解。直接访谈重视对男女两性、不同地区、不同年龄段、不同阶层、不同民族人物的访谈。间接访谈是他人访谈成果，例如《鲁豫有约》节目形成了系列访谈集，这可以在一定程度上弥补直接访谈的某些局限，例如某些访谈对象不易访谈到。间接访谈资料中有一类是对社会学专家的访谈，这可以通过有关访谈录获取专家学者对婚姻的某些观点，例如刘达临等人所著，刘应杰和张其仔策划的对中国当代社会学家的访谈，并汇编成书《社会学家的观点：中国婚姻家庭变迁》（中国社会出版社，1998），该书中社会学家的观点对研究思路有一定启发作用。访谈对象往往是一家之言，有的访谈对象对事物的认识水平有限，有的人可能夸大、回避、虚构某些内容，这造成访谈资料的局限，所以，使用访谈资料需要和其他资料互相印证，谨慎地使用。

改革开放以来，社科院等部门或个人进行了多次全国范围内或局部的社会调查，获得了丰富的调查资料，主要包括以下类别。一，农村调查资料。例如中国农村家庭调查组《当代中国农村家庭——14 省（市）农村家庭协作调查资料汇编》（社会科学文献出版社，1993）。这次调查是中国社会科学院社会学研究所婚姻家庭研究室与 12 个省（市）社会学研究和教学工作者合作，在 14 个省（市）进行的农村家庭与婚姻的协作调查，这是农村家庭婚姻调查规模最大的一次。此汇编包含改革开放到 80 年代中期农村婚姻嬗变的丰富资料。资料以我国实行家庭联产承包责任制后，农村家庭结构、功能变化为中心，不仅反映了当时农村家庭婚姻的方方面面，而且反映出历史的变迁。资料包括择偶条件、初婚年龄、嫁娶方式、住房等，还进行了纵向考察，将家庭联产承包责任制实施前的 1978 年和经济体制改革八年后的 1986 年的资料进行对比，有助于分析农村家庭婚姻的变化。以此调查资料为基础的研究，形成了两本著作，即雷洁琼主编的《改革以来中国农村婚姻家庭的新变化——转型期中国农村婚姻家庭的变迁》（北京大学出版社，1994）以及杨善华著《经济体制改革和中国农村的家庭与婚姻》（北京大学出版社，1995 年）。二，城市调查资料。例如五城市家庭研究项目组编《中国城市家庭——五城市家庭调查报告和资料汇编》（山东人民出版，1985）。此调查是由中国社会科学院社会学所婚姻家庭研究室同天津、上海、南京、成都的九个单位的社会学研究和教学工作者合作，对京、津、沪、宁、蓉五个城市的八个居民委员会的婚姻家庭调查，1983 年完成。五个城市中的北京、天津是我国北方大城市，上海、南京是东南沿海大城市，成都是西南内地大城市，都具有较强的代表性。调查资料中，调查对象年龄分布覆盖 20 岁到 94 岁，涵盖了 80 余年我国城市家庭婚姻的发展历史，有助于对改革开放初期城市婚姻的研究。以此资料汇编为基础，潘允康主编了《中国城市婚姻与家庭》（山东人民出版社，1987），此书对我国城市婚姻家庭现状及其发展变化进行了全面分析和系统的论述。李东山、沈崇麟所编《中国城市家庭——五城市家庭调查双变量和三变量资料汇编》（社会科学文献出版社，1991）是《中国城市家庭——五城市家庭调查报告和资料汇编》的续集，对五个城市家庭婚姻资料的又一次整理。沈崇麟、杨善华主编的《当代中国城市家庭研究——七城市调查报告和资料汇编》（中国社会科学出版社，1995）是七个城市调查资料的汇编，这次调查由北京大学、中国社会科学院等单位组织，是 20 世纪 80 年代五城市调查研究的继续，目的是了解 1984 年城市经济体制改革后城市家庭的新变迁，探索城市社会变迁对家庭的影响，1993 年完成。该汇编记载了 1984 年城市经济体制改革后城市家庭的新的变化，城市多种经济成分并存，三资企业和第三产业发展，个人流动从无到有，从少到多，"铁饭碗"被打破等资料，探索了城市社会变迁对婚姻家庭的影响。此汇编有助于城市 1984 年经济体制改革到 90 年代初城市婚姻变化的研究参考。三，城乡家庭比较调查资料。例如沈崇麟、杨善华、李东山主编的《世纪之交的城乡家庭》（中国社会科学出版社，1999）。该书既有调查报告，也有资料汇编。此次调查的目的是，揭示在面对 90 年代向社会主义市场经济转型及其导致的社会变迁时，中国城乡家庭所采取的策略和城乡家庭变迁的特征。1999 年，调查与总结结束。此次调查重视城乡比较，被调查的城乡居民使用同一张问卷，考察城乡变迁的差异，同时采用了访谈的方法。此汇编对 20 世纪 90 年代市场经济背景下中国家庭婚姻的变化是重要参考。沈崇麟所著《变迁中的城乡家庭》（重庆大学出版社，2009）是又一次社会调查的研究成果，此次调查目的在于收集城乡家庭变迁和东亚各国，主要是中、日、韩三国婚姻家庭比较研究的资料，2008 年调查和撰写报告结束。这次的调查数据覆盖了改革开放至 20 世纪初的城乡家庭婚姻的变化。四，地方性调查资料。例如孙立坤编著的《河南当代家庭变迁调查》（人民出版社，2004）汇总了 1949 年到 2000 年期间河南省城乡家庭婚姻的变化，该调查资料注重对不同阶层、不同时期、不同年龄的人进行对比。五，婚姻家庭变化的背景资料。例如中国城乡居民家庭生活调查课题组《中国城乡居民家庭生活调查报告》（中国大百科全书出版社，1994），这是中、美社会学家合作开展的大型社会调查的成果，1993 年结束。调查内容包括住房、职业、主业与兼业等内容，可以用作改革开放后到 90 年代初期婚姻变化的背景资料参考。以上调查资料既全面又详实，基本覆盖了中国城市、乡村由改革开放到 20 世纪末的家庭婚姻变化。

回忆录也是参考价值较高的资料。例如美国人弗克斯·巴特菲尔德著，张久安等翻译的《苦海沉浮——挣脱 10 年浩劫的中国》（四川文艺出版社，1989）。作者于 1979 年至 1980 年任《纽约时报》驻北京首席记者，该书记载了 70 年代末 80 年代初中国的婚姻、家庭、工作、教育等方面发生的变化，涉及中国的单位制度、爱情观念、包办婚姻、夫妻生活、同性恋、结婚分房、对婚外性的处理、国家干预等内容，对改革开放初期的婚姻研究具有重要参考价值。王春元所著《忏悔无门》（长江文艺出版社，2006）记录了李春平与一位美国明星的旷世情缘，一定程度上反映了涉外婚姻的情况。家庭杂志社编《不老的爱情》（中山大学出版社，1988）由 64 篇报导名人爱情生活和家庭生活的文章组成，这类资料的使用也需辩证地看待，需要和其他资料互相印证。

文学作品、影视剧、歌曲类资料更是丰富。影视剧例如《人生》《庐山恋》，小说例如《爱是不能忘记的》《爱情的位置》，歌曲例如《恋曲 1990》

《冬天里的一把火》《跟着感觉走》等，这些作品源于生活，也是对生活一定程度的反映，这类资料在与其他资料的印证中可以在一定程度上增强研究的说服力。

以上资料既有访谈资料，也有数据调查和统计资料，既有反映国家话语的报刊和婚姻管理资料，也有体现民众声音的报刊；既有全国性资料，也有地方性资料；既有覆盖改革开放至世纪末全时段的资料，也有某一时段的资料；既有城市的资料，也有农村的资料。这些材料可以支撑改革开放后中国婚姻史的研究，各类资料的综合应用，能够互相印证，避免孤证，得出相对客观的结论。

四、研究思路

本书的研究对象是 1980 年至 2000 年的中国婚姻。此阶段是 20 世纪改革开放阶段的婚姻，起点选择 1980 年而非 1978 年，是因为婚姻有其自身的变化逻辑，它与社会变革密切相关，但又并非完全重合。1978 年是改革开放拉开序幕的一年，而 1980 年中国婚姻领域发生了重大变革，新中国第二部《婚姻法》颁布实施，这部《婚姻法》是首部社会主义性质的婚姻法，它从法律制度上结束了婚姻的政治化，是婚姻变革的阶段性起点，反映了中国社会从人治向法治的转向，它开启了婚姻变革的新阶段。2000 年是 20 世纪最后一年。这一时期的婚姻是在之前婚姻的基础上发展而来，此时期的婚姻研究需要关注之前的社会和婚姻，这一时期的婚姻对之后婚姻的嬗变也产生了影响。为了更深入地研究这一时期的婚姻，本书有必要将这一时段的婚姻置于历史长河中进行考察，对这一时期之前和之后的婚姻内容必然有所涉及。另外，本书的研究并非涵盖中国全部的地域、民族和群体，而是重点分析这一时期全国范围内婚姻制度、观念和行为等因素的新变化。

本书沿着这样的逻辑展开。首先分析改革开放后婚姻嬗变的动力因素，在群体性社会向个体性社会转变这个社会背景下，中国在政治、经济和思想领域发生了变革，并对婚姻变革产生了动力，促使了个人主义勃兴。个人主义发展的新起点是共和国成立后的单位体制，单位体制的建立和发展，不仅仅维护了国家和集体的利益，有效地实现了国家对个人的管控；而且单位体制使家族制度迅速解体，使个人从家族制度下解放出来，但个人又被纳入单位体制的管控之下，由于单位体制自身的制度缺陷，难以在维护国家和集体利益的同时，又激发个人积极性，单位体制的解体因素在内部产生，解决问题的出路在于利益的个人化。这样，单位体制产生了个人化的起点。国家从计划经济体制向市场经济体制的转变，促进了单位体制的解体，为个人自由的发展创造了越来越广阔的空间，从根本上塑造了具有独立人格的个人。同时，对外开放后，西方的思潮涌入中国，与国内的思想解放潮流交融在一起，在各种思想的碰撞中，人们逐渐摆脱政治的和传统的思想束缚。在政治、经济和思想文化等因素变革的推动下，中国从群体性社会逐渐向个体性社会过渡。在社会转型时期，国家的民主建设为人们的自由、平等创造了日趋宽松的政治环境，1980 年《婚姻法》的颁行为婚姻新秩序的形成奠定了法律基础。在改革开放中，国家、家庭和个人之间的权力格局发生变化，个人的婚姻自由度逐渐增强，个性化的追求越来越多，这具体体现在恋爱、择偶、婚姻礼仪和离婚等内容中。但是，道德作为调解利益关系的方式逐渐弱化，而法律作为调解人与人、人与社会利益关系的方式还未健全，这造成婚姻领域出现了一系列损害个人利益和社会利益的问题。为了维护社会整体利益，保障个人的合法权益，既保障个人自由，又能构建和谐的婚姻秩序，国家推动法治和德治相结合以重塑婚姻秩序。经过对这个过程的分析，本书试图揭示婚姻自由和个性解放的时代发展逻辑，并揭示和谐婚姻秩序构建的途径。

本书沿着两条主线展开。一条是婚姻嬗变的过程，这是一条明线，沿着恋爱、择偶、婚姻礼仪和离婚的嬗变过程展开。起点是改革开放产生了婚姻嬗变的动力，主要体现在政治、经济和思想的变革对婚姻产生了影响，为了解决婚姻嬗变中出现的问题，国家结合了法治和德治两种方式以构建和谐的婚姻秩序。另一条是个性解放的过程，它体现在婚姻嬗变的过程中，这是一条暗线。随着婚姻自由度逐渐提高，人们个性解放的程度随之提高。人们的婚姻价值观从国家本位转向家庭本位，然后向个人本位发展，不断突破国家、社会和家庭等外在束缚，也不断突破个人观念的内在束缚，在这个过程中人的个性不断得到解放。

研究过程紧扣研究的重点，突破研究的难点。研究重点是婚姻新变化的核心内容，在分析婚姻嬗变的动力因素、择偶、婚姻礼仪、离婚以及和谐婚姻秩序的构建等内容时，把每一部分逻辑链条上的关键内容提炼出来重点分析。研究难点是，揭示婚姻嬗变的复杂性；在国家、社会、家庭和个人的互动中，揭示各因素权力的消长，在观念、制度、风俗和行为的互动中，阐明婚姻自由发展的逻辑，揭示个性的自由和解放遵从的逻辑。

在把握研究对象、研究逻辑、研究线索、研究重点和难点的基础上，全书内容分为六章。

第一章，改革开放后婚姻嬗变的动力。主要内容包括：一是思想解放对婚姻的影响。国内的思想解放运动和涌入的西方思潮交融在一起，促使政治化的价值观逐渐淡化，促进了个人主义的勃兴。二是民主与法制建设促进了中国社会从人治转向法治，1980年《婚姻法》发展了婚姻自由。三是分析经济体制改革对婚姻的影响。计划经济体制向社会主义市场经济体制转变，促进了个人自由度的提升，促进了社会的法制化，从根本上塑造了具有独立人格的个人。

第二章，80年代、90年代青年人的恋爱。主要内容包括：一是80年代的革命的恋爱观。包括国家对恋爱的认可，但是提出恋爱要服务社会主义建设，体现了恋爱的集体主义价值观的诉求。二是尽管有集体主义恋爱价值观的约束，但80年代的城市青年，尤其是大学生越来越追求个性自由的恋爱。三是进入90年代，为社会主义建设服务的恋爱官方话语已经消失，恋爱成为一种个人行为，除了城市青年，农村青年自由恋爱的风气也逐渐兴起。现代科技尤其是网络的发展为青年人自由恋爱提供了便捷的途径，恋爱自由度继续提升。

第三章，青年人的择偶自由。主要内容包括：一是农村青年对自由择偶的艰难追求。二是研究择偶标准的变化，主要分析日益强烈的物质诉求，另外人们也越来越表现出对爱情的追求，并且两者还日趋交融。三是研究自由择偶的社会风尚，包括新式择偶方式的出现以及婚姻自主程度的变化，代际协商逐渐成为择偶模式的主流。四是青年人面对婚姻风险而采取的措施。例如试婚、婚前签订契约、独身等。

第四章，婚姻礼仪的嬗变。主要内容包括：一是彩礼的偿付功能恢复，并逐渐向资助功能发展，即从男方家庭对女方家庭的补偿转向双方家庭对子女新建家庭的资助。二是婚礼的社会功能逐渐裂变，婚礼表达家庭诉求的功能凸显，表现个人诉求和自主性的婚礼增多。三是国家、风俗与个人的冲突和调适。国家对婚姻礼仪的政策从直接的行政干预转向法律上的规范，以及采取措施引导良风益俗的形成，以维护良性的社会秩序。面对国家法与婚姻习俗的制约，个人在满足国家法和婚姻习俗要求的情况下，选择了一条既能满足国家法和婚姻习俗要求，也能表达个人诉求的道路。

第五章，婚姻质量视野下的自由离婚。主要内容包括：一是离婚的时代新成因，主要包括国家的改革、拨乱反正带来一部分人身份的变化，进而引发他们的离婚。另外，人们对爱情的追求也是造成离婚的重要原因。二是离婚自由度提升的原因，主要包括离婚自由法规发展变化和离婚观念的现代化转向。三是自由离婚的社会新风尚。主要包括文明离婚逐渐成为潮流，女性离婚的主动性增强和再婚现象凸显。

第六章，婚姻秩序重塑。主要内容包括：一是改革开放后，婚姻领域出现了一系列问题，道德和法律都未能有效地调节婚姻秩序，并分析背后的原因。二是为了重塑婚姻秩序，社会各界对处理婚姻问题的方式展开讨论。三是国家和广大群众加强婚姻美德建设，另外，《婚姻法修正案》重视以法律和道德的结合重塑婚姻秩序。

为了有效开展上述研究，有必要使用有关的理论和方法。

一是现代化理论。使用此理论是基于社会、政治、经济、文化和科技等因素的现代化会对婚姻产生影响，改革开放是经济、政治、社会和文化不断走向现代化的过程。经济的现代化具有根本性，改革开放以后，中国加速了从农业国向工业国的发展进程，也从自然经济向商品经济发展，从计划经济体制向市场经济体制发展，经济的现代化从根本上促进了人的独立和自由。经济的现代化推动了政治的现代化，中国从人治逐渐向法治发展，社会越来越民主，法律上越来越重视以人为本、尊重人性。社会的现代化也随之发生，功能未分化的集团向功能集团过渡，家长制的大家庭向核心家庭过渡，熟人社会向陌生人社会发展，农民的思想和行为出现城市化的趋向。在经济、政治和社会的现代化过程中，科技、教育、宗教等文化因素的现代化也随之发展。以上因素的现代化最终提升了人的现代化程度，例如自由观念、法制观念、个体意识的增强。这些方面的现代化推动了婚姻领域的变革。有的学者曾就现代化对婚姻的影响进行了较为深刻的论述，例如美国社会学家古德指出工业化的主要进程最终会对亲属模式产生影响，个人在工业化的过程中更能摆脱亲戚关系网的控制而独立。[①] 这种理论阐述揭示了一个国家的现代化进程会削弱传统的婚姻制度、观念等约束因素，促进个人的婚姻自由和平等。

二是马克思关于人的本质、人与环境关系的论述。从本质上讲现代化理论关注的是人的本质、人与环境的关系，只不过马克思把外界因素和人的关系进行了抽象的概括，总结出了人的本质，他指出："人的本质并不是单个人所固有的抽象物，在其现实性上，他是一切社会关系的总和。"[②] 马克思的这种论断指出了人的社会属性，仅具有人的生理特征还不能算一个真正的人，人不能脱离社会独存，人在与社会的互动之中才能生存。马克思关于人的本质的理论能有效分析婚姻嬗变的过程，国家、社会、家庭和个人复杂的互动过程，直接影响着人们恋爱、择偶、婚礼、离婚等观念和行为。婚姻嬗变既是国家、社会和家庭等外部因素对人们婚恋影响的结果，也是人们婚恋时对国家、社会和家庭伸张诉求的结果，因为人有能动性，社会环境塑造着人的思想和行为，人也会主动地去改造环境，使环境成为人想要的样子，也就是说国家、社会、家庭和人之间的作用是相互的。这正如马克思所说的

---

① ［美］W. 古德著，魏章玲译：《家庭》，社会科学文献出版社，1987 年，第 251 页。
② 《关于费尔巴哈的提纲》，《马克思恩格斯选集》第 1 卷，人民出版社，2012 年，第 135 页。

"人创造环境，同样，环境也创造人"。① 马克思的这个论断是对人的本质理论的深化，它强调了人改造社会的主观能动性。

三是马斯洛的人类动机理论。马斯洛认为人类的需求层次由低到高发展，依次是生理需要、安全需要、归属和爱的需要、自尊需要以及自我实现需要。低层次的需要满足之后，人类就会追求更高一层次需要。② 对此理论的使用是基于随着社会的发展，人们的需求也会发生变化，进而会引起婚姻观念和行为的变化。在"文革"时期，婚姻尤其重视政治面貌、家庭出身等政治因素，这是因为政治条件的优势意味着更好的政治安全保障和更多的利益。而在改革开放后，政治因素对婚姻的影响力逐渐减弱，人们的生理需要、安全需要逐渐得到满足，能带来物质利益的学历、职业、房子、车子等条件在婚姻中的重要性就越来越凸显，这是因为低层次的需要得到满足之后，人们必然产生更高层次的需要，这就是人性。

本书主要采用以下研究方法。一，社会文化史的方法。社会文化史是"研究社会生活与其内在观念形态之间相互关系的历史"。③ 人们的观念与政治、经济、文化的发展变化密切相关，从"以阶级斗争为纲"转向以经济建设为中心，政治体制的改革、市场经济体制的建立和发展等因素影响着婚姻观念，婚姻观念不同程度地影响了婚姻行为，婚姻观念的社会化程度反映了人们个性解放的程度，反映了社会的发展变化程度。婚姻观念的发展变化引起婚姻行为的变化，例如90年代人们婚姻诉求的多元化，日益增长的物质诉求和对感情的渴望交织在一起，自由和权利意识的增强，个人主义发展，这一定程度上引发婚姻乱象，婚外情、包二奶、家暴等现象凸显。为了解决婚姻领域的新问题，国家在90年代酝酿修正《婚姻法》，这又影响了婚姻观念和行为。二，多学科交叉研究。重视从历史的视角考察婚姻变化的时代性，从时间上考察婚姻嬗变，并结合使用社会学、人类学、心理学等学科的研究方法，对婚姻进行各学科视角的综合分析，这种多学科交叉研究有助于

①　《德意志意识形态》，《马克思恩格斯选集》第1卷，人民出版社，1995年，第92页。
②　[美]马斯洛著，许金声等译：《动机与人格》，华夏出版社，1987年，第40—68页。
③　梁景和主编：《中国社会文化史的理论与实践》，社会科学文献出版社，2010年，第94页。

挖掘研究新内容，增加研究深度。三，比较的方法。重视对不同时期、不同群体、不同地域婚姻的比较，揭示婚姻嬗变的复杂性。四，实证研究。运用问卷调查、访谈、实地调研等方法增强论证的科学性和内容的鲜活性，这对于改革开放后婚姻的研究既有必要性，也有可行性。

第一章　改革开放产生的婚姻嬗变动因

马克思指出："人的本质并不是单个人所固有的抽象物，在其现实性上，他是一切社会关系的总和。"① 这道出了人不能脱离社会而独存，人们的观念和行为会受制于所处的社会环境。改革开放引发了中国经济、政治和思想、文化等因素的深刻变革，这些因素的变革成为婚姻嬗变的动力。这一系列动力因素是如何产生的？又是如何对婚姻产生影响？产生了哪些影响？本章尝试解决这些问题。

第一节　思想解放推动个人主义的勃兴

"文革"结束后，中国急需进行一场社会变革走向良性发展的道路。但当时人们的政治化的价值观念和封建主义思想阻碍着社会生机和活力，国家和社会急需进行解放思想。邓小平同志曾经明确指出："我们讲解放思想，

---

① 《关于费尔巴哈的提纲》，《马克思恩格斯选集》第 1 卷，人民出版社，1995 年，第 56 页。

是指在马克思主义指导下打破习惯势力和主观偏见的束缚，研究新情况，解决新问题。"① 邓小平同志深刻地揭示了思想解放的内涵，只有思想解放，人们才能有所突破和创新，才能具有不断进取的精神，从而去积极改造世界，从社会发展的历史长河来看，思想解放是社会变革的先导。解放思想能培育人们改变传统、接受新事物、敢闯敢干的精神，这种精神推动了个人主义的勃兴，促进了社会各领域的改变。

一、个人主义的勃兴

改革开放之初，党的一项重要工作就是开展思想解放运动。真理标准问题的大讨论和十一届三中全会实事求是路线的恢复，对社会和人都产生了极大的促进作用。党的十一届三中全会重新树立了实事求是的思想路线，为人们的思想解放扫除了国家层面的思想障碍，这为人们对人生价值的深入思考创造了条件，人们的思想逐渐活跃起来，人们得以自由地思考人生和婚姻问题。

思想解放使政治化的价值观迅速弱化。在改革开放之前，政治化的价值观长期禁锢着人们的思想，中国社会长期"以阶级斗争为纲"，个人主义价值观披上资产阶级色彩而被强烈批判和打压，国家重视社会主义道德教育，核心内容是处理好国家、集体和个人的关系，国家和集体利益被认为绝对高于个人利益，如果发生了利益矛盾，个人应该牺牲自己的利益以保障国家和集体的利益。强调个人的价值和幸福源于为国家和集体做出奉献，"人生在世，只有勤劳，发愤图强，用自己的双手创造财富，为人民的解放事业——共产主义贡献自己的一切，这才是幸福的"。② 雷锋、焦裕禄、时传祥等人就是为国家和集体奉献牺牲的典型榜样。这些典型人物被树为广大群众学习的对象，他们毫不利己，专门利人，公而忘私，随时准备为国家和集体献出自己的生命，正如雷锋在日记中说："我觉得要使自己活着，就是为了使别人过得更美好"，"我活着，只有一个目的，就是做一个对人民有用的人。"③ 树

---

① 冷溶等主编：《邓小平年谱》，中央文献出版社，2004年，第605页。
② 《雷锋日记诗文选》，战士出版社，1982年，第75页。
③ 《雷锋日记诗文选》，战士出版社，1982年，第60、55页。

立榜样人物是进行社会主义道德教育的一个方法，在一定的社会中，榜样人物对于社会道德风尚的影响力是极大的，他是人们学习的表率，他鞭策、鼓舞和教育人们，给人们指明了前进的方向。这种思想控制方式成为保障国家对人民群众实施管理的有效方式，在思想控制中，人们的自我意识渐渐被弱化了。这种集体主义的价值观直接影响到婚姻领域，婚姻表现出政治化的色彩。

尽管国家对人们进行严格的政治化价值观控制，但事实上，人们反思和反对政治化价值观的思想早已暗潮涌动。1966 年底遇罗克写出了《出身论》，该文通过分析当时一副对联"老子英雄儿好汉，老子反动儿混蛋"，揭露了血统论的荒谬本质，批判了政治化的价值观和人生观。在那个荒谬年代，遇罗克遭到残酷的政治打击，1970 年被宣判并执行死刑，但他对血统和出身的认识促使人们对政治化的价值观进行思考。

1971 年"九一三"事件发生后，林彪反革命集团覆灭，这在客观上宣告了"文革"理论和实践的破产，林彪是毛泽东确定的接班人，林彪的问题进一步引发了人们对"文革"的质疑，政治化的价值观、人生观渐渐失去群众基础。人们对政治化的价值观、人生观产生了越来越多的质疑。

"文革"结束后，一系列的思想解放运动不断破除精神枷锁。真理标准问题讨论的蓬勃开展推动了思想解放洪流，冲击了"两个凡是"的禁区，在党的十一届三中全会上，国家停止了"以阶级斗争为纲"为标志的"左"的思想路线，重新确立了实事求是的马克思主义思想路线，党和国家逐渐走出"文革"的阴影，政治化的价值观迅速衰微，党和国家思想路线的转向为全国人民脱离政治化的价值观创造了条件。

带着对"文革"的痛苦回忆，广大中国人尤其是知识分子对政治化价值观进行了深刻反思。例如有人指出那个时代不幸的原因："领袖被神化了，成了神化领袖的人的护身符。科学变成了宗教，这就是我们时代的悲剧的症结所在。"[①] 人们逐渐认识到毛泽东不是神，而是人，他也会犯错误，例如毛泽东娶了"四人帮"之一的江青，有人就质疑毛泽东也会看错人，而且还质

---

① 安文：《来自生活的思考》，《中国青年》1980 年第 7 期，第 8 页。

疑毛泽东发动的"文革"，"毛发动的'文革'真的'就是好'吗？那我们的国家怎么会到这种山穷水尽的崩溃边缘？"①，而且有人注意到，在当时的书店里，顾客们对毛泽东的著作很少问津，而争先购买的是中国传统古典小说以及学习英语和物理方面的书籍，人们认为学好这些可以找到好工作，或者可以出国。有位大学教师因为不满意学生在一次考试中的成绩，她引用毛泽东的文章来批评学生，说明必须发奋刻苦学习。但是下课后，几个学生对她说："老师，你刚才引用毛主席语录，你确实太那个了……"接着一下大笑起来。② 以上变化一定程度上反映了中国人厌倦了阶级斗争，厌倦了政治化的社会生活。总的来看，人们已经逐渐认识到那种社会不仅存在问题，甚至是错误的、失败的，这导致"人们的原有理想轰然坍塌，之前的理想被解构"。③

在思想解放的洪流中，党和国家层面的思想解放洪流与民间的思想觉醒交汇在一起，共同弱化了政治化价值观。在当时，"潘晓来信"引发的关于人生价值的大讨论反映了人们对生活价值的深入思考。

《中国青年》1980年第5期发表了署名"潘晓"的来信《人生的路呵，为什么越走越窄……》。"潘晓"在信中谈到了对人生的感悟，自己以前的生活信念和指导思想一直是，一个人活着就是为了他人生活得更美好，时刻准备着听从党和人民的召唤，随时准备献出自己的一切，但是自己的生活屡屡受挫。自己就体会出了一个道理，即"任何人不管是生存还是创造，都是主观为自我，客观为别人。只要每一个人都尽量去提高自我的生存价值，那么整个社会的向前发展也成为必然的了"。④ "潘晓"的"主观为自我，客观为别人"观点蕴含着对政治化价值观的反对。这篇来信刊发以后，在国内引发了"人生的意义究竟是什么"的大讨论，在几个月之内，工人、农民、学生、商人、军人等社会各群体纷纷来稿，甚至港、澳、台和外国的朋友也表达了对讨论的关注，编辑部收到的讨论信多达六万件。⑤ 不仅国内的《人民

---

① 唐建光主编：《解禁：中国风尚百年》，金城出版社，2011年，第118页。

② ［美］弗克斯·巴特菲尔德著，张久安译：《苦海沉浮——挣脱10年浩劫的中国》，四川文艺出版社，1989年，第395页。

③ 房宁等著：《成长在中国——当代中国青年的国家民族意识研究》，人民出版社，2002年，第211页。

④ 潘晓：《人生的路呵，为什么越走越窄……》，《中国青年》1980年第5期。

⑤ 本刊编辑部：《献给人生意义的思考者》，《中国青年》1981年第6期。

日报》《中国青年报》等报刊，新华社这样的权威机构刊登了讨论的信息，甚至有外国的新闻机构，例如 BBC 也发布了有关信息，一些外国的专栏作家也来中国访问此事。① 这种热烈讨论的现象说明人们对这个问题早已产生了思考，只不过这次大讨论打开了公开讨论的闸门，而且社会也具备了公开讨论的环境。

"潘晓"的观点"主观为自己，客观为别人"得到一部分人的赞同。例如有人认为只要做好自己的事情，客观上就起到了"为别人"的作用，"一个不虚度年华、不碌碌无为的人，在主观上使自己有所成就的同时，正是在客观上促进了整个社会的发展"。② 有人指出社会的一切运动，包括目前正在进行的"四化"建设，都应该把活生生的感性的个人放在首位，运动只是手段，自我才是目的。③ 有人认为不论是哪一类人，他们的活动都是为了满足自己的需要，也就是"都是主观为自我，客观为别人"。为了增强说服力，他认为雷锋也是自私的，因为"他的言行也是为了自己的需要，只不过他主要是为了满足自己的高级需要"。④ 有人肯定了"为自我"与"为他人"并非截然对立，而是矛盾的统一，社会主义的一些经济规律（如按劳分配等）正是在这种对立统一中得到体现，一概斥之为"剥削阶级人生观"是不妥当的。⑤ 还有人认为只要产生了客观上为别人的结果，就不要在好的事实中硬去寻找"坏"的主观动机，为自己的生存而努力，不是自私，为生活而奔波，也不是自私。只有为了自己的利益，宁愿损害别人的利益，才是可鄙的、丑恶的自私。⑥ 甚至还有人直接否定了生活主观上是"为别人"，他认为人生道路就是为金钱、地位、个人幸福。因为在现实社会中，就是金钱决定

---

① 丁冬等：《"潘晓人生意义大讨论"事件始末》，《人物》2011 年第 4 期。

② 《来信来稿摘录》，《中国青年》编辑部：《潘晓讨论：一代中国青年的思想初恋》，南开大学出版社，2000 年，第 144 页。

③ 赵林：《什么是科学的人生观？只有自我才是绝对的》，《中国青年》1980 年第 8 期。

④ 《来信来稿摘录》，《中国青年》编辑部：《潘晓讨论：一代中国青年的思想初恋》，南开大学出版社，2000 年，第 145 页。

⑤ 《"为自我"并非一定与"为他人"冲突——与侯爵良同志商榷》，《中国青年》编辑部编：《潘晓讨论：一代中国青年的思想初恋》，南开大学出版社，2000 年，第 153 页。

⑥ 《来信来稿摘录》，《中国青年》编辑部：《潘晓讨论：一代中国青年的思想初恋》，南开大学出版社，2000 年，第 145 页。

一切，地位决定一切，个人幸福决定一切。①

　　反对"潘晓"观点的声音也此起彼伏。有的人认为人主观上就应该大公无私，人活着是为了使别人生活得更美好。② 有的人反对"主观为自我"，认为这种利己主义动机在一般情况下只能产生有利于个人而不利于人民的效果，即使有时候对人民似乎也有某些益处，或者没有明显的损害，那也是暂时的、偶然的，从长远看必然有损于人民。③ 有人指出既要做利己主义者又要不损人，这在现实中根本不可能。在私有制社会里，利己主义也许能推动社会发展，而在公有制的社会中提倡利己主义，只能削弱公有制的基础，大家都去吃"集体"，吃"公"，消极懒惰，自私自利，国家就会一天天贫困下去。④ 有人表示，"主观为自己"的人并不总是能做到客观为大家的。"主观为自己"可能会产生两种结果，当个人利益和大众利益一致时，主观为自己的确会在客观上有益于大众的利益。但是如果两者发生冲突，这就面临着两种抉择，要么牺牲他人满足自己，要么牺牲自己满足他人，选择前者的人是自私的，而选择后者的人就是高尚忘我的人。⑤

　　部分人的观点比较"折中"，他们认为不要纠结"为自我"还是"为别人"。例如有人认为"为自我"或者"为他人"都无所谓，关键在于挖掘自己的潜力，最大限度地创造社会财富。因为这个过程"本身是自我表现的过程，创造的结果是为他人造福的结果"。⑥ 还有人认为既可以做到"为自我"，同时还可以"为别人"，就是可以搞"公私合营"，或者叫兼顾国家、集体、个人三者的利益。⑦

　　一部分人认为讨论人生的意义没有必要。例如有人认为人生就是博命，

　　① 《来信来稿摘录》，《中国青年》编辑部编：《潘晓讨论：一代中国青年的思想初恋》，南开大学出版社，2000年，第142页。
　　② 杨茂森：《"大公无私"绝无"公而忘私"确有》，《中国青年》1980年第9期。
　　③ 陈志尚等：《"主观为自己，客观为别人"错在哪里？》，《中国青年》1984年第1期。
　　④ 《不能搞"公私合营"》，《中国青年》编辑部编：《潘晓讨论：一代中国青年的思想初恋》，南开大学出版社，2000年，第173—175页。
　　⑤ 《来信来稿摘录》，《中国青年》编辑部编：《潘晓讨论：一代中国青年的思想初恋》，南开大学出版社，2000年，第146页。
　　⑥ 《来信来稿摘录》，《中国青年》编辑部编：《潘晓讨论：一代中国青年的思想初恋》，南开大学出版社，2000年，第147页。
　　⑦ 陈百明：《什么是科学的革命人生观？我认为可以搞"公私合营"》，《中国青年》1980年第10期。

个人的努力绝对斗不过命运之神。有时候，你为搏斗用上了全副精力，自己的愿望却仍在虚无缥缈间……正是因为人生的意义是与命运搏斗，而人最终又斗不过命，所以还是不去考虑什么是人生的意义为妙。否则，就会庸人自扰。① 这种对待人生的态度显得有些消极，有宿命论的色彩。

官方对大讨论的态度是早期支持，后来压制。在初期，大讨论得到中央书记处书记胡乔木的支持，他认为："一个人主观上为自己，客观上为别人，在法律上、经济上是允许的……他客观上为了别人的，因为他做的不是坏事，不是损人的，对上述这种人不能耻笑，不能否定……你们要放开。"② 但是后来，由于讨论的走向与官方倡导的集体主义价值观不一致，当时的国家领导人胡耀邦对此提出了批评，他认为电视台和报刊没有解决好这个问题，存在猎奇的想法，要求有关部门查一查这件事。在这种情况下，胡乔木对讨论的态度也从支持变为批评，他指出讨论的问题存在消极性，主要领导人不支持这种具有个人主义色彩的讨论，这给讨论泼了冷水，甚至险些被当作精神污染的典型进行清算。③ 在官方的压制下，大讨论以保守的方式草草收场。

讨论的过程反映了官方和社会各界对人生价值意义的认识差异。官方依然要求人们具有集体主义价值观，反对个人化的价值观诉求。而社会各界的认识差异则表现了人们思想解放程度的差异。

大讨论反映了一批知识分子试图冲破政治化价值观的努力，"它代表了一代青年心中的呐喊和苦闷"，④ 反映了社会转型期政治化的价值观逐渐式微，而新的价值观没有建立时人们的迷茫状态。

"潘晓来信"引发的大讨论具有思想启蒙的价值。这场讨论具有深刻的观念转折意义，思想激荡反映了大一统的政治化人生价值观逐渐松动，思想开始走向多元，对个人价值的重视逐渐提升。讨论中提出的命题"主观为自己，客观为别人"就是试图在肯定个人价值的前提下，通过建立与社会、与

---

① 《人生既博"命"又斗不过"命"》，《中国青年》编辑部编：《潘晓讨论：一代中国青年的思想初恋》，南开大学出版社，2000年，第165页。

② 丁冬等：《"潘晓人生意义大讨论"事件始末》，《人物》2011年第4期。

③ 《"潘晓"来信》，《河南日报》2008年11月19日。

④ 丁冬等：《"潘晓人生意义大讨论"事件始末》，《人物》2011年第4期。

集体的普遍联系从而最终确立自我的真正价值和人生的意义。《中国青年》编辑部后来再回顾这次大讨论时，指出了其重大意义："这一场人生观的讨论无疑成为中国新时期到来的精神准备。"① 这种认识可以说是相对客观，当时的大讨论无论对人的解放还是中国社会的发展都具有非常积极的意义。

官方反对"潘晓"的人生价值追求，但号召人们学习另外一个典范人物张海迪的价值追求。张海迪在小时候因患病造成严重高位截瘫，失去了站立的能力。但是她身残志坚，与不幸的命运顽强斗争，没上过一天学，却靠自学成才，学习从小学到高中的课程，英语达到大学水平，还学习医术为群众治病，她的事迹令社会为之赞叹。国家号召全国人民以张海迪为学习的榜样，不仅学习她自强不息的精神，更主要的是学习她为人民为国家奋斗做贡献的爱国主义精神。国家并不反对实现个人价值，而是要求个人在实现个人价值的时候"并不是要泯灭个性，也并不笼统地反对个人价值的实现，相反，我们认为每个社会成员个性的发展、个人价值的真正实现，同他履行社会责任是统一的"。"在投身两个文明建设的实践中努力实现和提高个人价值。那种只是为了出人头地，不愿担负社会责任和为集体服务，去拼命提高个人'价值'的人，是可鄙可悲的。"②

对待张海迪和"潘晓"的态度上的差异，反映了国家在个人与社会、个人与集体的关系上的态度。国家反对个人主义的价值观，即便是"主观为自我，客观为别人"也不值得国家提倡，在追求自我中实现人生价值，因为其出发点依然是个人利益，但国家提倡人们学习张海迪把社会和集体利益放在比个人更重要的位置，强调人生的价值关键在于为国家、社会和集体做贡献，也就是重视个人价值与社会价值相结合。我们从中可以看到，相对于改革开放前国家倡导的公而忘私、只公不私的价值观，国家已经表现出对个人价值的尊重，承认个人追求个人价值的实现，但是强调个人为国家和社会服务是第一位的价值观。国家反对的是把个人利益放在国家、社会利益之上，不愿意承担社会责任的价值观。

---

① 《人生的路为什么越走越宽（代序）》，《中国青年》编辑部编：《潘晓讨论：一代中国青年的思想初恋》，南开大学出版社，2000 年。

② 共青团中央研究室：《向张海迪学习什么》，《青年研究》1983 年第 6 期。

另外，思想解放也使封建主义思想逐渐弱化。封建社会在中国延续两千余年，封建主义思想根深蒂固，在婚姻家庭领域表现得非常明显，例如婚姻缔结的目的是"合两姓之好，上以事宗庙，而下以继后世"。婚姻缔结的方式是"父母之命，媒妁之言"，结婚以后要"一与之齐，终身不改"，个人没有婚姻自由，代际关系和两性关系不平等。改革开放后，某些西方思潮传入中国，例如人道主义、女权主义，在这些因素的综合影响下封建主义思想逐渐弱化。

各种政治思潮对人道主义有不同的看法。人道主义既包括资产阶级人道主义，也包括马克思主义人道主义。资产阶级人道主义曾经是资产阶级组织民众反抗封建主义势力有效的思想武器，提倡关怀人、爱护人、尊重人，人道主义反对封建专制统治，要求充分发展人的个性。它是西方近代以来以人权、人道、人性为主题和价值的一种哲学思想，它强调每个个体都有不可侵犯的个人权利，因而它与个人主义、自由、民主等思想有密切的联系。西方的人道主义思想在近代传入中国，成为人们推翻传统制度、批判传统文化的有力武器。中国最早的人道主义思潮可以从新文化运动中找到源头，许多知识分子意识到中国人长期受专制统治和礼教的束缚，主张把个人从封建主义的束缚中解放出来，他们举起了民主和科学的大旗。

在80年代，人道主义思潮被人们所关注，这与当时的社会背景紧密联系。十年"文革"残酷地摧残了人性，随着"文革"的结束，社会各界开始对"文革"的灾难进行深刻的反思，人们意识到"文革"期间人性、人权和个性受到压制的原因之一是人道主义的缺失。在80年代，许多人开始宣传人道主义思想，也对"文革"期间非人道的思想和行为进行批判。有人指出资产阶级的人道主义"只是抽象的、笼统的人道主义，因此，只要脱离历史和具体社会，从抽象的人、人性、人的价值和尊严出发去讲人道主义，那就无法摆脱资产阶级人道主义的框框……现在宣扬人道主义的同志和资产阶级思想家一样，也把抽象的人作为出发点，只讲'人'，不讲人民，更不讲阶级"。[1] 但是马克思主义作为资产阶级人道主义的对立面，它强调"人的解

---

[1]　刘绍贤：《论人道主义的实质》，《东北师大学报》1984年第2期。

放"、"全人类的解放"，因而马克思主义就是人道主义，是最彻底的人道主义。① 对于人道主义的有关讨论，邓小平同志明确指出："不但在资本主义社会，就是在社会主义社会，也不能抽象地讲人的价值和人道主义……我们的人民生活水平和文化水平还不高，这也不能靠谈论人道主义和人的价值问题来解决，主要地只能靠积极建设物质文明和精神文明来解决。"②

人们关于人道主义的思考和宣传，促进了中国人在婚姻领域对"个人"的关注，以及对人性、人权和个性的思考和追求，这也促使国家在婚姻领域重视向以人为本，推动人们婚姻的自由、平等和权利。

西方女权主义思潮是随着资本主义启蒙思想的诞生而出现的，它是资本主义思想文化体系的构成因素。这种思潮关注消除男女不平等关系，例如在劳动的分工方面，男性从事的劳动和工作大多都有社会地位，而且容易得到人们的认可，而女性只能从事难以被社会所认可的、没有报酬的繁重的家务劳动。另外，女权主义还向"所有造成女性无自主性、附属性和屈居次要地位的权力结构、法律和习俗挑战"。③ 有的学者认为："女性主义是一个非常成功的社会运动，它极大地改变了妇女的期望和生活，也影响了男性对妇女生活的看法和对待妇女的方式。可以说，没有其他的社会运动像女性主义运动这样，如此迅速地革命化，并进而深入地影响人们的行为方式。"④ 女权主义在西方的确取得了一定实效，促进了两性平等，一定程度上改变了男性对待女性的行为方式，改变了女性的工作和生活状态，推动了女性的解放。在五四运动时期，中国人就逐渐了解了女权主义，一部分人接受了这种思潮，这种思潮和当时的自由、平等和解放等思想交融在一起，并与挽救国家危亡联系在一起。

改革推动了女权主义思潮在中国的流行，这对婚姻产生了影响。促进了女性解放和男女平等，这逐渐改变了夫妻在婚姻中的权力格局，婚姻中的契

---

① 徐鸿武等：《两种根本对立的历史观——马克思主义与资产阶级人道主义的区别》，《社会科学辑刊》1984年第 5 期。

② 《邓小平文选》第 3 卷，人民出版社，1993 年，第 43 页。

③ 李银河著：《女性主义》，山东人民出版社，2005 年，第 15 页。

④ 刘霓著：《西方女性学》，社会科学文献出版社，2001 年，第 185 页。

约意识和权利意识也逐渐增强。90 年代出现的婚前财产公证现象在一定程度上反映了人们在夫妻关系上的自由和平等趋势。女权主义在一定程度上推动了女性的自立观念，促使她们走向社会，参加工作和参与其他公共事务，女性在经济上的独立程度越来越强，对家庭的依赖性和对丈夫的依附性逐渐弱化，而且女性的眼界越来越开阔，这促使她们的婚姻观念越来越摆脱传统观念的束缚，从一而终的观念、离婚不光彩的观念日趋弱化。婚姻质量意识逐渐增强，女性在恋爱、婚姻支付和离婚等过程中的主动性提高。

在国内外、官方的和民间的思想解放潮流的推动下，政治化的价值观和封建主义的思想观念逐渐被弱化，个人主义随之逐渐勃兴，这对人们的传统观念和价值观产生了深远的影响。各种思想在婚姻领域相互交织和冲突，相对整体化的统一的婚姻观念逐渐被击碎，人们对婚姻的思考也不断地深入，对个人自由的追求日趋强烈。

例如子辈减弱了对父母的遵从。在 80 年代，某次较大规模的道德状况问卷调查显示，对"顺从尊长"持肯定态度的，占总数的 29.11%，持否定态度的占 16.29%，而持"应予具体分析"态度者占到 46.98%，远超持肯定态度者。[①] 这种现象表现出人们对"尊长"态度的变化，对曾经天经地义的传统道德产生了怀疑或独立思考。

再例如人们对个人利益和集体利益关系的认识发生了变化。90 年代初，在一次对大学生道德问题的调查中，当调查到"个人利益与集体利益发生矛盾时所取的态度"，选择"以集体利益为重"的占 26.4%，选择"兼顾双方利益"的占 70.6%，选择"以个人利益为重"的占 2.9%。[②] 曾有一位辽宁大学的同学说："人生价值在个人与社会之间应包括两个方面，一是个人对社会的责任和贡献，二是社会对个人的尊重和满足，两者我都不愿放弃。"[③] 以上数据和例子在一定程度上说明，改革开放前的那种完全大公无私的、一致化的价值取向逐渐淡化，既考虑集体利益，也重视个人利益，公私兼顾的价值观逐渐增强，这是思想解放的一个重要成果，这是国家对个人正当利益

---

① 黄伟合等：《当代人怎样看待中华民族的传统道德》，《社会》1981 年第 1 期。

② 雷渡桥主编：《混沌初开——来自当代大学生心灵的报告》，中山大学出版社，1995 年，第 29 页。

③ 张荆等：《青年：道德价值的犹豫不决》，《中国青年》1991 年第 5 期。

和权利逐渐尊重，重视以人为本的表现。

改革开放后，婚姻领域不断变化的一条主线就是集体主义淡化和个人主义的勃兴。新的婚姻观念和行为依托于个人主义，但是，很多人对个人主义又存在诸多的误解，他们把个人主义理解为自私、自利，一切都是以个人为中心，不考虑集体的利益，这让个人主义在人们的心目中成为一个贬义词。这就造成了一种撕裂，在实践中，人们以个人主义的方式思考问题和行动，但是对个人主义又充满了误解和偏见。随着社会变革，国家在倡导和维护集体主义的同时，日趋尊重个人主义，国家所尊重的个人主义是集体主义之下的个人主义，也就是个人主义的思想和行为不能损害集体利益，而且能服务集体利益。

二、个人主义影响下的爱情追求

个人主义勃兴对婚姻领域产生了影响，政治化的婚姻价值取向逐渐衰弱，个人主义的婚姻价值取向逐渐发展。在政治化价值观的影响下，人们不敢公开表达个人的爱情诉求。而改革开放为人们表达爱情创造了条件，人们对婚姻基础的争论明显地表现了这一变化。婚姻的基础是什么？是爱情？是政治条件？还是经济条件？或者其他？广大知识分子围绕这个问题进行了争论。

有人提出婚姻基础是爱情和政治的结合。爱情生活被认为仅仅是社会生活的一部分，在革命事业中，它居于从属地位，但它对革命事业又产生重大影响。所以，"我们既反对把爱情生活凌驾于社会生活和政治革命事业之上，爱情就是一切的错误观点，也反对把爱情当成个人生活的私事，脱离革命事业和社会整体利益，孤立地处理爱情生活的错误观点和做法"。[①] 这种观点承认了人们可以有爱情，这相对"文革"时期否认爱情甚至给爱情扣上资产阶级情调的帽子来讲是一种进步。但是，这种观点强调爱情是影响革命事业和社会整体利益的"公事"，爱情对于革命事业来讲是从属性的事物，主张人们追求爱情的时候应重视把国家利益放在更重要的位置。

---

① 朱英瑞：《树立无产阶级的爱情观》，《伦理学与精神文明》1983 年第 4 期。

有人认为婚姻的基础是爱情，但是也要重视政治思想条件。这种观点相对于上面的观点更加重视爱情，例如徐五林认为婚姻基础和社会制度有关，在私有制社会，婚姻是以经济条件为基础。在生产资料公有制为基础的社会里，婚姻就以两性之间的感情为基础，他反对以政治条件为婚姻的基础，但又强调，结婚要重视政治思想条件，"广大人民群众树立正确的婚姻恋爱观，建立幸福美满的家庭生活，这对调动他们的建设社会主义的积极性是有利的，而不是有害的。问题是要有一个正确的世界观作指导，把位置摆得适当，不要一味追求某些表面的条件而忽略了本质的东西，不要沉湎于小家庭的幸福而忽略了建设四个现代化的目标"。[①] 这种观点肯定爱情是婚姻的基础，也为人们追求爱情找到了合理的理由，即爱情对社会主义建设有利，但又强调国家利益的重要性，是略显折中的观点。

可以说，上述两种观点既承认人们对爱情的追求，同时也强调应该把国家和集体的利益放在第一位，一定程度上反映了政治因素有一定的惯性，人们对政治谨小慎微的心态略见一斑。

有的人认为在一定条件下婚姻的基础是爱情。邓天纵引用了恩格斯关于爱情成为缔结婚姻前提条件的论断，例如恩格斯指出的只有当在生产资料归社会所有、女性回归公共劳动有经济来源、人们没有财产传给子女、公共事业发达并且解决了对孩子的抚养和教育等问题，在这些条件下，女性才会考虑因为爱情没有顾忌地与男人结婚。[②] 他还认为，恩格斯谈及的这几个条件实现的程度决定了爱情实现的程度，如果社会具备了部分条件，以爱情为基础的婚姻就会部分地实现，如果条件都具备了，那么婚姻的基础就是完全是爱情了。[③] 对于生活中存在以金钱为基础的婚姻，他认为："不是社会主义公有制决定的，主要是旧习惯势力的惯性在作祟，主要是婚姻应当以爱情为基础的理论未能为群众所掌握。"[④] 可见邓天纵是主张在公有制条件下，婚姻的基础是爱情。

---

① 徐五林：《婚姻应以政治为基础，还是以爱情为基础？》，《民主与法制》1979 年第 1 期。
② 邓天纵：《"消灭了资本主义生产"以后的婚姻基础》，《社会》1982 年第 4 期。
③ 邓天纵：《"消灭了资本主义生产"以后的婚姻基础》，《社会》1982 年第 4 期。
④ 邓天纵：《"消灭了资本主义生产"以后的婚姻基础》，《社会》1982 年第 4 期。

周齐汉认为中国建立了社会主义制度，这已经具备了感情成为婚姻基础的条件。"男女之间的婚姻完全是用一种美好的感情来维系的，而这种感情是自由的，自愿的，而不是任何经济关系或政治关系派生的产物"。① 潭向北也认为社会制度决定婚姻关系，"建立在生产资料公有制基础上的婚姻家庭制度是崭新的制度，夫妻关系是同志式的关系，婚姻的基础是男女双方在共同的生产、工作或学习中产生的深厚感情，即爱情"。② 以上观点均基于社会主义制度建立和发展这个前提，指出这为婚姻以爱情为基础提供了条件。而张友渔认为无产阶级的婚姻家庭是以纯洁的爱情为基础，他们既不依靠特权，也不依靠金钱，而是建立在真正的婚姻自由、男女平等、一夫一妻制、尊老爱幼基础上。并且"这种无产阶级的社会主义婚姻家庭观已在全国范围处于主导地位"。③

一部分人提出了混合基础论。例如有人承认社会主义制度为以爱情为基础的婚姻提供了社会保障，婚姻以爱情为基础是社会主义婚姻的本质，但他认为受社会主义初级阶段物质生活条件的制约，婚姻必然是爱情和经济因素相统一的婚姻基础，理由是"婚姻自主也并不意味着人们在决定自己婚姻的过程中，其思想和观念可以超脱于一定的社会历史与现实生活的客观，而不受某些社会物质生活条件和传统观念的制约与影响……社会主义初级阶段之婚姻家庭关系，无论是在它的建立之初，还是在它解体之后，客观上都和'经济因素'密切联系的"。④ 还有人认为婚姻的基础是包括经济因素在内的多种因素，"现阶段婚姻的基础是由爱情的、经济的、政治的多种因素综合构成，其中经济条件决定婚姻的选择"。⑤ 以上表述都关注了社会主义处在初级阶段，这使婚姻的基础除了爱情，还掺杂着经济、政治等多方面的因素，这种观点比上文的婚姻只以爱情为基础关注的条件更全面。

有人提出前提基础论，此种观点的立论基础是物质决定精神。他认为婚

---

① 周齐汉：《感情是婚姻的基础》，《人民司法》1981 年第 4 期。
② 潭向北：《论社会主义的婚姻基础》，《西北政法学院学报》1986 年第 1 期。
③ 张友渔：《在婚姻家庭观上要划清几种界限》，《人民日报》1982 年 3 月 26 日。
④ 王格：《社会主义初级阶段的婚姻基础》，《复印报刊资料（社会学）》1988 年第 4 期。
⑤ 《〈家庭〉杂志关于婚姻的基础和婚姻道德问题的讨论》，《伦理学与精神文明》1984 年第 4 期。

姻基础应当归结为体现社会两种再生产职能的物质关系，而爱情作为一种精神关系，不能不是决定于物质关系的第二位因素，因此"物质关系是婚姻的社会本质和根本前提，由它决定婚姻的道德基础、感情基础、政治基础、经济基础、文化基础等具体的影响婚姻的因素"。① 这种观点的提出是基于精神由物质决定，爱情就属于精神关系的一种，所以婚姻的前提和本质是物质关系。

还有人指出婚姻基础需要分层次。持此类观点者认为由于历史、地理因素各异，中国经济、文化发展不平衡，这种状况就决定了婚姻基础具有多层次性。例如吴立萍把婚姻基础分为三个层次，一是"高层次的婚姻基础，指'彼此间的相互倾慕为基础的关系'上的婚姻，又可称之为纯感情型的婚姻基础，目前在整个婚姻关系中所占的比重还不大，但是它是社会主义婚姻的基础模式，代表了婚姻关系发展的方向"；二是"亚层次的婚姻基础。把爱情只当作婚姻的条件之一，此外还有其他一些条件，包括物质的、家庭的、外在的因素"；三是"低层次的婚姻基础。这是在小农生产方式和封建残余文化尚未彻底改变的情况下派生出来的一种低级婚姻形式。这种婚姻只是被作为'生儿育女'、'传宗接代'的手段。妇女则充当生殖工具，这种男女之间的结合多半是只具有极少的感情色彩"。② 这种观点阐述了婚姻的三类基础，一定程度上解释了当时中国婚姻的复杂性。

以上观点各有不同，但都在不同程度上主张婚姻基础中应该有爱情的存在。尽管上述观点都未主张爱情是婚姻的唯一基础，但每一种观点都强调了婚姻中的爱情因素，爱情或与政治思想条件结合在一起，或与经济结合在一起。这实际上否定了政治化的婚姻价值观，对爱情的认可表现了人们关注个人利益的婚姻诉求。

关于婚姻基础的讨论表现了社会正在转型。在政治化价值观占主导地位时，主张爱情是婚姻的基础必然遭遇巨大的政治风险，也不可能出现公开的关于婚姻基础的讨论，关于此问题的公开的讨论表现了"以阶级斗争为纲"

① 段华治：《关于"婚姻基础"论争的思考——兼论第四种观点"综合基础论"》，《婚姻与家庭》1988 年第5 期。

② 吴立萍：《也谈"婚姻基础"》，《婚姻与家庭》1988 年第 5 期。

时代结束了，社会的政治色彩逐渐淡化，新观念有了发芽和发展的机会。

人们不仅仅是在观念上表达了对爱情的重视，而且也用行动表达了对爱情的追求，这最早体现在文学艺术领域。

"文革"结束后，文学艺术领域渐渐迎来了春天。1978 年 8 月，曾经的知青，后来的复旦大学大学生卢新华在《文汇报》发表了短篇小说《伤痕》，反思了"左"的路线带给人们的伤害，控诉了"血统论"对人们心灵的创伤，"伤痕文学"由此发端，这激起了人们的巨大共鸣。文艺界的知识分子们勇敢地冲破了"左"的束缚，用文艺作品展现了人性和感情，表达了对爱情的向往，释放了人们内心深处压抑已久的情感诉求。

以披露"四人帮"造成的种种"内伤"为内容，呐喊着尖锐的社会问题，刘心武是非常突出的一个人。他在杂志《十月》上发表了小说《爱情的位置》，他认为这是"一篇非常概念化、矫情的作品，它唯一的意义就是把'爱情'两个字印在了公开发行的刊物上，这在当时具有爆炸性……大家还达成一个共识：创刊号上一定要有写爱情的，而且题目上就要出现'爱情'两个字"。[①]《文学评论》原主编何西来指出了《爱情的位置》具有重大的意义："阶级斗争强调的是人与人的对立与仇恨，在纠正阶级斗争扩大化时，我们应该更多地看到人与人之间求同的观念：人与人之间渴望爱，还要把人当作人。因此在不讲爱情的'文革'结束后，就不难理解刘心武的《爱情的位置》。"[②]《爱情的位置》的发表仅仅是一个开头，政治对文艺领域的束缚被撕裂开一个口子，表达爱情的文学、歌曲和影视剧逐渐多起来。经历了难以追求爱情的痛苦年代的人们，在社会变革背景下，对爱情的向往和追求终于能爆发出来了。

歌唱爱情的歌曲逐渐多起来。歌唱家李谷一回忆，"文革"结束了，她认为应该跟上时代，应该以人为本，声音越甜美，越深入人心，越是有人性的、人情味的东西，越是群众喜闻乐见的。所以，她创作了抒情歌曲《乡恋》，当时这首歌受到了批判，批判的理由是太抒情、太小资情调了，歌曲

---

① 宋晓明等主编：《追寻 1978——中国改革开放纪元访谈录》，福建教育出版社，1998 年，第 87—89 页。

② 宋晓明等主编：《追寻 1978——中国改革开放纪元访谈录》，福建教育出版社，1998 年，第 125 页。

被认为是靡靡之音，是黄色歌曲。① 但这首歌曲非常柔和，非常甜美，受到了广大群众的喜爱。为了表示政治上的正确，崔健的《难道你爱我一无所有》在演唱的时候被改成《一无所有》，而且上台的时候让他扎了一块红布，以红色表示革命。但崔健上台唱的时候，一大片群众站起来给他鼓掌。② 可见，尽管当时唱爱情歌曲依然存在政治上的顾虑，但歌唱家和广大群众已经勇敢地表达了对爱情的公开追求。

电影表达爱情的因素也多起来。在 1979 年复刊的《大众电影》第五期上，《水晶鞋与玫瑰花》中的男女主人公拥吻的画面作为封底，多数读者认同电影可以适度表现爱情，《大众电影》因此名声大震，人们争相购买、收集，1981 年最高的发行量曾达到 965 万份。③ 由上海电影制片厂摄制，1980 年公映的《庐山恋》，直接以青年男女的爱情生活为主题，在建国后的银幕上首次出现了亲吻镜头，为了表现出恋爱中年轻女孩的美丽形象，摄制组还为女主角张瑜定制了 43 套华丽的时装，这也与过去电影中"不爱红装爱武装"的女主角有着迥然差异。爱情的表达、美好的视觉感受让《庐山恋》轰动一时，张瑜成为 80 年代的名人，观众视之为梦中情人，她也成为获得第一届金鸡奖和当年百花奖的"双料影后"。④

文艺领域逐渐增多的爱情表达，体现了人们逐渐冲破了政治对爱情的束缚，人们对爱情的诉求也逐渐得到国家和社会的认可，国家和社会越来越尊重人性。

三、个人主义对婚姻的消极影响

个人主义的勃兴是一把双刃剑，既有助于人们追求婚姻自由，组建幸福的婚姻，也对婚姻产生了某些消极影响。其原因是受到国外某些思潮的不良

① 上海文广新传媒集团电视新闻中心评论部主编：《30 年：民间的记忆》，上海辞书出版社，2009 年，第 68—70 页。

② 上海文广新传媒集团电视新闻中心评论部主编：《30 年：民间的记忆》，上海辞书出版社，2009 年，第 73—74 页。

③ 上海文广新传媒集团电视新闻中心评论部主编：《30 年：民间的记忆》，上海辞书出版社，2009 年，第 76 页。

④ 上海文广新传媒集团电视新闻中心评论部主编：《30 年：民间的记忆》，上海辞书出版社，2009 年，第 77—79 页。

影响，而且，也由于政治化的价值观和封建主义思想淡化之后，新的积极价值观没有主导人们的思想，在一段时期内，精神文明建设的力度也不足，个人主义出现了某些畸形发展的态势。在国门开放的背景下，西方的性解放思潮和消费主义等糟粕思潮涌入中国，对中国人产生了消极影响。

在 20 世纪 60 年代，"性解放""性自由"思潮一经出现，就席卷了西方世界并波及发展中国家。随着资本主义物质文明的高度发展，人们在生活中越来越注重实利主义，很多人在精神上无所寄托，导致"传统婚姻家庭受到冲击……出现五多现象（独身者多，非婚同居者多，离婚者多，私生子多，同性恋者多）"。[①] 根据吉布哈德等人的调查，到 70 年代中期，美国人发生婚前性行为的情况已明显增多，如 18—24 岁的年轻人，男的约 90%、女的至少 79%。1984 年，怀特在底特律的调查发现，80 年代结婚的妇女中有婚前性行为的比例已高达 90% 以上。[②] 在美国，这种合则同居，不合则离，没有婚姻关系的同居家庭，1977 年就有 19 万，这个数字相当于同年合法结婚人数的 45%。[③]

改革开放后，在性观念相对保守的中国也出现了"性解放"的现象，从中可以看到 20 世纪 60 年代美国"性解放"的影子。在中国的传统文化中，人的本能性需求基本上是被否定的、压抑的，在政治化价值观主导的年代，中国人曾遭受过严重的性禁锢，正常的性表达被压制，这造成全民族的性压抑。改革开放后，伴随着政治禁锢的压力逐渐弱化，加上西方"性解放"思潮的冲击，长期遭压抑的性张力很容易推动人们走向另一种极端，中国人出现了性道德的错乱，性道德防线逐渐出现坍塌。某些青年甚至羡慕西方青年性放荡的生活，曾有一位国人很不理解："奇怪，我在外国看透了的，不要的，不雅的，下流的东西为什么中国青年却要去学呢！"[④] 他们强调个人享受，强调婚姻家庭的种种个人利益，而忽视道德与责任，信奉"但求一时拥有，不求天长地久"的一时快感，向往"潇洒走一回"的玩世不恭，甚

---

① 巫昌祯著：《我与婚姻法》，法律出版社，2001 年，第 8 页。
② 袁亚愚著：《中美城市现代的婚姻和家庭》，四川大学出版社，1991 年，第 197—198 页。
③ 陆绯云：《同居家庭带来的社会恶果》，《青年一代》1982 年第 4 期。
④ 苏炜：《斥"性自由"说——再谈要珍惜处女的贞操兼答两封匿名信》，《青年一代》1980 年第 2 期。

至把拥有情人视为地位、权势和富有的标志，互相攀比，造成姘居、重婚等现象凸显。

另外，消费主义的传入也引发婚姻的某些消极现象。消费主义是一种崇尚和追求过度占有和消费作为满足自我和人生目标的价值取向，以及在这种价值观念支配下的行为实践。[①] 消费主义开始于 19 世纪，因为科技革命的发生，生产力取得了大发展，这样，西方资本主义国家进入了经济相对过剩的时代，生产的状况日趋依赖产品消费的程度，企业能否生存和发展关键在于消费状况。因此，国家大力采取措施刺激消费，人们的消费主义观念也迅速发展起来，它追求物质至上，强调以自我为中心，过度地消费和占有物质财富，追求享乐主义，沉迷在纸醉金迷中，人们对商品的实用性并不关心，主要的目的是在非理性奢侈消费和炫耀消费中肆意显示等级分化，商品仅仅是具有象征意义的一种工具性符号。[②]

改革开放后，西方消费主义也涌入了我国，它极其严重地腐蚀着中国人的人生观和价值取向。消费主义之所以能在我国流行，是因为中国存在其流行的经济基础和思想基础。随着改革开放的推进，我国城乡居民的收入迅速提高了，物质财富迅速积累，但精神文明建设相对滞后，迅速富起来的群体迷失和沉醉在奢侈和炫耀的消费中。而且，膨胀起来的物质条件迅速催化了中国传统思想中的迷信、享乐、利己等思想意识，消费甚至被视为地位和权力的表现形式而备受追捧。

消费主义在一定程度上消极地影响了中国人的婚姻观念和行为。在消费商品的过程中，人们不仅得到了对商品使用价值的满足，更重要的是以此为途径向社会展现"自己的地位、身份、个性、品味、情趣和认同，以此体现自己的社会地位"。[③] 所以，消费的价值意义已经超越了对"物"消费的本身，它被赋予更多的个人诉求。这种诉求加重了人们在恋爱、婚姻缔结的过程中对消费的重视。例如择偶时对物质的畸形崇拜，结婚消费的不断攀升，这使当事人的经济负担出现难以承受之重。同时，这也催生了某些不良的婚

---

① 卢嘉瑞：《"消费主义"浅析》，《光明日报》2005 年 7 月 12 日。
② 卢嘉瑞：《"消费主义"浅析》，《光明日报》2005 年 7 月 12 日。
③ 秦淮：《时尚婚礼的文化解读》，《兰州学刊》2012 年第 5 期。

姻观念，如"旧的不去，新的不来"，经济上的消费观念被应用到两性关系中，更换女友如家常便饭，更换配偶如买东西，感觉不合适便想"退货"。喜新厌旧在消费主义理念中也找到了依据，"包二奶"被视为满足自身需要的消费，也成为消费主义可以理解的情理之中的事情，有钱能使鬼推磨的观念主导了头脑，没有东西不可消费，进而对伤风败俗现象不以为然。这种观念对人际关系产生了消极影响，可以说"将长久以来一直建立在文化道德基础上的人际关系变成一种令人担忧的、可能会导致腐败的互相利用模式"。① 人际关系的此种不良发展进而对婚姻关系产生消极的冲击。

西方思潮在中国流行是时代的产物。邓小平曾对改革开放后出现乱象的原因进行过深刻的思考："十年内乱的消极后果和历史遗留的种种困难，新形势下出现的新的复杂问题，在人们的思想上引起各种反映，包括一部分模糊和错误的认识。"② 并且他还指出严重的危害："它在人民中混淆是非界限，造成消极涣散、离心离德的情绪，腐蚀人们的灵魂，助长形形色色的个人主义思想泛滥。"③ 集体化时代终结，政治化价值观衰微，而新的积极的价值观没有主导人们的头脑，这客观上为思想糟粕的侵入提供了条件。人们也被"卷入了商品经济与市场中，他们便在这种情况下迅速地接受了以全球消费为特征的晚期资本主义道德观，这种道德观强调个人享受，将个人欲望合理化"。④ 实际上，尽管某些思潮是糟粕，但它们在一定程度上契合了当时中国人的心理需要，也就是曾经极度缺乏人文关怀，性被极度压抑，物质上极度匮乏，法制上严重荒芜，人权得不到保障等痛苦的经历。当突然遭遇西方思潮的冲击，人们感受到的不仅仅是新奇，更重要的是这些思潮让人们在追求新生活时找到了理论依据。而且广大群众对西方思潮缺乏理论辨别的能力，难以辩证地、扬弃地接受外来思想，这导致消费主义在婚姻领域的恶劣影响日趋严重。

---

① ［美］阎云翔著，陆洋等译：《中国社会的个体化》，上海译文出版社，2012 年，序言。
② 中共中央文献研究室编：《邓小平同志论教育》，人民出版社，1990 年，第 134 页。
③ 《党在组织战线和思想战线上的迫切任务》，《邓小平文选》第 3 卷，人民出版社，1993 年，第 44 页。
④ ［美］阎云翔著，龚小夏译：《私人生活的变革：一个中国村庄里的爱情、家庭与亲密关系（1949—1999）》，上海书店出版社，2006 年，第 260 页。

　　总之，国内的思想解放运动和涌入的西方思潮交融在一起，共同促使政治化的价值体系和传统价值体系逐渐解构，而个人主义价值观迅速勃兴，这对中国人的婚姻产生了或积极或消极的影响。

第二节　民主与法治建设催生的个人自由

　　随着经济体制改革的深入开展，政治体制改革也被提上日程。政治体制改革推动着政治生活的民主化和法治化，这个过程伴随着对人权、自由和平等的尊重，这对婚姻领域也产生了影响，婚姻自由的程度逐渐提高。

一、社会主义民主建设的推进

　　改革开放前，中国社会缺少民主的状况禁锢了社会活力，这主要源于两个方面的因素，一个是封建主义的影响，另一个是高度集权的管理体制。在党的十一届三中全会上，党对历史经验教训进行了深刻总结，要进行拨乱反正，改掉弊端，改革的一个重要目标就是建设社会主义民主，这对婚姻产生了积极影响。

　　封建专制主义肆虐给社会带来极大的消极影响，这促使国家重视肃清封建主义。尽管中国共产党大力批判封建主义，但是中国是一个经历过长期封建主义社会的国家，封建专制的思想根深蒂固。党和国家的主要领导人在全国人民和党内的威望继续上升，而且还形成了个人崇拜的局面，这对国家的民主建设产生了消极影响。例如无政府主义和极端个人主义横行，有学者曾指出："出现无政府主义现象恰恰是由于没有民主或民主太少，并非由于民主太多。"① 这种说法否认了无政府主义的猖獗是发扬民主的结果。事实就是如此，"文革"时期无政府主义肆虐与国家缺少民主紧密联系在一起。面对缺少民主造成的局面，1980 年，邓小平同志强调肃清封建主义，才能"从制

---

① 于浩成：《坚持和发展民主和法制是党的坚定不移的方针》，《法学杂志》1980 年第 1 期。

度上保证党和国家政治生活的民主化、经济管理的民主化、整个社会生活的民主化，促进现代化建设事业的顺利发展"。① 邓小平同志为我国的民主建设指明了方向，肃清封建主义是民主建设的重要内容，只有如此才能促使社会主义建设事业健康发展。

新中国成立后建立的高度集权的管理体制产生的一个影响是社会缺少活力。为了管理社会，国家通过城市单位和农村人民公社严格地控制着每一个人的工作和生活，而且严格的户籍制度和城乡二元体制成为城乡交流的藩篱，也限制了人口的流动，整个社会是一个稳定的一体化社会，人们的价值观念、工作和生活方式都是高度一致化，这造成社会缺少生机和活力。

民主建设的一个重要表现是国家从公领域和私领域的混沌不分状态逐渐走向分离，对私人领域的政治化干预逐渐减少，婚恋领域的政治化色彩逐渐淡化。十一届三中全会结束了"以阶级斗争为纲"，意识形态色彩逐渐淡化，越来越重视以人为本、保障人权。例如涉外婚姻在改革开放前存在严重的政治风险，直到 1983 年 8 月颁布实施了《中国公民同外国人办理婚姻登记的几项规定》，这是中国政府首次以法规的形式承认涉外婚姻的合法性。② 1984年，民政部、外交部、公安部和国家安全部联合向国务院提出了《关于涉外婚姻几个问题的请示》，这个文件旨在清理限制中外通婚的规定。要求废除旧的规定，所有国家机关应以《中国公民同外国人办理婚姻登记的几项规定》为依据进行大清理，凡是与该文件不相符的规定一律撤销。③ 这为涉外婚姻创造了宽松的政治环境。

经过改革，社会逐渐从一元向多元发展，所谓的"唯一正确"的价值观念和文化意识逐渐淡化并消失，社会各个群体的正当利益逐渐得到尊重和承认。例如知识分子曾遭受不公正的对待，改革开放后，国家提高了知识分子的地位，他们在改革开放大潮中得以大显身手，地位的提升使他们在婚恋市场受到了青睐。再如对于"异端"婚恋的惩罚减少，在共和国成立后，同性

---

① 《邓小平文选》第 2 卷，人民出版社，1983 年，第 336 页。
② 民政部基层政权和社区建设司编：《婚姻登记管理资料汇编（1950—2003.5）》，中国社会出版社，2003年，第 391—392 页。
③ 山东省民政厅编：《婚姻登记工作文件资料汇编》，1988 年（内部资料），第 352—353 页。

恋被视为资产阶级性质的罪恶，是违反社会主义道德的肮脏行为。甚至在改革开放后相当长的时期，"同性恋主要被用作提醒人们与外国人密切接触的危险以及注定道德堕落的命运……一个外部罪恶和腐朽的东西企图进入中国的主要渠道"。① 它被认为与社会主义中国所倡导的性关系模式不容，同性恋一旦被发现就会被严厉处罚。改革开放后，国家对同性恋的政策逐渐人性化，有关法律法规也进行了人性化的修改。1979 年《刑法》没有关于同性恋的惩罚规定，但根据第 160 条关于"流氓活动"的规定，同性恋在实践中大都被认定是"流氓罪"，例如 1984 年 5 月，大连市政法委就"对鸡奸行为如何定罪"咨询全国人大法制工作委员会，得到的答复是：……情节严重的，可以按流氓罪追究刑事责任。② 流氓罪是一种口袋罪，"流氓行为"并没有一个明确的界定，这造成在司法实践中的严重弊端，《刑法》没有明确规定的"相关流氓活动"都可以归入流氓罪。1997 年新《刑法》取消了流氓罪，同性恋被认为有罪的法律依据消失了。同性恋也逐渐被视为是一种正常的表现，与个人道德并无关系。

　　国家的民主建设促进了"社会"的发展壮大。"社会"指的是介于国家和个人之间的领域，"社会"的良性发展有利于促进人们的交流、整合、导向、调节。在良性的"社会"内，个人应该有一定的言论和活动自由，这个空间具有"公共领域"的特征，在这个领域和空间中，有风俗习惯、社会舆论、社会组织等因素存在。在历史上，国家对"社会"进行严格的控制，严谨自由结社、集会等活动，目的就是控制百姓的自由活动空间，实现维护统治稳定的目的。共和国成立后，"社会"的观念在人们的意识中比较弱，除了国家、集体就是家庭和个人，在共和国成立后的 30 多年间，人们的流动受到严格的限制，呈现出"大国家小社会"和国家与社会合一的状态。"社会"往往充斥着极强的国家意志，国家与社会基本上没有清晰的分野，社会舆论是国家引导下的产物，社会团体在国家的严格审查之下才能存在。在这

---

　　①　［英］艾华著，施施译：《中国的女性与性相：1949 年以来的性别话语》，江苏人民出版社，2008 年，第 194 页。

　　②　全国人大常委会法制工作委员会刑法室编：《刑事法律适用手册——刑事办案 551 问》，人民法院出版社，1994 年，第 183 页。

种状态下，个人通过集体化组织服从个国家意志，人们缺少表达个人意愿的社会空间。随着体制改革的推进，"国家逐渐减弱了对社会生活的直接控制，从经济、社会、文化等领域逐渐撤出，进而通过社区、社团等'中间组织'管理和服务社会，家庭也恢复了其应有的功能，承担维持家庭正常运转的责任。相对于改革之前，国家和社会一体化的状况逐渐重新分化，社会的功能逐渐凸显，社会成为相对独立的空间，社会成员的自由度也随之增长。这引起中国社会包括婚姻领域全方位的自由发展"。[①] 改革开放后，国家给予人们在公共领域的思想和行为越来越多的自由度，"社会"的空间逐渐扩大，各类非国家性质的组织逐渐增多，人们言论和行动自由的程度逐渐提高，尤其是市场经济的建立和发展，人们的"社会"发展空间更加扩大，人们活动的自由度日趋提高。这就为人们的个性解放扩展了日趋广阔的"社会"空间。由于"社会"的不断完善，个人的婚恋表达越来越自由，恋爱、报刊征婚、电视相亲和网络婚恋的出现和发展就有了宽松的空间。

随着经济、政治的体制改革以及科技的发展，人们从"单位人"逐渐转变为"社会人"。"单位人"的生活资源来源于单位，但受到单位的严格管控，其生存和发展都要依赖单位，而"社会人"的生存和发展有了自己支配的空间和自由，单位已经不再是人们生活资源的唯一来源。另外，随着信息科学技术的发展，尤其是 90 年代网络技术的发展为人们的生活创造了虚拟空间，现实社会中的道德规范在虚拟空间中很难产生作用，科学技术的发展日趋扩大"社会"的外延，人们能生存和发展的自由"社会"空间扩大了，这也为人们婚恋自由度的提高创造了越来越好的社会环境。

人们的日常生活逐渐回归私人领域，人们可享有的自由度也随之提高。国家从私人生活领域中逐渐淡出，这"为人们创造了一个较为宽松的政治环境，年轻人建立信任关系的范围得以空前扩展，超出了家庭的关系网络，这为年轻人与家庭的对抗提供了可能"。[②] 以居住方式为例，集体化生活时期，市民大都居住在单位大杂院，往往是一个单位的人居住在一起，在大杂院中

---

① 谢中立著：《当代中国社会变迁导论》，河北大学出版社，2000 年，第 160 页。
② 吉国秀：《婚姻仪礼变迁与社会网络重建——以辽宁省东部山区清原镇为个案》，中国社会科学出版社，2005 年，第 120 页。

生活也是熟人群体生活，一个家庭或个人很难有隐私，个人生活往往会成为这个群体闲暇时的话题。后来，人们从大杂院搬进了单元楼生活，此时，人们的日常生活就有了相对私密的空间，"住进单元房，人们增强了自我意识，人格被强化，独立了门户，一家一个门牌号码，像归属个人的电话号码。别小瞧这一个小小的号码，那是你这门户的代名词，表明你被社会承认的某种独立的'领地'，是对一个'人'的塑造和尊重，似乎体现一个人的存在意义或曰价值的满足感"。① 进入商品房的年代，在同一小区居住的人们往往对门不相识，这更加增强了房子作为私密空间的功能，外界群体对人们日常生活的介入难度增加，这也使婚姻日趋成为夫妻之间的私事。

在户籍制度基础上建立的城乡二元体制也逐渐松动，这促进城乡之间的交融。国家控制社会秩序的一项重要制度是户籍制度。共和国成立后，建立了划分农业和非农业的户籍制度，户籍制度对于保障正常的社会秩序曾经做出过不可磨灭的贡献。例如，在三年自然灾害时期，政府靠户籍管理统筹安排人民的生产和生活，发放粮票，使共和国渡过了难关。但是随着时间的推移，其弊端日益暴露，长期以来，政府因计划经济所限，不得不采用行政手段，严格控制户口迁移，把人牢牢地限制在原籍。50年代，政府红头文件开始出现"盲流"字样；60年代，全国各大城市建立了收容遣送站；70年代，政府提倡发展社队企业，但严令就地取材，就地生产，就地销售，农民们仍是足不出户；在80年代，乡镇企业异军突起，有关部门又提出离土不离乡，于是，出现了这样的怪现象：一位农民，纵使已经告别田野走进工厂，当上了厂长经理，其身份仍是农民。② 户籍制度造成经济发展和社会活力的障碍。国家划分农业和非农业人口的户籍制度，限制了人员流动，也使不同户籍的人在就业、婚姻、子女入学、福利等资源配置方面都有巨大的差异。户籍制度成为社会流动和城乡交流的藩篱，不同户籍的人享有的资源差异使城乡之间通婚也存在极大的障碍。"户籍制度改革最终的目标是消除城乡之间的二元结构所造成的社会分割和身份歧视"。③ 身份证出现以后，人们虽然农民的

---

① 霍钢：《"居住文化"咏叹调》，《中国青年》1991年第4期。
② 贺铁光：《户籍制度改革路在何方？》，《中国青年》1993年第8期。
③ 孙立平著：《断裂：20世纪90年代以来的中国社会》，社会科学文献出版社，2003年，第94页。

身份没有改变，但是带着身份证外出务工很方便了，在 90 年代，人们可以离土也离乡外出工作。随着各种生活票证如粮、油票的逐渐取消，人们只要有钱，去哪儿都可以生活，人的自由迁徙正在逐渐实现，人口的社会流动越来越自由，生存和生活的地域更加灵活，尤其是农民逐渐走出了世代居住的乡村，城乡之间的通婚现象也逐渐增多。

需要注意的是，尽管农民的职业身份有机会改变，但是社会身份仍难以改变。进城的农民被称为"农民工"或"农民企业家"，仍不能享受城市户口所带来的各种社会资源，如就业、子女入学、各种福利补贴等等，户口依然是一种身份的象征。这使人们在缔结婚姻时，依然对户籍非常重视。

国家对男女平等的重视对婚姻产生了积极影响。例如在改革开放后的法律中，逐渐保障妇女的民主权利，《宪法》《婚姻法》《中华人民共和国妇女权益保护法》等法律法规，在政治、经济、文化等各方面保障了妇女的权利。以妇女参政为例，1993 年八届人大代表中，女代表 626 人，占代表总数的 21.03%；常务委员中，女委员 19 人，占常务委员总数的 12.3%。[①] 女性的社会性身份逐渐凸显，这体现了国家为女性参与社会工作提供了越来越多的政治空间，也表明女性自身素质不断提升，女性独立、自主素质的养成使她们在婚姻领域中更有主见，更有能力主导自己的婚姻。

女性在婚姻家庭中的地位也逐渐提高，夫妻平等的发展趋势日趋明显。1990 年的一项中国妇女社会调查显示，在全国范围内，在"决定家庭经济支配"上，丈夫为主的占 21.5%，夫妻共同决定的占 49.6%，妻子为主的占 13.2%。从全国城镇看，丈夫为主的占 10.9%，夫妻共同决定的占 57.7%，妻子为主的占 20.2%，女性为主比男性为主高出 9.3%。[②] 夫妻在家务劳动上也呈现平等化的态势，共同分担家务，在生活上、事业上互相帮助越来越成为主流。1986 年，武汉市妇联对城区的 610 对夫妇的调查显示，"夫妻共同承担家务"的有 464 对，占 76.1%；"谁能处理谁处理"的有 103 对，占

---

① 罗琼：《改革开放开辟了中国妇女解放的新天地》，《求是杂志》1995 年第 5 期。
② 中国妇女社会地位调查课题组主编：《中国妇女社会地位概观（全国卷一）》，中国妇女出版社，1993 年，第 201 页。

16.9%；"丈夫处理"的 8 对，占 1.3%；"妻子处理"的 35 对，占 5.7%。① 1987 年，北京的某项调查显示，家务夫妻协商的家庭占 72.5%，义务夫妻均等的占 36.5%，在平权又义务均等的家庭中，老年占 48.8%，中年占 33.4%。② 随着社会的发展，夫妻共同承担家务的情况越来越普遍，体现了婚姻家庭领域的男女平等成为趋势。

社会主义民主建设让人们逐渐摆脱了"以阶级斗争为纲"的束缚，逐渐摆脱了封建专制主义的影响，为个性解放创造了日趋民主的空间，为婚姻自由度的提升创造了积极的条件。

二、1980 年《婚姻法》的颁布实施

民主建设和法治建设是密切相关、不可分割的两个方面，两者相辅相成、辩证统一，民主是法治的前提，法治保障了人民民主权利，法治建设是国家政治改革的重要目标。党的十一届三中全会对历史经验教训进行了深刻总结，尤其是汲取了"文革"的教训，高度重视民主法制建设，所以会议提出"应当把立法工作摆到全国人大及其常委会的重要议程上来"。③ 邓小平在十一届三中全会后强调了建设法治国家的重要性："为了保障人民民主，必须加强法制。必须使民主制度化、法律化，使这种制度和法律不因领导人的改变而改变，不因领导人的看法和注意力的改变而改变。"④

婚姻领域出现的违法现象亟需加强婚姻法制建设。生产资料私有制的社会主义改造完成以后，社会主义婚姻家庭制度已经初步确立，这时，本应对1950 年《婚姻法》进行修改和完善，加强婚姻家庭方面的法制建设和精神文明建设，以适应社会主义条件下婚姻家庭的新情况，解决新问题。但"十年浩劫突然降临，不论是全国还是各地，在相当长的一段时间里放松了婚姻家庭方面的宣传教育，政治思想工作薄弱，对于婚姻家庭方面出现的不良现象

---

① 罗琼主编：《当代中国妇女》，当代中国出版社，1994 年，第 473 页。
② 昆明市妇联婚姻家庭、家庭教育研究会：《婚姻家庭·家庭教育论文集》，1988 年，第 22 页。
③ 刘政等主编：《人民代表大会工作全书（1949—1998）》，中国法制出版社，1999 年，第 918 页。
④ 冷溶等主编：《邓小平年谱》，中央文献出版社，2004 年，第 450—451 页。

无人过问，放任自流，在某些问题上甚至有法不依，违法不究"。①

　　"文革"期间，《婚姻法》在事实上停滞了，在极"左"思潮的影响下，法律虚无主义泛滥，自由、平等等权益难以得到法律保障。正如杨大文所指出："婚姻法被人们渐渐淡忘了，公民的家庭权益得不到应有的保护。"② 在"文革"时期，婚姻被打上政治烙印，离婚往往被要求给出"正当理由"，而"正当理由"大多和政治有关。众多感情好的夫妻由于政治原因被迫离婚，还有众多感情破裂的夫妻因为政治原因难以离婚。在离婚问题上，出现许多该离的离不了，不该离的却离了的悲剧，离婚自由得不到保障。出于对政治形势和个人政治安全的考虑，司法工作者一味调解和好，不准离婚，"多年来，法院在处理离婚案件时掌握偏严"。③ 但是"文革"导致司法、民政等有关部门瘫痪，不能有效开展工作，国家未能进一步采取措施完善《婚姻法》，婚姻家庭领域的问题亟需解决，新《婚姻法》的颁布实施是"以阶级斗争为纲"结束的体现。

　　"文革"浩劫践踏了社会主义民主和法制，搞乱了人们的思想，败坏了社会风气，致使某些已经基本上被破除的陈规陋习死灰复燃。包办、买卖婚姻重新抬头，这在落后地区更为突出。有关部门的调查显示，陕西省周至县终南公社双明大队第五生产队，共有 16 岁至 25 岁的未婚青年 47 人，由父母包办订婚的有 45 人。基层干部和党员也不例外，双明大队共有生产队长以上的干部 22 人，代子女包办订婚的有 14 人。第四生产队共有 9 名党员，除一人未婚、两人结婚不久外，其余 6 人都已代子女包办订婚。结婚索要彩礼现象十分普遍，巧立名目处处要物要钱，如见面礼、四色彩、衣服钱、奶水钱、离娘钱、领结婚证钱。④ 借婚姻索取财物，铺张浪费办婚事，也使拐卖妇女的违法犯罪行为增多。四川省妇女大量外流，每年以万计，其中一部

　　① 《1950—1990：新中国婚姻家庭制度改革四十年》，巫昌祯等主编：《当代中国婚姻家庭问题》，人民出版社，1990 年，第 43—44 页。

　　② 廖雁：《中国婚姻变奏曲》，《江苏工人报》2000 年 11 月 18 日。

　　③ 武新宇：《关于〈中华人民共和国婚姻法（修改草案）〉的说明》，民政部基层政权和社区建设司编：《婚姻登记管理资料汇编（1950—2003.5）》，中国社会出版社，2003 年，第 29 页。

　　④ 《1950—1990：新中国婚姻家庭制度改革四十年》，巫昌祯等主编：《当代中国婚姻家庭问题》，人民出版社，1990 年，第 42—43 页。

分是被拐卖至外地非法成婚的。妇女因不堪在婚事上所受的迫害愤而自杀的事件，在有的地区又重新出现。1976 年 1 月至 9 月，湖北农村女青年结伴自尽的事件有多起，共死亡 102 人。[①] 此类现象的凸显促使广大群众要求修改《婚姻法》。而且，"由于封建主义思想的影响，有相当一部分群众和干部至今仍错误地认为'父母之命，媒妁之言'和定亲要聘礼是理所当然的"。[②] 法学家巫昌祯曾强调这一点："建国 30 多年来，社会生活各个方面发生了巨大的变化，特别是在十年动乱期间，婚姻家庭领域里出现了新的情况和问题。例如：封建婚姻问题，道德水平下降，法制观念淡薄等等，广大群众一致要求颁布新的婚姻法。"[③]

另外，因为封建思想的影响，以及人口政策上的某些失误，中国人口问题日趋严峻。"全国解放后出生的青少年和儿童占了 65%，1954 年到 1960 年的七年中，出生的人口有一亿三千多万。"[④] 而且，改革开放初期这些人已经结婚或者准备结婚，国家意识到数量庞大的出生人口将会制约经济建设和社会发展。

当时的社会状况已经与 50 年代初大为不同，1950 年《婚姻法》的某些规定已经不符合新的政策。"随着我国三十年来社会生活的发展变化，婚姻家庭关系中出现了很多新情况、新问题，1950 年的婚姻法已经不能完全适应。"[⑤] 例如 1950 年《婚姻法》规定的结婚年龄，男 20 岁，女 18 岁。但是党的新政策是提倡晚婚晚育，这造成"非法同居、未婚怀孕的现象不断发生，因此婚龄问题必须适当地修改"。[⑥] 这种实践中的不和谐要求《婚姻法》做出符合新形势的修改。

而且，《婚姻法》需要和《宪法》的精神一致。时任全国妇联主席康克

---

① 《1950—1990：新中国婚姻家庭制度改革四十年》，巫昌祯等主编：《当代中国婚姻家庭问题》，人民出版社，1990 年，第 43 页。

② 武新宇：《关于〈中华人民共和国婚姻法（修改草案）〉的说明》，民政部基层政权和社区建设司编：《婚姻登记管理资料汇编（1950—2003.5）》，中国社会出版社，2003 年，第 35 页。

③ 巫昌祯著：《我与婚姻法》，法律出版社，2001 年，第 8 页。

④ 《人民日报》记者述评：《认真研究计划生育的新形势》，《新华月报》1981 年第 8 期。

⑤ 《婚姻、家庭生活的准则》，民政部基层政权和社区建设司编：《婚姻登记管理资料汇编（1950—2003.5）》，中国社会出版社，2003 年，第 25 页。

⑥ 黄传会著：《中国婚姻调查》，作家出版社，2011 年，第 128 页。

清认为 1950 年《婚姻法》的内容与 1978 年新《宪法》的精神不符合。她在向中央呈送的《关于再度建议修改婚姻法向中央的请示报告》中指出："这个婚姻法的性质是新民主主义的，主要矛头是反对封建，因此法律条文规定保护私有财产，承认财产继承权，这样的总精神与新宪法的精神不相适应。"[①] 这就是说《宪法》是根本大法，《婚姻法》的内容必须以它为依据，不能和它产生矛盾。

《宪法》内容的修改要求《婚姻法》进行相应的修改。1978 年，全国人大通过了新《宪法》，修改了 1954 年《宪法》的某些内容，例如妇女在政治、经济、文化、社会等方面享有同男性一样的权利，同工同酬。增加了"男女婚姻自主""国家提倡和推行计划生育"的内容。可见，修改后的《宪法》更全面、更具体，《宪法》是根本大法，它要求《婚姻法》做出相应的修改。同时，《婚姻法》对《宪法》有关内容的确认有利于在实践中更好地执行，有助于更好地践行《宪法》的理念。

共和国成立后的 30 年间，司法实践取得的经验也需要《婚姻法》进行确认。这些司法实践涵盖了涉外婚姻、军婚、少数民族婚姻、婚约、聘礼、重婚、收养子女等各方面的内容。以立法的形式对这些经验进行肯定，可以更好地发挥这些经验的作用。"从 1950 年到 1980 年，我国妇女的地位和广大人民的婚姻家庭生活，已经发生了深刻的变化。30 多年改革婚姻家庭制度的历史经验，需要以立法的形式肯定下来。如果说 1950 年婚姻法是废除封建主义婚姻家庭制度，实行新民主主义婚姻家庭制度的重要工具，那么，1980 年婚姻法便是巩固和发展社会主义婚姻家庭制度的法律武器。"[②]

也有领导强调修改《婚姻法》是为了反对资产阶级思想和行为。时任全国人大常务委员会法制委员会副主任的武新宇在解释《婚姻法》修改草案时指出，要"反对那种对婚姻关系采取轻率态度或喜新厌旧的资产阶级思

---

① 黄传会著：《中国婚姻调查》，作家出版社，2011 年，第 128—129 页。
② 《1950—1990：新中国婚姻家庭制度改革四十年》，巫昌祯等主编：《当代中国婚姻家庭问题》，人民出版社，1990 年，第 47 页。

想"。① 有部分学者也把当时的某些婚姻问题归因于资产阶级思想，要"揭露资本主义社会婚姻家庭制度的虚伪性，批驳资产阶级婚姻家庭价值观，引导社会抵制资产阶级婚姻家庭思想意识的侵蚀"。②

法学家巫昌祯认为 1980 年《婚姻法》既是为了反封建主义也是为了反资产阶级思想，"1980 年婚姻法的主要任务，就是进一步同婚姻家庭领域里残存的旧思想、旧传统、旧习俗作斗争，同宣扬性自由、性解放的资产阶级思潮作斗争，以巩固和发展社会主义的婚姻家庭制度。"③

从实践中看，修改《婚姻法》的主要任务是反对封建主义，而反对资本主义的声音相对较弱。中国封建主义思想有两千余年，消除沉积日久的思想观念需要长期的过程，1950 年《婚姻法》并未彻底清除封建主义思想的影响，它依然对人们产生着严重的影响。而共和国成立后中国长期保持着对资产阶级的警惕，改革开放伊始，资产阶级的"腐朽思想"对国人还未产生特别严重影响，并且改革开放后，国家重视向西方发达国家学习，"改革开放之始，国家刚下定决心要学习借鉴西方经验，但婚姻家庭立法若将反对资产阶级思想意识作为其主要任务，似乎很不合时宜"。如果反对资本主义，这似乎与改革开放和学习西方国家的形势不符，这种顾虑是后来婚姻领域出现问题的原因之一。"若说以反封建婚姻家庭传统作为主要任务，似乎在某种程度上有否定社会主义改造 30 年之嫌。左右为难之际，新法案的主要任务也变得模棱两可了"。④ 尽管如此，从 1980 年《婚姻法》的内容看，主要是在反对封建主义。

在 1950 年《婚姻法》颁行后的 30 年间，《婚姻法》在事实上已经失去了作为婚姻家庭关系基本准则的作用。为了反对封建主义、资本主义以及纠正"文革"造成的混乱局面，需要拨乱反正，解决婚姻领域出现的问题，促进社会主义精神文明建设，对婚姻家庭立法进行修改，以使婚姻家庭制度和

---

① 武新宇：《关于〈中华人民共和国婚姻法（修改草案）〉的说明》，民政部基层政权和社区建设司编：《婚姻登记管理资料汇编（1950—2003.5）》，中国社会出版社，2003 年，第 29 页。

② 《1950—1990：新中国婚姻家庭制度改革四十年》，巫昌祯等主编：《当代中国婚姻家庭问题》，人民出版社，1990 年，第 47—48 页。

③ 巫昌祯：《中国婚姻家庭法学四十年（上）》，《政法论坛》1989 年第 4 期。

④ 蒋月著：《20 世纪婚姻家庭法：从传统到现代化》，中国社会科学出版社，2015 年，第 324 页。

社会主义经济基础相适应，同时也为了巩固共和国法制建设的成果，"不仅要建立社会主义婚姻家庭制度，而且要巩固和维护社会主义家庭制度，为调整婚姻家庭关系提供基本准则"。[1]

1980 年《婚姻法》是 1950 年《婚姻法》的继承与发展，它重申了 1950 年《婚姻法》的基本原则，保留了行之有效的内容，并且根据实际需要调整了相关内容。并且，在 1950 年《婚姻法》的基础上，根据 30 年的司法实践经验和当时的国情，在 11 个方面进行了修改和补充，其中社会影响比较大，备受关注的有以下三个方面。

首先是"感情确已破裂"成为法定离婚标准。1980 年《婚姻法》第二十五条规定"人民法院审理离婚案件，应当进行调解；如感情确已破裂，调解无效，应准予离婚"。[2] 从此，"感情确已破裂"成为法定的离婚判决条件。1950 年，共和国首部《婚姻法》第十七条规定：男女双方自愿离婚的，准予离婚。但是，由于政治形势日趋极"左"的影响，高离婚率被视为资本主义腐朽性和家庭崩溃的延伸，法官出于政治正确的考虑，在审理离婚案时倾向调解和好，甚至判决不离婚，自由离婚的法律规定逐渐形同虚设，感情因素是判决离婚的重要参考条件，但这条标准被以政治标准为特征的"正当理由"冲淡。

1980 年《婚姻法》把"感情确已破裂"确定为法定离婚判决标准，并且这一条款首次写入法律。1980 年《婚姻法》和 1950 年《婚姻法》执行的都是"破裂主义"，不过后者执行的是"婚姻破裂"，而前者执行的是"感情破裂"，尽管当时绝大部分中国人并非是以感情为基础缔结的婚姻，婚姻的入口并不是感情，但是《婚姻法》把感情定为婚姻的出口，这反映了立法部门对婚姻发展变化的前瞻性认识，法律不能朝令夕改，这种规定有助于为以后处理离婚问题留有空间。

《婚姻法》把"感情破裂"确立为法定的离婚判决条件，否定了离婚"理由论"，是对"感情论"的认可。这是基于对夫妻关系状况本身的评定，

---

[1] 叶英萍著：《婚姻法学新探》，法律出版社，2004 年，第 12 页。
[2] 民政部基层政权和社区建设司编：《婚姻登记管理资料汇编（1950—2003.5）》，中国社会出版社，2003 年，第 23 页。

在《婚姻法》颁行后相当长一个时期，尽管离婚判决实践对"感情"标准执行度不高，但这毕竟为感情标准的离婚判决实践奠定了法律基础，在当时社会风气还很保守的中国，这无疑具有标杆性的意义。

"感情确已破裂"离婚标准成为法定离婚条件，为中国人离婚创造了更容易的条件。感情标准更尊重个体感受，是国家重视以人为本的表现。感情标准是对"正当理由"离婚标准的一大进步，在婚姻政治化的年代，"正当理由"的离婚判决标准基本上等同于政治理由。所以，离婚"感情确已破裂"法定标准的确立是在法制上对婚姻政治色彩的进一步弱化。

"感情确已破裂"离婚标准成为法定离婚条件完善了离婚自由的内涵，是对婚姻自由的必要补充。这个条款充分考虑了当时中国人婚姻的实际状况，1950 年《婚姻法》强调了结婚自由，而离婚自由在实践中受到约束，低离婚率被视为社会主义优越性的表现。但是，由于几千年封建观念的影响，买卖婚姻、变相买卖婚姻、包办婚姻及其他原因造成了很多夫妻关系名存实亡、勉强维持，这样的婚姻不仅无益，甚至是有害的。感情破裂的夫妻解除婚姻关系，对双方都是解脱，也可能是幸福生活的开始，离婚自由完善了婚姻自由的内容，如果只有结婚自由，没有离婚自由，就好比进入一个只有入口没有出口的封闭空间，把一对毫无感情、痛苦不堪的夫妻解脱出来，各自再寻找幸福，这种离婚自由正是《婚姻法》所要保障的，缺少这一环节，婚姻自由的内容就不完善。所以有学者认为"新婚姻法的立法思想是国际领先的"。"这种领先体现在把婚姻当作一个生命体，婚姻关系死亡了，法律就要允许离婚，承认死亡"。[①]"把夫妻感情是否破裂作为处理离婚案的原则界限和道德尺度。于是激发人们去争取个人权利和自我价值的实现，去争取个人的幸福。这无疑是婚姻发展中的一大进步。"[②]

离婚标准的变化一定程度上反映当时立法思维的转向。完善婚姻自由，提升人们的婚姻权利，从"理由"标准向"感情"标准的转变，体现的是离婚标准"政治"性的淡化，表明婚姻领域正在从人治向法治转向。

---

① 廖雁：《中国婚姻变奏曲》，《江苏工人报》2000 年 11 月 18 日。
② 安云凤主编，吴来苏等著：《性伦理学新论》（第 2 版），首都师范大学出版社，2002 年，第 254 页。

第二个备受关注的内容是法定结婚年龄提高两岁。新《婚姻法》规定婚龄，"男不得早于二十二周岁，女不得早于二十周岁，晚婚晚育应予鼓励"。① 男女婚龄比 1950 年《婚姻法》规定的婚龄均提高了两岁。

提高婚龄在当时具有积极意义。它有助于破除婚姻陋俗，"在我国旧社会中，长期流行着早婚的习惯。原《婚姻法》把法定结婚年龄规定为男二十岁，女十八岁，是符合建国初期的实际情况的，对破除早婚习俗，保护民族的健康起了积极作用"。② 提高婚龄也有助于解放女性，提高婚龄有助于使女性从被围于家庭，以生育和处理家庭事务为主，逐渐走出了家庭并承担一定的社会事务，女性受教育的比例会越来越高，她们的文化水平和素质也会逐渐提升，她们独立自主的能力也得以增强。

第三个备受关注的内容是计划生育成为基本国策。1980 年《婚姻法》在总则第二条第二款把"实行计划生育"增加为婚姻家庭关系的基本准则，并在第三章《家庭关系》中第十二条规定"夫妻双方都有实行计划生育的义务"。从此，计划生育成为一项基本国策。

共和国成立后，由于当时的主要领导人忽视了人口增长的严峻性，主张为国家建设提供人力，国家的人口政策是鼓励生育，随着人口的迅速膨胀，国家逐渐意识到人口膨胀成为经济发展和实现四个现代化的包袱，所以，国家要求轻装上阵搞建设，对人口增长实行计划调节和控制，目的是实现人口与经济、社会的协调发展。《人民日报》曾指出"计划生育是社会主义制度下人口再生产的客观要求，有计划地控制人口增长是实现四化的重要条件"。③ 国家把计划生育和实现"四化"结合在一起，这是计划生育被确定为基本国策的理念基础。

计划生育政策使家庭生育功能发生变化。家庭的一项主要功能是生育，产生后代使人口得以繁衍，中国人自古以来就有"不孝有三，无后为大"的

---

① 民政部基层政权和社区建设司编：《婚姻登记管理资料汇编（1950—2003.5）》，中国社会出版社，2003 年，第 22 页。

② 民政部基层政权和社区建设司编：《婚姻登记管理资料汇编（1950—2003.5）》，中国社会出版社，2003 年，第 35—36 页。

③ 《新婚姻法有哪些主要原则？》，《人民日报》1980 年 12 月 24 日。

观念，在传统家庭里，没有后代被认为是婚姻和家庭的不完整。改革开放后，1980 年《婚姻法》规定实行计划生育，这成为中国的基本国策。从此，生育子女的数量大为减少，即使在农村，无论男女，最多生育两个子女，城市市民只能生育一个孩子。随着人们尤其是女性文化素质的提升，多生育子女，养儿防老的观念逐渐改变，尤其是随着社会培养子女成本的大幅提升，这也限制了生育子女的数量，所以，在各种因素的影响下，生育子女的数量大幅减少。这有利于把女性从繁重的家务劳动中解放出来，在未实行计划生育的时候，每个女性生育几个孩子甚至十几个孩子是常见的现象，女性的大量时间被抚育孩子和家务劳动占用，其职业诉求无形中被削弱，长期以来，女性被称为"家里的"，她们走向社会实现自己的社会价值既缺乏社会保障机制，也缺乏基本的家庭时间保障。计划生育政策要求女性生育一个孩子，农村女性最多生育两个孩子，这减轻了女性负担，从而有时间走出家庭参加社会工作，女性地位的提高，在一定程度上削弱了父权和夫权，计划生育政策对女性解放具有积极意义。

计划生育政策客观上促进了代际关系的转型。计划生育政策促进了家庭小型化，据国家统计局统计，1978 年全国户平均人口为 4.663 人，1987 年下降到 4.151 人；另据 1987 年全国 1% 人口抽样调查，4 人以下的户占 59.82%，5—6 人户占 29.75%，7—9 人户占 9.39%，10 人以上户只占 1.03%。而 1990 年全国第四次人口普查显示，在大陆 30 个省、自治区、直辖市共有家庭 2.77 亿户，户平均人口为 3.96 人。[①] 家庭小型化引发家庭关系的转型，这在农村表现的相对明显。家庭小型化意味着农村家庭模式的变化，越来越多的青年愿意成立不同父母一起生活的小家庭，而许多老年人也希望与子女分开居住生活。传统的家庭结构随之发生很大变化，三代同堂、四代同堂的大家庭逐渐让位于一夫一妻组成的小家庭。这种家庭模式的变化必然引发家庭权力格局尤其是代际关系的变化。

计划生育政策使中国人重男轻女的现象进一步加重。中国人"不孝有三，无后为大"的观念非常严重，生男孩才被视为有了"后人"，有的夫妻

---

① 中国年鉴编辑部：《中国年鉴》（总第 14 期），中国年鉴社、华嘉集团，1994 年，第 80 页。

因超生被罚款也在所不惜，有的夫妻尽管是自由恋爱结婚，婚后感情也很好，一般情况下，计划生育政策要求只能生育一个孩子，如果第一胎是女儿，这样就失去了生儿子的机会，"他们头脑中的封建伦理道德观的残余，再也不能深藏不露了，逼使它们跳出来挣扎"。① 他们会采取各种方法生儿子。有的男人只是因为妻子生了两个女孩，丈夫怕断子绝孙，便找种种理由提出离婚。② 还可能给妇女带来严重伤害，例如为了生育男孩，不惜流产女婴，妇女身体健康受到伤害，有的妇女因为生女儿受到婆家虐待，大量妇女成为生育男孩、家庭冲突的牺牲品。

1980 年《婚姻法》推动了婚姻领域从人治转向法治的进程。有人说 1980 年《婚姻法》的首要意义在于"它是家庭关系政治化年代的终结"。③ 这种观点有道理，这部《婚姻法》在法制上终结了婚姻家庭政治化的年代，是政治导向的价值观在婚姻家庭领域的终结。只有婚姻家庭领域的法治化，才能使人们真正享有《婚姻法》所规定的各项权益。在改革开放前，人治长期代替法治，1980 年《婚姻法》使我国的婚姻家庭制度重新回到法治轨道，使婚姻家庭关系政治色彩逐渐淡化。例如过去偏严的离婚条件有所改变，"感情破裂"被确定为离婚的唯一条件，它的意义在于"不能把不准离婚作为一个惩罚手段来使用"。④ 正如法学家巫昌祯等人指出："从现行婚姻法颁行的历史条件来看，它对拨乱反正，使婚姻家庭制度改革在经历了重大的曲折后重新走上健康发展的轨道，也起了重要作用。""加强婚姻家庭关系的法律调整使公民的合法权益得到有效保障，有利于发挥广大群众、广大妇女的社会主义积极性，发挥家庭在社会生活、社会生产中的积极作用。"⑤ 实践证明，1980 年《婚姻法》有利于实现婚姻家庭领域的拨乱反正，破除政治导向的婚姻家庭观念，扫除婚姻家庭领域的旧习俗和旧思想，巩固和发展社

---

① 孙波：《试论实行计划生育对建设社会主义精神文明的促进作用》，西南政法学院民法教研室编：《婚姻家庭论文集》，1985 年，第 245 页。

② 本报讯：《金海区法院审理因生女孩闹离婚案件》，《人民日报》1983 年 4 月 7 日。

③ 杨一凡等主编：《中华人民共和国法制史》，社会科学文献出版社，1997 年，第 173 页。

④ 陈煜等：《1980："感情破裂"可以离婚了》，《书摘》2009 年第 2 期，第 19 页。

⑤ 《1950—1990：新中国婚姻家庭制度改革四十年》，巫昌祯等主编：《当代中国婚姻家庭问题》，人民出版社，1990 年，第 47—48 页。

会主义的婚姻家庭制度，促进男女平等，促进女性解放，建设社会主义精神文明，结束婚姻领域的法律虚无现象，恢复《婚姻法》作为调节婚姻秩序的功能。

1980 年《婚姻法》推动了男女平权。该法规定，结婚登记后，根据男女双方约定，男女双方均可成为对方的家庭成员。这把男女平权的重要内容用法律固定下来。1950 年《婚姻法》尽管规定了男女权利平等的原则，这成为社会主义婚姻家庭制度区别于旧式婚姻家庭制度的重要标志，但《婚姻法》并没有规定如何落实男女权利平等，导致这项原则成为一项倡导性的规定而流于形式。1980 年《婚姻法》第八条的有关规定是一项可执行的具体标准，为事实上的男女平等、夫妻平权扫除了一些障碍，使男女权利平等从形式平等走向实质上的平等迈出了一大步。"这对于保障婚姻自由，推行计划生育，解决有女无儿户的实际困难，都有好处"。① 男方到女方家庭落户，有助于解决五保户的困难，给国家和集体减轻负担。据定县近八年的调查统计，男方成为女方家庭成员，使全县减少 2032 个五保户。②

该法还加强了对妇女、儿童和老年人权益的保护。随着社会发展，原有的代际关系逐渐失衡，子辈在代际关系中的地位上升，老年人的权益受到威胁，所以《婚姻法》总则中增加了保护"老人的合法权益"的条款。由于当时买卖婚姻猖獗，为保护妇女的权益，总则中增加"禁止买卖婚姻"的条款，将 1950 年《婚姻法》规定的父母、子女双方均不得虐待或遗弃，修改为禁止家庭成员间的虐待和遗弃。将祖孙和兄弟姊妹关系列入《婚姻法》的调整范畴，包括祖父母、外祖父母和孙子女、外孙子女之间，以及兄、姊和弟、妹之间的抚养责任和赡养义务，另外还规定了父母如果不履行抚养义务，子女如果不履行赡养义务的时候，双方都可以要求对方抚养或赡养的权利。

在夫妻财产的规定中增加了约定财产制，1950 年《婚姻法》中的"夫妻双方对于家庭财产有平等的所有权与处理权"，在 1980 年《婚姻法》中修改为第十三条："夫妻在婚姻关系存续期间所得的财产，归夫妻共同所有，双

---

① 民政部基层政权和社区建设司编：《婚姻登记管理资料汇编（1950—2003.5）》，中国社会出版社，2003 年，第 33 页。

② 张应征：《男方也可以成为女方家庭的成员》，《人民日报》1981 年 3 月 26 日。

方另有约定的除外。"关于财产的规定，前者没有说明哪些是夫妻共有财产，所以离婚时女方的权益往往得不到保障，后者增加了夫妻共有财产和约定财产制度，夫妻财产归属更加明确。因为在改革开放之初经济相对落后的情况下，家庭财产相对较少而且单一，对财产所有权和处理权的规定并未引起人们的较多关注，但这并不意味着其意义小。事实证明，随着社会的发展，这些内容涉及的人越来越多，对人们婚姻生活的影响也逐渐明显。

1980 年《婚姻法》在一定程度上完成了时代赋予的任务。然而，此部《婚姻法》也存在不足之处。

改革开放之初，国家的各项工作重视拨乱反正，1980 年《婚姻法》的制定也不例外。它被视为对"文革"拨乱反正工作的一项重要内容，更多地关注眼前任务，这部《婚姻法》的制定遵从的是"宜粗不宜细"的立法思想，原则性、框架性较强，法律条文则较为粗略，对未来婚姻的前瞻性和系统性建设相对不足。

同时，1980 年《婚姻法》也是在表达为社会主义建设服务的意图。当改革开放的大幕拉开时，国家要调动一切因素为社会主义建设服务，立法也被赋予服务社会主义建设的工具性任务，恰如有的学者所说："为了适应经济建设和现代化建设的需要，立法奉行法律工具主义理念。法律工具主义就是把法律视为加强行政管理、强化社会管理和控制的工具。"[1] 另外，"立法工具主义的理念与当时奉行传统的马克思主义法律理论——法律是统治阶级的工具，是维护社会秩序的手段有关"。[2] 法律工具主义重视管理，轻视或忽视服务，重视政府权力，轻视或忽视公民权利。共和国成立后，这种处理婚姻问题的理念是大多数法律工作者和学者的共识，在处理离婚案件的问题上，有关人士大多主张根据现实情况采取措施，而非通过法律的条款去处理，因为如果在法律上规定了具体的条款，国家就难以限制离婚了。例如北京大学法律系民法研究室的教师就主张在离婚原因上不设明确的法律条款，他们反对像资本主义国家那样机

---

① 中国政法大学"中国法治 30 年"课题组编：《中国法治 30 年回顾与展望（1978—2008）》，厦门大学出版社，2009 年，第 14—15 页。

② 中国政法大学"中国法治 30 年"课题组编：《中国法治 30 年回顾与展望（1978—2008）》，厦门大学出版社，2009 年，第 15 页。

械式地列举规定。① 《婚姻法》的粗略为国家介入婚姻领域留出了空间，有助于实现国家对个人生活的管控，调动个人为国家建设服务。

法律工具主义的理念也影响着 1980 年《婚姻法》的制定，这部《婚姻法》也被赋予了服务社会主义建设的工具性意义。它被视为影响社会主义建设的重要因素，正如当时的主要领导人胡耀邦指出："家庭仍是我国社会的细胞，我们对婚姻家庭问题处理得好坏，直接影响我国社会的发展。"② 在这种情况下制定的新《婚姻法》被认为"是实现四化的需要，处理好婚姻家庭问题是关系到人民的团结、妇女的解放、社会生活和生产的重大问题，决不是一件小事"。③ "四化"建设需要一个稳定的社会环境，国家要有效管控社会生活，《婚姻法》的粗略是实现这一目的的一个条件。

"宜粗不宜细"的立法思想还源于客观条件的制约。由于"文革"对法制的破坏，法制建设基础薄弱，加之当时的立法工作量大，人力缺乏。面对这种情况，邓小平认为："法律条文开始可以粗一点，逐步完善，有的法规地方可以先试搞，然后总结提高，制定全国通行的法律。修改补充法律，成熟一条就修改一条，不要等待'成套完备'。总之，有比没有好，快搞比慢搞好。"④ 这为当时的立法工作指明了方向。

同时，立法者的思想处于新旧碰撞的状态，《婚姻法》的修改也难以考虑周全，这客观上造成法律条文较粗。正如有学者认为："在我国婚姻家庭法制建设的初创时期，面临着新旧婚姻家庭制度交替的重大斗争，在一些具体问题上还没有成熟的经验，婚姻家庭立法往往是具有很大的纲领性和概括性，疏而不密，不够完备。"⑤ 也有学者认为，在 80 年代初，我国的改革开放和社会主义建设处于起步阶段，各方面都落后，"1980 年婚姻法的基本任务只能是确立社会主义条件下的婚姻家庭制度，而不可能全面具体地规范婚

① 北京大学法律系民法研究室：《对离婚问题的分析和意见》，法律出版社编：《离婚问题论文选集》，法律出版社，1958 年，第 37—44 页。

② 北京广播电视大学法律教研室编：《婚姻法资料选编》，中央广播电视大学出版社，1985 年，第 22 页。

③ 民政部基层政权和社区建设司编：《婚姻登记管理资料汇编（1950—2003.5）》，中国社会出版社，2003 年，第 34 页。

④ 《邓小平文选》第 2 卷，人民出版社，1983 年，第 146—147 页。

⑤ 《1950—1990：新中国婚姻家庭制度改革四十年》，巫昌祯等主编：《当代中国婚姻家庭问题》，人民出版社，1990 年，第 51 页。

姻家庭关系，因而不可避免地存在较多空白或缺陷，如原则性太强、条文也比较空泛简单、调整面比较狭窄等"。① 这有一定的道理，改革开放刚刚开始，百废待兴，缺少完善《婚姻法》的丰富经验。

"宜粗不宜细"立法原则反映了这部《婚姻法》的工具性特征，直接影响着法律条文的制定。这部《婚姻法》在制定时，重点关注在法律上进行修改和补充，该法的系统性建设没有得到足够的重视，内容只有 37 条，存在立法空白。而在国外，相关法律多达数百条，如德国《民法典·家庭篇》有600 多条，法国的有 500 多条。② 而且，"宜粗不宜细"的立法原则使《婚姻法》的条文主要对婚姻问题加以宏观性和原则性的规范，这不利于解决现实社会层出不穷的新情况和新问题，以至于不得不依靠最高法院的司法解释来指导。"宜粗不宜细"的立法原则"虽然易于建立法律制度的宏观框架，但却不利于制定细密型的法律规范"。③ 1980 年《婚姻法》的简略成为有关研究者的共识。"1980 年婚姻法仍然留下了许多立法空白和需要完善之处"。④这指出了此部《婚姻法》的不足。这些不足造成它"只是处理婚姻家庭问题的一个'大纲'……无法解决现实中层出不穷的新情况、新问题"。⑤ 所以，这部《婚姻法》过于原则化，可操作性不强。例如"感情确已破裂"尽管成为法定离婚标准，但在司法实践中，它并未成为唯一的离婚条件。对 1980年《婚姻法》来讲，本应在婚姻政治化的年代结束后对婚姻自由、平等和权利倾注更多的关注，但是更多地重视拨乱反正和服务社会主义建设的诉求一定程度上弱化了这一项工作。

另外，对军人婚姻的保护性法律规定也是在服务国家稳定和社会主义建设，而非遵循婚姻自由原则。1980 年《婚姻法》规定"现役军人的配偶要求离婚，须得军人同意"。⑥ 这条规定没有明确军人离婚的具体条件，在事实上

① 高云虹：《从婚姻法的修订看我国法制化进程》，《唯实》2002 年 Z1 期。
② 汪莉等：《新〈婚姻法〉有望进行全民大讨论》，《辽宁日报》2000 年 8 月 9 日。
③ 王歌雅著：《中国现代婚姻家庭立法研究》，黑龙江人民出版社，2004 年，第 386 页。
④ 巫昌祯等：《改革开放三十年中国婚姻立法之嬗变》，《中华女子学院学报》2009 年第 1 期。
⑤ 张玉敏主编：《新中国民法典起草五十年回顾与展望》，法律出版社，2010 年，第 382 页。
⑥ 民政部基层政权和社区建设司编：《婚姻登记管理资料汇编（1950—2003.5）》，中国社会出版社，2003年，第 24 页。

保护了军婚，但是违背了婚姻自由的原则，这种一刀切的政策过于绝对，缺少对离婚情况具体问题具体分析的规定。即使过错在军人一方，因为其不同意，法院也不能判离，从而使婚姻继续存在，而非军人一方还要继续痛苦地在婚姻内煎熬。这非常明显地反映了在当时的年代国家对军人的重视，这是维护全体人民的整体利益，当个人自由和国家利益发生矛盾，国家利益至上。

《婚姻法》回避了亟待解决的问题，有些内容没有涉及。例如亲属制度、关于结婚的禁止条件、夫妻间的生育权如何保护。所以，该法在执行时出现了较多不便，例如第三十四条规定"违反本法者，得分别情况，依法予以行政处分和法律制裁"，但制裁违反《婚姻法》行为的法律依据不够具体，可以运用哪些法律手段予以制裁也不够明确，这就给实际工作带来了一定困难。

《婚姻法》也没有关于特殊情况的婚姻登记规定，这使婚姻登记部门在实践中不易把握。所以，为了安全起见，有关部门往往对特殊情况的婚姻登记把握较严格，造成某些群体难以登记。例如涉外婚姻登记，大学生结婚、保密人员结婚、有疾病人员结婚。

约定财产制度可操作性也不强。《婚姻法》规定了夫妻双方可以约定不属于共同财产，但是对于约定的时间、方式、内容等都缺乏具体的规定，该规定在实践中不易执行。

1980 年《婚姻法》的宏观性、原则性较明显，细节不到位，在实践中操作起来有难度，加之现实的婚姻比《婚姻法》所涉及的内容更广泛、更复杂，这客观上增加了司法人员的自由量裁权，司法腐败有了产生的空间。

1980 年《婚姻法》从法律制度上结束了婚姻的政治化，重视以人为本，个人的婚姻自由、平等等权利开始得到切实的保障。《婚姻法》是首部社会主义性质的婚姻法，它的颁行契合了时代的需要，反映了改革开放大幕刚刚拉开时期的社会形势。人治逐渐转向法治，禁锢人性的制度逐渐被改变，国家的工作重心转向了"以经济建设为中心"，国家对婚姻领域直接的政治干预逐渐减少，婚姻逐渐向私人领域回归。

建设法治社会是社会主义市场经济发展的内在要求。在 1980 年《婚姻法》的基础上，其他有关的婚姻法规建设逐渐完善，这增强了人们的权利和义务观念，为人们的婚姻行为提供了法律依据。

第三节　经济体制改革孕育的个人自由

改革开放推动了中国社会的转型，"转型是指某一社会因经济体制改革与调整而引起的社会结构、社会意识形态等方面全方位的变化"。[①] 也有人把改革开放后的变革视为转轨，"转轨就是指经济的运行方式从计划走向市场，即从以指令性计划为主的计划经济体制向以市场调节为主的市场经济体制转换过程"。[②] 无论是转型还是转轨，都强调了经济体制的变革。可以说，经济体制变革是引发中国社会变革的根本性因素。从计划经济转向市场经济绝不仅仅是资源配置方式的变化，市场经济引发了政治、经济、文化和思想等各领域的根本性变革。

一、集体化体制下的个人自由

集体化体制对社会的个人化存在积极的推动作用，集体化和个人化看似矛盾，实际上集体化体制打击了家族体制，把人们从家族体制下解放出来，从这个意义上，集体化体制是个人走向自由的一个动力因素。

新中国成立后实行了计划经济体制，这和落后的经济状况和政府的强有力有密切关系，"一方面是这些国家的政府是通过革命建立起来的，拥有强大的权威和力量；另一方面，这些国家之所以发生革命，一般都是由于受帝国主义和国际资本压迫，而计划经济所具有的强大社会动员能力、政府集中资源配置以及高积累机制，都使无产阶级政党通过革命取得政权后去选择它。中国在 20 世纪 50 年代之所以选择计划经济体制，除主观认识因素外，当时的工业化压力、资源短缺和政府动员能力强也是重要因素"。[③] 集体化体

---

① 李秀华著：《妇女婚姻家庭法律地位实证研究》，知识产权出版社，2004 年，第 1 页。
② 李煜等著：《婚姻市场中的青年择偶》，上海社会科学院出版社，2004 年，总序第 1 页。
③ 钟瑛：《新中国成立初期选择计划经济体制的原因与评价研究述评》，《中共党史资料》2007 年第 4 期。

制是实现国家计划的有效方式，为了实现对个人的有效管控，调动国人到国家建设中，国家在全国范围建立了集体化体制。城市集体化体制表现为单位体制，国家通过这种体制实现对市民的管控，单位包括政府机关、企事业单位以及居委会等。有学者把单位解释为"中间集团"，"中间集团"就是在国家和个人之间，联系两者的作为中介的组织。[①] 国家通过城市单位和农村人民公社这些"中间集团"对个人进行管控。也有学者认为在城市中，国家通过"国家——单位——个人"的模式实现对市民的管控。[②] 这都在一定程度上解释了单位体制的特征。单位体制以公有制和计划经济体制为基础，倡导集体主义价值观，排斥个人主义价值观。改革开放后，随着计划经济体制向社会主义市场经济体制转变，单位体制也逐渐解体。在农村，集体化体制表现为实行人民公社体制，以此实现对农民的管控。

集体化体制以政治上的高度集权、经济上的高度集中和思想上的高度统一为特征，国家通过集体化体制实现对社会的控制，保障计划经济体制的正常运行。这种体制的建立对破除家族对个人自由的禁锢，发展个人自由具有积极影响。

家族是以血缘关系为纽带形成的家庭联合体，狭义上指数代人同居共财的大家庭，广义上则与宗族同义。[③] 家族制度是基于血缘关系建立，它以修宗谱、建宗祠、置族田、立族长、订族规为特征，把其成员组织和管控在一起，保障其成员的生存和安全。"家族制度，作为我国古代基层社会一项传统管理制度，长期肩负着巩固国家政权、辅助社会治理的历史使命"。[④]

家族制度存在的经济基础是家族拥有一定的土地（族田）和自给自足的自然经济。拥有了一定的土地，才能生产出家族成员需要的生活资料，"族田就是家族的经济命脉，族田为家族活动提供了物质基础，同时也为家族的聚居提供了条件"。[⑤] 自给自足的自然经济指的是家族成员的生活方式，这种

---

① 林明鲜著：《中国的婚姻与社会干预的变迁》，山东人民出版社，2010年，第106页。
② 田毅鹏：《"典型单位制"的起源和形成》，《吉林大学社会科学学报》2007年第4期。
③ 乔志强主编：《中国近代社会辞典》，山西高校联合出版社，1994年，第60页。
④ 张华清：《近代中国传统家族制度的瓦解及其社会影响》，《湖南师范大学社会科学学报》2020年第5期。
⑤ 杨雅彬：《中国家族制度的演变》，《社会科学战线》1993年第4期。

生活方式缺乏与社会的经济交往。在这种情况下，家族首领牢牢控制着其成员的生活资源，家族的族规制度和道德标准约束着其成员的行为方式。在这种情况下，家族成员具有一致性的行为方式和思维模式，难以培育具有独立人格的个人。

家族是一个经济实体，还是一个伦理实体。在家族内，不仅存在代际不平等，还存在男女不平等。在家族制度内，家族成员都能清晰地定位自己的身份，都明白自己在家族中的位置，并且知道自己的义务，知道要服从谁。在家族内，父尊子卑，夫尊妻卑，兄弟长幼有序。每个成员都不具有独立性，这种关系造成每个成员互相之间只存在义务关系，个人不会产生权利意识。

家族成员生活价值的出发点和落脚点是家族利益。个人只是家族延续和发展中承上启下的一个点，个人欲望和个人利益从来不被重视。相反，个人利益诉求一直被压制。所以，《礼记·昏义》指出婚姻的目的是"合两姓之好，上以事宗庙，而下以继后世"，即婚姻所看重的不是个人之间的结合，而重视两个家族、家庭的联合，婚姻表达了对祖先的孝和敬，并且重视子嗣的延续，而非当事人的感情，《大戴礼记·本命》曰"无子，为其绝世也"，《礼记·哀公问》曰"大昏，万世之嗣也"，《孟子·离娄上》曰"不孝有三，无后为大"，说的也是个人的生存价值在于完成家族延续的任务。为了保证这个任务的完成，"父母之命，媒妁之言"就成为必然的婚姻缔结方式。《诗经·齐风·南山》曰"娶妻之如何？必告父母"，娶什么样的妻子关系到家庭的利益，要由父母权衡家庭整体利益。家族制度为了维护宗法社会稳定的需要，限制其成员的婚姻自由，是因为婚姻自由会引起"对宗法制社会组织——家庭的破坏，同时，也会诱发个性的觉悟、人性的觉醒"。①

鸦片战争之后，封闭的稳定的中国被迫打开了大门，家族制度日趋衰败。"从秦汉至于明清 2000 余年中，朝代屡经更迭，但构成国家基础的家族组织及制度却没有发生明显的变化"。② 在鸦片战争之后，西方商品经济进入

---

① 徐㑇著：《媒妁与传统婚姻文化——媒妁面面观》，农村读物出版社，1991 年，第 14 页。
② 曹锦清等著：《走出"理想"城堡——中国"单位"现象研究》，海天出版社，1997 年，第 46 页。

中国，但是，商品经济在这个时代的力量极其微弱，它不足以摧毁自然经济——家族制度存在的经济基础。辛亥革命时期，资产阶级革命派把家族制度视为万恶之首，他们认为家族革命是推翻封建专制统治的开始，[①] 家族制度受到了强烈冲击，但并未解体。到了五四时期，尽管某些受西方文化熏陶的知识分子在思想领域大力提倡个人主义，批判家族制度，以此作为挽救积贫积弱的中国的重要途径，家族制度也受到了一定程度的冲击，但是具有独立、平等人格的个人依然缺少存在的社会基础。即使有某些冲破家族制度罗网的个人走向了社会，寻求自由和平等，但是社会缺少其存在条件，个人或在社会中消亡，或为了生存重归家族，家族依然是绝大部分人的归宿。家族制度尽管受到了冲击而衰败，但是并未解体，具有自由、独立、平等人格特征的个人并没有成长起来。这表现在婚姻领域就是，婚姻自由的思潮基本局限在城市精英群体及文化知识界，广大农村还维持着原有的家族制度和婚姻习俗。[②]"直到1949年人民民主革命的胜利和1952年全国土地改革的完成，才将家族制度彻底消灭掉"。[③]

集体组织在全国范围内的建立使家族制度解体。集体组织的建立是共和国依靠政权的力量强制建立起来的，也就是说家族对其成员的管理权被国家强制解除。为了巩固新生的人民政权，国家进行了土地改革运动，土地被分给一家一户的农民，随后，国家开展了集体化运动，土地等生产资料以及生产工具都被纳入集体。集体组织建立的基础是公有制和计划经济，这摧毁了家族制度的经济基础。并且，新中国成立后的政治运动扫除了家族制度的一切外在形式和礼仪规范，族长、宗祠、家谱、族田、族规都随之消失，维系家族制度运行的基础和形式都随之坍塌。"家族的生产职能、分配职能、教育职能甚至部分抚育和赡养职能都被建立在公有制基础上的'单位'和建立在集体所有制基础上的'集体'所吸纳，从而使古老的家族制度发生彻底瓦解"。[④]

---

① 张枏等编：《辛亥革命前十年间时论选集》第2卷下册，三联书店，1959年，第916—917页。
② 许多澎：《改革开放30年中国人择偶偏好的变迁及其社会成因》，《东北师大学报》2008年第6期。
③ 徐扬杰著：《中国家族制度史》，人民出版社，1992年，第6页。
④ 曹锦清等著：《走出"理想"城堡——中国"单位"现象研究》，海天出版社，1997年，第34页。

家族的生产功能被集体组织取代，人们生活的经济来源也从家族转向了集体组织。家族成员被吸纳进入城市单位和农村人民公社，人们的经济收入分配在组织内进行，城市单位给职工发工资，在人民公社中，生活资料的分配依据是农民的劳动工分，这就意味着人们经济收入呈现个人化，人们的生活经济来源于集体组织，而是不家族和家庭，这使家族失去了对成员的经济控制力，家族制度中等级森严的身份制度也就失去了主要的存在基础。

进入集体组织，这也使人们从家族道德评判体系中解放出来。在集体化体制下，"孝"作为家族制度的核心要素，自然被定义为"私"的范畴，"虽然尊老被提倡，抚养父母的义务也由法律做了规定，但历来作为伦理规范的最高准则的孝、悌则遭到了否定甚至批判"。① 集体主义思想是集体组织所要求的价值观，在国家大力批判下，家族制度的道德对个人的影响力迅速弱化，家族制度迅速失去了维系运行的思想基础。

集体化体制与家族制度相比较，前者对推动个人自由具有一定的积极作用。个人从家族进入集体组织，一定程度上是家族成员从血缘关系网络迈入社会关系网络，是从狭小的家族空间向广阔的社会空间迈出了重要一步。这一步的迈出对个人婚姻自由具有较强的促进意义。家族成员有了相对较多的机会与更多的人建立友谊和相恋关系。而且 1950 年，共和国第一部《婚姻法》颁行，确立了婚姻自由的原则，这为单位体制内的人们提供了婚姻自由的法律依据，婚姻自由在法律制度层面是被允许的行为。

在城市单位体制和农村人民公社体制下，家族失去了对其成员的控制力，这使个人获得了一定程度的解放，向具有独立人格的个体迈进了一大步，集体化体制是社会走向个人化的重要一步。

但是，集体化体制是一把双刃剑，城市单位和农村人民公社对人们的生活进行了严格的管控，又制约了个人自由的发展。尽管 1950 年《婚姻法》规定了婚姻自由原则，国家严厉批判家庭包办婚姻，父母对婚姻的影响力逐渐减弱，但并未形成个人自主的婚姻。随着国家集体化运动的不断升级，家

---

① 陈映芳著：《"青年"与中国的社会变迁》，社会科学文献出版社，2007 年，第 182 页。

庭包办婚姻虽然被批判，个人被从家庭中剥离出来，但这并不意味着个人的婚姻自由度增强。这是因为个人主义被视为资产阶级的价值观，与国家倡导的集体主义相抵触。所以，在集体化时代，无视个性、压制个性成为一种常态，个人被纳入了国家各级机构和组织的管控体系，婚姻从家庭包办转变为国家管控。

在集体化体制下，国家通过城市单位和农村人民公社控制着社会。在城市中，单位建立于1953年，完成于1956年。[①] 1958年，全国农村普遍建立人民公社。它把工农商学兵、政治经济社会结合在一种组织，企图把乡村乌托邦化。农村人民公社曾被认为是向共产主义过渡的最好形式。[②] 人民公社实行平均主义的分配方式，反对物质利益原则，强调自给自足。

这些集体组织代表国家直接控制和管理家庭、个人，维护国家的稳定运行，有效地保障了国家意志的贯彻。国家通过严密的各级集体组织严格控制着社会资源、生产、生活、人的流动和发展，构建了高度集中的、政治化的管控体系，人们需要依附集体组织生存。

在城市，单位体制控制着个人的日常生活。每个市民都有自己的单位，或者是企事业单位，或者是街道办事处、居委会等机构。即使没有职业的"社会人员"，他们或被单位开除，或因病不能工作，也有街道居委会管。[③] 单位制度是计划经济体制下国家主导城市社会的主要机制，在单位制度下，"个人被分配到某个单位就业，除非相关部门重新安排，否则将在那里终老一生，除了就业外，城市的单位制实际上还提供了个人'从摇篮到坟墓'整整一生的所有重要资源与机会"。[④] 单位对个人的一切生产和生活提供保障、援助和管控。具体来讲，单位主要承担着政治、生产、生活、道德评判四项功能。

政治功能。各级单位都有党的组织，发挥着对单位员工进行思想教育、

① ［美］莫里斯·迈斯纳著，杜蒲等译：《毛泽东的中国及后毛泽东的中国》，四川人民出版社，1989年，第182—188页。

② 胡乔木：《中国为什么犯20年的"左"倾错误》，《中共党史研究》1992年第5期。

③ 唐建光主编：《解禁：中国风尚百年》，金城出版社，2011年，第117页。

④ ［美］阎云翔著，陆洋等译：《中国社会的个体化》，上海译文出版社，2012年，第354页。

发展党员、提拔干部等功能，从而保障国家的行政命令、路线、方针和政策从中央到地方得以有效贯彻。整个社会生活高度政治化，人人关心国家大事，即使是谈恋爱、找对象也要把是不是党员作为条件之一。一人受表彰，全家光荣；一人犯罪，邻里都脸上无光，人在哪里都一样，唯一变化的是政治，而且与人们身家性命、个人进步息息相关，人们的兴奋点就在此。

生产功能。城市单位和农村人民公社组织其成员进行集体化生产，保障生产完成国家计划。

生活功能。就是单位为员工提供住房、医疗、救济、福利、消费、生育、就业、养老、安全保障、娱乐等方面的服务，一个单位往往是一个小社会，含有工作场所、学校、医院部门，麻雀虽小，五脏俱全，员工可以在单位里面完成从出生到去世所有事情。根据工龄、级别等条件的不同，不同的员工享受不同的工资、补贴等待遇，生育的女工享受产假之类的福利政策，总之，实行单位对员工的生活"包下来"的制度，单位某种程度上就是员工的家。例如 1987 年报刊记载，城市住房分配要凭结婚证，而结婚登记要凭单位证明，出具单位证明要先婚前检查。① 1989 年某单位房管处对离婚再婚职工对原住房的使用做出规定：离婚后，一口人的一方，不符合在生活区住宅楼内居住的条件，其住房由职工所在单位安排单身宿舍。离婚后，两口人以上的一方，公司内职工可在生活区住房居住；公司外职工应迁回本工作单位居住；没有工作的一方，由有工作的一方单位酌情安排。离婚后，双方人口都在两口人以上的公司内职工，再婚之前不能向房管处申请住房，其住房在原房内分向居住。职工因离婚或再婚，引起不符合住房规定的，由房管处收回住房或调整住房。在 20 天内不愿调整或拒绝交回的，限令搬出、罚款、停止液化气供应。②

道德评判功能。一个单位就是一个特定的道德评价社区，单位对员工进行道德上的引导和评判，可以有效维护单位的生产和生活秩序。员工发生的纠纷，包括婚姻、家庭的矛盾，往往通过单位领导来协调解决，例如职工离

---

① 吴锦祥：《结婚登记记》，《青年一代》1987 年第 5 期。
② 徐公平：《房管处对离婚再婚的职工住房作出规定》，《齐鲁石化报》1989 年 2 月 20 日。

婚需要单位领导开介绍信，甚至职工的思想"正确"与否，单位领导也要管控，管理和监控"非法同居"、违法婚姻、早婚、家庭暴力、婚外恋等观念或行为。例如，某厂职工孙桂华与他人勾搭，使其与已登记三年之久的爱人离了婚。孙以给本车间青年工人介绍对象为名，拉人下水。1978 年，孙又与本车间工人宋作敏在一起鬼混，宋对其妻百般摧残，其妻不堪虐待，服毒身亡，宋因此被依法逮捕。在此期间，孙又与炼油厂一有妇之夫勾搭，使其长期折磨妻子，其妻两次自杀未遂。孙桂华学徒期间就因这类问题被延期转正，后来恶习不改，反而变本加厉，造成民愤，最近已被开除厂籍。① 个人的晋职和晋级均依赖单位，在单位里的工作、生活作风、言谈、思想表现不好，便难以"进步"，即使换了单位，但是因为有档案记录，当事人也很难发展，单位控制着个人衣食住行、生老病死、子女入学、就业等方方面面的生活。

　　单位功能的有效发挥依赖有效的保障制度，主要包括单位行政化、户籍制度、单一所有制、劳动制度，等等。

　　单位行政化是指党政单位、社团组织甚至经济实体等都有对应的行政级别，构建了严格的下级服从上级的管理体系。这可以有效地保障国家意志从上向下有效地贯彻，从而实现国家对社会的严密管控。

　　户籍制度严格控制了人口流动和资源分配。户籍制度作为国家管理和控制社会的一种制度，的确在稳定社会方面曾经起了积极作用，但是其对社会活力的发挥也形成了一种桎梏。即使进入 90 年代，市场经济已经逐渐建立和发展，人口的流动越来越自由，但是人们的户籍身份依然难以改变，户籍依然决定着各种资源的分配。

　　在集体化体制下，公有制是唯一的所有制形式，私有制被视为资本主义的特征而被大力批判。整齐划一的分配制度使社会成员没有自由选择的余地，服从分配是唯一的选择。个人完全从属于单位，若非政府调动，个人会在一个单位生活一辈子。

　　在农村，国家通过人民公社实现对农民的全面管控。在国家推动下，

---

① 一化通讯组：《破坏他人家庭自己堕落犯罪　孙桂华已被开除厂籍》，《齐鲁石化报》1982 年 5 月 31 日。

1952 年，家庭向合作社发展，家庭的生产、生活等功能被弱化，合作社的功能比家庭增多，除了在生产上进行合作的生产功能，还具有向农民宣传、贯彻党的政策的政治功能。在合作社的基础上，全国普遍建立人民公社之后，其功能迅速扩大到各领域，不仅具有生产和生活功能，还具有政治、军事等功能。全体"社员"吃"大锅饭"，参加集体劳动，实行供给制，生产资料归集体所有。在这种情况下，"社员"没有在社会上流动的自由，个人自由也缺少经济基础。

人民公社一定程度上造成青年人缺乏自由恋爱的机会和环境。人民公社"使它们成为年轻人唯一的自由交往、广泛接触的空间。队外的交往是少量的、偶然的、多半带着政治色彩的，如群众大会、政治夜校等等，从来没有什么年轻人自由参与的娱乐活动，在这样一种人的活动自由受到限制的制度环境中，自由恋爱是不可能成为广泛的现实的"。① 人民公社减少了人们花前月下的机会，公社的政治化的意识形态也限制了恋爱行为的发生，另外，农村浓厚的传统文化排斥婚前亲密的交往，青年人的恋爱活动被这些因素所阻碍。

城市单位制度和农村人民公社使国家可以有效地对个人进行管控。"国家的政治管理活动和社会生活的经济、文化甚至百姓的日常生活融为一体，形成一种政治、经济、生活高度一体化的公领域和私领域混沌不分的局面"。② 而且政治上的高度集权，经济上的高度集中，以及有效的保障机制，使个人对单位产生高度的依附性。个人只有听话和服从才能顺畅地生活，个性、创造力和自主意识被钝化，思想越来越僵化。在集体化体制下，个人不是创造的主体，而仅仅是一部机器上的零件。个人的一切都在"计划"之中，个人只有"无私的奉献"而不允许有超出"计划"的创造，只有服从"计划"的责任而没有追求个性的自由，"螺丝钉"精神被绝对化成了一种僵化的理念。③

---

① 《人民公社时的婚姻生活》，《中华读书报》1998 年 10 月 21 日。
② 谢中立著：《当代中国社会变迁导论》，河北大学出版社，2000 年，第 135 页。
③ 《人生的路为什么越走越宽（代序）》，《中国青年》编辑部编：《潘晓讨论：一代中国青年的思想初恋》，南开大学出版社，2000 年。

　　个人自由度的提升缺少社会条件，这也直接影响到婚姻领域。婚姻自由缺少成长的条件，尽管新中国成立后对包办婚姻大力批判，但是"国家推动的社会改造将个人从家庭、亲属、地方社区中抽离出来，然后将个人作为社会主义主体再嵌入到国家控制的工作与生活的再分配体系中"。[①] 所以，国家的意识形态和价值观深刻地影响着每一个社会成员，随着国家的政治色彩越来越浓厚，国家通过集体组织把政治化的价值观渗透到个人，使婚姻的政治化色彩日趋明显。

　　以计划经济和公有制为基础的单位体制走向瓦解是必然的。这源于单位体制难以克服的平均主义等内部问题，不能持久地使社会保持活力，这是其解体的内因。同时随着计划经济逐渐向市场经济过渡，单位体制和人民公社制度逐渐失去了存在的基础。

　　体制改革首先从农村开始。高度集中的计划经济和高度集中的人民公社联结在一起，把农民给捆死了，窒息死了。农民的一切需要全靠自己，国家没有保护，而城市居民有住房，有铁饭碗，是靠国家来管理城市的，相对而言，当时的体制"对农民的损害大，在改革开放的前提下，革命的烈焰就在旧体制的薄弱环节首先点燃"。[②] 废除人民公社，不再吃"大锅饭"，实行家庭联产承包责任制，这对婚姻产生了多方面的影响。"农村中原来以集体为依托建立起来的各种社会组织（如共青团、妇联、赤脚医生等）削弱、丧失了权威"。[③] 实行家庭联产承包责任制促使家庭功能发生变化。传统农村经济基本组织形式是一家一户分散生产的小农经济，"家"是社会的基本生产和生活单位，家庭的主要功能是组织生产，在集体化时期，农村家庭的生产功能几乎丧失殆尽。家庭联产承包责任制使家庭的生产功能得到恢复，农民家庭成了社会主义集体经济中的一个重要的经营层次，一个从事生产、经营相对独立的经济实体，这种变化增强了父母对子女的掌控力。家庭联产承包责任制还激发了人们的权利意识，权利意识的增长影响着人们对婚姻自由的诉求。

---

① ［美］阎云翔著，陆洋等译：《中国社会的个体化》，上海译文出版社，2012年，第375页。
② 宋晓明等主编：《追寻1978——中国改革开放纪元访谈录》，福建教育出版社，1998年，第78页。
③ 杨善华著：《经济体制改革和中国农村的家庭与婚姻》，北京大学出版社，1995年，第26页。

家庭不仅具有生产的功能，还有生育、抚育、教育、赡养、消费等功能。在人民公社中，农村家庭经济状况恶化，这使家庭的大部分功能只能维持在极低的层次上。实行家庭联产承包责任制后，农村家庭重新掌握了生产自主权，大大提高了劳动积极性，农民在物质上逐渐富足，温饱问题解决之后，家庭的精神生活功能逐渐好转，随着经济收入的增加，农村家庭越来越注重精神功能。另外，在人民公社时期，人们必须参加集体劳动，自己能自由支配的时间有限，人民公社解散以后，人们回归家庭，可以自由地安排劳动时间和休闲时间，农民生活的闲暇时间增多，这为农民提高自身素质、追求精神生活创造了条件。而且随着农村不断走向现代化，农业生产所用的时间越来越少，农民的闲暇时间越来越多。杨善华在 80 年代对"男户主每日空闲利用"情况的调查显示，上海郊区农村男户主"读书看报""看电视、电影、听广播"分别占 26.9% 和 37.2%，在北京农村，这两项为 20% 和35.4%，而河南农村分别是 17.4% 和 9.8%。① 闲暇时间让农民有更多的时间提高自身素质，对精神生活的享受的要求提高，这势必影响着人们对婚姻质量的诉求。

在城市中，企业吃国家"大锅饭"，职工吃企业"大锅饭"的单位体制渐渐改变，企业逐渐被推向市场。1984 年，福建省 55 个国有企业的厂长和经理给省委领导同志写信，要求"松绑"，获得更多的企业经营和管理权，落实责任制，克服"大锅饭"，给企业发展创造条件。② 这是改革开放后企业界最早表示要改革计划经济体制，目的是争取企业自主权。国家从 80 年代中期开始，对企业而进行了一系列改革，例如发展商品经济，激活企业活力，促进企业成为真正的相对独立的经济实体。

经济体制改革也促进了市民生活的变化。逐渐弱化了单位的社会功能，劳动人事、社会保险、社区服务体制日益完善，企事业单位日渐专业化，从对职工生活"包起来"的机构逐渐发展为主要作为一种职业活动场所。随着改革的推进，城市单位的诸多功能也逐渐弱化或消失。

---

① 杨善华著：《经济体制改革和中国农村的家庭与婚姻》，北京大学出版社，1995 年，第 49 页。
② 《福建省五十五名厂长、经理给省委领导写信：请给我们"松绑"》，《人民日报》1984 年 3 月 30 日。

在市场经济体制改革中，国有企业的行政管理职能逐渐消失，主要是发挥其经济职能。体制改革就是把原来一个单位就能包办一切职能的局面打破，各司其职。国家把资源配置的权力交给了市场，依靠市场进行资源配置，把原来由单位管控的某些资源剥离出来，例如住房由单位分配逐渐走向市场化，单位对员工的资源援助逐渐减少，作为职工，完全依靠从所在单位获取资源逐渐成为历史。但是职工有所失，也有所得，逐渐获得了在广阔的社会空间获取资源的自由，生活资源获得的途径多样化了，对单位的依赖程度减弱了。

随着单位的市场化，国有企业曾经为职工提供丰厚福利的机会越来越小，甚至无法正常发放工资，对职工的管控力度大为减弱。这样的结果是，职工生活日趋呈现私域特征，职工婚姻受单位的影响越来越小。人们与单位的关系逐渐松弛，不必再终生依靠一个单位，市场经济为个人创造了多元化的选择机会，个人对单位的依附性逐渐减弱，个人的独立性也提高了，跳槽现象越来越凸显。人们可以辞去一单位而就职于另一单位，也可以辞去一切单位而做个体户。这就产生了一个直接后果：活动天地大了，创造性、积极性得到发挥，自主意识强了，个性明显了。[①]

随着市场经济的建立和发展，人们的经济来源越来越多元化，对集体组织的依赖性越来越小，这使得人们已经有机会有能力采取一种个人化的方式生活，也就是"经济自由人的诞生还进一步意味着伦理自由已经成为可能。当然，伦理自由的出现不是说人可以在个体文化时代放纵他的官能，而是说过去社会权利（如道德评判）是集中在社会结构的高点上的，由它来统一你的行为，而现在社会把权力交给你个人"。[②]

二、社会主义市场经济对"个人"的塑造

1992 年，党的十四大提出建立社会主义市场经济体制，这成为我国经济体制改革的目标。市场经济是利用市场交换关系，依靠市场供求、竞争和价

---

① 徐伟新：《市场经济将使中国社会全面更新》，《中国青年》1993 年第 8 期。
② 葛红兵著：《障碍与认同——当代中国文化问题》，学林出版社，2000 年，第 322 页。

格机制组织和调节社会经济，实现资源的最优配置的一种经济体制。① 市场
经济的本质是，人通过物来表现和实现，人和人的社会关系通过物和物的交
换关系来表现和实现，它揭示的是人对物的依赖关系。② 需要处理的问题是
人和物的关系，而且市场经济有"社会主义"的限定，"它使市场经济中的
人对物的依赖关系向积极方向发展"。③ 社会主义市场经济体制的建立和发展
从根本上塑造了独立和自由的个人。在单位与个人、家庭与个人、人与人的
等方面的关系产生了影响，促进了个人的独立、自主、自律、自我等观念的
形成和发展，进而促进了婚姻领域的个人的独立和自由。

　　首先，市场经济的建立和发展使个人摆脱了集体化体制的束缚。个人的
经济来源不再单纯依靠集体，个人职业多元化，例如人民公社解体后，农民
的职业分化日趋明显，越来越多的农民不再单纯从事农业生产。有人把农民
分为职业不同的八个阶层：农民劳动者阶层，全部或大部分依靠农业收入作
为家庭生活主要经济来源，一般占农民总数的 55%—57%；受雇于乡镇集体
企业或国营企业的农民工，一般占农民总数的 24%；受雇于私营企业或个体
工商户的雇工阶层，一般占农民总数的 4%；从事农村教育、科技、医药、
文化、艺术等职业的农民知识分子阶层，一般占农民总数的 1.5%—2%；个
体劳动者和个体工商户阶层，一般占农民总数的 5%；私营企业主阶层，约
占农民总数的 0.1%—0.2%；乡镇企业管理者阶层，约占 3%；乡村两级的
农村基层干部，及农村管理者阶层，约占 6%。④ 生活经济来源的多寡取决
于个人能力，而非依赖集体的资源分配，这使农村集体对个人的管控失去
了主要条件。另外，随着城市单位体制的逐渐弱化，以及社会保障的逐渐
完善，创业的社会氛围和环境也逐渐成熟，单位职工对单位的依赖程度逐
渐减弱。

　　在这种条件下，个人逐渐成为相对独立的道德主体。在计划经济体制
下，个人价值的实现要依赖集体，人的价值要由集体进行评判。在市场经济

① 吴忠等主编：《市场经济与人口分析》，北京大学出版社，1994 年，第 137 页。
② 韩庆祥：《社会主义市场经济与人的塑造》，《中国社会科学》1995 年第 3 期。
③ 韩庆祥：《社会主义市场经济与人的塑造》，《中国社会科学》1995 年第 3 期。
④ 陆学艺著：《当代中国农村与当代中国农民》，知识出版社，1991 年，第 416—427 页。

条件下，从事经济活动的个人不再必须依靠集体创造和拥有财富，个人价值的实现不再与集体产生必然的联系，集体对个人价值的评判失去了强制力，个人也不再把集体主义道德视为必须奉行的准则，个人作为独立的道德主体逐渐形成。这在婚姻领域的影响是，计划经济体制下的婚姻道德难以约束个人的婚姻观念和行为，为个人婚姻自由创造了条件。

其次，经济体制改革改变了家庭与个人的关系。自从家庭在人类社会历史上出现，它就在满足家庭成员的需求、保障家庭成员的基本安全等方面发挥着重要作用。这些作用的发挥依赖于家庭具有相应的功能，主要包括生产功能、生育功能、教育功能、赡养功能和情感交流功能。这些功能随着社会的经济制度、政治制度、文化制度等因素的变化而变化，改革开放背景下，社会化大生产日趋凸显，市场经济代替计划经济，单位对职工无所不管的状况被逐渐改变。首先，生产功能。在农村，生产功能是最核心的功能，是为了解决家庭成员生存的需要，落后的生产方式决定了农业劳动难以靠单个人完成，必须依赖家庭成员的合作才能实现，直到 90 年代末，这种生产方式在落后的农村依然非常明显。共和国成立后，集体化取消了家庭的生产功能，这是一种人为的改革，并非源于生产力的发展，所以，"一旦生产关系与生产力发展水平相适应，家庭的生产功能就又恢复了其原来的地位"。[①] 当集体化体制瓦解，人民公社解体之后，家庭的生产功能迅速恢复，一家一户的家庭生产方式又成为主要的生产方式。但随着生产力的发展，尤其是市场经济的建立和发展，农业生产越来越融入了现代化的因素，科技的现代化把农民从农业生产中解放出来，从而有机会从事其他行业的工作，所以，农民经济来源更广了，其对家庭的农业生产的依赖性逐渐减弱，这就在一定程度上减弱了子女对家庭、对父辈的依赖。

消费功能从以家庭为核算单位转向以个人为核算单位。传统家庭的消费具有统一性，需要购买的物品由家庭统一支出费用，家长控制着全家的资金，所有的收入属于家庭。随着市场经济的发展，子女走出家庭，无论是收入还是消费都具有了独立性，家长难以控制子女的收入和消费，经济上

---

① 杨善华著：《经济体制改革和中国农村的家庭与婚姻》，北京大学出版社，1995 年，第 34 页。

的个人核算日趋凸显，这使父辈越来越难以管控子辈的生活，子辈的自由度上升。

赡养功能减弱。在农村，由于老年人没有养老金，主要依靠子女供养。随着社会流动自由度的提高，青年人外出工作的机会增多，父母把子女留在身边尽孝的可能性越来越小，子女赡养老人的方式因此发生转变，他们表达孝道的方式往往不是守在父母身边尽孝，而是给父母一定的经济资助，青年人更倾向追求一种没有长辈约束的自由生活。在城市，老人大多有退休金，基本上不靠子女供养，而且养老机构的增多也为老人增加了养老途径。以上因素改变了子辈表达孝道的方式，甚至出现了反转现象，部分青年人缺少自立性，持续啃老，老人持续供养子女成为一种现象，"一些家庭代际关系失衡，重幼轻老，'孝子'（特指孝敬子女）现象严重"。①

教育子女功能的社会化。随着社会分工的日益专业化，社会化的教育机构日趋增多，社会化的教育方式也越来越完善，这为子女教育的社会化提供了条件，而且家庭往往没有时间和能力对子女进行良好的教育，家庭教育功能的社会化有助于家庭成员尤其是妇女的解放。

家庭的传统功能在减弱，同时也新生了一些功能。家庭的经济功能、生育功能、赡养功能等传统功能在延续的同时，感情交流的功能在逐渐增长，尤其是夫妻之间情感的交流，从日趋凸显的离婚现象来看，有相当比例的离婚者是因为夫妻之间情感诉求得不到满足，这表明家庭关系的轴心从父子关系转向夫妻关系。

市场经济促使父子轴心向夫妻轴心转变，父辈权威衰落，子辈自主程度提高。这种权力格局的变化冲击着婚姻权力格局的特征。代际关系的变化趋势从父子轴心转向夫妻关系为轴心，父辈权威逐渐衰落，子辈自由度和自主度逐渐上升，婚姻家庭生活也就逐渐成为夫妻主导的领域，家庭的私人化特征日趋明显，在这种情况下，"家庭成员也更具有个人权利的意识，于是就又产生了对个人空间和隐私的更多要求。在更深的层面上，这种变化标志着

---

① 黄十庆：《家庭问题研讨会综述》，《人民日报》1997年3月1日。

人们在私人生活领域对个人权利的要求在增加"。[1]

另外，市场经济改变了家庭分工模式。在传统家庭中，基本的分工模式是男外女内，这决定了男性是家庭的主要经济来源，妻子没有工作，只能依附家庭和男性。夫妻之间的地位也不平等。尽管共和国成立后，女性也像男性一样走出家庭参加集体劳动，但是并未形成男女真正平等的局面。改革开放后，农村女性走出家门参加工作的趋势日趋突出，尤其是 90 年代，市场经济的大潮为女性参加社会工作提供了广阔的空间和机会，女性的经济收入成为家庭经济的重要来源，这就促进了女性日益摆脱对丈夫的依赖。有调查显示，女性走出家门就业已成民众心理定势，"男主外，女主内"分工模式在时代的进步中弱化。但是，弱化不等于消失，这在"希望您的爱人参加工作还是呆在家里？"的回答中可以看出：女性希望爱人"外出工作"的比例数高达 92.9%，男性希望爱人"外出工作"的则有 75.8%；相反，女性愿意爱人"呆在家里"的只有 2.5%，男性则达到 15.4%。更为突出的是，文化程度愈高，两性差异愈明显：大专以上文化的女性希望爱人"外出工作"的高达 98.8%"呆在家里"的为零；而男性希望爱人"外出工作"的只有 71.8%，"呆在家里"的达到 19%。[2] 这使得夫妻平等具有了经济基础，同时，这也改变了家务劳动基本上由女性承担的状况，女性在家庭中的地位得以提高。

市场经济促进了人们的独立，女性自立程度的变化尤为明显。在市场经济条件下，女性发挥聪明才智的空间越来越大，在社会工作中取得的成就越来越多，这进一步促进了女性的独立和自信。1990 年，某项对天津 15 名有突出贡献的女科技人员和 20 名有成就的女教育工作者的调查显示：89% 的高层次妇女把自尊、自信、自立和自强列为事业成功的第一条件，而把"机遇""领导支持""外界条件好"等列为成功的首要条件的人只占 11%。而且，无论哪一个年龄段的妇女，都认为新时代的女性必须自尊、自信、自

　　① ［美］阎云翔著，龚小夏译：《私人生活的变革：一个中国村庄里的爱情、家庭与亲密关系（1949—1999）》，上海书店出版社，2006 年，第 155 页。

　　② 本刊思想理论部：《中国改革与女人出路——关于女人出路问题全国城市调查报告》，《中国妇女》1989 年第 1 期。

立、自强。①

　　但是，我们也要看到我国的市场经济还不是很成熟，它产生一些消极影响。市场经济的内在要求有平等、竞争、契约等因素，但建立之初，市场经济不是规范的市场经济，不是法制的市场经济，重合同守信用、契约、平等的观念没有建立和成熟起来，市场乱象横生，其消极因素影响了人们的思想观念，造成精神危机相当严重，道德崩溃、底线不存、唯利是图、不守公德的极端个人主义充斥在人们的生活中。1993 年《〈中国社会人际关系现状调查〉总体报告》的材料覆盖地区人口约 6 亿，调查获得 80 万个数据，其中72.8%的人认为"现在的人都变的自私了"，44%的人不同意"现在雷锋、焦裕禄式的人物越来越多"的判断。相应地，占被访者总数 71.9%的人在社会交往中感到人与人之间缺乏信任感和安全感。② 非正常发展的个人主义影响了人们的婚姻观念，婚姻领域的极端物质崇拜、包二奶等行为日益增多，不守规则的极端个人主义横行。

　　计划经济体制向社会主义市场经济体制的转变，在改变集体和个人的关系、家庭和子女的关系、两性关系方面起到了积极作用，为个人自由、平等、独立等素养的形成创造了经济基础，为个人的自由流动创造了社会空间，市场竞争机制为个人能力的发挥提供了制度基础，市场经济条件下的交换理念培育了个人的权利观念，这一切变化使婚姻领域的个人也表现出相应的素质。

本章小结

　　改革开放在政治、经济和思想等方面进行的变革，是中国社会的一次大解放。这个解放过程使中国从群体性社会转向个体性社会，中国从封闭的、稳定的、人治的社会转向开放的、竞争的、法治的社会，这种社会转向为人

---

① 曹秀荣：《新女性意识之我见》，《中国妇女》1991 年第 7 期。
② 喻国明等：《〈中国社会人际关系与现状调查〉总体报告》，《中国人民大学学报》1993 年第 2 期。

的解放创造了社会条件。

思想解放是中国社会改革开放的先导。中国社会上层的思想解放引导着广大人民破除传统思想观念的束缚，社会上层思想解放和广大人民群众的思想解放交融在一起，共同推动了广大群众破除"文革"政治化思维的桎梏。而且西方思潮也进入中国，并对中国人产生了或积极或消极的冲击，这使中国社会的价值观念出现多元化发展的态势，婚姻领域因此也出现相应的变化。思想上的解放为中国政治和经济的改革不断扫除了观念障碍，并且使个人主义兴起，这直接影响着婚姻领域婚姻价值观向个人主义发展。

社会主义民主建设和法治建设为人的解放创造了社会的、政治的环境。中国社会不断破除封建专制主义、极端个人主义、无政府主义等思想的不良影响，法治建设不断完善，尤其是 1980 年《婚姻法》的颁布实施为婚姻法制化打下了基础，法律的不断完善促进了人们的权利和责任意识的增长。民主和法治的综合建设推动了中国从人治社会向法治社会转向，这为个人自由的发展创造了宽松的政治环境，中国婚姻的变革具有了越来越好的政治环境。

社会主义经济体制的建立从根本上对个人进行了塑造。单位体制的建立使个人摆脱了家族体制的管控，这具有解放个人的意义，但随后国家通过单位体制加强了对个人的管控，这实际上又约束了人的解放。市场经济体制的建立和发展促使单位体制逐渐解体，从根本上为个人自由、平等创造了发展的基础，这引发了生产方式、生活方式和家庭功能、代际关系的变革，也推动自由、平等、契约等意识的增强，具有独立经济基础和独立人格的个人逐渐成熟起来。

思想、政治和经济上的改革交织在一起，综合地对中国社会产生了变革的动力。在改革开放背景下，国家、社会、家庭和个人的关系格局渐渐发生转变，总的来看就是约束个人的各种束缚逐渐弱化，个人在各种关系中的自由度逐渐上升。反映在婚姻领域，这些变革瓦解了传统婚姻和政治化婚姻的基础，推动了婚姻伦理道德新内涵的产生与发展，推动了婚姻领域的观念、行为、风俗和制度发生变革，中国婚姻越来越具有自由、平等、法治等新时代元素，中国婚姻逐渐向私人领域发展。

第二章 青年的自由恋爱新风尚

什么是恋爱？不同人有不同的理解。英国性心理学家蔼理士在《性心理学》中指出："恋爱是一种吸引的情绪与自我屈服的感觉之和，其动机出于一种需要，而其目的在于获得可以满足这需要的一个对象。"[①] 有的学者认为："男女双方培养爱情的过程为恋爱，处于恋爱状态的男女会产生特别强烈的互相倾慕。"[②] 还有学者认为："恋爱，就是一对男女在生理、心理和客观环境因素的交织作用下，相互倾慕和培植爱情的过程。"[③] 这两位学者都强调恋爱是培育爱情的过程，恋爱的"恋"是当事人相处的过程，"爱"即爱情，是"恋"的目的，恋爱的目的不同于蔼理士所强调的"获得"恋爱对象，恋爱的结果可能是结婚，也可能是分手。以上两类解释涵盖了人们理解恋爱目的主要方面，随着社会的发展，以恋爱培养爱情的目的越来越成为恋爱观念的主流。

恋爱不是在任何社会都会发生。在传统社会，在伦理道德的约束下，男女授受不亲，缺少互相结识并恋爱的社会环境，择偶需要"父母之命，媒妁

---

① [英] 蔼理士著，潘光旦译：《性心理学》，生活·读书·新知三联书店，1987年，第429页。
② 黄希庭著：《大学生心理学》，上海人民出版社，1988年，第424页。
③ 余逸群：《大学生恋爱心理与恋爱道德要求》，《北京青年政治学院学报》2003年第2期。

之言"，择偶没有恋爱环节。若有人自己结识异性并恋爱，这为社会和家庭所不容。虽然古代曾出现过司马相如和卓文君那样的爱情故事，但都受到来自社会和家庭的严厉打压。民国时期的城市中也曾出现过恋爱现象，但主要发生在知识分子群体，在共产党领导的根据地，"在'革命队伍'里，不经过组织批准谈情说爱，可是最忌讳的事"。[①] 共和国成立后，关注个人感情，谈恋爱被视为缺少国家和集体意识，这被认为会影响革命工作，恋爱被视为资产阶级情调而受到批判，"浪漫的爱情在当时被斥责为是腐化反动的"。[②] "年轻人不去谈恋爱，是青年积极分子无私的表现"。[③]

社会的变革提升了人们的思想和行为自由度，这为人们谈恋爱创造了条件。恋爱主要发生在青年群体中，那么，国家对待恋爱的态度有何变化，青年人在多大程度上获得了恋爱自由，主要表现在哪些方面，自由恋爱产生了哪些积极或消极的影响，国家、社会和家庭有何反应，本章主要围绕这些问题展开论述。

第一节　80 年代革命的恋爱观

党的十一届三中全会后，党和国家的工作重心从"以阶级斗争为纲"转移到以经济建设为中心，国家迫切需要调动全社会的力量服务社会主义建设，国家的这种意图使婚姻被纳入服务社会主义建设的轨道，与婚姻密切相关的恋爱也被赋予了服务社会主义建设的工具性价值。官方话语要求和支持符合国家和集体主义价值取向的恋爱观和行为，认为这才是正确的恋爱，与此同时，个人主义倾向的恋爱观和行为受到反对和批判。

---

① 黄仁柯著：《鲁艺人——红色艺术家们》，中共中央党校出版社，2001 年，第 68 页。
② ［美］阎云翔著，陆洋等译：《中国社会的个体化》，上海译文出版社，2012 年，第 368 页。
③ ［美］阎云翔著，龚小夏译：《私人生活的变革：一个中国村庄里的爱情、家庭与亲密关系（1949—1999）》，上海书店出版社，2006 年，第 57 页。

一、国家对"正确恋爱"的支持

改革开放伊始，官方话语要求广大青年树立革命的恋爱观。官方话语指的是占据国家主流意识形态、引导国家主流价值观的部门或人表达的话语，他们的话语代表了官方的态度，它引导着社会价值观的基本走向。什么是革命的恋爱观？就是"首先要把恋爱问题放在正确的位置上"。也就是"革命青年要有远大的抱负和理想，恋爱、结婚确实不是一桩小事，但是，它毕竟只是我们生活中的一项内容，并不是生活的主要目的。美丽的青春，应当首先献给崇高的革命事业，旺盛的精力，应当用来为社会主义现代化的大厦添砖增瓦"。[1] 由此可见，革命的恋爱观包含了两方面的基本内涵，一方面承认恋爱是人们应有的权利，另一方面也强调恋爱不是个人的私事，恋爱要为社会主义建设服务。

革命的恋爱观是对"文革"时期错误恋爱观的纠正。林彪集团、"四人帮"对社会的破坏还表现在恋爱问题上，"他们以极左的面貌出现，把男女青年的正当爱情看成'庸俗''不正经'，甚至不准文艺作品写爱情故事，爱情竟成了生活中和文化上的禁区……不敢把爱情放在应有的位置上"。[2] 人们对爱情的诉求得不到官方的认可，官方话语把谈情说爱视为资产阶级性质的观念和行为，并大力反对和批判，恋爱被视为政治觉悟低下的一种个人主义表现，这种具有意识形态色彩的官方话语导致人们刻意回避恋爱。改革开放后，关于恋爱的官方话语发生了转变，恋爱得到国家的认可，逐渐成为一种光明正大的行为，主流话语认为"男女青年到了一定年龄，交朋友、谈恋爱、找对象是光明正大的事。正当的恋爱，是青年应有的权利，应当受到各方面的支持"。[3] 可见，革命的恋爱话语破除了"文革"时期对爱情的禁锢，承认了人们谈恋爱的权利，相对于"文革"时期对爱情的否定，这是一个较大的进步，体现了国家对个人情感诉求的尊重。但官方话语认可和支持的是人们的"正确恋爱"。

---

[1] 杨大文等著：《婚姻法与婚姻家庭问题讲话》，人民出版社，1979年，第19页。
[2] 杨大文等著：《婚姻法与婚姻家庭问题讲话》，人民出版社，1979年，第20页。
[3] 杨大文等著：《婚姻法与婚姻家庭问题讲话》，人民出版社，1979年，第20页。

什么是"正确恋爱"？就是恋爱应该服从和服务社会主义建设。当时的人曾对此有过解释，例如"男女之间的爱情结合，绝不是一种孤立的现象，实际上它也是社会生活的一部分，与对社会的义务和责任有着紧密的联系"。[①] 这种论述明确地表述了恋爱观的价值趋向，就是恋爱要为社会服务，它不应是纯粹的个人行为。这种恋爱观也被认为具有积极意义，对于恋爱者来讲，这"不单是生活上互相体贴的伴侣，也是精神上互相慰藉的亲人，事业上互相支持的同志，他俩的爱情是建立在共同的理想、相互信任和关怀的基础上的。这种维系爱情的纽带，才真是牢固的、持久的"。[②] 此类话语承认恋人间对爱情的追求，但强调事业、共同的理想是爱情的纽带，对发展爱情具有积极意义。这类话语实际上是把个人对爱情的追求和社会主义建设结合在一起，既尊重和维护了个人利益，也试图把恋爱作为服务社会主义建设的工具，推动个人为国家和集体利益服务。

革命的恋爱观在革命战争年代就已经成为中国共产党要求的恋爱观。只不过在革命战争年代，恋爱要为革命服务，无数革命者的爱情故事体现了为中国革命奋斗和牺牲的色彩，例如周恩来与邓颖超忠贞的革命爱情、周文雍和陈铁军刑场上的婚礼等革命者的爱情故事被广为传颂。改革开放后，恋爱被要求为社会主义建设服务。这两者对爱情的要求在本质是相同的，都是被要求为国家当时的主要任务奋斗。革命的恋爱观既尊重个人的恋爱诉求，又要求恋爱为国家和集体利益服务，这是国家以集体主义价值观凝聚个人力量的表现，这直接影响着人们的恋爱观念和行为。

在革命的恋爱观中，工作和事业被视为爱情的灵魂。对事业和工作的专注，被认为"可以激发人们对生活的热情，美化彼此的性格，可以站在较高的思想境界，科学地看待和处理好家中的琐事，不至于因变得过于琐碎而失去精神的寄托。可以巩固和加深夫妻感情，使家庭生活的内容更加充实、深刻而有意义"。[③] 当时，媒体上刊登了许多因为正确的恋爱取得事业成功的例子，例如乒坛国手曹燕华与乒乓球国家队主力施之皓相爱后，球艺明显长

---

① 廖世洁等著：《恋爱书简》，四川人民出版社，1982年，第20页。
② 廖世洁等著：《恋爱书简》，四川人民出版社，1982年，第21页。
③ 廖世洁等著：《恋爱书简》，四川人民出版社，1982年，第183页。

进，并多次在世界锦标赛上获得大奖。① 这样的故事被用来证明热爱和献身于国家和人民的事业是爱情的源头活水。

改革开放后，国家逐渐改变了"文革"时期对爱情的否定态度，把爱情放在应有的位置上，这种态度转变最早体现在文学领域。1978 年，小说《爱情的位置》公开发表，文中宣传"革命者也可以谈恋爱"，甚至中央人民广播电台还播放了这篇小说，这反映了官方对待爱情态度的转变，爱情成为一个能公开谈论的话题。这种转变让人们感到惊讶，当时曾有人说："当我听到电台里播出这题目，并且听下去发现果真是在谈爱情时，我简直觉得是发生了政变。"② 实际上，人们不仅仅是对爱情能成为公开谈论的话题感到震惊，主要是从中感到了思想解放、社会变革的新鲜气息，感受到的是对个人自由的尊重。

国家不仅承认人们对爱情的追求，还帮助恋人们排除恋爱的阻力。政治条件曾经是人们缔结婚姻的一大障碍，人们往往把政治条件作为择偶的重要因素，这种考量阻碍了众多有情人缔结连理。改革开放后，国家为扫除这种障碍，例如有一对青年男女相爱了，因为小伙子的哥哥因犯法被处决，姑娘的父母知道此事后极力阻挠两人结合；对此，媒体鼓励男青年不要放弃，"你们的恋爱，是出于双方自愿，你哥哥的问题，不应影响你的婚姻，十年动乱期间的'一人犯罪，株连九族'的现象是绝对不允许再发生的"。而且鼓励男青年求助有关组织，"必要时，可请党、团组织或当地妇联帮助说服。如果需要，我们的律师也会前来帮助，共同学习法律，解决问题"。③ 媒体的态度在一定程度上反映了国家在扫除恋爱障碍时表现的积极态度，择偶时政治化的标准已经被视为影响个人恋爱自由的因素，对自由的阻碍也被视为影响国家建设的消极因素，所以国家的单位和组织，例如党、团组织、妇联和律师也会积极出面帮助恋人们排除阻力，这本质上表达的是国家扫除障碍，调动人们的积极性投身社会主义建设的意图。

---

① 王燕鸣著：《恋人·夫妻·情爱——现代婚恋难题解析》，农村读物出版社，1988 年，第 42 页。
② 刘心武：《爱情红玫瑰——关于爱情的随想》，《中国妇女》1992 年第 9 期。
③ 俞云鹏：《爱情之花就这样凋谢了吗？》，《中国青年》1985 年第 11 期。

国家不仅为人们扫除恋爱障碍，还设立机构，组织有关活动解决恋爱、婚姻问题。例如北京就设立了恋爱婚姻家庭咨询门诊，它开设了医学、社会学和心理学咨询三个门诊，召集了近 20 名心理学、社会学、医学等方面的学者、专家，专门处理人们在恋爱、婚姻和家庭中的问题。① 另外，团委、妇联等组织也被要求关心青年人的恋爱问题，例如团中央、全国妇联、全国总工会和中国曲协在北京中山公园音乐堂联合主办恋爱与婚姻曲艺专场演出。② 国家还积极为农村青年创造自由恋爱的条件，解决因为文化、娱乐和交通等条件相对较差带来的不便，小庙公社婚姻介绍所的团干部利用"青年之家"开展多种活动，例如组织青年人读书学习，还开展各种文体活动，青年人的交往和接触机会因此增多，为自由恋爱创造了条件。③ 国家主动为青年人谈恋爱创造条件，解决他们恋爱中的问题，这在 80 年代是比较突出的现象，国家在婚恋中的主动性工作一定程度上体现了恋爱依然被视为一种和国家、集体利益相关的公事。

国家不仅为人们恋爱创造条件，甚至对恋爱的具体过程进行指导和出谋划策，还鼓励人们勇敢追求心仪的对象，当时的媒体常常刊登此类故事。例如某位小伙子非常苦恼，他钟情一位姑娘，却觉得自己配不上她，因为姑娘很漂亮，还有大学文凭，有一份令人羡慕的好工作。尽管自己也不是平庸之辈，可在她面前总是产生局促感，自己的男子汉气概在她面前一点也表现不出来，最终姑娘离他而去。对此，媒体鼓励要勇敢追求喜欢的人，还为青年人如何恋爱出谋划策，鼓励男青年不要自感不如，不要怯步，不要觉得漂亮姑娘高不可攀，即使不成功，也要表现出一个男子汉的勇气，一个真实的你，况且，"天鹅肉"往往被第一个"癞蛤蟆"吃掉。④ 当恋爱者失恋后，当时的社会主流话语鼓励失恋者，表示爱情是一个寻找的过程，真正的爱情不一定一次就能得到，初恋的情人也不一定是最合适和最理想的。⑤ 为了表示

---

① 徐小萍：《婚恋遇烦恼，专家来开导——北京设恋爱婚姻家庭咨询门诊》，《人民日报》1987 年 9 月 28 日。
② 新华社：《恋爱与婚姻曲艺专场演出受到观众欢迎》，《人民日报》1979 年 7 月 17 日。
③ 张燕等：《让青年们都有美满幸福的家庭——记天门县小庙公社婚姻介绍所》，《人民日报》1981 年 3 月 11 日。
④ 任真：《男儿女儿正热恋》，《中国青年》1987 年第 11 期。
⑤ 连永生：《他为何三失良缘》，《中国青年》1985 年第 5 期。

对人们恋爱的支持，某些媒体还传授恋爱的技巧，例如"应淡化择偶的目的性"，因为"恋爱，既不是学术交流，也不是问题讨论……为了结婚成家找个妻子或丈夫，这种缺乏浪漫色彩的所谓恋爱，使他们感到自己的出发点太低，有些难为情，人为地形成了一种压抑感"。①

爱情还被认为是一种互相欣赏的行为，它被认为不是单方面的付出和牺牲，而应该是互相为对方奉献，是两颗心灵碰撞出现的火花。如果失恋，就要冷静思考一下，"你们之间是否真正相互理解，两颗心灵是否能够相互吸引，是否达到非要与对方结合不可的程度，如果不是，那么你失掉她就不能算失去幸福和爱情"。"爱情不是单方面的许诺，也不是单方面的追求所能构成的，它必须是双方共同努力培养起来的真挚的感情，双方没有这方面的感情基础，即使结合了，也不可能有真正的爱。预期达成无爱的婚姻，不如现在就结束无益的关系，以免日后痛苦"。②

对比改革开放前后国家对待恋爱的态度的变化，我们可以看到这样的变化逻辑：从对爱情的否定向对爱情的认可和支持转变，爱情从被刻意回避逐渐成为可以公开谈论和实践的事情。但是也要看到国家认可和支持的是"正确的恋爱"，也就是以国家和集体利益为重的恋爱。这些变化体现了国家"以阶级斗争为纲"的结束，工作向以经济建设为中心转向。这需要调动一切因素投入到国家建设中，在这种情况下，爱情依然被视为一种促进国家建设的工具性因素，依然是一种公事。

二、国家对个人主义恋爱观和行为的反对

为了调动人们全身心投入到社会主义建设事业中，国家除了表示对"正确恋爱"的认可和支持，还大力反对个人主义的恋爱观念和行为，因为恋爱观念和行为中的个人主义表现与官方所倡导的集体主义价值观相矛盾，没有把国家、集体和社会的利益放在个人之前。

集体主义的恋爱价值观常常体现在人们处理个人恋爱和工作的关系中。

---

① 王燕鸣著：《恋人·夫妻·情爱——现代婚恋难题解析》，农村读物出版社，1988年，第27页。
② 孟凡明：《她玩弄了我纯洁的感情》，《中国青年》1986年第6期。

工作体现了劳动者通过体力劳动或脑力劳动与国家、社会和集体发生关系的过程，人们处理恋爱和工作的关系时所表现的态度一定程度上反映了当事人的个人主义或集体主义的程度。当时的主流舆论批判人们沉迷恋爱，认为这会影响工作，当时的媒体刊登了很多因为沉迷恋爱，造成工作落后的故事，并对此进行批判。例如一位聪明上进的小伙子，自从谈了恋爱，今天陪女朋友拍照片，明天陪女朋友买衣服，上班迟到早退，工作心不在焉，不久，便因为违反纪律受到组织处分。爱情和事业处理不好，爱情就会成为沉重的包袱。① 媒体指出了小伙子本来聪明上进，但是因为沉迷恋爱造成工作落后，刊登此类事情的意图是为了引导青年人不要沉迷恋爱，不能因为恋爱影响了事业。

如何认识和处理恋爱和工作的关系呢？当时的主流舆论认为爱情"是个人生活的一部分，但不是主要部分，更不是全部。对一个青年来说，生活中最重要的是革命，是学习，是工作，是对社会和人民多做贡献。人生的意义和最大的幸福也就在这里。爱情虽然也可以使我们得到幸福，但带有从属性"。② 在处理爱情问题的时候，要"把工作放在第一位，把学习放在前头，青年正是学技术、长知识的兴旺期，理应把主要精力放在这些方面，这样才有出息，如果只把自己局限在卿卿我我的小圈子里，只满足建立一个小家庭，胸无大志，目光短浅，没有进取心，把爱情看得高于一切，这样，势必会使我们的青年一代成为无所作为的平庸之辈，被时代的洪流所淘汰"。③ 由于害怕被认为思想觉悟低，青年人往往都表现出不关心谈恋爱，而是刻意表现把精力都投入了工作和学习的精神。例如一位姑娘被问及是否正在谈恋爱时，她说："我这个人思想有些保守，还没和小伙子单独外出过，也不喜欢看电影电视。有些年轻人太迷恋这些东西，结果把学习和工作都耽误了。我喜欢睡觉前呆在家读点书，提高个人修养。每天早晨起床都是六点半，然后

① 王燕鸣著：《恋人·夫妻·情爱——现代婚恋难题解析》，农村读物出版社，1988 年，第 43 页。
② 禹九：《要关心青年的恋爱婚姻问题》，《中国青年》1978 年第 1 期。
③ 宋润生：《如何正确对待爱情》，《家庭》1983 年第 3 期。

散散步。"①

除了从恋爱和工作的关系的角度来反对恋爱者的个人主义价值观，官方话语和主流话语反对恋爱本身的个人主义表现，这主要体现在恋爱目的、恋爱方式、早恋、恋爱中的性关系等方面。

不以结婚为目的的恋爱受到社会主流话语的反对。一些人明知不会与对方结婚还与对方建立恋爱关系，他们认为"爱情何必非要导致婚姻"，这种恋爱观被认为是没有道义感和责任感。因为政治的品格、善良的心地、理智的思维和忘我的责任感是情感的基础。② 不以结婚为目的的恋爱被认为是对他人的伤害，以占有对方为目的，是一种玩世不恭的情欲，没有为对方的幸福和命运负责，这种缺少道义感和责任感品格的人往往被认为缺少为国家、社会做出奉献的情感和责任基础。

在建立恋爱关系的方式上，主流话语要求要慎重，反对轻率，恋爱必须建立在相互了解、志同道合的基础上，这样才是对自己和对方负责的态度。例如一见钟情被认为轻率之举，这"不是真正的爱情，只是男女之间的本能之爱，不是以建立幸福美满家庭为目的，而只是像喝一杯白水那样，逢场作戏而已。我国的法律不会保护这种关系，即使在道德范围内也是不允许的"。③ 如果说一见钟情被视为轻率，"马路求爱"则被视为庸俗与轻浮之举，"马路求爱"是 80 年代城市中出现的一种现象，在大街上偶遇异性就马上展开追求，试图建立恋爱关系。当时的主流舆论认为"如果这也算爱情，那么爱情的基础是什么呢？ 双方素不相识，毫不了解，男方无非看重女方美貌，而男方夸耀于女方的无非是自己有钱、有地位等等，而且还不知道这情况是真是假。这种求爱方式是十分庸俗与轻浮的，而且难免使一些流氓分子混迹其间，于社会治安不利"。④ 真爱应该"建立在志同道合的基础上，而这点需要体察、领悟和认识"。⑤ 这种把爱情建立在志同道合基础上的观点具有明显

---

① ［美］弗克斯·巴特菲尔德著，张久安等译：《苦海沉浮——挣脱 10 年浩劫的中国》，四川文艺出版社，1989 年，第 171 页。

② 孙韶林：《恋爱能不考虑婚姻吗?》，《道德与文明》1985 年第 4 期。

③ 朱英瑞：《树立无产阶级的爱情观》，《伦理学与精神文明》1983 年第 4 期。

④ 刘达临著：《婚姻社会学》，天津人民出版社，1987 年，第 42 页。

⑤ 王振祥：《一见钟情——危险的信息》，《家庭》1983 年第 5 期。

的集体主义价值导向，重视志同道合也体现了慎重的恋爱态度。慎重的、负责的恋爱态度被认为是一种优秀的品质，这对更好地为社会主义建设服务具有积极意义。

社会主流话语要求爱情专一。对爱情专一被视为一种对他人负责的优秀品格，也蕴含着对国家、社会的积极因素。爱情被认为不能仅仅表现为情欲热烈，"而是能否在心心相印的基础上忘我地热爱之，理智地爱护之，能否真切地要求把自己的命运和被爱者的命运融为一体，专一不渝，终生相依，患难与共"。① 爱情被认为"绝不是公子哥儿那种朝三暮四、见异思迁、对异性的情况迷恋；爱情也绝不是高兴就穿上、不高兴就脱下、可以随意处置的衣衫鞋帽，爱情是珍贵的，它要求双方都保持忠诚；爱情是严肃的，它不容许任何轻佻马虎的态度"。② 要求爱情专一的话语从本质上来讲是在培养人们具备专一的品质和习惯，这种精神和习惯的养成对于社会主义建设无疑具有积极的意义。

早恋在 80 年代是一个常见并且含有贬义意味的词，早恋往往遭到反对和批判。何谓早恋？从当时的报纸期刊等媒体资料来看，早恋主要指的是中学年龄段少年的恋爱，这被认为本应该在安心读书的年龄，却把精力放在了个人情感上。

主流话语反对早恋。主流话语从生理上和心理上分析了中学生不能谈恋爱，早恋被认为违反了人的生长发展规律，"从生理上讲，不论男生女生，虽然生理上出现第二性征，但离发育成熟还有四五年的时间。从心理上讲，这个阶段还很不健全，情绪波动极大，自我控制能力很弱，道德而观念、是非观念不强，很难懂得什么是真正的爱情，很难树立正确的恋爱观"。③ 更重要的是中学时期是"一个朝气蓬勃的时期，如果现在就谈恋爱，那会丧失宝贵的青春年华。你们这一代将在实现中国的四个现代化中发挥关键性的作用，因而应该把精力集中到如何将自己培养成为有益于祖国的人。像你这个年龄，谈恋爱还太早，另外，还会荒废学业。改掉不良习惯需要毅力，控制

---

①　孙韶林：《恋爱能不考虑婚姻吗?》，《道德与文明》1985 年第 4 期。

②　水牧：《爱情是高尚的》，《青年一代》1980 年第 2 期。

③　刘凤梧：《当有人搅乱你内心宁静的时候——给一位高中女生的复信》，《中国青年》1984 年第 2 期。

自己的感情也需要毅力。你可以和那位女同学保持友谊，但要避免亲密，可以多花些时间和班上其他同学交往"。① 所以，古今中外的名人处理革命（或从事科学事业）与爱情的关系的事实被用来教育人们不要早恋，例如胡志明为了越南的解放事业终生不娶，伟大的文学家鲁迅、契诃夫结婚都很晚。② 如果中学生遇到了求爱者，当事人被要求或者置之不理，或者怒目而视拒绝，或者真诚相见，好言相劝，向对方讲清楚中学生不应该过早谈恋爱的道理，表明不愿意谈恋爱的态度。假设对方执意不听，苦苦追求，那就请求团组织、班主任和家长做他的思想工作。③ 阻止早恋问题的重要方法是讲道理，促使当事人升华革命精神，意识到抓紧时间为国为民工作或学习才是更重要的事情。早恋之所以被国家强烈反对，根本的原因不是早恋本身，而是因为这个年龄段被赋予需要学习本领服务国家的意义，这个年龄恋爱被认为会影响青少年的成长，更重要的是影响将来更好地为国家建设服务。

谈恋爱被要求不能有过分亲密的行为。在当时的语境中，恋爱不等于结婚，所以青年人在谈恋爱期间要保持一定的距离，要用恰当的形式表达爱情，否则容易发生不愉快的事情，甚至经不住考验，做出违反恋爱道德的事，主流话语提倡应该珍惜我们民族表达爱情时含蓄、深沉、羞涩的优点。"真正的爱情不是通过嘴，而是通过全部生活体现的"。④ 为了增强说服力，马克思关于表达爱情方式的论述时常被用来教育人们，马克思认为真爱"绝不是表现在随意流露热情和过多的亲昵"。⑤

社会舆论批判某些人认为恋爱就要发生亲密关系的观念。例如"有人说，现在恋爱就是拥抱、接吻那一套，非干越轨的事不可，这种观点是不对的。当前，有些青年恋爱时，在大厅广众之下勾肩搭背、拥抱亲吻，甚至作出难以入目的粗俗动作。这并非正常现象。在众目睽睽之下放纵自己的感情，既不文明，又不雅观，会给少年儿童造成不良影响，更无助于精

---

① ［美］弗克斯·巴特菲尔德著，张久安等译：《苦海沉浮——挣脱 10 年浩劫的中国》，四川文艺出版社，1989 年，第 188—189 页。

② 稻菁：《孩子过早谈恋爱怎么办》，《妇女生活》1982 年第 9 期。

③ 刘凤梧：《当有人搅乱你内心宁静的时候——给一位高中女生的复信》，《中国青年》1984 年第 2 期。

④ 吴木：《爱情，要遵循共产主义道德准则》，《家庭》1983 年第 2 期。

⑤ 朱英瑞：《树立无产阶级的爱情观》，《伦理学与精神文明》1983 年第 4 期。

神文明建设。圣洁的爱情应该表现出具有高尚道德情操的爱情方式"。[①] 舆论批评某些青年把拥抱和接吻视为爱，这是由于"有的人由于不懂得什么是爱情，因此在表达感情时不够严肃，很轻浮，有的则是为了满足自己，并不尊重对方"。[②]

恋爱时的亲密行为被认为有害健康和莽撞。当时的新闻媒体常常指出，接吻是不卫生的行为，接吻不仅道德情趣令人可疑，而且影响身体健康。曾有报纸刊文告诫，接吻会传播乙型肝炎病菌，即使健康人也不能幸免，"鉴于他们随时都有可能将病菌传染给自己的恋人，人们自然会认为他们会危及他人的健康"。"接吻确系一种危害健康的举止，无论成年人还是儿童，都应该戒除接吻习惯。"[③] 如果不了解对方的理想、爱好和兴趣，不知道和对方是否志同道合，这种情况下吻对方，会被认为是一种莽撞的行为，"哪些和你是一致的、哪些是不一致的，对于不一致的你们能互相谅解吗？对于这些问题你能回答多少？如果对以上的问题，你一半都答不出，那就说明你们的爱情是肤浅的"。[④]

谈恋爱时的亲密和主动往往被视为违反社会规范，甚至道德有问题。80年代的城市青年，恋爱方式还非常含蓄，亲昵行为较少，人们恋爱时比较严肃。在当时人们的观念中，像西方人那样情人之间幽会、翩跹起舞、亲昵爱抚和当众示爱的方式，在中国人看来纯属放荡不羁。[⑤] 青年男女有亲密行为还可能面临惩罚，某些行为甚至被视为耍流氓面临惩罚，在80年代严打期间，曾被严打判刑的迟志强回忆说："当时跳跳舞，跟女孩子表现亲密一点，那就是大逆不道，就可能成了严打对象。"[⑥] 还有的小伙子表达了对姑娘的爱意，但被姑娘拒绝的情况下仍然不断追求，结果被姑娘家人告发，警察就把

① 费穗宇：《是我无情还是他不道德》，《中国青年》1984年第1期。
② 陶春芳：《当你跨进结婚登记处之前》，《青年一代》1982年第4期。
③ ［美］弗克斯·巴特菲尔德著，张义安等译：《苦海沉浮——挣脱10年浩劫的中国》，四川文艺出版社，1989年，第172页。
④ 陶春芳：《当你跨进结婚登记处之前》，《青年一代》1982年第4期。
⑤ ［美］弗克斯·巴特菲尔德著，张义安等译：《苦海沉浮——挣脱10年浩劫的中国》，四川文艺出版社，1989年，第173页。
⑥ 大力等著：《笑声泪影：中国人六十年婚恋往事》，中国发展出版社，2012年，第203页。

小伙子带走了。① 以上事例一方面说明当时的青年人勇于追求爱情，另一方面也表现了社会环境对谈恋爱时亲密行为的反对，被认为违反社会规范甚至道德有问题。

对于恋爱期间的性行为，主流话语更是持反对态度，恋爱期间发生性关系被视为非法。如果恋爱期间发生两性关系，不管他们出于什么动机，是否造成什么后果，这种做法都被认为不符合《婚姻法》规定，都是错误的。因为"婚姻登记确认了双方互为配偶的法律身份，因此，才谈得上过两性生活。这才是正当的、合法的，如果在婚前发生这种行为，那只能被认为是不正当的、非法的"。②

恋爱时发生性关系被认为不是爱情，不要被其迷惑。婚前性冲动被认为是动物共有的生理需求和自然本能，它不能升华到理性的高度，不能算爱情。如果男方认为女方拒绝了性要求就是拒绝了他的爱情，这可能是因为"他交友并不准备将来和你建立幸福的家庭，只是持杯水主义态度，只想满足他性的私欲。他对爱情的含义、爱情的价值，缺乏起码的常识，把爱情简单地视为性欲或性冲动"。③ 女性要想到"答应他的要求"的严重后果，在思想深处筑起一道坚不可摧的长城，要做到防身，还要抑制自己的感情，防止冲动，即使在热恋高潮，也要注意分寸，保持距离。不能怕失去他而事事迁就、容忍。④ 如果有女性在婚前和恋人同居，这是因为她"不知道自重、自爱，认为恋爱失身是对异性的吸引，不懂得什么是真正的爱情……把非法同居看作爱情忠贞的表现"。⑤

当时的主流话语认为爱情包含性欲，但不能等同性欲。"假如没有精神上的吸引和感情上的联系为前提，性交只成为机械的，因而那也是不道德的"。⑥ 爱情被视为一种高尚的道德情感，不能只停留在性欲上，爱情"蕴含

---

① 卢卫平：《"街头征婚"全国第一人》，《安徽法制报》2000 年 8 月 13 日。
② 程莉：《姑娘要学会保护自己》，《中国妇女》1986 年第 5 期。
③ 程莉：《姑娘要学会保护自己》，《中国妇女》1986 年第 5 期。
④ 程莉：《姑娘要学会保护自己》，《中国妇女》1986 年第 5 期。
⑤ 陈秀玉：《这是干涉婚姻自由吗?》，《中国妇女》1988 年第 11 期。
⑥ 王伟等：《什么是爱情?》，《中国妇女》1983 年第 7 期。

着对对方的强烈的义务感，这是爱情的道德性最突出的表现"。① "有些青年把爱情和性欲等同起来，使爱情庸俗化，以至未婚先孕，这不仅玷污了神圣的爱情，违反了社会主义道德规范，破坏和污染了社会风尚"。② 官方话语赞同的是负责任的、有感情的、遵守社会主义道德的性，这样的性被认为对构建和谐的社会秩序具有积极影响，对国家建设具有积极意义。

医生从医学角度指出婚前性行为对健康存在极大危害。他们指出有性生活就有可能怀孕，怀孕后又不得不人工流产，人流危害身体健康，如"子宫穿孔"，"手术后近期（一个月内）并发症，主要为宫颈粘连、轻度感染、人流不全、卵巢生理囊肿破裂等"。"手术后远期（1—6 月）月经不调和再次妊娠时的自然流产"，所以提倡姑娘们要自爱、爱尊、建立正确的社会主义的性道德观，保护自身的健康。③ 当时的媒体经常刊登一些因性行为危害身体健康的事件，以警告青年人尤其是女孩子。例如一位 20 岁的女孩子做了 5 次人流，越刮越薄的子宫内膜已经承受不起手术的折腾，妙龄女孩最终手术后大出血而死亡。④

恋爱期间发生性关系还被认为会危及未来的婚姻家庭生活。主流话语认为青年男女在热恋中因为冲动发生了性行为，无论当事人结婚或不结婚，都会受到婚前性行为的伤害。"有的青年在恋爱期间出现越轨行为，以后又觉得感情不和，只好半途而废，使身心遭受不可弥补的伤害，如果青年未婚先孕，或是羞愧过分、难以见人，或是草草成家，在家庭生活建立之初就蒙受不幸"。⑤ 如果婚前发生了性关系，女性在婚姻中处于被动地位，还可能会引起丈夫的轻视，因为"结婚以后，男方总认为女方过去这样轻易地和自己发生性关系，那么也可能轻易地和别人发生性关系，从而对妻子轻视和怀疑，为夫妻关系投下了阴影"。⑥ 女性还被告诫谈恋爱不要随意，"女青年应珍惜

---

① 王伟等：《什么是爱情?》，《中国妇女》1983 年第 7 期。
② 夏红：《朋友，情珍惜你的第一次》，《中国青年》1989 年第 11 期。
③ 程莉：《姑娘要学会保护自己》，《中国妇女》1986 年第 5 期。
④ 夏红：《朋友，情珍惜你的第一次》，《中国青年》1989 年第 11 期。
⑤ 费穗宇：《是我无情还是他不道德》，《中国青年》1984 年第 1 期。
⑥ 刘达临著：《婚姻社会学》，天津人民出版社，1987 年，第 50—51 页。

自己的处女贞洁，保护自己爱情和婚姻的幸福"。①

恋人之间如果发生了性关系，有关部门和组织会出面管教，当事人还可能会受到严厉的惩罚。国家之所以对当事人进行管教，是因为恋人发生性关系被认为"污染了社会，破坏了社会主义精神文明建设"。② 所以，"父母有责任管教，单位有责任管教，社会也有责任管教。这种管教不能视为干涉他们的婚姻自由"。③ 偷尝禁果的当事人如果被发现，轻者会受到社会舆论的指责和鄙夷，被人认为伤风败俗，严重的还可能被工作单位处罚。《纽约时报》总编罗森塞尔 1981 年访华时，曾参观了上海的一所工读学校，当他走进女生车间时，看到 12 个少女正在做纸盒，他询问是什么原因来此工读，对方立刻站起来回答："我今年 18 岁，到这儿是因为我和男孩们发生关系。"罗森塞尔又问其他少女，得到的是同样的答复。该学校的校长介绍，上这所学校参加工读的女生大多是因为和男孩们发生关系，他们的行为并非卖淫，但构成了触犯伦理道德规则的性犯罪。④

从上文可见，恋人之间发生性关系不仅被当时的主流话语所反对，而且当事人还可能面临严重的惩罚。而且在恋爱期间的性关系中，女性往往被作为性行为责任的主要承担者，她们被社会舆论的警告更为严重。

集体主义的恋爱价值观也使同性恋遭到打击。同性恋是一种小众行为，有的学者认为同性恋是指"以同性为对象的性爱倾向与行为"。⑤ 也有学者认为同性恋是"同性之间发生的恋情"，但"是一种性的变态"，⑥ 官方和社会主流舆论对待同性恋的态度反映了同性恋所处的社会环境。新中国成立以来，同性恋行为长期处于被约束、打击的境地。共和国成立后 30 年的时间内性观念极端保守，只有严格建立在婚姻基础上的性关系才被认可，任何非生育性行为都被认为是可耻的。⑦ 直到 80 年代，同性恋行为依然被视为资本

---

① 孙韶林：《恋爱能不考虑婚姻吗?》，《道德与文明》1985 年第 4 期。

② 陈秀玉：《这是干涉婚姻自由吗?》，《中国妇女》1988 年第 11 期。

③ 陈秀玉：《这是干涉婚姻自由吗?》，《中国妇女》1988 年第 11 期。

④ ［美］弗克斯·巴特菲尔德著，张久安等译：《苦海沉浮——挣脱 10 年浩劫的中国》，四川文艺出版社，1989 年，第 191 页。

⑤ 李银河著：《同性恋亚文化》，中国友谊出版公司，1998 年，第 5 页。

⑥ 岳庆平撰：《婚姻志》，上海人民出版社，1999 年，第 289 页。

⑦ 《中国正经历第三次性革命》，《现代护理报》2004 年 12 月 4 日。

主义生活方式的产物，因为这被认为是资产阶级个人主义的表现，是享乐主义的表现，"享乐主义又正是资产阶级所奉行的个人主义的具体化及其宗旨的体现"。[①] 同性恋主要被用作告诫人们可能会造成"道德堕落的命运"。[②] 可见，同性恋行为被视为影响个人健康成长的事物，更重要的是被认为是资产阶级个人主义价值观的表现，它被认为严重影响社会主义集体主义价值观，进而会严重影响社会主义建设。所以，同性恋行为在当时的社会环境下必然会受到严厉的惩罚。

改革开放初期，同性恋依然面临着被打击的境况。1979 年《刑法》第一百六十条针对流氓罪的条款，在法律类推制度下，同性恋被戴上流氓罪的帽子。1984 年 5 月 25 日，大连市政法委就这个问题咨询法制工作委员会，得到的答复是，"这种行为……情节严重的，可以按流氓罪追究刑事责任"。[③] 被发现的同性恋面临残酷的惩罚。例如某大学教师被发现是同性恋，被停止教学工作，开除党籍，调离学校，被安排到施工工地做工。[④] 有的同性恋被发现后甚至会被枪毙掉。[⑤] 在严厉的打击下，同性恋处于地下状态。他们活动的主要场所是公园角落、公共厕所等隐秘地点，电影《东宫西宫》就反映了 80 年代在此类场所的同性恋活动。同性恋者见面也采用暗号的形式，如"在宣传橱窗前，手背在背后，有意者会凑上前去"。[⑥] 这种情形如同搞特务活动。改革开放后，同性恋行为依然被批判和打击，这种状况表明，同性恋行为的处境并没有因为改革开放得以立即改观。同性恋行为是一种顺应个人心理和生理倾向的行为表达，这种表达具有个人主义的浓重色彩，与大众所认可的异性恋行为背道而驰，与国家倡导的集体主义相冲突，更容易让国家和社会认为是一种影响国家建设的不稳定因素。同性恋行为得到

---

① 王延平等著：《西方社会病》，人民日报出版社，1992 年，第 73 页。
② ［英］艾华著，施施译：《中国的女性与性相：1949 年以来的性别话语》，江苏人民出版社，2008 年，第194 页。
③ 全国人大常委会法制工作委员会刑法室编：《刑事法律适用手册——刑事办案 551 问》，人民法院出版社，1994 年，第 183 页。
④ 房先平著：《隐忧与希望——中国社会年报（2001 年版）》，兰州大学出版社，2001 年，第 296 页。
⑤ ［美］弗克斯·巴特菲尔德著，张久安等译：《苦海沉浮——挣脱 10 年浩劫的中国》，四川文艺出版社，1989 年，第 191 页。
⑥ 李银河著：《同性恋亚文化》，今日中国出版社，1998 年，第 259 页。

官方和社会大众的逐渐理解是随着众多因素的发展加深的，例如科学界对同性恋研究的加深，大众对同性恋行为认知的加深。

综上所述，为了推动人们为社会主义建设事业服务，主流舆论对个人主义倾向的恋爱进行反对和批判，不仅为这样的恋爱染上道德品质有问题的色彩，还指出这种行为有害工作和身体健康，甚至直接动用组织的力量干预和打击恋人们。国家的目的是为了在人们恋爱过程中，塑造利国、利集体、利他的健康的恋爱观和行为，这种恋爱观和行为被认为有助于人们为社会主义建设事业贡献个人力量，这在一定程度上表现了国家进行社会主义建设的迫切愿望。

第二节　80 年代恋爱新风的吹拂

在 80 年代，因为国家对"正确恋爱"的支持，认可了人们的恋爱行为，这为人们恋爱创造了适宜的社会环境，而且，1980 年《婚姻法》的颁布也进一步推动了人们的婚姻自由观念，青年人谈恋爱的风尚渐渐兴起。但是总体上来看，80 年代的恋爱表现出严肃慎重的特征，但城市青年开始摆脱国家集体主义恋爱价值观，青年人的恋爱越来越多地表达个人诉求。

一、严肃慎重的恋爱活动

在 80 年代，由于国家要求"正确恋爱"，恋爱要为社会主义建设服务，要求恋爱遵守社会主义道德，国家所要求的恋爱行为必然是严肃慎重，反对浪漫化的重视个人欲望的恋爱，另外，传统观念对人们依然存在影响，在这些因素的综合影响下，80 年代的恋爱显得相对理性、严肃和慎重。

从结识方式看。在 80 年代，城市青年自己结识异性的进行恋爱的比例仍然较低。对北京市城区的青年人结识方式的调查发现，"自己结识"在所有方式中并非主流，1977 年至 1983 年期间占 38.69%，1984 年至

1993 年期间占 30.71%。^① 这一定程度上表明即使在大城市，青年人自己结识异性朋友也并非主流。但已经有人勇于尝试某些大胆的方式结识异性，例如在上海以及其他一些大城市的街头出现了"马路求爱者"。当姑娘正在看电影时，素不相识的邻座忽然邀请她和他共进晚餐，当姑娘正在商店闲逛时，猛然间有人嘻皮笑脸地凑上来说："小姐，你愿意和我谈谈吗？"当姑娘不予理睬时，对方还"穷追不舍"。^②"马路求爱者"这种个性化的追求异性的方式，既表现了求爱者的个人勇气，也一定程度上说明当时恋爱的社会环境宽松了。但是这种在公共活动场所追求异性的方式，在当时的社会环境下并没有得到鼓励，他们被主流话语劝诫要把时间全部投入到工作上、学习上去，做出一番成绩来，那些品德优良、情操高尚、懂礼貌、有学问的男青年，姑娘会主动地向他们献上一颗爱慕的心。^③ 这种话语一定程度上表明个人的恋爱行为被纳入为国家服务的范畴。之所以会出现这种现象，是因为"'左'的思潮和封建主义的思想影响下，视两性交往为不良行为，把活跃的青年人围禁在一个封闭的圈子里，社交场所、社交机会都很少……加以实行经济对外开放政策以来，西方的一些恋爱、婚姻观念对青年有所影响"。^④

青年恋爱动机大都是指向结婚。访谈发现，在 80 年代，绝大部分人认为"只要确定了恋爱关系就要和对方结婚"。尤其是女性特别重视确定恋爱关系，在她们的观念中，确定恋爱关系和结婚基本上可以画等号，"确定恋爱关系"已经接近订婚的状态。H 女士（1959 年出生，山东人，教师）认为："当时和爱人确定了恋爱关系，尽管还没有订婚，但是双方已经认为订婚和结婚是早晚的事情，这时候已经把对方视为可能的结婚对象了。"在农村，不以结婚为目的男女交往更会引起当事人和熟人群体的警觉，正如 W 先生（1966 年出生，山东聊城人，教师）所说："在农村基本上没有自由恋爱，偶尔有思想开放的青年自由恋爱，也是顶着巨大的舆论压力，如果不是

---

① 沈崇麟等主编：《当代中国城市家庭研究》，中国社会科学出版社，1995 年，第 88 页。
② 刘达临著：《婚姻社会学》，天津人民出版社，1987 年，第 41—42 页。
③ 兰蔷等：《致马路求爱者的一封信》，《青年一代》1980 年第 2 期。
④ 刘达临著：《婚姻社会学》，天津人民出版社，1987 年，第 42—43 页。

以结婚为目的的谈恋爱，那就会被视为玩弄感情的流氓行为，农村人的观念接受不了不以结婚为目的的男女相处。"恋爱关系的确立分为两类，一类是在双方父母的认可下来往，这是主流，父母的参与表现出青年人对待恋爱的慎重态度；另一类情况是双方父母不知情，但男女双方互相认可对方并公开来往。

从恋爱过程来看。青年人在恋爱中以学习和事业为重，担心谈恋爱会影响工作和学习，正如一位大学男生爱上了女同学，但是他怕影响学习而自责："上课时，她坐在我的前排，几乎天天都转过脸来朝我看，以目传情，我爱上她了……只要有其他男生和她亲热地说话，我就心慌意乱，正因为这样，理智告诉我一定要把她忘掉，学习阶段出现这样的情况，对自己现在和将来是多么的不利啊！"① 这表现了他既想谈恋爱，又怕影响学习的矛盾心态，这种心态一定程度上反映了当时的主流观念。

青年人恋爱时大多对爱情专一，对多角恋爱表示反感。对广州376名青年的调查显示，认为恋爱时应严肃选择专一爱情的335人，占比例90%以上，回答要同时建立多角恋爱关系的只有10人，占比例3%弱。青年们大都认为，恋爱双方都应忠诚坦白，真诚相爱，互勉互慰。那些在"爱情转移"的借口下不择手段去"乱爱"的行为是不道德的。② 很多男性表示绝不允许自己的恋人与其他男青年有任何交往。③ 青年人的这种观念不仅是因为有社会主义道德的要求，也与传统观念对青年人的影响存在一定的关系。

恋爱期间，人们大多保持距离，排斥恋人间的亲昵行为。一位28岁的姑娘深恋上一个小伙子，已经准备下周举行婚礼，不料未婚夫极力要提前吻她，而她却觉得"那实在令人恶心"。对于此事，有人认为："中国二十几岁的年轻女子们对性爱了解之贫乏，和我们的祖辈100年前相差无几。"④ 当时恋人在看电影的时候，黑暗中，两人正襟危坐，连手也不敢碰一下。⑤ 青年

① 桦林：《爱情啊，你为什么不晚点来?》，《中国青年》1985年第5期。
② 石宝民：《广州青年婚姻恋爱观浅析》，《青年探索杂志》1983年创刊号。
③ 连永生：《他为何三失良缘》，《中国青年》1985年第5期。
④ ［美］弗克斯·巴特菲尔德著，张久安等译：《苦海沉浮——挣脱10年浩劫的中国》，四川文艺出版社，1989年，第171页。
⑤ 张沫：《改革开放30年：中国人婚恋打破束缚走向自由》，《京华时报》2008年12月16日。

谈恋爱期间大多保持距离，用恰当形式表达感情，恋爱主要是"谈"，要保持一定距离，在大庭广众之下谈情说爱要有所顾忌。当时青年常用的方法是晚上看完电影，男孩送女孩回家，在路上拉手，接个吻。①

青年人恋爱时表现得含蓄和隐蔽。青年人谈恋爱非常含蓄，常常暗恋而不敢行动，正如一位男大学生爱上了女同学，"我经常以找另一个女生为借口，到她寝室里去，目的是想看她。我深深地爱她，但是她是不是爱我呢？还判断不出来，我写了好几封情书，都没有勇气交给她，我真的不知道如何是好"。②

书信是当时恋人之间表达感情的最主要的方式，用书信写出心声。那个时代的爱情可以这样开始：花三个月酝酿第一封情书，反复修改数十次，再送给他心仪的女孩等待回应。③ 写情书可以避免当面表达的尴尬，一些说不出来的话，可以写出来。正如 C 先生（1954 年出生，山东威海人，山东聊城某厂化验室技术员）回忆当年的情景："我是军人，结婚不久就回到了部队，我们非常思念对方，她又不能经常来部队，平时只能打电话或写信，电话在那个时候很少，所以写信是最主要的方式，信中表达感情都很热烈，像'亲爱的'、'宝贝'这一类的甜蜜的词只有在信中才写的出来，见面的时候，或者打电话直接通话的时候根本就说不出口，那个一本正经现在想想就想笑。我们写信频率很高，几乎隔几天就写一封信，然后就盼着来信，期待的不得了。"见面时的严肃和信中热烈的表达，表现了恋爱者内心充满了对浪漫爱情的渴望，但是社会环境又不允许他们公开地表达出来。

恋爱时人们大多表现得非常含蓄。当男女互相"有意思"的时候，大多没有直接开口表达的勇气。常常采取一些含蓄的方式间接表达感情，又不好意思让其他人当介绍人，自己就主动出击，学生们经常用借书、请教问题的方式开始恋情，D 先生（1962 年出生，山东青岛人，医生）说："高中的时候，我喜欢一位女同学，但是那个时候都不好意思表达自己的感情，就想办

---

① 《八十年代——物质条件成公开择偶标准》，《牛城晚报》2011 年 8 月 6 日。
② 桦林：《爱情啊，你为什么不晚点来？》，《中国青年》1985 年第 5 期。
③ 《八十年代——物质条件成公开择偶标准》，《牛城晚报》2011 年 8 月 6 日。

法打听到她有一本习题集，就主动向她借，借过来以后也没心思看书，借书以后，随便找里面的题向她请教，就是为了找机会和她说话，其实那些题我都会，这样我和她的关系就越来越好，再到后来发展到一起到食堂去吃饭了，那个时候，用借书的方式和女同学发展关系是我们惯用的方法。"当双方关系发展到一定程度，两人都"有意思"的时候，看电影成为当时青年男女单独相处的常用方式，这主要发生在城市青年恋人中，当时谈恋爱的城市青年基本上都一起去看过电影，但是他们大多数人看电影还不好意思公开，怕别人看到议论。W 女士（1962 年出生，河北保定人，工人）甜蜜地回忆当年的情景："开始和他去看电影是偷偷地去，像做贼似的，往往是他先进去，我过一会再进去，或者是我先进去，他再进去，一般不会一起进去，怕别人看见。到了后来，我们的关系很多人都知道了，索性就公开了，看电影才一起进去，有一种能见天日的感觉。"

当时，在农村，鲜见青年男女一起进城看电影，往往只有在双方家长认可关系并已经订婚后，他们才敢公开一起进城看电影，如果没订婚，农村姑娘们甚至不敢和男青年说话的时间长一些，怕让别人看到。L 先生（1955 年生，山东聊城人，农民）说："农村青年男女的来往，订婚才是关键，订婚以后的任何来往形式别人也不会有什么议论，因为在农村人眼里，订婚就意味着很快就要结婚了，农村人把他们当成夫妻来看。"

在 80 年代，是不是农村青年就没有恋爱活动呢？也许有人认为农村经济和社会落后，农民的观念非常传统，农民不可能产生自由恋爱活动。实际上在人民公社解体后，农村实行家庭联产承包责任制，一家一户的农业生产劳动成为农村的基本的生产方式，一家人在一起劳动，青年男女之间接触的机会减少了。而且 80 年代的农民思想观念依然很传统，父辈的传统观念也约束着青年人自由地恋爱，父辈对家庭经济收入的掌控使他们更容易干预青年人的爱情追求。相对于城市青年来说，农村青年自由恋爱的环境较匮乏。

在这种环境下，是不是他们就不追求爱情呢？实际并非如此，有关学者对四川省三个公社的 1000 多名农村青年进行问卷调查、个别谈心和举行座谈会，发现大多数农村青年认识到爱情是婚姻的基础。在和不同公社的 32 人座谈中，有 26 人主张爱情应成为婚姻和家庭的支柱，约占 82%。三个公社 150 份抽样问卷的结果显示，其中有 34 人主张爱情是人生最宝贵的东西之一，占比 22.1%。还有不少青年认为，感情决定着一个家庭和睦、幸福的基础，如果夫妻感情破裂，勉强凑合的婚姻，带给双方的也只是痛苦。三个公社抽样调查的结果显示，占 77% 的人追求婚姻自主，有 43.3% 的被调查青年认为应该自由恋爱，即使遭到父母反对，也应该坚持自己的主张。[①] 一些地区也出现了恋爱活动，有人曾对四川省进行调查，结果显示，传统的恋爱方式正在逐渐地变化，在农村，不仅出现了用书信表达爱意的方式，出现了托人直接向对方表达询问爱意，还出现了公开的约会自由恋爱方式，例如与恋人同逛集市，一起旅游。[②]

在 80 年代的农村，"因为国家的非集体化正式推行于 1983 年，人们在干活的时候只有自己一家人在一起，男女接触的机会减少"。[③] 另外，传统观念依然浓厚，青年人恋爱观念淡薄，绝大部分青年男女没有经历过恋爱这个过程，基本上都是通过介绍，然后互相认可之后就结婚，如果说他们也曾恋爱的话，实际上指的是媒人牵线搭桥互相认识之后，青年男女互相了解的过程，对他们的访谈显示，几乎所有人都认为恋爱就是为了结婚。L 先生（1964 年出生，山东聊城人，教师）的话一定程度上反映了那个年代的恋爱："在八十年代的农村，哪有什么自由恋爱，几乎全部是通过媒人介绍以后，男女青年初次见面基本上是在女方家里见面，媒人和双方家长在一起聊天，当事人单独在一间房里谈一谈，也谈不了多久，一般十几分钟，半小时就很久了，如果时间太久，双方的家长就要催了，如果双方第一次见面俩人有感觉，那么要告诉媒人，以后男女青年还会再见面，其实也没什么可聊的，因为双方的情况媒人已经告知了双方，只有订婚以后，男女双方才能光明正

① 韦忠语：《江北县农村青年恋爱婚姻的变化》，《青年研究》1984 年第 3 期。
② 冯媛等：《我国青年择偶方式发生可喜变化　自主婚姻压倒包办婚姻，社会介绍取代家庭介绍》，《人民日报》1986 年 9 月 14 日。
③ ［美］阎云翔著，龚小夏译：《私人生活的变革：一个中国村庄里的爱情、家庭与亲密关系（1949—1999）》，上海书店出版社，2006 年，第 63 页。

大地相处，否则会被别人笑话。"农村青年在结婚前缺少自由恋爱，他们的交往主要在订婚后，这时他们已经被大家认为是未婚夫妻了。没订婚关系的农村青年男女交往需要刻意保持距离，即使已经订婚但还未结婚者，如果在公共场所表现出过分亲昵，也会成为熟人群体的话题。

总体上来看，在80年代，主要是城市青年的恋爱活动，部分相对开放的农村也出现了青年恋爱，恋爱活动表现得非常严肃和慎重。

二、城市青年的自由恋爱

尽管80年代的恋爱总体上呈现严肃和慎重，大部分人在恋爱时也在响应国家的集体主义恋爱价值观要求，表现出为国家服务的姿态，但是城市青年，尤其是知识分子，例如大学生群体越来越表现出恋爱时的个人诉求和欲望，在一定程度上突破了集体主义恋爱价值观。

大学生的恋爱表现和这个群体较高的文化素质有关，对于恋爱和爱情，他们有相对深刻的见解，也更有勇气表达个人的诉求。另外，在80年代中期，国家开始致力于发展商品经济，这种经济有助于推动人的自由和独立意识，这对自由恋爱具有促进作用。"到八十年代中期，对婚前爱情进行描述的比喻和语言似乎完全抛弃了几年前还是革命正统的原则，对于爱情和婚前关系的新的态度，显示出与过去30年里占主要地位的话语之间的有意识的距离，这一点特别表现在承认爱情和性欲是一种个人经历"。① 意思是说社会话语越来越认为爱情是自己的事情，这种话语表现了恋爱价值诉求的转变，也就是在坚持集体主义价值观的前提下，日趋尊重恋爱的个人价值。这种转变为个人在恋爱时的个性表达创造了宽松的社会环境，大学生成为自由恋爱的先锋队。

在80年代，大学生恋爱是一道靓丽的风景。在城市中，大学生的思想相对前卫，常常引领着恋爱风气。80年代中期，对某大学四个年级的大学生恋爱情况的调查结果如下：

---

① ［英］艾华著，施施译：《中国的女性与性相：1949年以来的性别话语》，江苏人民出版社，2008年，第90页。

80 年代中期某大学的大学生恋爱情况

	人数	曾谈过或正在谈	％
一年级	50	25	50
二年级	50	12	22
三年级	45	10	22.2
四年级	55	31	56.4

资料来源：何季：《情场中的大学生》，《社会杂志》1985 年第 5 期，第 26 页。

从表格数据看，大学一年级的谈恋爱人数多，这大多是源于刚刚进入大学，中学时期紧张的学习生活已经结束，进入大学以后，自由支配的时间增多，激情四射的大学生对于爱情的憧憬比较强烈，内心充满着涉足情场的冲动。大二和大三人数相对少了一些，这与学校对学业的重视有关，要求学生把主要精力放在学习上，而且这个时期功课相对增多。大四学生谈恋爱又多了起来，面临大学毕业，学生们即将走入社会，对婚姻和家庭的关注更多了。当时，多数大学生对大学期间的恋爱持赞成态度，中山大学的抽样调查显示，持反对态度者只占 5%。[1]

大学生谈恋爱的风气和他们的思想观念相对自由有关，更于经济上的相对独立有关。大学教育使他们的观念更崇尚自由，离开家庭到学校生活，这使他们一定程度上脱离了家庭制约。当时，大学生就是公家人，国家对大学生的生活费用基本全包起来，国家的经济补助基本上可以支撑大学生的日常生活，他们在经济上很大程度摆脱了家庭制约。

80 年代的大学校园有一条学生守则是在校期间一律不准谈恋爱。高校把谈恋爱视为影响学习的事情，这并没有降低大学生们谈恋爱的兴趣，为了不让学校抓住，谈恋爱基本上在地下活动。一位 80 年代大学生的恋爱生活反映了这种情况，他详细叙述了当年恋爱的情景：我俩从小一起长大，关系融洽，我们一起考进了复旦大学，刚进校园，老师就宣布了在校期间一律不准谈恋爱的校规。于是，我们仍以同学相处，仗着以前是老同学这层关系，我

---

[1] 宋斌：《大学生恋爱变奏曲》，《人民日报》1989 年 1 月 19 日。

们接触自然比别人多一些，每每遇到同学异样的目光或同学戏谑，有时为了避嫌，竟故意地彼此疏远起来，尽管我们也经常去一些恋人们经常出入的地方，如夜公园、外滩等地。我们都明白已经坠入情网了，彼此已经无法分离，但在表面上一切跟过去没有什么区别，恋爱，还是藏得很深的地下活动。① 大学不准学生谈恋爱，主要是基于学生阶段的主要任务依然是学习这个原因，而这个原因实际上服从了国家的集体主义恋爱价值观的要求，国家要求学生充分利用时间学好科学技术知识，以便更好地为国家建设服务。但不准谈恋爱的校规并没有让大学生停止恋爱活动，大学生采取"地下"活动恋爱，这是既不公开违反校规，也能实现个人恋爱的一种策略。

但是到了 80 年代后期，大学生谈恋爱逐渐从地下转到地上，恋爱活动公开化了。在大学校园中经常会看到大学生们有各种公开的亲密行为，这不必惊奇，大学生们也都看惯不怪，习以为常了，许多学校改变了对大学生谈恋爱的政策，已从"禁止"改成了"不准"和"不提倡"，甚至不再说了。在这样的学校政策下，大学生谈恋爱就没任何顾忌了，他们也不怕别人知道，甚至有故意让人知道的想法。有些大学生不仅晚上谈情说爱，白天进阅览室、上食堂也是成双成对，大学生们戏称这是"从月光下谈到了阳光下"。② 大学生恋爱能公开化，和校规的变化有关系，校规的变化也一定程度上反映了国家的态度。当时的教师谈到了这种规定变化的原因，W 女士（1968 年出生，河北人，大学教师）认为："禁止大学生谈恋爱，无论出于什么目的都不合乎国家法律，而且事实证明禁止不了，学校不可能天天盯着大学生，但是如果提倡谈恋爱也不合适，所以就不提倡不反对，顺其自然。"

大学生竞争恋爱对象也成为一个新现象。在 80 年代后期，社会舆论也出现了鼓励参与恋爱竞争的话语，例如某大学男生喜欢上了一位女同学，但后来发现自己的朋友也在追求这位女同学，这使他很苦恼，他怕自己向女同学表白会影响会妨碍与好友的感情。而媒体认为爱情不是财产，也不是荣誉，是不能转让或慷慨赠送的。"你们都有爱的权利，而最终将由她决定选

① 莫奈：《抢占"情人墙"》，《青年一代》1996 年第 1 期。
② 宋斌：《大学生恋爱变奏曲》，《人民日报》1989 年 1 月 19 日。

择谁。但你能否被选中，与你现在的态度大有关系。所以，我鼓励你向她表白，大胆地爱她，追求她"。①

　　尽管大学生谈恋爱的比例较高，但成功率不高。这是因为大学生谈恋爱大多以感情为重，而较少考虑婚姻中的现实问题。例如复旦大学有一位已经谈恋爱一年多的男生说："我谈恋爱主要是为了寻求理解和沟通，至于以后能否结婚，不是现在考虑的问题。"② 应该看到，多数大学生谈恋爱的态度较为严肃，但是也有一些大学生因为对大学生活感到枯燥无味而谈恋爱，这些大学生谈恋爱的目的是寻求精神寄托，摆脱空虚和无聊。大学生恋爱多以感情为基础，一旦感情出现了裂痕，分手是大概率的事情，恋爱的成功率自然不高。

　　大学生的性道德观念逐渐发生了显著变化。主要表现在大学生未婚同居者逐渐多了起来，他们把性关系视为感情发展的自然结果，有的大学生情侣在校园的僻静处就发生了性关系，甚至还有的大学生把女朋友带到学生宿舍同居，有的大学生还怀孕流产。③ 大学生的性观念普遍比较开放，传统性道德对大学生的约束逐渐减弱。

　　除大学生群体外，其他城市青年群体恋爱时自由的个性表达也越来越多。婚前性行为的发生呈上升趋势，例如广州市东山区 1981 年办理了 469 对涉外婚姻登记，其中已知未婚同居的就有 30 对，其中有 20 对已经怀孕，其他未了解到的远不止这个数字。一次问卷（对象是 153 名男青年和 204 名女青年）结果显示，除了 5 名女青年和 7 名男青年不回答，其他的 343 名青年的答案如下表所示：

80 年代广州青年的婚前性观念调查

	只要双方愿意应不受任何约束	只要双方有爱情，可以不受约束	没有婚姻关系的，不许可	累计
男	24	29	91	144

① 贺汶：《爱情不应该转让》，《中国青年》1989 年第 4 期。
② 宋斌：《大学生恋爱变奏曲》，《人民日报》1989 年 1 月 19 日。
③ 宋斌：《大学生恋爱变奏曲》，《人民日报》1989 年 1 月 19 日。

（续表）

	只要双方愿意 应不受任何约束	只要双方有爱情， 可以不受约束	没有婚姻关系的， 不许可	累计
女	20	46	133	199
累计	44	75	224	343
占比%	13	22	65	100

资料来源：石宝民：《广州青年婚姻恋爱观浅析》，《青年探索杂志》1983 年创刊号，第 32 页。

由表格数据可见，认为发生性关系不受约束的人占比最低，但是如果双方有了爱情这个前提，接受可以发生性关系的人就多起来，反映了青年人重视双方关系中的爱情因素。"没有婚姻关系，不许可"占比最高，这反映了80 年代的青年人依然受传统观念的影响较大，在大多数青年人的观念里，有婚姻关系是发生性关系的前提。

但是，某些青年人在谈恋爱的过程中，对自由的追求进入了误区，自由恋爱出现异化。某些青年传统的性道德观念已经完全淡化，他们把追求"性自由"、乱搞两性关系视为思想解放，不以为耻。例如一位女青年竟炫耀自己如何一天之内与七个男流氓鬼混。[1] 某女青年在做人流时，医生问，你没结婚就怀孕，如果不能和男友结婚怎么办呢。女青年认为不一定非要和男友结婚，还很不屑地认为这是落后的封建思想。[2] 某些人甚至打着自由恋爱、追求爱情的旗号玩弄异性。

——某表厂有个青工，结识了一位女青年，谈情说爱没几天，就山盟海誓，故作多情，骗取女方的信任，发生了关系。事隔不久，这个女青年肚子大了，前来找他登记结婚，谁知他翻脸不认账，反咬一口说女方同别人胡搞，弄得女青年痛苦不堪。后来，他又如法炮制，诱人上钩，过后又嫌这个女青年不漂亮，一甩了之。这样接连玩弄了三个女青年，被人揭发，遭到批判，他还恬不知耻地辩解说："这是恋爱自由嘛！"[3]

---

[1] 石宝民：《广州青年婚姻恋爱观浅析》，《青年探索杂志》1983 年创刊号。
[2] 夏红：《朋友，情珍惜你的第一次》，《中国青年》1989 年第 11 期。
[3] 芮晶：《和男青年谈两性道德》，《青年一代》1980 年第 1 期。

——某女子揭发自己的恶丈夫，男方用花言巧语骗自己谈恋爱，并发生了关系，二人结婚后，男方对女方施行家庭暴力，男方认为恋爱只是种消遣，谈恋爱的原则是不能过分认真。[①]

……

某些青年的此类行为，不仅仅是脱离了国家所要求的集体主义恋爱价值观，更不符合国家所要求的社会主义道德。在这种情况下，国家并没有采取严厉惩罚的政策，而主要是对此进行道德批判。有些事情，以道德准绳衡量是令人无法容忍的，但是从法律角度看，却尚未构成犯罪，不能诉诸法庭审理，只能利用舆论的力量及时揭露和谴责。另一个原因是由于某些部门和单位领导存在官僚主义或工作上的缺陷，致使有些人对受到的不道德行为伤害告状无门，只得投书报刊，寻求舆论支持。针对这种情况，一些报纸、刊物开办了《道德法庭》栏目，目的是让当事人、广大人民群众尤其是广大青少年在栏目中揭露和批判违反社会公德的人或事，提升人们的道德观念，加强精神文明建设。《民主与法制》1981 年第 5 期开始设立《道德法庭》时指出：对一些不道德的行为，予以公开揭露和"审判"，主持公道、伸张正义，使不道德的人受到公众舆论的谴责，发扬社会主义新道德新风尚，以期有助于社会主义精神文明建设。[②]《道德法庭》栏目中不少是揭露以恋爱为名、玩弄女性或者腐化堕落的现象，在此栏目中，很多女性说自己"被玩弄了""我被欺骗了！""在恋爱期间失去了最宝贵的东西"。[③] 据不完全统计，一些报刊的《道德法庭》栏目所刊登的文章 70% 以上是关于恋爱、婚姻。[④] 但是，《道德法庭》的审判对人没有惩罚的强制力，只能进行道德谴责，这造成有些道德败坏者在受到《道德法庭》审判之后，依然我行我素，《道德法庭》形同虚设。

《道德法庭》的出现反映了国家对"不正确恋爱"态度的变化。在 80 年代早期，国家往往使用惩罚的硬手段处理"不正确恋爱"，但是《道德法庭》

① 黄雯芳：《我那个恶丈夫》，《青年一代》1982 年第 5 期。
② 《道德法庭》，《民主与法制》1981 年第 5 期。
③ 燕华：《在道德法庭上的沉思》，《青年一代》1986 年第 6 期。
④ 李荔：《〈道德法庭〉要全面、严肃》，《社会杂志》1983 年第 1 期。

体现了国家处理问题时的软途径，《道德法庭》一定程度上体现了国家的集体主义价值观在婚恋领域的弱化。

综上所述，80 年代的恋爱风尚存在城乡差异，农民青年的恋爱观念有所增强，但恋爱新风尚主要兴起于城市青年中，和以前相比，这个时期恋爱的群体增多了，这反映了社会变革为人们恋爱创造了日趋宽松的环境。

第三节　90 年代青年恋爱自由度的提高

进入 90 年代，在社会变革的影响下，青年人的恋爱越来越摆脱传统道德规范和集体主义道德规范的约束，他们在恋爱时越来越重视表达个人的自由意愿。

一、结识方式的多元化

恋爱方式指的是结识异性的方式。青年人结识异性越来越自由，以北京为例，下表一定程度上反映了每个年代结识异性的途径发生的变化。

北京市区婚姻不同年代的结识途径比较（单位：%）

	49 年前	50—58 年	59—65 年	66—76 年	77—83 年	84—93 年	总体
亲戚介绍	20.57	26.22	24.62	20.97	14.29	24.29	21.45
朋友介绍	17.73	25.00	38.46	35.48	44.05	37.86	32.67
媒婆介绍	34.04	12.20	4.62	1.61	1.79	4.29	10.22
自己认识	4.96	27.44	29.23	40.32	38.69	30.71	28.55
组织介绍	0.71	3.66	1.54	0.81	0.19	0.00	1.37
婚介所	0.00	0.00	1.54	0.00	0.00	0.71	0.25
父母包办	21.99	5.49	0.00	0.81	0.00	2.14	5.49
N（人）	141	164	65	124	168	140	802

资料来源：沈崇麟等主编：《当代中国城市家庭研究》，中国社会科学出版社，1995年，第 88 页。

从上表可见，父母包办的方式在每个时期所占比例相对较低，随着时间的发展，"自己认识"成为主要的结识方式，这最能体现个人择偶自由度的提升。"朋友介绍""亲戚介绍"所占比例也较高，朋友和亲戚主要起到牵线搭桥的作用，男女双方结识以后是自由恋爱。"组织介绍"比例较低，反映了单位组织在婚姻领域的淡出。通过"婚介所"结识的比例最低，尽管这是一种新式结识方式，但是人们对它的信任度较低。总体来看，青年人结识异性的途径日趋多样化，反映了结识异性的自由度越来越高。

在结识方式中，最能反映恋爱自由度的两种现象是一见钟情和女追男。一见钟情是男女双方一见面就对对方产生感情，就喜欢上了对方。人们对以一见钟情发展恋情表达了较多的赞同，1998 年，某调查公司在网上进行了一项调查，共有 945 人参与，调查显示，61% 的人（570 人）回答相信一见钟情。[①] 这一定程度上显示出青年人发展恋人关系看重第一感觉，看重双方的个人感受，这种迅速发展恋情的方式明显有别于特别慎重的传统结识途径。

"女追男"成为一种凸显的现象。在传统观念中，恋爱时女性要以被动的、含蓄的姿态等待男方主动追求，《诗·召南·野有死麕》曾指出："野有死麕，白茅包之。有女怀春，吉士诱之。"女性要等待着男性"诱"，如果女性主动追求男性往往会遭到非议。而在 90 年代，女追男的现象逐渐增多。女性在恋爱时的主动现象更加突出，一项调查显示，爱上一个人就会主动追求的女性占 37%，男性达到 65%。[②] 一项对上海人的访谈显示，绝大部分受访者对"女追男"持认同甚至赞赏的态度，"我认为，男追女、女追男都是很正常的，因为每一对男女的性格、所处环境、接触方式、家庭背景都不同，不可能要求大家采用不同的恋爱方式。追求自己的婚恋对象也是对幸福的一种追求，每个人都有选择和追求幸福的权利，男女是平等的"。[③] 有一位女士表达了对"女追男"现象的心声："我周围的女孩也都认为别人追自己才有价值感，自己去追男的会丢脸，更怕受伤害。可我的看法是对爱就是要

①　凌洞：《你相信"一见钟情"吗》，《光明日报》1998 年 8 月 29 日。
②　李煜等著：《婚姻市场中的青年择偶》，上海社会科学院出版社，2004 年，第 96 页。
③　张晓霞：《上海小姐与海派先生的对话——申城青年性别文化观》，《书摘》1996 年第 8 期。

去追，我不愿意等待，我觉得等来的爱不是爱。"① 以上两位女士的话反映了她们主动争取爱情的心态，这是对男女平等的正确认识，反映了女性在结识异性时的自由度大幅提升，反映了部分女性突破了传统观念的束缚和女性思想的解放。

女追男现象的发生和日趋宽容的社会环境息息相关。社会舆论对女追男逐渐表示了支持，在 80 年代，鼓励女性要大胆主动的话语就出现了，这种话语是在全社会"放"、"松绑"的经济发展战略背景下出现的，这反映在婚恋问题上也出现了"松绑"的问题，就是"我们的女同志要从几千年来的女子只能待字闺中的封建余毒中解放出来，结束'只有藤缠树哪有树缠藤'的日子"。② 舆论的支持为女追男创造了积极的社会环境，到了 90 年代，社会环境对女性的主动更加宽容。女追男对于女性的婚姻幸福具有特别积极的意义，在数千年的历史长河中，由于传统观念的束缚，女性不敢主动追求心仪的爱人，更重要的是女追男的社会环境也不具备，女性只能被动听从父母之命和媒妁之言的安排，婚姻的遗憾和不幸往往由此产生。

社会舆论鼓励青年人恋爱时和他人竞争。这和社会转型有直接关系，相对于计划经济体制，市场经济的社会环境更肯定个人的积极性和主动性，无论是工作还是婚姻，胆小懦弱往往被视为无能，难以在市场经济的大潮中取得成功，勇敢追求爱情被视为一种积极奋斗的品质，媒体甚至鼓励人们恋爱时和他人竞争。因为城市的市场化程度更深，城市文化中的竞争氛围更浓，青年人恋爱时的竞争现象更突出。

尽管农村的社会环境相对传统，但农村父母也越来越鼓励儿子去追女孩，甚至鼓励儿子和女孩子私奔，这也是主动参与婚姻市场竞争的表现。一般来说，农村受传统观念影响较重，"父母包办"的意识更重一些，但是有些父母却鼓励子女尤其是儿子主动去追求女孩，有这种想法的父母大多家庭经济条件相对较差，这种行为含有其聪明的考虑之处。正如 L 先生（1961

---

① 庚晋等：《初恋的感觉》，《青年一代》2000 年第 6 期。
② 朱赤平：《八十年代人的恋爱特点》，昆明市妇联婚姻家庭、家庭教育研究会编：《婚姻家庭·家庭教育论文集》，1988 年，第 26 页。

年出生，山东聊城人，农民）所说："女孩子不喜欢畏畏缩缩、胆小的男孩子，另外，在农村，彩礼要价比较高，如果男孩子主动去追女孩，有了感情基础，彩礼的多少就可以商量。"从 L 先生的话语中可以看出两点，一是他知道勇敢的男孩子更受女孩子的喜欢，鼓励儿子主动追求女孩子正是迎合了女孩子的心理；二是他意识到自由恋爱会对彩礼支付产生积极的影响。L 先生的话反映了部分农村父母在子女择偶问题上看到了传统择偶模式的弊端，开始有意识地"主动出击"。

科学技术和媒体的发展改变了人们的结识方式，这直接影响了人们的恋爱方式。在 90 年代，电视上出现了大量的相亲节目，爱情竟然成为可以面对观众调侃、游戏的事物，参加者敢于表现自己，在众人面前、摄像机前大胆地谈情说爱。对此有人感慨："现在的女孩都很大方、很从容地走到镜头前，把自己靓丽的风采展现出来，比起我们老一辈的人，她们更有主见、有胆识，也聪明得多。"[1] 电视相亲节目无疑会扩大参加节目的人结识异性的机会，但是也存在某些弊端，例如参加相亲节目的男男女女都很漂亮，而且还能说会道，看起来都是多才多艺，这不禁令人怀疑，如此优秀的人怎么可能找不到对象呢？只有一种可能，他们不是来择偶的，而是节目组找来的娱乐嘉宾，说到底还是为了提高收视率盈利。正如一名女嘉宾所说，她参加《玫瑰之约》节目，一是看看有没有适合自己的人，二是为了表现自己。节目的现场效果和实际效果都表明，参加节目的人已经大大淡化了择偶的目的，主要是为了展示自己。正如某些北京的青年长途跋涉到长沙参加《玫瑰之约》节目，他们认为在湖南"给北京人挣足了面子"。[2]

在 90 年代，网恋出现了。它是伴随着网络科技的发展而发展的，是一种非常便捷的结识和恋爱方式。1994 年，中国接通了网络的国际专线，中国从此进入了国际互联网。这带给中国人全新的交往方式，尽管相对于发达国家，中国入网较晚，但发展迅速，1995 年 1 月，邮电部开始面向社会提供互联网接入服务，1996 年 11 月，北京开设了第一个"实华开网络咖啡屋网

---

[1] 《不愁嫁也征婚》，《中国妇女》2000 年第 1 期。
[2] 奈何：《爱情进入"速配时代"》，《中国青年》1999 年第 11 期。

吧"，电脑和互联网进入人们的日常生活。网络使人们超越时空和地域，为男女两性提供了自由和便捷的交流方式，人与人之间可通过网络聊天、e-mail 等方式沟通感情。同时，越来越快的生活节奏使青年人恋爱的时间减少，无暇在恋爱中投入过多的精力，这时，人们发现网络社交非常便利。网恋随之出现，许多未曾谋面甚至远隔重洋的男女通过网络相识相知相爱。

伴随着网络的发展，婚恋网站也如雨后春笋般涌现。1999 年曾经存在的爱情网站，有"爱情新干线"、"雪枫之爱情天地"、"爱情直通车"、"爱情在线""重庆姑娘找对象"。[①] 2000 年，与"婚姻"相关的网站有近百家，且大多数网站从事婚介业务。[②] 当时最受欢迎的唐蝶网甚至为网民提供网恋一条龙服务：为网民约会网络情人——提供网恋的咖啡吧——为网恋情人准备心仪小礼物——对网恋双方进行婚姻测试——为网恋成功者举行婚礼。它还专门设立了《将网恋进行到底》的栏目，公开征集网恋故事并将之进行网上直播。[③] 除了网站，一些社交软件也出现了，1999 年，腾讯公司推出了"QQ"，这款社交工具中还开辟了"聊天室"，众多的人可以群聊，还可以一对一私聊，这为人们的交流提供了便利条件。另外，还出现了交流社区，例如 BBS，这也成为网恋的空间。21CN 网的调查显示，在 2000 年，近 40% 的网民有过网恋经历。[④] 某大学学生会的调查显示，在 2000 年，在该校大二和大三学生中，曾尝试过使用网恋方式选择对象的人占 20% 以上，沉湎其中的人有一半左右。[⑤] 网恋成为最前卫的恋爱方式。

网络交往具有开放性、互动性和平等性的特征，迎合了人们对自由和平等的诉求。报刊、电视对信息的传播是自上而下强制性扩张，人们有一种被迫接受的感受，这体现了一种不平等。但是网络的即时互动和自由交流体现了天然的平等性，这使人们更容易接受网络交友。

首先，网络延伸了人们交往的空间，缩短了交流的距离。在网络中，人

① 《几家爱情网站》，《中国青年》1999 年第 24 期。
② 缪毅容：《"网上红娘"受青睐》，《解放日报》2000 年 9 月 28 日。
③ 凌华年等：《关注 e 类生存》，《信息时报》2000 年 7 月 4 日。
④ 凌华年等：《关注 e 类生存》，《信息时报》2000 年 7 月 4 日。
⑤ 谢惠仁等：《"网恋"现象值得关注》，《解放日报》2000 年 5 月 9 日。

们的交往能实现"即时对话",对话双方能够即时互动,而且网络还可以实现"全球交流",在个人和全球之间架上了直通的桥梁。人们面对的是比现实更广范围的交流对象,跨地区甚至跨国恋情,例如在澳大利亚读书的男孩健文,在网上和新加坡一位女生恋爱,在网上两人已经深深相爱,男孩很快飞往新加坡和女生见面,在最短的时间内注册结婚。[①] 网络的出现让千里姻缘一线牵成为现实,也使人更加理解"海内存知己,天涯若比邻"和地球村的含义。

其次,网络有助于人们自由、平等地交流。网络给人们提供了一个自由开放的空间,人们可以避开出身、相貌、身高、年龄、种族、财富和地位等可视特征,直接进行心灵的沟通,感受对方的机智、幽默和浪漫,人的情感很容易被触动,从而产生虚拟的感情交流,把心中的秘密向不知道对方是谁的对象倾诉,每个人都可以在广阔的空间中想像,在心中塑造一个理想中的他(她),所以,网恋让人感觉非常美好,使人得到精神满足。正如当时的歌曲《网络情缘》中的歌词,"网上一个你,网上一个我,网上我们没有过一句承诺,点击你的名字发送我的快乐,接受吧,接受吧,爱的花朵,轻轻的告诉你,我是真的爱过,你曾经真真切切闯进我生活,不见你的时候我情绪低落,只有你能刷新我的寂寞,轻轻的告诉你,我是真的爱过……"

再次,人们可隐藏身份,谈得来就谈,合不来就散,不受道德束缚,这给人们以更多的安全感。上网聊天时,处在与对方不直接接触的虚拟世界里,说过的话可以不负责任,这对存在社交障碍的人来说,非常有吸引力。一位网友谈起自己的网聊经历:他取了一个女性化的名称进入聊天室,结果在十分钟内就有九个网友约他对聊,弄得他手忙脚乱,最后只能狼狈地离开了聊天室。五分钟后,他换了一个名字再次进入这个聊天室,发觉几位网友还在到处呼唤刚才他所取的那个名字,显然,这几位网友还没发觉他已经去而复返了。[②]

网络使人们恋爱更加便捷,但是也带来某些负面影响。网络具有虚拟

---

① 吴庆康:《网上情感:倾诉心事也说尽谎言》,《中国青年》1999 年第 24 期。
② 凌华年等:《关注 e 类生存》,《信息时报》2000 年 7 月 4 日。

性，你不知道和你交流的是男还是女，你无法确认对方的年龄和相貌，甚至"在网上没人知道你是一条狗"。网恋自产生之日起，既有真诚，也有谎言，还有骗局，网恋对当事人也产生了负面影响甚至伤害。陈女士与一个美籍老挝人在网上认识，双方在网上慢慢产生了恋情，在网络上没办法核实对方信息的真假，在对方的甜言蜜语中轻信对方，当对方来厦门后就仓促结婚。在婚后14天里，女方发现男方与自己的想像相去甚远，许多想法和志趣也不相同，并不像在网上交谈那样浪漫，男方回国后便失去了联系，陈女士后悔不已。①

总之，人们的恋爱结识方式出现多样化的趋势，这反映了社会整体上越来越自由和平等，也反映了个人的恋爱自由度的提升，还反映了恋爱方式的社会化，已经逐渐突破了父母之命和媒妁之言的传统模式。

二、恋爱的浪漫化

"浪漫"的一层意思是"富有诗意、充满幻想"，另一层意思是"行为放荡，不拘小节"（多就男女关系而言）。②"恋爱的浪漫化"可以理解为恋爱充满理想化色彩，不为传统所束缚，注重感性和欲望满足的发展状态。"浪漫"的两层意思在改革开放后的恋爱中都有所体现。社会发展为恋爱的浪漫化创造了条件，从前文可见，在80年代，国家要求恋爱具有服务社会主义建设的价值意义，这种恋爱观崇尚的是集体主义价值观，也是恋爱的观念和行为是否正确的评判标准。进入90年代，恋爱的观念和行为逐渐脱离了国家的要求，恋爱越来越被认为是一种个人行为，社会对恋爱逐渐表达的是对个人私事的理解和尊重，这种转变使恋爱的动机和方式成为一种个人可以自主决定的事情。

青年人谈恋爱的动机呈现多元化的态势，这主要表现在城市青年群体中。城市青年关于恋爱与结婚关系的认识明显改变了。在80年代，恋爱的目的是结婚被视为理所当然。在90年代，一项对青年的调查显示，在问及

---

① 《冒失女子——网上谈恋爱　网外闹离婚》，《宁波日报》1999年11月27日。
② 中国社会科学院语言研究所词典编辑室编：《现代汉语词典》，商务印书馆，2012年，第775页。

"与谁谈恋爱和与结婚是两回事"时，回答"很同意"的占 8.5%，"较同意"的占 32%，22.9%的认为"不一定"、"难说"，"不大同意"的占 26%，"很不同意"的占 10.5%，这些数据的调查对象没有地区、性别、年龄和教育程度的显著差异。在回答"谈恋爱是为了将来结婚"的问题时，赞成者不到 30%。[①] 恋爱必须结婚的观念也逐渐被改变，例如有位青年说："男女恋爱谁也不能保证第一次就成功，这会受到许多方面的影响，许多男女都不是一次恋爱就结婚的，有的甚至经过多次才成功。"[②]

还有部分青年只想恋爱，不愿结婚。例如某女青年谈恋爱时认为："我不喜欢成家，我最喜欢宝哥哥那句话'赤条条来去无牵挂'。"对此，有媒体给予理解，视之为一种正常现象，媒体指出："只恋爱不结婚"是一些人的主张，没有什么可以指责的。[③] 只想享受恋爱的过程，把恋爱和婚姻完全分离，不愿意被婚姻束缚，完全是为了追求个人自由。这也反映了部分青年人在爱和一纸婚姻契约之间，他们越来越看重前者，希望恋爱有更多的自由度和自主性。

鼓励学生谈恋爱的话语也出现了，甚至有人指出了学生恋爱的合理性，这为学生谈恋爱营造了较为宽松的舆论环境。例如某位学者指出，"学子应该开放心灵，勇敢地追求校园爱情，这是生理和心理的需要，也是追求完美人生和健康人格的需要"。"恋爱对学业的影响，正面的肯定比负面的多"。[④] 这种话语和 80 年代禁止学生恋爱的话语完全相反，把恋爱视为生理和心理的正常需要，肯定了人的生物性特征，指出恋爱对学业更多的是正面影响，肯定了爱情对人生和健康人格的积极意义。这说明社会在很大程度上摆脱了服务社会的集体主义恋爱价值观，更加重视个人诉求的恋爱价值观。

大学生谈恋爱的动机更加多元化。某些大学生认为"恋爱也就是那么回事，充分地体验人生"。"虽然我们天南海北地谈，可谈的尽是一些已经过去的和遥远的将来，很少清醒下来面对现实，彼此根本没有勇气回答自己要做

---

① 李煜等著：《婚姻市场中的青年择偶》，上海社会科学院出版社，2004 年，第 150 页。
② 阳阳：《阳阳信箱》，《青年一代》1996 年第 7 期。
③ 雁升：《只恋爱不结婚对不对》，《中国青年》1989 年第 1 期。
④ 赵运仕：《校园恋爱：一门被忽视的必修课》，《中华读书报》2000 年 11 月 15 日。

怎样的一个人。""我也渴望爱情，喜欢过许多男同学。就说现在这位吧，其实我不会爱他，可我还是接受了他的爱。我只是想有个人关心我、爱我、体贴我，总比没有好，到时候，我肯定会离开他"。① 甚至有部分大学生认为恋爱"不求天长地久，只求曾经拥有"。

恋爱目的的多元化造成大学生恋爱成功率低。有人对 10 所院校的 700 名大学生进行了抽样调查，发现在校大学生恋爱的成活率不到十分之一。几位毕业几年的大学生认为，校园恋爱几乎是纯感情的，理性被炙热的感情淹没了。恋爱吹了，也大都不是凭理智而是凭感觉，那种感觉纯粹是高度炽烈而后又降温的结果。② 大学生的此种恋爱特征使大学生情侣结婚率较低，对 2800 位大学生的调查发现，进入社会以后，生活环境和心理状态都发生了巨大变化，他们的爱情生活经历了重新自审、考验、选择和组合的过程。随着视野的开阔和事业的开拓，男大学生的择偶标准提高了，女大学生同样也会提高自己的择偶标准。③ 这反映了爱情与现实的矛盾，走向社会的现实情况可能让大学生情侣放弃原有的感情。

重爱情不重托付终身，既反映青年的婚姻观念的自由趋向，也反映了青年的婚姻价值趋向正由重未来向重当下偏移。青年人择偶时，越来越重视感情在婚姻中的地位，他们追求两人之间的互相爱慕。这种婚恋价值观是他们日趋脱离传统的关注家庭责任和义务的，缺少感情和凝聚力的凑合型的婚姻，这种趋势对提升婚姻质量，建立幸福家庭，维护社会稳定有益。

农村青年的恋爱基本上是从订婚开始，而且不出外意外都会结婚。这种订婚之后的恋爱主要目的已经不是考量是否要结婚，而是培育感情，为结婚后的生活打下更好的基础，这有先结婚后恋爱的意味。订婚后的农村青年在公共场合的亲密行为增多，在八九十年代，相对发达的浙北农村"订婚后男女关系已类同夫妇"。④

从上文城市和农村青年恋爱的对比可见，城市青年的恋爱动机呈现多元

---

① 杨晓升：《当代大学生恋爱悲喜录》，《中国妇女》1991 年第 9 期。
② 杨晓升：《当代大学生恋爱悲喜录》，《中国妇女》1991 年第 9 期。
③ 杨晓升：《当代大学生恋爱悲喜录》，《中国妇女》1991 年第 9 期。
④ 曹锦清等著：《当代浙北乡村的社会文化变迁》，上海远东出版社，2001 年，第 329 页。

化的态势，而农村青年的恋爱动机基本上是指向婚姻。这种差异体现了城乡青年思想的开放程度的差异，城市青年更重视恋爱的过程。

青年人恋爱从一而终的观念逐渐改变，同时与多人谈恋爱的现象也并不鲜见。有的姑娘还指出了其合理性："我一下子同三四个男孩谈朋友，忙得团团转，这有什么不可？女孩子在谈情说爱之中了解对方，从而进行比较和认识，现在的脚踏两头船跟六十年代脚踏两头船有着本质的区别。过去一些姑娘同时跟几个男青年谈，为的是捞些漂亮衣服或者骗一些钱，现在，我们并不是为了钱，我们只想寻找自己的感情归宿……这跟挑衣服一样，多看几件，货比三家不会错。"①

理性地谈恋爱成为一种新现象。此时的理性，主要指的是不随便谈恋爱，不想耽误时间，恋爱也要看条件，谈恋爱就要有助于婚姻质量的提升。正如有的女士认为："每个女人都不会说爱情对她来说无足轻重，不过我觉得应该是爱情的结果，也就是婚姻，事业不行还可以再换，可婚姻一旦选择了就不大会变了，至少自己不希望。所以除非能在恰当的时候遇到一个合适的人，他必须符合一二三四等等条件，我指的是适合结婚，否则我不会谈恋爱，不管他多有魅力。"② 这种恋爱前设置条件，先选择出符合自己客观条件的人，然后再进行感情上的交流，这恰恰说明可选择的异性范围更广了，也体现了人们恋爱的自由度的提高，这种精明的想法在一定程度上避免了可能受到的爱情伤害。

人们恋爱时重视浪漫的感情表达，甚至浪漫日渐成为人们恋爱时的一个重要考虑因素，甚至能影响两人关系是否能继续发展。例如一位姑娘同某博士谈恋爱，博士对其相当满意，但是两人相处时，博士没有一点亲热或暧昧的表示，不懂一点讨女孩喜欢的花招。姑娘知道那些甜言蜜语的男人会花心，可是仍接受不了这种不解风情的男人，最终两人分手。③ 浪漫的感情表达和80年代严肃慎重的恋爱完全相反，浪漫表现的完全是一种个人体验的诉求，该女子在权衡是否要继续恋爱时，考虑的是对方能不能给自己愉悦的

---

① 王其生：《关于"滥恋"姑娘的调查报告》，《青年一代》1998 年第 3 期。
② 孙雅君：《爱在青黄不接时》，《中国青年》1997 年第 6 期。
③ 阿梅：《我同陈博士谈恋爱的日子》，《青年一代》1999 年第 3 期。

个体快感体验，和服务社会主义建设的集体主义恋爱价值观已经没有关系。

　　青年人表达爱情的方式越来越浪漫。受西方文化的影响，中国青年表达爱情融入了越来越多的西方元素，例如每年 2 月 14 日是西方的情人节，这一天来到时，恋人们常常在广播、电视中点播爱情歌曲，热恋中的情人互赠鲜花或巧克力，性急的求婚者把求婚书放在心上人的家门口……①

　　恋人之间亲密行为增多。对上海、哈尔滨、甘肃及广东的被访者在不同年代的婚前性交往情况的调查，一定程度上可以反映婚前亲密关系逐渐增多，请见下表：

四地不同年代被访者自述的婚前性交往情况（单位:%）

婚前性交往	地区				结婚年代			
	上海	哈尔滨	甘肃	广东	1966	1976	1986	1996
接吻	76.9	63.9	12.6	47.7	18.7	35.4	56.2	70.6
拥抱	59.2	38.6	6.8	35.5	10.9	20.3	36.8	55.5
性关系	13.8	4.6	1.0	8.6	1.4	1.5	7.0	13.2
致孕	5.3	1.8	0.1	1.3	0.6	0.3	1.8	4.5
无	23.1	34.1	87.3	50.9	81.3	64.0	42.9	27.8
合计	100	100	100	100	100	100	100	100
	1570 人	1596 人	1330 人	1537 人	831 人	1049 人	2288 人	1862 人

　　资料来源：徐安琪主编：《世纪之交中国人的爱情和婚姻》，中国社会科学出版社，1997 年，第 73 页。

　　从上表可以看出，在四个地区被访者的婚前交往中，无论是接吻、拥抱、性关系还是导致怀孕的情况都逐渐增多，尤其是发生性关系和导致怀孕的情况，改革开放后比之前翻倍地增长。

　　对于恋爱期间越来越凸显的同居现象，越来越多的人对此表示理解。一项对北京 497 名青年人婚姻观的调查显示，51.5% 的人认为"恋人间的婚前性行为是正常的，可以理解的"。13.6% 的人认为"不正当"，14.8% 的人认为要从道德上进行谴责"。② 这项调查反映了这样的问题，人们婚前性交往的

---

① 詹维克：《洋节在中国》，《中国妇女》1992 年第 1 期。
② 纪秋发：《北京青年的婚姻观——一项实证调查分析》，《青年研究》1995 年第 7 期。

增多，并不等于性放纵，超半数的被调查者对恋人间的性行为表示理解，认为是正当的，这是对改革开放后的"非法同居"观念的突破，而相当的人数认为有爱情就可以发生性关系，这突破了只有婚后才能发生性关系的观念，人们越来越重视爱情对于恋人的意义，而不是一纸婚书对双方关系的维系。还有学者肯定恋爱时的性关系是必须的活动："在爱情中，性是必须的过程。"① 这种观点也强调了性关系的前提是爱情，发生性关系是"必须的"，这既含有承认这是可以理解的生理性本能的意思，还含有肯定性关系对恋人关系维系的积极意义。

一次全国性文明调查从 1989 年 2 月开始到 1990 年 4 月基本完成，覆盖15 个省市、24 个地区，有 500 人参加工作，抽样 2.4 万例，有效问卷 2.3 万例。调查显示，相对其他群体，大学生群体的性观念更多地挣脱了传统思想的束缚。例如对于婚前性行为的认识，42% 的大学生认为只要有爱情就可以，36.25% 的大学生认为只要两人愿意就可以，这两种认识两者相加，对此持基本肯定态度的竟占 78.32%，占绝大多数，而认为婚前性行为应受到道德谴责的只占 20.47%。② 通过数据可见，相当一部分大学生对发生性关系的认识已经脱离"爱情"这个前提，自我意识更加强烈，他们认为自己有权利支配自己的身体，这种权利和自由意识反映了他们在自我解放的道路上走得更远。

大学生群体中发生性关系的现象相对突出。有人曾接待过一位大学生咨询者，她问："我是个处女，你瞧得起我吗？"她的这种提问并非出于偶然，因为当周围的同学都在谈恋爱，而且发生性关系成为大家认可的普通事情，群体效应会让每一个人倾向选择群体性行为，自己如果没有和大家一样，就可能会被人视为缺少魅力，自己也会产生自卑的感觉。再如有一名女大学生，以爱情的名义到男友宿舍过夜，经同室同学抗议，学校有关部门对该女生进行教育，但是她与男友还是坚持己见，声称为了爱情可以付出任何代

---

① 赵运仕：《校园恋爱：一门被忽视的必修课》，《中华读书报》2000 年 11 月 15 日。
② 上海性社会学研究中心：《现代中国人的性问题——一份全国"性文明"调查报告》，《民主与法制》1990 年第 10 期。

价。① 大学生的这种行为一定程度上源于群体效应，当一个群体里面的大部分人发生了性行为，没有性行为的人反而觉得自己处境很尴尬，好像没有性行为会被人看不起。从这一点我们可以推测，大学生发生性行为的人数应该比统计数据还要多。

在 90 年代，安全套进入高校并不鲜见，这足以说明大学生在性观念上有了根本性的突破。有的教师认为此举具有非常积极的意义，安全套进入校园是好事，对大学生的健康有好处，大学性科学教育还行当薄弱，一些大学生不会保护自己，堕胎、患性病的现象时有发生，与其回避，不如正视。②

需要注意的是，在对待恋爱期间性行为时，官方逐渐放弃了 80 年代的集体主义话语，但是这并不意味着官方放弃了对恋爱性行为的关注。官方只是在重新确定个人和集体关系的前提下，重新确定对待爱情和性的政策，只要个人的爱情和性表达没有对国家和社会产生消极影响，国家就尊重个人的自由，在社会主义市场经济的环境下，能积极表达个人欲望，具备权利和自由意识的个人对国家建设具有积极的能动作用。这是国家对待个人策略的变化，根本目的并未发生变化，都是为了创造和谐的社会环境，更好地建设社会主义。

官方的这种策略转变在对待恋爱性关系的话语中有所体现。国家支持个人欲望的表达，但并不是无限制地放纵个人的欲望诉求，国家对待性行为的话语依然是主张人们发生性关系要有理性的态度。国家不禁止性行为，但提倡有自我性尊严的性关系，情爱中含有性爱很正常，但发生性关系，"应受社会道德约束，也受自我尊严约束。对于女性，倘若女性对自我童贞毫不珍惜，轻易许人，孟浪舍弃，那么，她也许并没有享受到真正的爱情，她所得到的只是生理欲望的一时满足，伴随而来的，则可能是长期的悔恨……纵使你的感情已经稳定而专一，你所爱的人的感情也已凝聚而不移，你也不应轻易跨出那关键的一步。对于你一生中只能有一次的童贞的奉献，应在神圣而纯真的时候实行，容不得半点轻率。对于男性，自我之性尊严也绝不可或

① 王裕如：《大学校园中的性文明》，《青年一代》2000 年第 6 期。
② 王裕如：《大学校园中的性文明》，《青年一代》2000 年第 6 期。

缺。失去童贞感的少男比失去童贞感的少女更可惜，也更具有破坏性。人只能生活一世，只有一次童贞，童贞的结束不仅应伴随着生理上的快乐，而应升华出作为人的责任感和义务感，构成一种身为男子汉的豪气与潇洒"。① 这种话语反映了两层意思，一是性关系应该遵守社会道德，不然这样的性关系会对女性和男性都产生消极的影响，对婚姻秩序也会产生消极影响，进而影响社会秩序的健康发展，这是国家所关注的重要一点；二是不仅仅要求女性重视性道德和童贞，男性也不能仅仅关注生理快乐，对于社会的责任和义务也需要重视。可见，无论男女，社会话语都要求不可仅仅关注性关系的个人体验，而应重视对国家和社会的责任。

代际之间对恋爱期间的性关系的态度存在一定的差异。朱老师在儿子 28 岁生日那天买了菜准备晚上庆贺一番，可是，房门一开，就撞见儿子与一个女孩在做夫妻之事。朱老师默默地坐在阳台上，儿子过来后，对妈妈说："妈妈，不要不开心，不是你想的那样子的。这种事情其实很正常，两厢情愿，互相吸引，大家又都是没结婚的小青年，根本没什么的。再说，结婚也好不结婚也好，这都是我们自己的事情。"朱老师说："不可以的，就算要结婚，结婚之前也无论如何不可以的，更何况你们现在还没名没份，这样子算什么。"② 可见作为母亲的朱老师难以认同儿子的婚前性行为，她儿子认为这种行为很正常，而且发生了性关系并不一定要将来结婚，这是对传统婚姻观念的挑战。当时的媒体对恋爱期间的性行为表示了理解和支持，例如某媒体指出，90 年代的爱情观已经趋于多元化，这是客观存在的状况，一个人可以有自己对爱情、婚姻的看法和标准，但不能要求所有人都持有与自己相同的看法，更不能用自己的准则去丈量所有的人。爱情、性和婚姻，这绝对是属于个人隐私，每个人都有权利为自己选择，这不干别人的事，即使牵涉到别人，也只是牵涉到男女双方。③ 媒体已经把这类性行为视为个人的权利层面，是个人的私事，无关国家、无关他人，这种认识把个人的权利和自由推到了一个新高度。

---

① 刘心武：《爱情红玫瑰——关于爱情的随想》，《中国妇女》1992 年第 9 期。
② 谢锦：《怎样看待未婚子女做"夫妻之事"》，《青年一代》1999 年第 8 期。
③ 谢锦：《怎样看待未婚子女做"夫妻之事"》，《青年一代》1999 年第 8 期。

对有婚前性行为的女性表示理解的话语也出现了。他认为社会对女孩子是苛求了一点，"是不是第一次成为衡量一个女孩子是不是好女孩的标准，这确实有点不公平。我有的时候就瞎想，如果将来我的妻子和我结婚后，不是第一次的话，我不会非常介意的，每个人都会有自己的一段经历，但她最终选择了我，婚姻就是一种爱的承诺，不要无谓地困扰自己"。① 如果说婚前性行为对当事人存在消极影响的话，那么社会对女性的苛求更多一些，对女性的理解为自由恋爱营造了更加宽松的社会环境。这种话语一改婚前性行为的责任由女性承担的观念，体现了男女平等意识和恋爱自由意识的增强。

90 年代的人们对恋爱期间的性行为表示了越来越多的宽容和理解，性道德已经脱离了集体主义的价值范畴，更多地承认这是个人的权利和私事，女性也逐渐脱离了性道德负面评判承载者的身份。

在 90 年代，人们获得了越来越多的恋爱自由，恋爱的浪漫化趋势日趋明显。恋爱价值取向的多元化为人们的个性化选择提供了依据和自圆其说的可能，人们依据自己的内心塑造着自己的爱情。爱情日益演变为一种个性体现，没有人再为他人选择道路，对他人指手画脚的人越来越少，人们越来越按照自己的方式生活。

本章小结

改革开放后，青年人恋爱经历了一个逐渐自由的过程。先是国家对人们恋爱从否认到认可，但要求进行服务社会主义建设的"正确恋爱"，到后来逐渐淡化甚至消失了这种声音。青年人经历了慎重严肃的恋爱，逐渐出现了自由的、浪漫化的恋爱观念和行为。这个过程表明恋爱逐渐回归私人领域，逐渐向个人私事发展，体现的是国家与个人关系的转向，两者关系从公私混沌不分逐渐走向分离。

恋爱成为越来越多的青年人寻找爱情和培育爱情的重要阶段，这对婚姻

---

① 谢锦：《怎样看待未婚子女做"夫妻之事"》，《青年一代》1999 年第 8 期。

幸福具有非常积极的意义。传统婚姻要求"父母之命，媒妁之言"，造成当事人没有互相之间的深入了解就进入婚姻，不幸的婚姻往往因此产生。恋爱使当事人有了更多的婚前互相了解，当事人才能更容易地判断是否与对方结婚，而且更容易获得幸福和谐的婚姻，进而有利于构建和谐的社会秩序。

改革开放后，青年人恋爱的现象越来越凸显，而且恋爱行为呈现出群体的普遍性。思想的解放、人口的自由流动、教育的普及等社会变革不仅使城市青年恋爱更具普遍性，而且农村青年的恋爱行为也越来越凸显，并且呈现出城市化的特征，恋爱逐渐成为社会各群体择偶前了解异性的阶段。和以前的社会相比，改革开放后人们的恋爱不仅具有群体的普遍性，而且在恋爱中异性之间互动的方式更自由，人们对外界社会舆论的关注逐渐减弱。这体现的是恋爱观念和行为从集体主义的价值诉求转向个人主义的恋爱价值诉求。

第三章　个人主义主导的择偶观念和行为

　　择偶简言之即选择配偶。在传统婚姻的历史长河中，结婚当事人没有选择配偶的自由，"父母之命，媒妁之言"是缔结婚姻的基本方式，正如《诗经·齐风·南山》所言："娶妻如之何？必告父母。"《白虎通·嫁娶》言："男不自专娶，女不自专嫁，必由父母，须媒妁何？远耻防淫泆也。"① 这说的是父母主导婚姻的缔结及其原因。《孟子·滕文公下》指出："不待父母之命，媒妁之言，钻穴隙相窥，逾墙相从，则父母、国人皆贱之。"这说的是如果不遵从父母和媒妁的安排，男女自己结识成婚，就会受到社会的诘难。经历近代欧风美雨的冲击，中国传统的对婚姻的禁锢逐渐松动。共和国成立后，1950 年《婚姻法》规定了婚姻自由原则，但受政治环境和传统观念的影响，择偶自由的实现依然困难重重。改革开放后，在社会变革深刻影响下，人们的择偶观念和行为发生了新的变化。本章主要关注农村和城市中的青年群体，着重分析他们为自由择偶进行的努力，他们选择了什么样的新式择偶方式，这些择偶方式对他们择偶产生了何种影响，他们的择偶标准发生

---

① （清）陈立撰：《白虎通疏证·卷十·嫁娶》（下），中华书局，1994 年，第 452 页。

了怎样的变化，面对日益增加的婚姻风险，他们在择偶过程中采取了哪些
应对措施。通过对以上问题的分析，尝试揭示八九十年代婚姻择偶自由发
展的程度。

第一节　农村青年对婚姻自由的追求

相对于城市青年，农村青年对婚姻自由的追求格外艰难，在 80 年代的
农村，依然严重的传统观念、落后的经济状况和封闭的生活状态使婚姻的传
统色彩依然严重，包办婚姻是主要的择偶方式，向往婚姻自由的农村青年强
烈反抗包办婚姻，为争取婚姻自由进行了不懈的努力。进入 90 年代，在市
场经济条件下，农村青年择偶自由才得以较大程度提升。

一、80 年代农村青年对包办婚姻的抗争

在传统社会，包办婚姻是一种常态。共和国成立后，为清除封建糟粕，
政府大力批判包办婚姻，并且在集体化体制下，家庭对个人的控制力减
弱，包办婚姻迅速衰落，而改革开放之初，农村的包办婚姻却出现了增多
的态势。

到改革开放，1950 年《婚姻法》已经实施多年，国家对包办婚姻也进行
了严厉的批判，为什么包办、买卖婚姻又涌现出来呢？在集体化时期，包办
婚姻的弱化主要是因为政府的强大政治压力，改革开放后，国家对婚姻领域
的政治干预和压力减弱，包办婚姻泛起具有了政治条件。在经济上，1978 年
农村开始逐步施行家庭联产承包责任制，人民公社式的集体化生产、经营、
生活方式迅速解体，土地逐渐分给农户，农民成为相对独立的生产和经营
者，生产、经营以家庭为单位，人们由集体回归家庭，生产活动由集体回归
家庭，而家长控制着家庭的经济资源例如土地和生产工具，子女在经济上没
有独立的地位，因此，子女难以摆脱家长的束缚。同时，家庭联产承包责任
制施行后，每一家都在自己的责任田里劳动，"日出而作，日入而息"，虽然

不是"老死不相往来"，但男女来往相对于集体化时期少得多，这也是包办婚姻发生的一个条件。仅仅由这个条件不可能出现包办婚姻，主要是存在另外两方面原因，一是 80 年代的农村在经济上依然非常贫困，二是农民的传统观念依然比较严重。所以说，尽管共和国已经成立了 30 余年，但是并未铲除包办婚姻存在的社会基础和思想基础，一旦社会环境允许，包办、买卖婚姻就如幽灵一般死灰复燃。

包办婚姻主要发生在社会发展较为落后的地区。在观念上，某些父母依然视子女为私人财产，未把子女视为具有独立人格的个体，他们认为包办子女婚姻是天经地义的事情。包办婚姻的极端形式——买卖婚姻也成为突出的现象。买卖婚姻猖獗的地区往往是贫困的地区，对安徽若干个县的调查显示，在 80 年代，卖到那儿的共有 22339 名妇女，其中 83% 来自四川，因为四川贫困，那儿成为拐卖妇女的中心。① 买卖婚姻的一个重要目的是为了获得高额彩礼，有人为了彩礼，把女儿视为商品，将三个女儿先后嫁给三个傻子，二女儿 1978 年卖了 3000 元，三女儿 1982 年卖了 4300 元，四女儿 1985 年卖了 6000 元。② 还有的父母采取了奇葩的方式利用女儿赚钱，在三年中给女儿订婚四次，每次都挖空心思向男方家里要钱，使男方债台高筑，逼得女儿发出疾呼："我是人，不是商品。"③ 在重男轻女的贫困家庭里，某些父母卖女儿是为了给儿子结婚做准备，例如山西某人未征求女儿的意见，把她卖给一个不相识的人，女儿不同意，父母含泪对女儿说："你哥结婚要花许多钱，逼得爹娘没办法呀！都是为了你哥哥，要不，我们怎忍心这样呢！"④ 可见，这样的父母没有把女儿当作人来看待，没有骨肉亲情，只是视之为赚钱的工具。

换亲是一种古老的结亲方式，改革开放前，它作为腐朽事物被批判，所以其存在的空间已经萎缩，但改革开放后，换亲又死灰复燃。由于彩礼数额的逐年增长越来越超出人们的承受能力，再者某些青年由于身体、性格等原

---

① 玉华：《我是人，不是商品》，《中国妇女》1985 年第 3 期。

② 山西省妇联调查组：《高额彩礼已成"公害"》，《中国妇女》1987 年第 4 期。

③ 玉华：《我是人，不是商品》，《中国妇女》1985 年第 3 期。

④ 王平等：《把我们从买卖婚姻中解救出来！》，《人民日报》1984 年 4 月 12 日。

因难以成家，有儿有女的父母为解决子女婚姻想出了换亲的办法，嫁出一个女儿换回一个媳妇，双方都不出彩礼。对山西雁北地区右玉县的调查显示，1980 年，八个乡换亲就有 120 家，其中范家窑村 1985 年有 14 人结婚，其中 11 家换亲。1979 年至 1986 年，据对杨千河乡的调查，共 220 个青年结婚，其中 44 家是转亲、换亲。① 换亲的结局大多不幸，例如 1986 年，某男青年以换亲形式结婚，夫妻毫无感情，妻子多次在饭锅里下毒，幸亏被人及时发现，才避免出人命。② 换亲家庭数量扩大后便是转亲，即各家派代表开会，审定年龄、体格、秉性，进行搭配，不用钱，不用礼。其形式有三转亲、四转亲，甚至更多。据对山东菏泽的郓城、巨野、成武等七个县市的调查，1986 年登记结婚的青年有 62428 对，其中转亲、换亲的就有 1797 对，而且转亲范围越来越广，四转亲、六转亲、九转亲司空见惯，巨野县竟出现二十六转亲，涉及二县四乡，23 个村。③

在包办、买卖和换亲的婚姻中，农村青年的婚姻大多不幸，但是他们又不甘心顺从这样的婚姻，农村青年反抗包办婚姻者日趋增多。人们大多认为，以爱情为基础的婚姻主要存在于城市的青年群体中，而农村的婚姻无爱情可言。这一定程度上忽视了改革开放为农村青年追求婚姻自由提供了社会环境，改革开放为农村青年打开了一个新天地，他们相互接触的机会增多，而且有了更多的机会接受更开放的思想。1980 年《婚姻法》颁布实施后，在婚姻新法规的影响下，农村青年的婚姻自由意识逐渐增强，他们越来越向往婚姻自由。第二章已经谈到，改革开放后，国家大力支持"正确的爱情"，凡是能为社会主义建设服务的爱情都会得到国家的支持。在此背景下，农村青年反抗包办婚姻、争取婚姻自由的行为也逐渐增多。

有的青年人通过媒体呼救。在人们心目中，官方报纸、电视台等媒体代表的是政府，通过这些媒体发声摆脱包办婚姻会更具力量。1984 年，曾经发生了一件影响较大的事件，王平、苏丽花、李明、张青春等 83 名深受包办婚姻之害的女性在《人民日报》发文，"希望有关方面采取措施，果断处理

---

① 林亚男：《山西右玉县农村仍盛行"换亲"》，《中国妇女》1986 年第 12 期。
② 王仁庆：《可怕的换亲》，《中国青年》1987 年第 3 期。
③ 葛承雍著：《中国传统风俗与现代化》，陕西人民出版社，2002 年，第 127 页。

父母包办、买卖婚姻问题"。① 尽管没有发现关于这些女性呼吁结果的有关报道，但是官方报纸成为他们反抗包办婚姻的一条途径，这既体现了她们对官方报纸的信任，也体现了官方对反抗包办婚姻的支持态度。某些案例也反映了这是一条有效的途径，例如浙江的王美珍女士为了反抗父亲的包办婚姻，给电台写了一封信倾诉自己的不幸，她很快收到了回信，王美珍把信给了父亲看，他竟然答应了王美珍的解除婚约的请求，并和男方说明了一切，对方也通情达理地解除了婚约。②

部分青年人向政府求助。共和国成立以来，政府始终大力批判包办婚姻，这使人们感到政府是可以求助的对象。政府也的确采取了许多措施支持人们反抗包办婚姻，例如，山东省平原县某乡采取多种方式教育让子女换亲的父母，政府还决定，凡是女青年不同意换亲，就不能办理登记手续。政府还安排人做红娘为大龄青年牵线说媒，帮着他们择偶。在这些措施的影响下，父母打消了用女儿为儿子换亲的想法，在一年时间里，已有 100 多名换亲女获得了婚姻自由，一些大龄男青年也找到了称心如意的对象，还有的已建立了幸福家庭。③ 对青年人的援助使政府在青年人心中成为可以信赖的求助对象。在这种背景下，求助政府成为青年人摆脱包办婚姻的重要途径，这种事情经常在媒体上被刊登报道。例如，江西姑娘徐火娥与青年徐闻文情投意合，但是父母想把她嫁给一个富裕人家，用她给哥哥换回一个嫂子，她坚决反抗，直接到乡妇联请求支持，在乡妇联主任与村党支部书记的干预下，火娥姑娘与心上人结了婚。④

但是，并非所有的农村青年都求助媒体和政府，面对包办婚姻，他们更多地靠自己进行抗争，一个重要的途径就是私奔。在父母的阻止下，情投意合的青年人难以缔结连理，为了结婚他们就走上了私奔之路。这是一条非常艰难的道路，因为私奔者要离开自己的家，或投靠亲友，或在社会上流浪，其中的苦滋味只有当事人能体会。在落后的农村，私奔并非个别现象，以安

---

① 王平等：《把我们从买卖婚姻中解救出来！》，《人民日报》1984 年 4 月 12 日。
② 王美珍：《一封来信帮我解除了包办婚姻》，《青年一代》1986 年第 4 期。
③ 马爱静：《百名"换亲女"获得婚姻自由》，《人民日报》1986 年 10 月 6 日。
④ 徐火娥：《挺起腰杆 迎来幸福》，《中国妇女》1985 年第 7 期。

徽定远县为例，从比例上看，1983 年私奔成婚的姑娘占正常结婚的 7.9%，1984 年占 8.5%，1985 年占 19%。① 据安徽含山县法院对该县九莲乡的调查，该地私奔人数约占同时期结婚人数的 40%。② 从以上数据可见，私奔在当时不是个别地区的现象，而且私奔者占结婚者的比例比较高。另外，从私奔者的人数上看，改革开放后七八年的时间，定远县就出现了 1000 多对私奔的男女。③ 这个人数也是触目惊心。私奔者大多是出于反包办婚姻的原因，据对定远县 143 对私奔者的统计，其中 80 对是出于反抗包办婚姻，占 55.9%。④

　　私奔的过程非常艰难，这给当事人带来巨大的痛苦。当女儿私奔，女方家族认为这是很丢脸的事情，往往倾巢出动去抓人，并对私奔男女和男方家人施加暴力。女儿被抓回来往往被打得死去活来，如果抓不到女儿，便到男方家大闹一通，甚至把男方家人赶出去，锁上大门，粮食、猪鸡、床铺、衣服全部掠走。还有的将男方的父母带去监督劳动，稍有懈怠，小棍就敲后脑勺。⑤ 私奔者大多不敢回家，只能漫无目的地流浪，过着悲惨的生活。例如张明国和侯金秀私奔逃到远方亲戚家，在人家的墙下搭起了看瓜棚似的小庵，当作洞房。北风阵阵，雪花飞扬，无美酒，地铺做婚床，小夫妻伤心地大哭。快过年了，他们不好在亲戚家久留，揣上 20 元盘缠，继续流浪四方。⑥ 私奔者最好的结果是以既成事实的夫妻回家结婚，但是并不能轻而易举地实现结婚的愿望。某国营林场职工汪金兰，因和一位农民相好遭到父母坚决反对，俩人毅然出走，在黑夜中穿荒坟，走野路，两个月后以既成事实回家。父母用拖拉机硬把女儿从男方家拉回，要男方出 2800 元赎身，赎身后的出嫁日，不准她在家中梳妆，她只能在牛棚换上嫁衣，随丈夫而去。她前面走，后面的家人就把她的衣物扔出去付之一炬，说是为死人送行，她并

① 张民阜：《私奔之路》，《青年文摘》（红版）1988 年第 7 期。
② 项光荣：《婚约——套在农村姑娘脖子上的绳索》，《中国妇女》1986 年第 12 期。
③ 张塬：《一千对私奔者的悲喜剧》，《中国青年》1987 年第 3 期。
④ 李传华：《青年男女私奔的分析》，《青年研究》1986 年第 3 期。
⑤ 张塬：《一千对私奔者的悲喜剧》，《中国青年》1987 年第 3 期。
⑥ 张塬：《一千对私奔者的悲喜剧》，《中国青年》1987 年第 3 期。

不理会这些诅咒，毅然前行。①

面对来自社会、家庭的阻力，部分恋人在反抗包办婚姻无效、走投无路的情况下，有时会采用自杀的方式进行抗争。当时的报刊记载了大量的此类悲剧，例如，姑娘刘燕和小伙子周强一见如故，他爱写诗，她爱文学，喜欢读书，俩人谈起了恋爱。这遭到刘燕父母的坚决反对，周强不愿意私奔，想堂堂正正地娶，结果失败了，周强欲死未遂，刘燕也几乎精神失常。② 还有在婚后自杀者，例如男青年林某和女青年杜某由父母包办草率成婚，实际上他们二人均不同意。婚后，新娘在婆家吞食了大量毒药自杀。③

以上私奔、自杀等反抗包办婚姻的抗争，反映了部分青年人对婚姻自由的渴望，也反映了当时农村的严重传统观念，这严重制约着婚姻自由的发展。

私奔行为说明当事人主动求助政府的意识较弱，但是在当时提倡婚姻自由的社会环境下，有关部门往往会支持青年人对包办婚姻的抗争，帮助他们实现结婚的目的。例如有一对私奔者被家人阻挠，有关部门知道以后，派车接走私奔者，并为其做主完婚。④

从以上农村青年反抗包办婚姻可以看出，不是所有人都选择主动求助政府。尽管政府呼吁青年人要依靠法律反抗包办婚姻，"法律是你们的后盾，社会支持你们，争取婚姻自由不应屈从"，⑤ 但部分青年人觉得政府不是自由恋爱的可靠庇护所，由于某些基层政府工作人员素质较低，传统观念非常严重，法治观念不强，对国家支持婚姻自由的政策贯彻不到位，他们对包办婚姻的纵容使当事人反抗包办婚姻更加艰难，这给部分青年留下了非常消极的影响，使他们不愿意向政府求助。例如，陕西农村姑娘韩文娟的父母把她许给一个不相识的外省人周某，文娟欲以死抗争，但当地政府无人过问和干预，大队和公社的干部甚至怂恿她父母的行为，给办了准迁证，强逼她随周某离开陕西，此事被陕西省委书记得知后，给韩文娟家庭所在地咸阳地委写

① 张塬：《一千对私奔者的悲喜剧》，《中国青年》1987 年第 3 期。
② 张塬：《一千对私奔者的悲喜剧》，《中国青年》1987 年第 3 期。
③ 一民：《一个包办婚姻的牺牲品》，《东营日报》1989 年 12 月 16 日。
④ 张塬：《一千对私奔者的悲喜剧》，《中国青年》1987 年第 3 期。
⑤ 郑波：《一个不幸女子的声音》，《中国青年》1987 年第 3 期。

信，要求帮助文娟，韩文娟抗婚才成功。① 某些基层干部甚至认为包办婚姻是好事，例如有的干部说："小伙子年纪大了，娶不下媳妇，换亲也算办了件好事，咱们不应当干预这件事。"② 这一定程度上说明政府政策的有效落实需要工作人员具有相应的素质，他们的思想观念和对政策的理解程度、执行力直接影响着政策落实的程度。

改革开放之初包办婚姻的死灰复燃，从根本上说是因为这种现象的社会基础和思想基础依然存在，包办婚姻的消除只能随着社会的发展和人们思想观念的改变逐渐消失。而部分农村青年争取婚姻自由的成功说明婚姻自由已经具有了一定的思想、制度和社会基础，而众多青年反抗包办婚姻的失败说明这种基础的薄弱。

二、90 年代农村青年的自由择偶

共和国成立后直到改革开放后的 80 年代早期，农村的集体化生产、生活方式非常典型，人们被限定在一定的区域内生产和生活，社会流动被严格控制，青年男女择偶时很难结识自己生活范围外的异性，这就造成择偶圈的范围相对狭小。

改革开放为农村青年自由择偶创造了条件。随着家庭联产承包责任制的贯彻，以及农村生产力水平逐渐提高，农业科学技术逐渐发展，农村的机械化程度也不断提高，农村的剩余劳动力随之增多，进入 90 年代，市场经济条件下人口流动自由增强，这为农民走出农村谋生活创造了条件，这种变化提升了农民的择偶自由度。

在市场经济条件下，农民劳动力逐渐走出家门转入其他行业工作，农业收入在全部家庭收入中的比重逐渐降低，更重要的是子辈有了独立的经济收入。这导致父辈对子辈的管控程度弱化了，也就是"经济活动的单位从家庭移向个人，因此家庭的凝聚力变小，家长的权威也降低"。③ "市场经济中的

---

① 《抗婚少女获救的故事》，《民主与法制》1983 年 5 期。
② 林亚男：《山西右玉县农村仍盛行"换亲"》，《中国妇女》1986 年第 12 期。
③ 杨善华著：《经济体制改革和中国农村的家庭与婚姻》，北京大学出版社，1995 年，第 27 页。

工作岗位使人们有作为个人而不是作为家庭成员的可能性。如果个人靠自己的努力所挣的工资比和家人或亲属共同劳动所挣的更多，他就不必依赖长辈或亲属。"① 工业化"使得个人更能摆脱亲戚关系网的控制而独立生活，同样重要的是，这也破坏了大规模的亲戚群体对个体家庭的控制。亲戚群体过去所提供的服务和帮助现在可以从别处得到"。② 市场经济取得长足发展，这削弱了家庭对子女婚姻的干预程度，恰如美国社会学家古德所说："愈来愈多的人靠工作生活，人们通过就业而挣得工资，再也不像过去那样靠分得土地或租种土地谋生，而土地往往掌握在家里的年长者手里。"③ 这揭示了农村青年在婚姻中越来越摆脱家庭控制，走向自主的经济根源。对家庭经济上的依赖减少，个人在婚姻中的自主程度必然上升。农村中以血缘、地缘为标志的社会关系的重要性减弱，经济上的日趋独立势必引发婚姻自由的程度逐渐提升。

在 90 年代中后期，打工潮兴起后，农村青年走出家庭，子女与家庭的空间距离加大，这弱化了父辈对子辈的控制力度，也使家庭对子女婚姻的干预鞭长莫及，很多人甚至缔结了涉外婚姻。在城市，单位对青年一代的婚姻家庭事务的干预也消失了，单位关注的是职工的工作能力，职工在婚姻家庭中的情况也逐渐被视为与单位无关的私事，私营单位更是如此，对雇主说来，"无论是雇人、解雇还是提拔，都不必考虑没有完成好家庭的义务，雇主对此并不在乎。在这种情况下，想逃避家庭控制的个人即使自行其是，也不会失去什么"。④

尽管当时存在城乡户籍差异，但是随着城乡之间的交流加剧，城乡之间的联姻随之增多。在市场经济背景下，农民的职业分化日趋明显，大部分人不再单纯从事农业生产，正如列宁指出："商品经济的发展就意味着越来越多的人口同农业分离。"⑤ 而"农民分化意味着传统农民社会的解体"，⑥ 伴

---

① ［美］W. 古德著，魏章玲译：《家庭》，社会科学文献出版社，1987 年，第 250 页。
② ［美］W. 古德著，魏章玲译：《家庭》，社会科学文献出版社，1987 年，第 251 页。
③ ［美］W. 古德著，魏章玲译：《家庭》，社会科学文献出版社，1987 年，第 249 页。
④ ［美］W. 古德著，魏章玲译：《家庭》，社会科学文献出版社，1987 年，第 249 页。
⑤ 《列宁全集》第 3 卷，人民出版社，1987 年，第 19—20 页。
⑥ 王宽让等著：《传统农民向现代化农民的转化》，贵州人民出版社，1994 年，第 102 页。

随着这种解体，农民的婚恋观念出现城市化的发展趋势。

城乡联姻增多，主要是农村女青年嫁入城市。尽管农村女青年和城市男性缔结婚姻存在诸多制度上和观念上的障碍，但是这种形式的城乡联姻越来越多。一般来讲，条件优越的城市男性不会和农村女青年结婚，那些把农村女青年纳入择偶视野的城市男性往往是家庭和个人条件较差者，他们在城市择偶市场处于劣势地位。嫁入城市中的农村女青年大多经济条件较差，她们往往相貌姣好，她们对城市生活充满向往，希望通过嫁入城市过上理想的生活，这样的城乡联姻大多不是建立在感情基础上。城乡联姻大多符合资源交换的择偶理论，人们择偶时被某一特定异性吸引，是由其所能提供的资源决定的，这些资源包括财富、才能还有社会地位。如果某一资源相对不足，可以另一种资源作为补偿，例如容颜姣好的女性可以用来交换社会地位、金钱、爱和关心等其他的社会资源。[1]

通婚圈的扩大和经济的发展程度有关系，往往经济发达的地方对人们择偶会产生更大的吸引力。例如浙江黄贤村的企业吸引了1100多位来自江西、三门、象山等地的打工仔，那些靓丽的打工妹更是把眼光投向黄贤村的年轻小伙，她们把和当地人结婚视作一种追求和愿望。[2] 地区间经济差异推动着地区间的通婚，据有关研究显示，1985年、1990年全国从丘陵与山区流向城市平原与沿海地区的妇女总计达30多万人，西南地区东迁妇女达70多万，四川省万县地区总人口仅700万，五年时间流出女性1.4万人。[3] 笔者访谈发现，农村女性是否远嫁与经济状况有着密切关系。据对山东西部某村的调查，在80年代，约90%以上女性出嫁不过20里，其中约50%以上的女性出嫁不过10里，同村、邻村结亲现象更是比比皆是。W先生（农民，1961年生，山东聊城人）对此现象的解释有一定的代表性："距离近来往方便，如果太远，这个女儿差不多和没有一样，父母也很难得到女儿的照顾，而且距离近更可能知根知底，这样的婚姻更让人安心。"但是，家庭条件越差的农民，越倾向让女儿远嫁，其目的是为了过上更好一些的生活。山东西

---

① 伊凡奈：《选择、交换和家庭》，《当代家庭理论》1979年第2期。
② 沈国民等：《"光棍村"的变迁》，《宁波日报》1993年12月29日。
③ 文献良：《中国人性别比研究》，《社会科学》1993年第5期。

部某村 80 年代曾有一位女性远嫁黑龙江，男方虽身体有些残疾，但他是"吃皇粮"的工人。人们对生存压力的考虑超越了其他因素，这一定程度上也可以解释相对贫穷的四川、河南女性远嫁现象比较突出。

农村的择偶圈还存在内缩的现象，此类现象主要发生在一些相对比较富裕的农村。调查发现，越是富裕村的姑娘越不愿意出村择偶，这在相当程度上是出于经济上的考虑。浙江省某村，曾经 200 多户的人家有光棍 30 多人，姑娘们因家乡贫穷都远走高飞了，然而改革开放后，村里迅速发展起来了，有了衬衫厂、服装厂等多家企业，年产值达到 3000 多万元。村里富了以后，富起来的黄贤汉子深深扣动了姑娘们的芳心。曾经是一脚可以踩到三个光棍，今天，连 20 岁的小伙子都有了女朋友，不但姑娘们再也不愿意外嫁，就连前几年外嫁的姑娘，现在也携丈夫儿女重回村里。① 择偶圈总体上的扩大和局部的内缩并不矛盾，本质上都是个人择偶自由、人口流动自由以及经济因素吸引的结果。

婚姻圈和市场圈有一定的重合度，但又不是完全重合。杜赞奇对这种状况曾进行过解释，"即使婚姻圈包含于市场范围之内，但我们有理由相信集市中心并不一定是确定婚姻关系的地方"。② "市场体系理论只能部分地解释联姻现象，集市辐射半径在限定联姻圈和其他社会圈方面有着重要作用，但联姻圈有着自己独立的中心，并不一定与集市中心重合"。③ 例如外出打工的农民，大多倾向在家乡附近择偶。他们身在城市，户口在农村，城乡二元制决定了农民的根在农村。与城市相比，农村青年主要倾向在出生地的熟人系统中择偶，而城市中的人们重视同城择偶。这一定程度上是出于择偶安全性的考虑，以及照顾父母的考虑，还与试图构建更强大的婚姻关系网络有关系。

农村青年进入城市后，城市人的生活方式、生活习惯、知识水平、道德

---

① 沈国民等：《"光棍村"的变迁》，《宁波日报》1993 年 12 月 29 日。
② ［美］杜赞奇著，王福明译：《文化、权力与国家：1900—1942 年的华北农村》，江苏人民出版社，1996 年，第 49 页。
③ ［美］杜赞奇著，王福明译：《文化、权力与国家：1900—1942 年的华北农村》，江苏人民出版社，1996 年，第 49 页。

修养对农村青年产生了潜移默化的影响，青年时期又是他们性格可塑、思想活跃容易接受新事物的阶段，这就使他们原有的婚姻观念逐渐发生变化。正如美国学者英格尔斯认为："城市的生活环境、教育、工厂经历以及信息传媒等对人的现代性产生很大的影响。"①

他们受到城市的思想观念和生活方式的影响，早婚早育的观念逐渐改变。另外，一个更重要的原因是他们的择偶理想和择偶的现实条件发生了冲突，受城市生活的影响，他们的择偶理想往往向城市人靠拢，但是农民身份让他们很难实现这种理想，这就成为晚婚的原因之一。另外，尽管他们在城市打工，但是并不能融入市民群体，成为真正的城市人，他们的交往圈子基本上局限在打工者群体，而且男性主要集中在建筑行业，女性主要集中在服务行业，这种工作状况制约了男性和女性的交往，由于收入有限，他们大多不舍得花钱开展社会交往，由于工作时间长，缺少休闲时间进行交友，这些因素都延迟了他们的初婚年龄。

这些曾经外出打工的农村青年回到农村结婚，对农村婚姻产生了影响。农村的劳动力进入城市后，不仅是找到了谋生的工作，更重要的是他们受到了城市文明的熏陶，思想、眼界更加开阔了，行为方式也随之发生改变。他们的这些改变，也会通过各种方式，对自己家乡农民的思想和行为产生巨大的冲击。② 这种冲击使农民的婚姻观念和行为逐渐出现城市化的趋势。

越来越多的农村女青年嫁入城市导致农村择偶市场的形势更加严峻。农村女青年和城市男性结婚改变了生活状况，这成为越来越多的农村女性模仿的对象，一定程度上使婚龄性别结构的平衡被打破，农村女性在农村择偶市场占据主动地位，即使是有生理缺陷者，例如口吃、耳聋、瘸、瞎、傻等，也能很容易找到丈夫。这种形势压缩了农村男性的择偶空间，增加了他们择偶的难度，并引发了某些严重的社会问题，贫困地区的农村男性只能娶更贫困地区的女性来缓解这种困境，这是农村买卖婚姻的原因之一。

---

① ［美］阿历克斯·英格尔斯著，殷陆君著：《人的现代化——心理·思想·态度·行为》，四川人民出版社，1983年，第93页。

② 白南生等著：《回乡，还是进城——中国农村外出劳动力回流研究》，中国财政经济出版社，2002年，第55页。

农村女青年流向经济发达地区择偶也加重了农村男性的择偶困境。浙北农村的一项调查从婚姻圈的角度反映了经济条件在择偶问题中的位置："乡村经济圈的姑娘嫁到集镇经济圈内，而集镇经济圈内的姑娘嫁到县城郊经济圈。"[①] 贫困地区的年轻女性不甘贫困，奔向沿海富裕的农村，试图通过择偶实现自己的幸福生活。据不完全统计，仅浙江余姚市农村，来自内陆相对贫困省份的妇女就有 3000 多人。[②] 有的学者认为婚姻迁移的一般规律是女性的梯级移动，她作了形象的比喻：山上的姑娘嫁到山脚，山脚的姑娘嫁到临近的平原，平原上的姑娘嫁到城市郊区，郊区的姑娘嫁进城市。[③] 现实中的确是这样，经济条件贫困地区的姑娘普遍向经济条件更好的地区流动。这对择偶市场的影响是，经济贫困地区的男性择偶更加困难。

在 90 年代，市场经济促使农民走出农村，思想越来越城市化，这为在更大范围内择偶创造了条件，农村青年尤其是女青年择偶时在地区之间流动，在城乡联姻中活跃，这表现了农村青年择偶自由度的大幅提升。

第二节　日趋自由的择偶方式

改革开放后，择偶方式出现了社会化的趋势，也就是通过"父母之命，媒妁之言"择偶的传统方式逐渐减少，依靠血缘、地缘关系的择偶方式逐渐减少，而通过工作形成的业缘关系择偶逐渐增多，并且借助报纸、刊物、电视和网络等新式途径择偶的方式增多，这种趋势反映的是择偶方式的社会化。

一、从亲缘、地缘向业缘发展的结识方式

改革开放后，在传统观念严重的地区，尤其是在一些落后的农村，"父母之命，媒妁之言"依然有一定的市场。由于当时的人口流动不畅，更重要的是婚姻市场信息不畅，出于增加择偶机会和择偶安全的需要，人们择偶往

---

① 曹锦清等著：《当代浙北乡村的社会文化变迁》，上海远东出版社，2001 年，第 329 页。
② 龚云飞：《外来女婚姻现象浅析》，《宁波日报》1992 年 12 月 14 日。
③ 王宗萍：《透视出生性别比偏高现象》，《人口研究》2003 年第 5 期。

往需要依赖媒人，在这种社会环境下，依靠亲戚、邻里等关系择偶依然是重要的方式。但是随着人口流动日趋自由，依靠亲缘、地缘的择偶方式逐渐减少，依靠在工作中形成的业缘关系日趋成为主流的择偶方式。

从有关数据的变化可以发现这种趋势，中国社会科学院牵头、多单位参加的全国范围的调查结果显示如下：

不同年代择偶的社会关系网（单位：%）

类别	66—76 年	77—86 年	87—96 年
亲缘关系	39.5	31.7	27.2
地缘关系	26.7	20.3	15.8
业缘关系	32.8	47.5	56.2
其他	0.4	0.3	0.2
合计	100	100	100
	共 613 人	共 1013 人	共 2866 人

资料来源：徐安琪主编：《世纪之交中国人的爱情和婚姻》，中国社会科学出版社，1997 年，第 43 页。

上表数据显示，依靠亲缘关系和地缘关系的择偶方式比例持续下降，而利用业缘关系择偶的比例持续上升。亲缘关系包括父母、兄弟姐妹和亲戚等血缘关系，地缘关系主要是人们因为生活、居住产生的关系，业缘关系包括择偶者的同事、师生、同学、朋友等关系。

亲缘、地缘在择偶时所起的作用逐渐减弱，是因为它们正在失去发生作用的社会基础。无论是在农村还是城市，人们工作、学习和生活的空间范围逐渐扩大，并且人际交往的范围已经远远超越了亲戚、老乡等群体。即使在城市中，同一栋楼房里面居住的人们对门不相识，邻里关系也可能是陌生的，地缘上的临近关系对于青年人结识的作用越来越小。

业缘在择偶时的作用越来越大，这与人们社会交往的扩大、城市化、现代化有着密切的关系。在这种背景下，青年人更多地通过学习、工作、社交活动等业缘途径择偶，在业缘关系中结识并相恋具有亲缘、地缘所没有的优势。在业缘关系中，青年人的文化层次、兴趣、价值观、社会背景等因素具有相似性，很容易发生思想上的共鸣，因此他们的恋爱和婚姻幸福感的体验大概率相对比较强。

在择偶方式的变化中，媒人的功能逐渐发生了质的变化。传统婚姻中的媒人是必不可少的人员，少了媒人婚姻便不能缔结。改革开放以后，媒人逐渐向婚姻缔结程序和仪式中的象征性符号转变，媒人的作用基本上变化为"牵线"，介绍男女双方结识是其主要的作用。曾经的职业媒人D女士（1950年出生，山东聊城D村人，小学文化）这样描述媒人作用的变化："在村里，社会风气开放了，小伙子、姑娘都会自己搞对象，专职做媒人的越来越少，但是不会消失，因为有这个市场存在，总有一些人需要媒人来介绍，我感觉媒人还会长久地存在，只不过越来越成为搭桥牵线的人，难以再像以前一样把说媒当成一个职业，没这么大的市场，养不住了。"

择偶方式的这种变化与人们择偶机会的增多有关，正如下表所示：

不同年代被访男女的择偶机会（单位：%）

类别	结婚年代			地区	
	66—76年	77—86年	87—96年	城市	农村
有很多机会	11.0	15.7	20.9	23.2	7.3
有不少机会	37.2	39.7	43.3	44.4	32.7
选择余地不大	34.6	31.3	26.4	25.3	37.1
无选择余地	17.3	13.3	9.4	7.2	22.9
合计	100	100	100	100	100
	共1049人	共2287人	共1862人	3165人	2867人

资料来源：徐安琪主编：《世纪之交中国人的爱情和婚姻》，中国社会科学出版社，1997年，第45页。

从上表数据可以看出，随着时代的发展，无论城乡，人们的择偶机会都增多了，"有很多机会""有不少机会"两类情况的数据呈不断上升趋势，"选择余地不大""无选择余地"两类情况呈现逐渐下降趋势。但城市青年的择偶机会总体上多于农村青年，这反映了城市中的业缘关系更充分，人们靠业缘择偶的机会更多。

改革开放后，人口流动加剧，这增加了青年人通过业缘择偶的可能性。

90年代"打工潮"兴起后，农村的小伙子、姑娘们涌进城市，他们开阔了眼界，遇到异性的机会也增多了。据一份抽样资料显示，某乡100位没有出去打工的姑娘中，有86名是依赖别人作媒而定终身的，而在100位打工回乡的妹子中，有92名是自作主张择婿的。[①] 这个数据反映了外出打工者更倾向自己择偶，"自作主张"主要靠业缘结识，男女双方由于某种机遇，在一起工作，在一起学习，相互认识了，经过交往，增加了了解，产生了感情，携手走进了婚姻殿堂。

相对于农民，市民的择偶方式更大程度地摆脱了父母包办，亲戚介绍、邻里介绍大幅减少，而朋友介绍和自己认识的比例所占比重大幅上升。上海市双阳路居委719户居民和南京四福巷671户居民的有关调查数据显示了这一趋势。

不同年代上海和南京市民的择偶方式（单位：%）

类别	1958—1965		1966—1976		1977—1982	
	上海	南京	上海	南京	上海	南京
父母包办	3.92	3.53	0.62	0	0	0
亲戚介绍	29.41	24.71	16.67	25.69	4.35	16.41
邻里介绍	13.73		5.56		7.61	
朋友介绍	24.51	38.82	35.19	38.53	41.3	40.62
自己认识	27.45	32.94	40.74	35.78	46.74	42.97
组织介绍	0.98		1.23		0	

资料来源：五城市家庭研究项目组编：《中国城市家庭——五城市家庭调查报告和资料汇编》，山东人民出版社，1985年，第177、199页。

由以上数据可见，随着时间的发展，择偶方式的社会化程度越来越高。在80年代之初，两个城市中的"父母包办"婚姻已经消失，主要的择偶方式是"朋友介绍"和"自己认识"。显而易见，"业缘"已经成为主流的择偶方式，择偶方式的这种变化趋势反映了个人婚姻自由度的提升。

---

① 王明中：《回乡打工妹择偶观大换位》，《社会工作》1998年第1期。

二、从报纸征婚到"电视红娘"与网络择偶

随着社会的发展，一些新的择偶平台纷纷涌现，先是出现了在报纸、刊物征婚的现象，然后婚姻介绍所兴起，继而电视相亲节目火爆，在 90 年代末，网络择偶成为新的择偶方式，它们的新奇和便捷吸引了不少人。相对于依靠人际关系择偶的方式，这些新式择偶平台可以被称为社会媒介。

各类新式择偶平台的出现有其社会基础。它们一定程度上反映了国家治理社会的有关思路，反映了处理婚姻问题的思路。例如婚姻介绍所在改革开放前是不允许存在的，被认为是具有资本主义色彩的事物，提倡建立婚姻介绍所甚至被视为刘少奇的罪恶之一："大叛徒刘少奇竭力向青少年鼓吹'行乐须及时'的腐朽人生哲学，甚至煞费心机地主张开办'婚姻介绍所'，以便复辟拖青年下水。"[①] 改革开放后，婚姻介绍所开始设立，主要是为了解决大龄青年比较多这个社会问题。中央专门开会要求各级党组织重视此问题，要求在人力、物力上加强婚姻介绍所的工作。[②] 早期的婚姻介绍所主要是由国家开办，由妇联、共青团等组织负责，婚姻介绍所负责人也是由国家干部担任，人们来婚姻介绍就能感受到"共青团组织的关怀和温暖结伴而来"。[③] 甚至它带有一定的政治功能，"不光是帮助青年解决婚姻问题，更主要的是，要引导他们排除精神污染，树立正确的恋爱婚姻观"。[④] 所以，改革开放初期，尽管婚姻介绍所的意识形态色彩已经消失，但设立婚姻介绍所是政府处理婚姻问题的一种方式，它依然是国家所关心的"公事"。

而报纸征婚的出现是由个别人带头。丁乃钧是共和国成立后公开征婚第一人，也是改革开放后报纸征婚第一人，1981 年 1 月 8 日，他的征婚启事刊

---

① 浦江红等：《早婚是腐朽人生观的表现》，《解放日报》1969 年 9 月 9 日。
② 本刊：《中央书记处讨论大男大女婚姻问题》，《妇女工作》1984 年第 7 期。
③ 张燕等：《让青年们都有美满幸福的家庭——记天门县小庙公社婚姻介绍所》，《人民日报》1981 年 3 月 11 日。
④ 安超：《"月老"搭桥又育人》，《中国青年报》1983 年 12 月 6 日。

发在人民日报社主办的《市场报》上。当征婚启事见报后，他受到了来自各方的压力，有的批评甚至带有政治味道，"破坏社会主义文明，污染社会主义风气"。[①] 还有人认为他是"流氓""恶棍"。[②] 报社也是冒着政治风险刊发此征婚广告，《市场报》编辑赵立崑在接到丁乃钧的来信以后很为难，因为在新中国成立以来，由于受到政治氛围的影响，国内还没有哪家报刊敢于刊登征婚启事，而且是为一个"右派"的帽子刚刚摘掉的人刊登征婚广告。不过他赶上了一个好机会，社会上曾经传言在浙江有一位老母亲因为儿子年龄大了，但是还没有找到对象，就写信给毛泽东，让毛主席帮忙找对象。这件事马上就让报社的领导意识到，这种情况不是个别的现象，于是大胆决定为丁乃钧刊登征婚广告，目的是表现出为老百姓服务的姿态。为了尽量规避政治风险，该征婚启事未刊发在《人民日报》上，而是刊登在人民日报报社旗下创办不久的《市场报》上。这则征婚广告之所以能被刊发出来，实际上是搭上了去政治化的时代列车，过程也是有惊无险。此征婚广告刊发后，引发了报纸期刊征婚的热潮，自1981年《市场报》第一则征婚广告刊出，此后的10年里，各种报刊上的征婚广告达150万则，喜结良缘者约37万人，征婚成功率近25%。[③] 再如被称为"中国第一大媒婆"的《鹊桥》栏目在17年间共为1万多人刊登了征婚启示。[④] 可见，当时的中国人对新的择偶方式不是不需要，而是需要有人突破当时的政治坚冰。而当时的社会政治色彩正在迅速淡化，这也为征婚广告的出现创造了条件。从征婚广告的兴起来看，个人行为在恰当的时机可以引领社会风气，人的解放有时也是从个人发端。这则征婚广告甚至引起了外国媒体的关注，外国媒体业认为，这则征婚启事是中国民众冲破思想禁锢走向解放的典型。[⑤]

　　电视相亲节目出现在80年代末，在90年代成为热潮。电视相亲节目的热潮是伴随着电视的普及逐渐升温的，据统计，到80年代末，全国电视台

① 木子：《丁乃钧70个字震动世界》，《环球人物》2009年第27期。
② 路程：《新中国的第一则征婚启事》，《民情》2009年第10期。
③ 胡泳：《征婚：为何与浪漫无缘》，《中国妇女》1995年第7期。
④ 李漠：《媒体征婚第一人》，《小康》2008年第3期。
⑤ 木子：《丁乃钧70个字震动世界》，《环球人物》2009年第27期。

总数已达 290 座，电视机超过 1 亿台。全国有 1.5 万多座电视发射台、转播台和 1600 座卫星地面站，人口覆盖率达到 50% 以上。到 1998 年底，电视台超过 1000 座。① 这是电视相亲节目兴起的基础。另外，电视相亲节目迎合了人们的心理需要，经过改革开放十几年的发展，人们的物质生活有了一定基础，对精神生活的关注力度增强，电视相亲节目以其新奇的形式受到欢迎。那么，为什么报纸征婚和婚姻介绍所的出现受到来自政府的压力，而电视相亲的出现和发展相对容易？这主要与它们出现的时代不同有关。前两者出现在 80 年代初，社会刚刚从政治化的年代走出来，婚姻随之又被当做一个社会问题对待，婚姻作为"公事"的色彩依然存在。而 90 年代电视相亲节目兴起的时候，不仅政府的直接行政干预从婚姻领域逐渐退出，婚姻逐渐回归私人领域，政府已经淡化了此类择偶途径的管理和思想教育功能，而且人们的自由、权利、私事意识也增强了，在市场经济建立和发展的背景下，电视相亲节目更显现出市场化的色彩，电视相亲节目比征婚广告和婚姻介绍所更具吸引力。

以上新式择偶平台在两个方面提升了人们的择偶自由度。一方面是把择偶者从家庭领域引入社会公共领域，传统的择偶主要依靠父母、亲属等群体，可以归类为家庭领域，而新式择偶途径则通过社会的媒介，例如报纸、刊物、婚姻介绍所、电视，把择偶者放在更加开放的环境中，同时，择偶者本人也面对着更多的选择对象。

报刊征婚、婚姻介绍所和电视相亲节目的规模不断增大，这为择偶者提供了较为充足的择偶资源。各类报刊纷纷开办征婚栏目，例如《中国妇女》开办《鹊桥》专栏，《解放军报》开辟《绿色鹊桥》，《婚姻与家庭》开辟《爱的呼唤》……80 年代，婚姻介绍所在数量上增多，而且类别齐全，针对各群体开设了不同性质的婚姻介绍所，建立多层次、多形式的婚姻介绍，满足不同群体的需要。1982 年，国内第一家婚姻介绍所——广州市青年婚姻介绍所成立。② 截至 1989 年，北京市由市区工会、妇联、青年团、残联和社

---

① 郑保卫著：《新闻理论教程》，北京师范大学出版社，2012 年，第 100—101 页。
② 《改革开放后婚姻史上的第一次》，《文史博览》2010 年第 2 期。

区、居委会等主办的为少数民族、残疾人、大龄男女青年、中老年服务的婚姻介绍所64个。据不完全统计，1981年10月至1982年12月，西城、崇文、宣武、朝阳、海淀、燕山区6个婚姻介绍所，为1.5万人次办了登记，有600对喜结良缘。① 截至1986年，全国已经有25个省、市和自治区中的部分大中城市成立了婚姻介绍所，并且还在向纵深发展，老年婚姻介绍所、残疾人婚姻介绍所、军人婚姻介绍所等针对特殊群体的婚姻介绍所也在酝酿或者成立。② 1992年，南京市还开办了涉外服务中心，③ 专门办理涉外的婚姻服务。农民也要求建立婚姻介绍所，1983年有人在《人民日报》呼吁建立农村的婚姻介绍所。因为"在农村建立婚姻介绍所，不仅是未婚男女青年的迫切要求，而且对于抵制包办和买卖婚姻的封建残余恶习，防止坏人钻空子骗人骗钱，也有很大作用"。④ 在90年代，相亲节目遍布荧屏，最热闹的时候，国内各电视台先后开办过30多档类似节目，例如湖南卫视的《玫瑰之约》、北京电视台的《今晚我们相识》和《相识伊甸园》、辽宁卫视的《一见倾心》、上海电视台的《相约星期六》和《让我们同行》、陕西卫视的《好男好女》、山东齐鲁电视台的《今日有约》。以上社会择偶媒介不断增多的现象，可以反映这些社会化的择偶媒介在广大群众中存在一定的需求。

在这些平台上择偶有明显的突破包办婚姻的作用。特别需要注意的是越来越多的女性非常主动地在新式平台上择偶，例如某女士说："我愿意给自己做广告，现在'酒香不怕巷子深'的观念都改变了，我们干嘛怕展现自己的优点呢？其实，征婚是一种权利，条件好的女人更有这个权利。""在婚姻中，女人不应该总是被动的角色，我们也可以是主动的一方。我喜欢什么样的男士，我可以提出来，不能总让女人去就男人，去凑男人要求的条件。""女孩甚至主动约见条件相当的男士，主动提出结婚的要求。""有道是'世

---

① 北京市地方志编纂委员会编：《北京志·政务卷·民政志》，北京出版社，2003年，第415页。
② 冯媛等：《我国青年择偶方式发生可喜变化 自主婚姻压倒包办婚姻，社会介绍取代家庭介绍》，《人民日报》1986年9月14日。
③ 张和生著：《婚姻大流动：外流妇女婚姻调查纪实》，辽宁人民出版社，1994年，第62页。
④ 陶继康：《农村也应建立婚姻介绍所》，《人民日报》1983年7月27日。

上只有藤缠树，世上哪有树缠藤'，看来，女性一些根本观念的变化，使女人与男人的关系不再是藤树关系，而是藤藤关系或树树关系。这种关系，也许是男女平等进程中的最本质的突破。"① 这些话语一定程度上反映了女性婚姻自由意识的增强，而且表现出女性主动择偶的意识，对男女平等有较强的诉求，这都是包办婚姻所不具备的因素。

这些平台的积极意义主要表现在扩大了择偶空间，面对更多的择偶对象，使择偶者的择偶自由度有了新的提升。报纸、电视和网络都延伸了人们的交往范围，而且传播信息快，例如有一位男青年在报刊征婚后，在五个月内就有 1236 名女青年应征。② 在网络中，人们的交往真正实现了即时对话，双方能够即时互动。通过网络，江苏某村的一位小学教师娶了一位香港小姐。③ 这是传统择偶方式不可能实现的效果。

另一方面，新式择偶方式在一定程度上减轻了择偶者的经济负担。在包办婚姻中，择偶者付给媒人的酬金是一项不小的开支，而新式择偶媒介代替了包办婚姻中媒人的功能，在一定程度上节省了开支。

但是，我们要看到这些平台对择偶者的影响表现出一定群体差异。其中城乡差异较为明显，城市人比农民利用的更多一些，从 80 年代的报刊征婚者看，农民相对于城市人数量较少，这与农民获得征婚信息不便有关，也与农民传统思想观念较强有关，征婚人往往被认为是没本事娶妻的人，舆论压力使他们即使对征婚有想法也难以付诸行动。另外，使用新式择偶方式还表现出一定的性别差异，从报刊征婚来看，最早主要是男性参与。

尽管新式的择偶平台为人们择偶提供了日趋便捷的途径，但是我们要看到这些新式平台在结识途径中所占的比例并不高。据中国社会科学院社会学研究所和北京大学社会学系等单位对北京、上海、南京、成都、广州、兰州与哈尔滨七个城市的调查显示，1984 年到 1993 年，婚姻结识途径"婚姻介绍所和征婚广告"在各类结识途径中占的比例分别为 0.71%、0、0.76%、

---

① 贝梨华：《不愁嫁的女人为何也征婚?》，《中国妇女》2000 年第 1 期。
② 王继红等：《热心为大龄青年牵线搭桥 市场报征婚启事成功率高》，《人民日报》1987 年 2 月 22 日。
③ 凌华年等：《关注 e 类生存》，《信息时报》2000 年 7 月 4 日。

0、0.47%、0、0,[1] 从该数据可见，除了北京、成都、广州，其他四个城市的被调查者，没有人通过"婚姻介绍所和征婚广告"结识。可见，这类方式在人们择偶时并非主流，1996 年，对北京 10 多家婚姻介绍所的采访调查发现，进入婚姻介绍所求偶的人，仅占北京婚配年龄人群的二十分之一。[2] 另外，使用这些择偶方式最终能择偶的比例也不高，例如 1996 年有人对北京10 多家婚姻介绍所的调查发现，到婚姻介绍所求偶的人，仅占北京婚配年龄人群的二十分之一。[3]

为什么会出现这样的境况？这与这些择偶媒介本身的不足有关，都存在信息真假难辨的情况。例如报刊征婚上的资料真假难辨，遇到骗子并不鲜见，"电视红娘"节目背后有着不可预知的危机和陷阱，上节目男女的心态动机很难调查，某些人在配对成功后，第一次约会就对女方动手动脚，闹出不少丑闻。[4] 网络择偶更是令人真假难辨，名字、身份甚至性别都是假的，成都一位网民，在聊天室结识了"有着魔鬼身材的女孩"，没成想见到的却是一个身材肥胖的女孩，害得他半年都不敢上网。[5] 可见事物具有两面性，它们在为人们择偶提供方便的同时，也产生了一定的消极影响，这限制了人们择偶自由度的提高。

中国人的心态也制约着对新式择偶方式的使用。"求偶者另一个共同的心态是自相矛盾的表现。绝大部分进入婚姻介绍所的人都认为这种方法好，而且是未来求偶途径变化的一个方向，但绝大部分人都不愿意让别人知道自己到婚姻介绍所求偶。可见他们既有矛盾的心理，又带着精神压力"。[6] "怕别人说三道四，主要是怕被人轻视，认为没能力、没魅力。另一方面，相当一部分公众的看法也的确是认为某人进入婚姻介绍所是其条件差、不好找对象才去的"。[7]

---

[1]　沈崇麟等主编：《当代中国城市家庭研究——七城市调查报告和资料汇编》，中国社会科学出版社，1995年，第 14—16 页。

[2]　张田勘：《半遮面庞来求偶——走进婚姻介绍所的人》，《北京晚报》1996 年 1 月 12 日。

[3]　张田勘：《半遮面庞来求偶——走进婚姻介绍所的人》，《北京晚报》1996 年 1 月 12 日。

[4]　本报讯：《〈非常男女〉背后有"非常故事"》，《大河报》1999 年 2 月 5 日。

[5]　《网恋：是玫瑰还是陷阱》，《中国税务报》2000 年 9 月 29 日。

[6]　树军编：《京城婚事》，九州图书出版社，1997 年，第 141 页。

[7]　树军编：《京城婚事》，九州图书出版社，1997 年，第 144 页。

这些新式择偶途径与中国人的爱情发展心理有抵牾之处。几千年来，矜持、含蓄、委婉的爱情表达观念和习俗，是中国人所认可的有美感的爱情，而且它所带来的择偶安全感比较强。这种心理的长期沉淀形成了中国人较为稳定的择偶心理倾向，这使得新择偶媒介不能成为主流择偶途径。例如在荧屏上公开亮相，让你一次看个够，公开演讲："我怎样怎样，希望他（她）怎样怎样……"① 这是大部分中国人难以接受的方式。电视相亲节目的速配方式更是让人难以相信其真实性，正如一位嘉宾认为："那只是个综艺节目，是个交流的场所而已，多年没解决的问题，几个小时就解决了，是根本不现实的。"② 而且在大部分人看来，去征婚可能是因为择偶困难，择偶者害怕别人认为自己是找不到对象才去婚姻介绍所。③

一种新事物的出现和发展遇到困难是事物发展的规律，但这在一定程度上为人们破除包办婚姻提供了机会，随着社会的发展和人们思想观念的改变，以及这些媒介本身的完善，它必将进一步以更新的方式吸引更多的人参与，进一步提升人们的择偶自由度。

三、代际协商成为择偶决定模式的发展方向

择偶决定模式指的是择偶由谁来决定。传统婚姻基本的择偶决定模式是父母决定，改革开放后，无论是农村还是城市，包办婚姻逐渐减少，当事人择偶时的自主权越来越高，但当事人独立自主择偶并未成为主流，主流是代际协商，也就是择偶当事人具有择偶自由，但和父辈协商确定择偶事宜，这是一种自由择偶的模式。我们通过下面两个表格中的数据变化可以看出这种趋势，两个表格是中国社会科学院牵头对全国调查所得的数据，反映了农村夫妻和城市夫妻在不同年代的择偶决定模式。

---

① 郭勇：《亦庄亦谐话征婚》，《东营日报》1996年3月12日。
② 奈何：《爱情进入"速配时代"》，《中国青年》1999年第11期。
③ 黄创新：《来自京城婚姻介绍所的最新报告》，《青年一代》1998年第9期。

不同年代农村夫妻的婚姻自主权（单位：%）

类别	66—76	77—86	87—96
长辈做主，婚前不了解	13.9	8.2	3.8
长辈做主，本人不满意	1.5	1.4	0.9
长辈做主，本人满意	46.7	42.4	38.5
本人做主，父母满意	32.6	43.1	50.2
本人做主，父母不满意或反对	1.0	1.4	1.8
本人做主，父母不管或早亡	4.4	3.5	4.7
合计	100	100	100
	共 613 人	共 1013 人	共 763 人

　　资料来源：徐安琪主编：《世纪之交中国人的爱情和婚姻》，中国社会科学出版社，1997 年，第 44 页。

　　从上表可见，"长辈做主，婚前不了解"的包办型婚姻数值下降明显。"长辈做主，本人满意"、"本人做主，父母满意"是父母和本人都满意的代际协商类型，"长辈做主，本人满意"是长辈做主基础上与本人的协商，此类模式含有一些包办的色彩，其数值不断下降，表明父辈主导权的弱化，但此类长辈做主，已经不同于传统婚姻的包办，前提是尊重子女的意愿。而"本人做主，父母满意"是本人做主基础上与父母的协商，父母对子女的选择进行把关，代际协商的特征就比较明显了，这两类代际协商的结果是两代人对择偶都满意。"长辈做主，本人不满意"和"本人做主，父母不满意或反对"，这也是代际协商的择偶模式，只不过两代人对择偶没有达成共识。以上四类择偶模式在所有模式中占主体地位。

不同年代城市夫妻的婚姻自主权（单位：%）

	59—65	66—76	77—83	84—93	合计
完全包办	7.81	1.55	1.24	5.26	19.11
完全自主	53.13	50.39	49.69	45.86	39.11
两者兼有	6.25	3.88	3.11	5.26	6.37
自己为主	23.44	40.31	42.24	37.59	28.03

（续表）

	59—65	66—76	77—83	84—93	合计
父母为主	9.38	3.88	3.73	6.02	7.13
其他	0.00	0.00	0.00	0.00	0.25
N（人） =	64	129	161	133	785

资料来源：沈崇麟等主编：《当代中国城市家庭研究》，中国社会科学出版社，1995年，第89页。

从上表可见，"完全包办"从1959年至1983年呈下降趋势，1984年至1993年的数值虽略有回升，但并未超过1959年至1965年的水平，在城市中四个时期的"完全包办"的比例都比较低，这说明自由择偶是主流。"完全自主"的比重一直为各数据之冠，表明市民拥有相对理想的婚姻自主权，但数值呈下降趋势，说明父母在子女择偶时的参与逐渐增多。"自己为主"指自己做主，但征得父母同意，此类数值呈下降趋势，也意味着择偶过程增加了与父母协商的内容。"父母为主"是择偶时父母主导择偶过程，但前提是征得本人同意，此类数值总体上比例较低，但在改革开放后，数值呈上升趋势，这表示父母正在以积极的姿态介入子女婚姻，与子女协商婚姻，此类择偶模式和包办婚姻不同，属于自由择偶的一种。总之，除了"完全包办"，其他类型可以归类为自由择偶，择偶过程都蕴含着两代人共同协商的内容。

从上面两个表格的数值看，无论农村还是城市，包办婚姻总体上都呈现下降趋势，但个人完全自主的婚姻并未成为主流，代际协商成为择偶模式的发展方向和主流。据中国社会科学院社会学研究所等单位对北京、天津、上海、南京、成都五个城市家庭的调查，父母包办的婚姻在1946年至1949年为31.77%，1950年至1953年为20.66%，到了1982年，已不足10%。另据有关部门对城乡6000户家庭的抽样调查，当前城市的自主婚姻在95%以上，农村的自主婚姻在85%以上。[1]

改革开放后的政治、经济和文化变革使代际协商成为择偶模式的发展方

---

① 中国年鉴编辑部编：《中国年鉴》（总第14期），中国年鉴社、华嘉集团，1994年，第80页。

向和主流。尤其是市场经济的建立和发展，农民的生产、经营自由度以及地区流动的自由度得到空前提高，随着科技的发展，农业机械化程度提高，农村的大批富裕劳动力纷纷进城务工，出现了打工潮，农村人进城受到城市自由婚恋的冲击，追求婚姻自由的思想日益强烈。进城务工使人获得独立的经济来源，逐渐摆脱了家庭的经济控制，这是摆脱包办婚姻的经济条件。而市场经济中的人员流动性也使农民"一旦进入城里，就必须学会如何作为单个的个体来应付新的工作与生活。虽然很多人最终还是借助亲属关系、朋友网络或其他私人联系在城里重新构筑一个属于他们自己的临时共同体，但无论如何，他们不得不依靠个人努力去实现这一目标。曾经无所不在的集体安排不再发挥重要作用"。[1] 在这种背景下，人们的婚姻自主度的提高就成为现实。改革开放后，农民的思想也受到各种媒体的冲击，城市人婚姻自由的行为也影响着农民，农民受教育的程度和文化水平也逐渐提高，在耳濡目染中自然向往着婚姻的自由。另外，城市单位体制的逐渐解体促使市民的个人自由度上升，这在第一章已经有详细分析，在此不再赘述。包办婚姻的减少为代际协商的自由择偶模式创造了发展的条件。

为什么择偶自由不是朝向完全的个人自主发展，而是朝向个人自主基础上的代际协商模式发展呢？

在中国，子女很难完全摆脱父母的影响，这与中国文化中的父母责任意识和家庭同舟共济的观念分不开。父母完全不管子女婚姻的不符合中国文化，在中国人的观念中，为子女婚事尽力是父母的责任，子女不能顺利结婚，父母就是没尽到应有的责任，自己感到愧对祖宗愧对子女，这一点在子女婚事尤其是儿子的婚姻上表现得尤为明显，父母会面对非常大的社会舆论压力。即使在婚姻自由观念迅速提高的改革开放时期，尽管父母包办的婚姻大幅减少，但仍然在子女的婚姻中扮演着"把关人"的角色，这种角色有时会左右子女的婚姻选择，大部分子女也并不反对父母的干预。阎云翔在下岬村的调查发现，有的人甚至觉得父母干预的对，一位姑娘在父母的干预下和前男友分手，与新男友结婚，数年后认为幸好她父母干预，才没让她做出傻

---

① ［美］阎云翔著，陆洋等译：《中国社会的个体化》，上海译文出版社，2012年，第361—362页。

事，不过她又说，最终还是自己的选择，如果自己决定和第一个男友结婚，谁也没法拦住，而她的父母不过是给她提供了宝贵的建议，用他们的人生经验说服了她。① 另外，选择谁作为终身伴侣在中国依然不是当事人个人的私事，这是因为农村父母的养老和家庭生产需要子女的参与，即使城市父母也有相当一部分仍与已婚子女同居共食，他们年老病弱时的生活照应也要依赖子女，不少已婚子女的住房问题和孩子教养也常需要在老人的支持下解决。而且，配偶的合适与否在很大程度上会对未来的代际关系产生重大影响。因此，子女择偶能否合父母的心意依然是关乎两代人的大事。

结婚是个综合工程，单靠个人很难完成，往往需要在父母的支持下完成。青年人大多缺少雄厚的经济基础，买房子、办婚礼的开销让他们还要依靠父母的资助，"在任何社会的任何时期，总会有依赖父母的子女与控制子女的父母，不管这个社会在择偶方面的观念如何。在一些情况下，对父母的经济依赖是根本原因，因为结婚的费用很高，所以父母在儿女的择偶中完全不起作用是不现实的"。② 青年人的婚姻和父母有密不可分的关系，一项数据能印证这一点。在1986年，在北京举行的某次婚姻家庭问题座谈会上，全国婚姻总数的15%是包办婚姻，55%的是半自立婚姻，30%左右的婚姻是完全自由的选择，摆脱社会和家庭的影响。③ 再如1986年，闽西清流县，农村青年自主意识日益增强，自由恋爱、自主婚姻逐渐增多。统计数字显示，摆脱了家庭影响自主择偶的婚姻占28.7%，经人介绍、自己做主的占62.2%，由父母包办的婚姻占6.8%。④ 在城市中，父母参与的择偶也占主流，因为"城市经济体制改革所导致的社会流动实际上尚不普遍，生活节奏的加快也在客观上限制了部分青年男女相互沟通的机会"。⑤ 青年人参加工作以后，工作比较忙，缺乏交友的时间，父母帮子女寻找择偶对象是非常突出的现象。

---

① ［美］阎云翔著，龚小夏译：《私人生活的变革：一个中国村庄里的爱情、家庭与亲密关系（1949—1999）》，上海书店出版社，2009年，第70页。

② ［美］阎云翔著，龚小夏译：《私人生活的变革：一个中国村庄里的爱情、家庭与亲密关系（1949—1999）》，上海书店出版社，2009年，第71—72页。

③ 唐达等著：《文化传统与婚姻演变：对中国婚姻文化轨迹的探寻》，文汇出版社，1991年，第89页。

④ 《在福建清流县高额彩礼成为农民负担》，《中国妇女》1986年第12期。

⑤ 沈崇麟等主编：《世纪之交的城乡家庭》，中国社会科学出版社，1999年，第111页。

代际协商模式下的择偶本质上是当事人自主的婚姻，当事人自主，并且融入了父母参与的因素，父母和子女都满意，这样的婚姻幸福的概率会更高。

第三节　爱情和物质交融的择偶标准

择偶标准是人们择偶时要求的条件，就是找什么样的人结婚。择偶标准受家庭环境、教育程度等个人因素的影响，反映人们价值观念的变化，而且它常常被视为一个社会的政治、经济、文化变化的晴雨表，它随着时代的发展而变化。因此，择偶标准具有时代性，是多种因素综合影响下的产物。有民谣形象地反映了共和国成立以来择偶标准的变迁："五十年代嫁英雄，六十年代嫁贫农，七十年代嫁军营，八十年代嫁文凭，九十年代'孔方兄'。"[1] "70年代爱军营，80年代爱文凭，90年代爱经营。"[2] "50年代嫁劳模，60年嫁英雄，70年代嫁干部，80年代嫁名人，90年代嫁老总。"[3] 改革开放后，择偶标准的发展趋势体现了人们对爱情的追求和对物质的重视，两种标准交融在一起。

一、80年代青年人对爱情的淳朴追求

80年代的青年人的择偶标准重视精神追求，重视共同的理想，反对只看重职业、收入等物质条件。80年代的爱情非常简单、朴素、纯粹、真挚。

淳朴的爱情是在特定的社会环境中产生。在80年代早期，国家不仅倡导革命的恋爱观，也倡导革命的择偶观。国家话语认为"爱人关系，首先是同志关系……我们不能设想，政治思想截然不同的一对男女，能够建立真正的爱情，结成共同生活的幸福伴侣"。这种革命的择偶观并不否定择偶者重视个人物质条件，主张爱人关系不同于一般的同志关系，每一个青年在选择

---

① 白国琴著：《百年中国社会图谱——从旧婚丧嫁娶到新礼仪风俗》，四川人民出版社，2003年，第217页。
② 《民谣里的择偶观》，《莲池周刊》2010年11月26日。
③ 刘达临等著：《社会学家的观点：中国婚姻家庭变迁》，中国社会出版社，1998年，第108页。

对象时，都会考虑到自己的各种情况，如年龄、健康、职业、文化、外貌、性格和志趣。但是，"我们一定要分清什么是主要的条件，什么是次要的条件，特别应当考虑的是，双方是否情投意合"。① 国家强调这种革命的择偶观是为了推动人们为国家建设服务，国家把爱情和择偶视为服务国家的工具，择偶的这种官方话语要求择偶者重视政治思想一致性，这为择偶时重视淳朴的择偶标准设定了官方环境。

当时的社会主流话语认为找理想的爱人，首先要了解爱人的理想，也就是说，"一定要了解对方与你有没有共同的奋斗目标，对生活道路的态度是否一致，对彼此的工作是否互相理解、支持。不解决这些带根本性的问题，就不能产生真正的崇高的爱情"。② 如果一个人想为祖国四个现代化多做点贡献，努力学习、钻研生产技术，而对方却不以为然，整天想的是漂亮的衣着，时髦的发式，或者你认为一个青年应该有革命的抱负，高尚的情操，却被对方却讥笑，这样的爱人，"尽管漂亮、有文化、富裕、温文尔雅，但志不同、道不合，怎么称得上是理想的爱人呢？"③

为了增强说服力，当时的媒体用历史名人的婚姻说明缺乏共同理想的婚姻不会幸福。例如秋瑾的婚姻，秋瑾在父母安排下与一个纨绔子弟结婚，她丈夫只知道吃喝玩乐，而秋瑾有解放妇女的宏大志向，她非常痛苦，最终离开家庭，投身革命。④ 俄罗斯文学家普希金的婚姻也用来说明这个问题，他曾为娶到一位美人娜妲丽而欣喜若狂，但她不爱丈夫的事业，只爱赴宴、挥霍，有一个贵族追求她，她也不拒绝，普希金同那个贵族进行决斗，不幸饮弹身亡。⑤ 媒体使用这些例子警示人们有共同的思想基础对婚姻幸福多么重要。

在以上国家话语的引导下，人们在择偶时特别重视双方是否情投意合，是否有共同的志趣。当时的媒体大力宣传"门第、学历并不代表人的全部品

① 杨大文等著：《婚姻法与婚姻家庭问题讲话》，人民出版社，1979 年，第 22 页。
② 张静：《理想的爱人和爱人的理想》，《青年一代》1979 年第 1 期。
③ 张静：《理想的爱人和爱人的理想》，《青年一代》1979 年第 1 期。
④ 马立诚等：《爱有源头情不竭》，《青年一代》1980 年第 2 期。
⑤ 张静：《理想的爱人和爱人的理想》，《青年一代》1979 年第 1 期。

格和才华。择偶的范围不要死死局限在某种出身、某种各职业或大学毕业生之中"。① 在 80 年代早期，许多青年人择偶时不看重政治地位和经济条件，选择了看起来门不当户不对的婚姻。例如一位高干的女儿爱上一位普通工人，这位干部说服爱人支持女儿的爱情，并到当屠宰工的亲家公家里欢叙，鼓励女儿和未来的女婿好好钻研科学技术，争取在实现"四化"建设中做出贡献。这件事受到作家刘心武的称赞，他认为这样的干部"思想境界多么高尚，作风多么平易近人，对子女爱情给生活的引导是多么正确啊！"② 当时的媒体也大量宣传、赞扬此类爱情故事，例如"农家子与将军女也能结良缘"。③ 文化层次相差巨大的婚姻也被赞美，如"女大学生和工人结良缘"。④

青年人择偶重视追求心灵的知音、感情的共鸣，即使身体残疾也难以阻碍青年人选择对方。残疾人陈弘规与小吴姑娘因共同的爱好产生了感情，小吴主动表示了对小陈的爱情，受到各方面的阻力，小吴父亲说："你哪辈子造的孽？千千万万的人不找，偏找这么个男人！"某些人还认为，"准是个'破鞋'，要不，哪有那么便宜"。但是两人冲破阻力结合了，他们认为："物质上的'钱'，我们很少，精神上的'钱'，却多得用不完。"他们的选择也得到社会的赞扬，有的媒体指出"这个爱情故事折射出一切正确的恋爱婚姻最普遍、最本质的东西"。⑤ 如果一位青年是因为积极工作导致身体残疾，这更能被视为优秀青年，从而激起异性的感情共鸣。例如沈阳市某厂一位小伙子，因一次意外事故四个手指被打断，落下了残疾。经介绍，他认识了女青年小章，小章认为小王心眼好，为人正直，工作积极，他的伤残是为"四化"建设落下的，就这样，这对志同道合的青年结成了伴侣。⑥

批判因物质条件移情别恋。山西的代课女教师邹萍与本校男教师建立了爱情关系，邹萍父母坚决反对两人相处，但俩人情投意合，并已经同居了三

---

①　单光鼐：《谈谈大姑娘的婚事》，《中国青年》1981 年第 19 期。
②　刘心武：《和青年朋友谈谈爱情》，《青年一代》1979 年第 1 期。
③　许佳宁：《农家子与将军女也能结良缘》，《家庭》1988 年第 9 期。
④　蔚然：《女大学生和工人结良缘》，《家庭》1985 年第 12 期。
⑤　许黎明等：《爱之萃》，《家庭》1983 年第 2 期。
⑥　安凤兰等编：《姑娘喜欢什么样的小伙子：婚姻介绍所专辑》，春风文艺出版社，1985 年，第 103 页。

年，当邹萍转为正式教师后，邹萍母亲又托人给女儿介绍了一名医生，和医生见面几次后，邹萍动心了，因为医生的各方面条件都比原来的男朋友强，她就想和原来的男朋友分手。对于这件事情，《中国青年》编辑部发文章批评邹萍，认为她对待婚姻的态度不认真、不严肃，仅仅是因为一个根本不了解、但是物质条件强一些的人离开现在的爱人，以后就会因为物质条件又抛弃新人。文章认为"社会主义婚姻自由是以严肃态度对待婚姻和爱情为特点，它绝不同于资产阶级在婚姻上的轻率和放荡态度……它不是男女双方随心所欲的'自由行动'，而是承担社会责任和义务，被社会主义道德和法律约束的自由"。① 《中国青年》作为国家单位主办的刊物，其观点一定程度上代表了官方和主流的话语，它对邹萍的批评包含两个方面，一是因为物质条件放弃原来爱人，这本质上是更重视个人生活享受，是严重的个人主义，这在国家倡导人们为国家和集体奋斗的年代，必然被认为思想落后；二是因为对待爱情的随心所欲行为是一种不受约束的自由，这种忽视责任和义务的思想和行为对个人、对国家和集体都无有益处。所以，邹萍受到批评实际上是个人行为和国家所倡导的爱情价值观发生了冲突。

在当时的社会环境下，一味地追求金钱、外貌、地位、收入和安逸的生活被视为资产阶级思想在恋爱、结婚问题上的表现。"在资本主义制度下，资产阶级的爱情和婚姻，往往是金钱和美色，财产和权势的交易"。而在社会主义制度下，"婚姻关系是男女双方基于爱情的结合"。当时的主流话语认为凡是有志气、有抱负的青年，在选择对象的问题上，应该彻底摆脱剥削阶级所散布的恶劣影响。凡是"把爱情作为商品来出卖或购买的人，是不配得到爱情的，即使结了婚，也不会有幸福的家庭生活"。② 但是，国家话语并非反对择偶时考虑物质因素，而是要求不要把物质因素放在首位，"理想的爱人必须有共同的理想，绝不是说，美貌、金钱、柔情是坏东西，主要是说要把共同的理想放在首位"。③ 在这样的国家话语下，人们择偶时对物质条件、政治条件、家庭背景、个人地位、相貌和生理等条件并不是特别重视，这使

---

① 《处在进退两难之中的我》，《中国青年》1982 年第 11 期。
② 杨大文等著：《婚姻法与婚姻家庭问题讲话》，人民出版社，1979 年，第 22 页。
③ 张静：《理想的爱人和爱人的理想》，《青年一代》1979 年第 1 期。

得人们的择偶标准显得非常淳朴。

从上文可见，在 80 年代，青年人择偶时一个突出的现象就是追求纯真朴实的爱情。青年人重视双方共同的理想和精神追求，重视感情基础，重视个人的内涵和修养，反对附加在爱情上的外在条件，追求纯粹的爱情。这种择偶观的产生一方面是因为国家对正确择偶观的要求，国家要求爱情要体现集体主义价值观，要为社会主义建设服务，正确的爱情和服务国家建设是绑定的，而重视物质、生理条件等因素的择偶标准被视为个人主义的表现，这被视为对国家、集体消极落后的态度，在这种强大的国家舆论氛围中，青年人重视淳朴的爱情被视为思想上进步的表现。另一方面，在 80 年代早期，商品经济还没有发展起来，青年人的思想还没有过多地被物质化。在以上因素的影响下，青年人的爱情就显得特别淳朴。

二、日趋物质化的择偶标准

在 80 年代，人们择偶时重视以精神共鸣为特征的淳朴爱情，但随着时间的发展，人们的现实主义选择越来越明显，择偶时对物质因素越来越重视。这是因为在 80 年代中后期，商品经济的发展激发了人们择偶时的物质欲望，择偶标准物质化倾向日趋明显，这与社会的风气的物质化密切相关。在 1988 年的一次调查中，要求青年对"理想的追求高于金钱"和"干活就是为了挣钱"两个观点表明态度，结果 75% 的人赞成前者，55.1% 的人赞成后者。[①] 这说明多数青年在肯定崇高的理想是人生价值的同时，也重视追求生活上的物质满足，一改之前主要重视对精神和理想的追求，这种转变直接影响了人们的择偶标准。

1. 80 年代"文化热"影响下的择偶

改革开放后，国家把工作重心转移到经济建设上来，但是"文革"造成科技人才出现较大断层，国家建设急需大量的有文化的人。所以，国家恢复了高考制度以选拔人才，1977 年 9 月 25 日，教育部在京召开全国高等学校招生工作会议，决定以统一考试的方式选拔人才上大学。另外，在这种背景

---

① 张荆等：《青年：道德价值的犹豫不决》，《中国青年》1991 年第 5 期。

下，当时的主要领导人邓小平对知识分子的地位给予肯定，他指出知识分子"已经是工人阶级自己的一部分"。① 1977 年 8 月在科学和教育工作座谈会上，邓小平强调要尊重人才，"知识分子的名誉要恢复"，"对知识分子除了精神上的鼓励，还要采取其他一些鼓励措施，包括改善他们的物质待遇"。② 这就促使知识分子的地位空前提高，当时有民谣形象地表现了这种变化："老二笑，老大蔫，老九的尾巴翘上天。"③

国家对知识分子的重视使他们在择偶市场受到姑娘们的空前欢迎。例如陈景润、杨乐、张广厚等科学家受到姑娘们的尊敬和爱慕，陈景润就曾收到众多姑娘的照片和表达爱意的来信。④ "天之骄子"是人们对大学的称呼，他们在择偶市场炙手可热，在当时大连婚姻介绍所 30 岁左右女青年的择偶资料中，发现 60%以上的姑娘要求对方必须是大学毕业。⑤

有学历者在择偶市场受到青睐。国家对各类大中专毕业生实行包分配的政策，毕业就可以找到单位工作，学历被视为一个人能力水平的象征，一个人的工作安排好坏直接与学历挂钩，高学历代表着好工作和好待遇。人们择偶非常看重有学历、有文凭者，学历越高，追求者越多。本科生比大专生条件优越，大专生比中专生条件优越，中专生和中技生比高中生条件优越。虽然中专生、中技生和高中生都属于同一文化程度，但对于农民来说，前二者转成了非农业户口，脱离了农村，条件自然要比落户在农村的高中生好。⑥ 人们择偶时尤其是女性对有学历者格外看重，当时的征婚广告体现了这一点，有的征婚者直接标明自己的学历，例如"大专毕业"、"中专文化"，⑦ 大专、中专学历在 80 年代含金量也比较高。而学历较低者，也大多标明"高中毕业"、"初中毕业"、"小学毕业"，⑧ 意在表明自己虽无较高的学历，但是也具有一定的文化素质，有发展的潜力。没有学历的人，就刻意表现自己的

---

① 《邓小平文选》第 2 卷，人民出版社，1994 年，第 89 页。
② 《邓小平文选》第 2 卷，人民出版社，1994 年，第 50—51 页。
③ 葛承雍著：《中国传统风俗与现代化》，陕西人民出版社，2002 年，第 139 页。
④ 宋强等著：《人民记忆五十年》，甘肃人民出版社，1998 年，第 339 页。
⑤ 刘宗举等：《莫把文凭代人品——大连婚姻介绍所见闻之三》，《大连日报》1982 年 9 月 3 日。
⑥ 白国琴著：《百年中国社会图谱——从旧婚丧嫁娶到新礼仪风俗》，四川人民出版社，2003 年，第 216 页。
⑦ 《中国妇女》1985 年第 3 期。
⑧ 《中国妇女》1985 年第 3 期。

上进心，还特别标明自己具有某方面的文化兴趣或正在学习文化，例如"现正在参加市高等教育自学考试并是电大视听生"，① "现上函大"，② "粗知英语，现攻大专文科"。③ 在 1984 年，有人对 400 位来自厂矿、卫生、商业等部门姑娘的调查结果显示：她们倾慕具有大中专文凭、事业心强的知识型小伙子，虽然一部分姑娘觉得自己配不上这些知识型小伙子，但依然有 38% 的姑娘要求择偶对象达到这个标准。另外，有 51% 的姑娘把意中人定位为拼搏型，即使对方暂时没有文凭，但希望他们肯学习爱钻研，勇于拼搏，有事业心。她们给小伙子们的发展留下了提升自己的时间，并要在结婚前看到他成才的曙光。④

80 年代出现了"文化热"，青年人择偶时对文化素质的追捧使择偶标准的内容增加了对文学、艺术因素的要求。例如一位姑娘谈恋爱时发现，小伙子缺少自己喜欢的涵养和气质，他不理解普希金的诗和李白、李贺、王维的绝句，对贝多芬、肖邦、莫扎特也很茫然，起码的国际知识都不了解，姑娘因此想放弃对方。⑤ 一位姑娘曾与一个大学生谈恋爱，对方一开口满嘴脏话，姑娘断然拒绝了他。不久，她又见了一位小伙子，小伙子说喜欢文学，也读过不少哲学著作，于是姑娘给他背了李清照的词，谁知小伙子说："李清照，我知道，她是唐朝大诗人，还做过大官呢！"让姑娘哭笑不得，结果当然吹了，这位姑娘已被大家公认为"疙瘩货"。可是，这能责怪姑娘吗，不能。可惜，那些追求精神生活高于物质生活的姑娘，往往得不到社会和家庭的理解。⑥

另外，受琼瑶、汪国真等人浪漫小说、文学的影响，青年人对纯真朴实的爱情充满向往，他们的作品深刻影响了青年人的择偶标准。琼瑶小说倡导忠于爱情，谴责移情别恋，故事中的"第三者"大多知情而退，男女主人公的爱情虽然几经磨难，但最后会有一个大团圆、婚姻美满的理想结局，小说

① 《中国妇女》1985 年第 3 期。
② 《中国妇女》1985 年第 4 期。
③ 《中国妇女》1985 年第 4 期。
④ 许德泉：《姑娘最喜欢什么样的小伙？》，《中国青年》1984 年第 12 期。
⑤ 《我徘徊在十字路口》，《青年一代》1980 年第 4 期。
⑥ 《读 2354 封姑娘应征信》，《青年一代》1981 年第 2 辑。

的女主人公大多美丽聪颖、娇柔动人，男主人公大多英俊潇洒、才华出众，男女主人公缠绵悱恻的爱情故事极容易打动年轻人的心，"甚至使一些感情朦胧的女青年不自觉地将自己带入角色，试图在小说中寻找自我，领悟和探寻那些已经面临或即将遇到的感情问题。所以，有的女学生说'琼瑶小说是我们感情成熟的教科书'"。① 青年人也在席慕容的诗中、汪国真的诗歌中找到了情感共鸣，当时，读他们的诗歌是年轻人时尚生活的一部分，"几乎每个年轻人都会信手拈来一句席慕容的小诗，几乎每个年轻人都有一个摘录美妙词句的小本子"。这都使有文学细胞的青年人在择偶时受到欢迎。当时的征婚广告就表现了这一择偶取向，例如很多青年都强调自己"喜好钻研社会科学，发表过论文"，"爱好文学"，"兴趣广泛，尤爱好文学、戏剧，作品曾参加过全国美展"，② "爱好文学、爱好英语"，③ 等等。

有些青年人把电影、电视中的偶像视为择偶标准，影视媒体引导着青年人择偶理想的变化。例如一位姑娘提出这样的择偶标准："我是一个三十二岁的大姑娘，论长相、经济条件、文化教养都不错，可是在爱情上，却至今孤身一人。我对'他'的要求并不高，也不在乎什么'门第'、'收入'、'地位'，我只希望能找到一个像'高仓健'那样的男人，而不是那种'怕老婆'和'油头粉面'的'奶油小生'。"高仓健是日本著名的电影演员，以擅长扮演冷峻、深沉、刚毅、坚强的角色而闻名，在很多姑娘心目中是一个真正的男子汉。还有男青年理想中的爱人是"七仙女"，她是黄梅戏《天仙配》中的一位美丽善良、敢于冲破恶势力束缚、放弃天堂生活来到人间，追求美好爱情的姑娘。④ 这主要是青年人的择偶标准，青年人容易受到文学、艺术、影视等浪漫爱情的影响，但是，青年人的这种择偶倾向受到长辈的反对，"我们看只要人老实就行，别被电影、小说中的谈情说爱所迷惑"。⑤

浪漫、唯美的按图索骥的择偶标准，完全把理想的择偶标准定格化了，

---

① 王宗一：《琼瑶小说何以吸引青年?》，《辽宁青年》1986 年第 13 期。
② 《中国妇女》1985 年第 3 期。
③ 《中国妇女》1985 年第 3 期。
④ 《寻找"七仙女"和"高仓健"的人》，《中国妇女》1985 年第 3 期。
⑤ 《不要给大姑娘以压力》，《青年一代》1981 年第 2 辑。

这种择偶标准的出现与改革开放开始后社会转型的时代背景有关。由于刚刚走出"文革"那种禁锢人性的时代，择偶标准中的政治因素逐渐被人们抛弃，对上海、哈尔滨 3200 名已婚男女的调查显示，1967 年至 1976 年，择偶考虑"家庭出身、社会关系"和"本人成分、政治面貌"的分别占 28.8% 和 23.5%，1977 年至 1986 年两项内容分别占 12.6% 和 15.5%。[①] 一旦摆脱婚姻政治化的束缚，被长期压抑的对爱情的诉求就迅速迸发出来，那种重视个人感受、唯美浪漫的择偶标准很快就成为青年人的选择。

学历主要是女性对男性的择偶条件。1986 年，有人随机抽取了 300 例征婚广告（男性占 60%，女性占 40%），调查发现，只有 7% 的男性对女方的事业有要求，66% 的男性对女方的文化程度无要求，90% 的男性不要求女方爱好文学、艺术，其中要求对方的文化程度比自己高一档的占 10%，与自己相当的占 30%，比自己低一档的占 12%，66% 的男青年和 75% 的女青年对配偶的职业有要求。[②] 这在一定程度上说明传统的"男高女低"的择偶观念依然是主流。学历和物质生活条件直接联系在一起，女性对学历的青睐依然是寻求生存上的安全感，这一点和对物质的要求没有本质的区别。由于改革开放初期的工农差别、城乡差别、脑力劳动和体力劳动的差别还比较大，有学历者往往能在工作、生活中占据优势地位，所以，学历在择偶市场成为重要的条件是很自然的事情。

择偶时对文化和学历的重视是形式，本质是对物质和经济的重视。由于文化和学历不仅能带来经济状况的变化，还可以具体化成一个人的前途、理想、工作、事业、情调和趣味，从中可见，这些因素不仅仅包含物质和经济方面的内容，还包含了对一定的情感和情趣诉求。对上海、哈尔滨 3200 名已婚男女的调查显示，1967 年至 1976 年，择偶考虑"学历"的占 11.7%，1977 年至 1986 年上升为 12.6%，1987 年至 1996 年上升为 25.3%。[③] 但是，随着社会的发展，相对于经济因素的崛起，文化和学历因素在择偶市场出现

---

① 李煜等著：《婚姻市场中的青年择偶》，上海社会科学院出版社，2004 年，第 36 页。
② 罗玉玲：《他们希望找什么样的爱人？——关于现代青年择偶标准的调查》，《八小时以外（津）》1986 年第 5 期。
③ 李煜等著：《婚姻市场中的青年择偶》，上海社会科学院出版社，2004 年，第 36 页。

了逐渐被冷落的状况。

2. 80 年代中期：经济因素在择偶市场的地位凸显

在 80 年代中期，经济因素对中国人择偶的影响越来越明显。在这个时期，农村乡镇企业异军突起，它使农村劳动力有机会转移到非农产业，为农民致富开辟了一条新道路。1984 年，党中央通过了《中共中央关于经济体制改革的决定》，拉开了以城市为中心的经济体制改革。城市和农村的经济体制改革不仅为发展经济扫除了障碍，也活跃了人们的思想，发展经济致富迅速成为人们生活的主要目标，第一次下海潮就出现在这个时期，体制内的某些人辞职到商海一显身手也反映了人们对致富的渴望，这种变化促使经济标准在择偶市场日趋受到重视。

在这个时期，人们在择偶时重视经济因素，女性表现得更明显。金钱至上的观念开始形成，"干得好不如嫁得好"成为相当一部分女性的共识。她们知道尽管可以有多种途径实现个人价值，但在经济领域的成功更能体现人生价值，更能给人带来直接的满足。女性择偶时的目光转向了经济上先富起来的人，经济因素在择偶市场的地位快速上升。

经济因素在不同时代有不同的表现形式。在单位体制下，经济因素可以通过用各种身份和职业来判定，例如阶级身份、干部或工人身份、城乡居民身份、所有制身份。在商品经济时代，经济因素的衡量标准转变成职业状况、经济来源、住房状况和资产条件等多种指标。有关学者的调查数据显示了经济因素在择偶市场地位的上升。在 1977 年至 1986 年、1987 年至 90 年代早期这两个时期，择偶标准明显重视经济因素，"住房"的比例分别是 33.3% 和 37.2%，"收入"的比例分别是 27.0% 和 34.9%，"财产、积蓄"的比例分别是 2.6% 和 5.4%，"海外关系"的比例分别是 0.5% 和 1.1%。[①]

一部分人在商品经济的浪潮中取得了成功，他们在择偶市场也受到追捧。一大批个体户、私营老板先富起来，成了"万元户"、企业家或老板、经理。在人们的心目中，他们是有本事的人，成为人们崇拜和学习的榜样，也成为不少女青年择偶的目标，"谁家姑娘能找上一个'万元户'，便是众多

---

① 李煜等著：《婚姻市场中的青年择偶》，上海社会科学院出版社，2004 年，第 37 页。

姐妹中的佼佼者"。[①]

除了企业家或老板在择偶市场受到追捧，体制内有经济优势的人员也是优先选择的对象。例如工人身份在 80 年代依然比较响亮，在一些征婚案例中可以看到，无论男女在谈到自身条件时，工人身份被认为是优势，国营单位是稳定和安全保障系数高的代名词，征婚广告经常出现"系某国营工厂钳工"，"现为国营单位技工"，"有国家供应口粮及生活费"的表述。[②] 在 80 年代，择偶时注重双方工作单位的性质是否相近，在机关单位工作的就不能找企业的，那时候工作单位几乎意味着一切生存机会，包括在经济上、声望上的地位等都与此相关。对于择偶标准，工作单位是"国营的"还是"集体的"相当重要。[③] 有的青年一看对方的工作单位是全民所有制，即使其他方面条件差点也愿相处。[④] 其原因主要是这样的单位不仅名声好，经济上也更有保障。

另外，那些暂时没有财富，但是具有获得财富潜力的人也被抛出了一些橄榄枝，能转化为物质的隐性潜能也受到重视。例如女性看重男青年的"才气"，看重男方钱财的人固然大有人在，然而相当多的女青年更看重的对方是人才，即男性具有较高的文化水平或科技素质，这是能改变生活状况的基础。尤其是在农村经济改革以后，一部分初、高中毕业的年轻人大显身手，最先富起来，"有人才便是钱财"成为人们的普遍认识。一份以湖北省天门市 1700 名农村女青年为对象的问卷调查显示，53.5% 的女青年在选择配偶时首先考察的是对方掌握了几门实用技术、承包了多少耕地以及专业技术水平，还有 37.8% 的女青年要求配偶有较高的文化水平和较宽的知识面。[⑤]

女性还看重男性的上进心。上进心是一个人发展的基础，例如某归侨姑娘到婚介所登记后，"红娘"给她介绍了一位建筑行业的小伙子。小伙子其

---

① 马晓武：《昔日选择万元户　今日爱寻知识郎——金沙滩姑娘择偶观的新变化》，《人民日报》1989 年 5 月 6 日。

② 《中国妇女》1985 年第 3 期。

③ 吉国秀：《婚姻仪礼变迁与社会网络重建——以辽宁省东部山区青源镇为个案》，中国社会科学出版社，2005 年，第 130 页。

④ 安凤兰等编：《姑娘喜欢什么样的小伙子：婚姻介绍所专辑》，春风文艺出版社，1985 年，第 116 页。

⑤ 张萍著：《旷夫怨女——大龄未婚问题透视》，陕西人民出版社，1992 年，第 158 页。

貌不扬，收入没她多，且全家在农村，可她认为小伙子诚实正派、事业心强、肯钻研、肯学习，还是向他打开了爱情的大门。① 这位小伙子所具备的素质让姑娘看到了未来的生活有希望，尽管他是农村人，但是这是一个潜力股。

姑娘们对男性的口才和仪表比较看重。因为口才和仪表一定程度上代表着在市场上的竞争力，老实得连话都不多说一句或对衣着不讲究的男子不受欢迎。例如在深圳，无论是与外商洽谈生意，还是从事一般工作，假如能说会道又具有一副庄重斯文的仪表，就能博得对方的好感，办事情就会更加顺利。② 口才好、仪表好是一种潜在的能过上好日子的素质，必然受到姑娘们的欢迎。

择偶的经济标准主要是女性对男性的要求，男性对女性的经济方面要求相对较低。这与中国传统的婚姻观念有关，男性的经济状况带给女性更多的安全感。但在商品经济的背景下，男性对女性的择偶标准也在慢慢变化，认为女性只要漂亮就行的男性也在减少，女性个人能力强、能为家庭带来利益的素质在择偶时也越来越被看重，部分男人意识到强强联合对家庭的发展更有利。调查发现，不少男子希望找能干大事的女人，尤其是那些事业型男士们更是如此。女子无才便是德已被大多数男士看作封建传统观念，这些人几乎都希望自己的女人能干大事，成为对社会有影响的人。③

在择偶市场经济因素越来越被看重，而与经济无关的因素则被冷落。在这个时期，"读书无用论"的思潮兴起，很多人认为不读书也可能赚大钱，出现了中小学生弃学经商的情况，有个孩子才 15 岁就被家长要求辍学经商，孩子说："我娘说，上完小学会算账就行了，这年头，成才不如发财，我姑姑就是个大学生，可她一个月才领 100 多元，我一个月就能挣 200 多元，有时还能挣到 300 元呢！"④ 知识分子在择偶市场受到冷落，甚至有些人认同"造原子弹的比不上卖茶叶蛋的"。而端着铁饭碗的干部被认为没有本事，甚

---

① 莲子等：《深圳青年的爱情》，《美育》1985 年第 5 期。
② 莲子等：《深圳青年的爱情》，《美育》1985 年第 5 期。
③ 莲子等：《深圳青年的爱情》，《美育》1985 年第 5 期。
④ 隋红岩：《糊涂家长认准成才不如发财崇拜"孔方兄" 可怜孩子无奈离学堂蹲市场变成"小商人"》，《东营日报》1988 年 10 月 26 日。

至成为被调侃的对象，深圳有的家长曾经教育孩子说：不好好念书，将来让你当干部。[①] 言语之间透露着对经济收入较低者的歧视。

3. 90 年代：对经济因素持续重视

进入 90 年代，社会主义市场经济体制的建立和发展对人们的生活和观念产生了深刻的影响。人们在市场经济浪潮中获取财富的能力有差异，有能力获取财富者在择偶时越来越受到青睐。实际上，市场经济的发展不仅仅直接强化了人们择偶时对经济因素的重视，同时，它把集体主义价值观进一步地撕裂，中国人的价值观在一定程度上发生了混乱，不同形式的个人主义兴起，在这种情况下，对金钱和物质急功近利的追求成为人们择偶时的标准。

传统观念"嫁汉嫁汉，穿衣吃饭"在改革开放后依然存在影响，尤其在当时中国经济还不是很发达的情况下，相当多的婚姻动机有着现实的考虑。职务、地位、财产、住房等物质条件成为日趋被看重的择偶条件，即使结婚了，如果一方对物质条件不满足也会引起婚姻动荡。阎云翔在下岬村的调查发现，90 年代的农村青年有许多方面与上一代人不同，他们追求更物质化的幸福生活，例如他们非常强烈地追求条件更好的工作、高质量的住房和时髦服装。[②]

在财富上占据优势者持续受到青睐。例如 1999 年 7 月，一位自称资产过千万的私营企业家，花 5 万元在武汉某报纸上刊登了一整版的征婚广告，写着：事业有成，身材高大魁梧，30 有余，性格直爽，为人洒脱，不喜打牌赌博，不喜欢抽烟，爱好文化娱乐，事业心强。应征者有 1500 多人。[③] 毫无疑问，征婚者的经济条件很优越，征婚内容中的"资产过千万"是吸引人的关键因素，而众多的女性应征也很明显地表示她们对经济上成功者的青睐。在 90 年代，富翁征婚的消息在各类媒体层出不穷，每次征婚都能吸引无数应征者。显而易见，经济上取得成功的男性对自身的择偶优势非常自信，女

---

① 白国琴著：《百年中国社会图谱——从旧婚丧嫁娶到新礼仪风俗》，四川人民出版社，2003 年，第 216—217 页。

② [美] 阎云翔著，龚小夏译：《私人生活的变革：一个中国村庄里的爱情、家庭与亲密关系（1949—1999）》，上海书店出版社，2006 年，第 230 页。

③ 《我看"千万富翁"征婚》，《宁波日报》1999 年 9 月 29 日。

性对经济条件好的男性趋之若鹜。即使不是富翁，有较高的稳定的经济收入也是女性欢迎的对象，在某婚姻介绍所的调查发现，在 500 份择偶登记表中的"对方要求"一栏中，高达 100% 的女性要求男方在行政、科技、文艺等部门工作，90% 的人要求在全民大企业工作。①

除了老板群体，在农村，一大批好学上进、懂经营、会管理的青年也把选择对象的目光定格在"精通农业科技、有一技之长"方面，青年男女流行建立科技型家庭，组成"科技夫妻"。② 这样的夫妻往往能更快地过上富裕生活。阎云翔在黑龙江省下岬村的调查印证了这一点，对于男性，传统婚姻看中的身强力壮与种田能力不再是首选，而变为通过非农业特别是技术赚钱的能力。③

女性择偶时对物质条件的要求日趋强烈，其中对住房条件越来越重视。1996 年，据对上海、哈尔滨 3200 名城乡已婚男女的访问显示，择偶时对"住房""收入""财产、积蓄"的重视在 1977 年至 1986 年分别为 33.1%、27%、2.6%，1987 年至 1996 年分别上升为 37.2%、34.9%、5.4%。④ 对住房的要求日趋突出，在 80 年代，新婚夫妇很少要求单门独户的房子，在农村是因为经济条件差，青年人结婚后与父母住在一个院落是常见现象，而到了 90 年代，随着农村经济的发展，农村"绝大多数青年夫妇通过分家的方式建立自己的核心家庭"。⑤ 择偶时要求独立院落成为普遍现象。80 年代，城市单位职工实行的是分配住房，结婚时大多都能分得住房，这样人们在结婚时不用过多地考虑住房问题，另外，这个时期也没有商品房可供人们购买。而 90 年代，房子商品化使有房子或有能力购买房子成为择偶的重要标准。提供房子历来被认为是男方的责任，这无论在城市还是农村都一样。在 1999 年，北京大学两位研究人员对刊登征婚启事最多的一张北京报纸的统计

① 朱双喜：《自由鸟——现代女子独身现象透视》，《北京日报》1992 年 10 月 17 日。

② 于汉臣：《不贪彩礼不要房 只图嫁个"科技郎"——北宋百对"科技鸳鸯"结伉俪》，《东营日报》2000 年 2 月 8 日。

③ ［美］阎云翔著，龚小夏译：《私人生活的变革：一个中国村庄里的爱情、家庭与亲密关系（1949—1999）》，上海书店出版社，2006 年，第 91 页。

④ 李煜等著：《婚姻市场中的青年择偶》，上海社会科学院出版社，2004 年，第 37 页。

⑤ ［美］阎云翔著，龚小夏译：《私人生活的变革：一个中国村庄里的爱情、家庭与亲密关系（1949—1999）》，上海书店出版社，2006 年，第 145 页。

显示：男性社会地位的标志是有事业、经济状况和住房状况，这也是男性择偶所凭借的重要条件。①

　　某些不能带来财富的个人特征在择偶市场被冷落。例如老实、木讷的性格不受欢迎，因为这种性格特征意味着"无能"，难以给家庭带来财富。1993 年《中国社会人际关系现状调查总体报告》的材料显示，64.3% 的人认为当前"好人吃亏"、"老实人吃亏"的现象相当严重。②"老实"意味着缺少竞争力和生活情趣。对山东某村的调查发现，某家有两个儿子，尽管家庭殷实，为每个儿子都盖了一座院落，而且这家在公路边上开了一点代销点，每天都有一定的收入，这样的家庭尽管在农村算不上富贵，但也不算落后。而且两个儿子身高也比较高，但性格内向，不善社交，让人感觉在社会上吃不开，不受女孩子喜欢，俩儿子近 40 岁也没能结婚。这完全不同于 80 年代的择偶标准，那时"忠厚老实"曾经是姑娘们喜欢的标准，对 357 名不同职业青年的问卷调查显示，有 127 名女性、99 名男性选择"忠厚老实"，占据择偶标准的首位。③ 在封闭的、重视道德、稳定的社会中，在集体化时期，老实人受欢迎，听领导的话，踏实工作，会受到领导赏识，可能带来好的前途。对女青年来说，这还意味着"可靠"，"老实"是封闭社会所推崇的品德，"老实意味着可靠、值得信任，这使乡村社会中的交往成本大为降低"。④

　　这种性格在城市更不受欢迎，因为城市中的竞争更激烈。"老实可靠"的人吸引力下降，据对上海、哈尔滨 3200 名已婚男女的访问显示，1967 年至 1976 年，择偶考虑"老实可靠"的占 61.4%，1977 年至 1986 年该项内容下降到 53.5%，1987 年至 1996 年又下降为 42.3%。⑤ 1998 年，某女士坦言自己对丈夫多年来发展不好不满意，她干脆把丈夫的"老实、本分、

　　① 《择偶当今有变化——重人品　看能力　轻婚史》，《中国妇女》1999 年第 3 期。
　　② 喻国明等：《〈中国社会人际关系与现状调查〉总体报告》，《中国人民大学学报》1993 年第 2 期。
　　③ 石宝民：《广州青年婚姻恋爱观浅析》，《青年探索杂志》1983 年创刊号。
　　④ ［美］阎云翔著，龚小夏译：《私人生活的变革：一个中国村庄里的爱情、家庭与亲密关系（1949—1999）》，上海书店出版社，2006 年，第 89 页。
　　⑤ 李煜等著：《婚姻市场中的青年择偶》，上海社会科学院出版社，2004 年，第 37 页。

不耍花样"定义为"没用"。① "老实"的性格特征，不仅仅是针对男性，女性也是如此，"木讷"的女性同样不受欢迎。90 年代市场经济建立，家庭的富裕需要靠在市场上拼杀，"老实"成为没有开拓能力，甚至是"傻"的代名词。

对经济因素的重视也使人们对婚史的关注度降低。在 1999 年，北京大学心理学系的两位研究人员，对北京地区的刊登征婚广告最多的报纸进行统计后发现：征婚的人并不太看重是否有婚史，23.8% 的男性和 6.9% 的女性要求对方未婚，男女双方都是更看重当下的感觉，对于对方的过去并不太在意。② 这种择偶标准与市场经济的发展息息相关，因为"宗教伦理发达之社会，则重贞操，工商业发达之社会则重才干及经济能力"。③

经济因素在择偶市场的地位越来越高，这既是市场经济的发展结果，也是人的本性决定的，任何时候，人们在择偶时都会选择更能给自己带来利益者，市场经济条件下，已有的财富和发展经济的能力无疑是最吸引人的因素。

三、门当户对的新内涵

门当户对是"中国封建社会男女择偶的重要条件和标准，门当户对是重门第婚，是要求男女两家的财产、社会地位等方面都要相当或大体相当，这种婚姻是只重门第而不重爱情"。④ 这种解释强调了三点，一是门当户对存在于封建社会，二是重视双方社会地位和经济地位的对等，三是忽视当事人之间的爱情。实际上，尽管择偶标准会随着社会变迁发生变化，但择偶标准的内核门当户对的原则始终未变，只不过门当户对的内涵随着时代的发展发生了变化。

现代意义上的门当户对主要考虑双方的自身条件状况的相似性，以及两

---

① 郑丹丹著：《中国城市家庭夫妻权力研究》，华中科技大学出版社，2004 年，第 128 页。

② 《择偶当今有变化——重人品　看能力　轻婚史》，《中国妇女》1999 年第 3 期。

③ 潘光旦著：《中国之家庭问题》，商务印书馆，1926 年，第 139 页。

④ 彭立荣主编：《婚姻家庭大辞典》，上海社会科学院出版社，1988 年，第 255 页。

家的家庭背景，而且这是建立在男女双方都相互爱慕、自主自愿的前提下。①
这与美国社会学家温奇的"异质互补"说类似，门当户对逐渐向"异质互补"转变，两者的本质都是男女双方资源的交换。传统婚姻的门当户对主要指的是双方家庭政治、经济条件的对等，而"异质互补"强调"当事人个人之交换，它不重视当事人的家庭背景，而重视当事人的个人品质和成就"。②

有学者对共和国成立后不同年代的男女双方婚前条件做了比较（下表），从中可见男女双方家庭背景的差异。

婚前双方父母经济、社会背景比较（单位：%）

家庭背景		结婚年代				
		—66	66—76	77—86	87—96	总计
经济住房条件	男方好得多	6.5	4.4	5.1	8.1	6.1
	男方较好	18.4	19.9	18.1	20.1	19.0
	差不多	56.4	54.0	50.0	48.4	51.1
	女方较好	15.3	17.3	22.4	18.4	19.3
	女方好得多	3.4	4.4	4.5	5.1	4.5
	合计	100	100	100	100	100
		831人	1049人	2288人	1862人	6030人
政治社会条件	男方好得多	6.2	4.6	4.7	4.8	4.9
	男方较好	14.7	15.6	12.8	12.9	13.6
	差不多	67.0	68.2	66.8	67.4	67.3
	女方较好	9.9	9.3	11.9	11.3	11.0
	女方好得多	2.2	2.3	3.8	3.5	3.2
	合计	100	100	100	100	100
		828人	1049人	2288人	1862人	6027人

资料来源：徐安琪主编：《世纪之交中国人的爱情和婚姻》，中国社会科学出版社，1997年，第48页。

---

① 邓伟志等著：《家庭社会学导论》，上海大学出版社，2006年，第74页。
② 刘英等主编：《中国婚姻家庭研究》，社会科学文献出版社，1987年，第32页。

从上表可以看出，男女双方经济住房条件中的"差不多"总计占51.1%，政治社会条件中"差不多"总计占67.3%，改革开放以后双方家庭条件匹配依然重视"差不多"，说明中国的婚配模式主体仍然是门当户对。相近的家庭背景有助于夫妻双方的和谐，这正如美国著名社会学家古德所说："一切择偶制度都倾向于'同类婚姻'，即经济地位大致相当的才可以结婚，这是讨价还价的产物。"[①]

再从个人条件看，男女双方的个人条件也以"差不多"为主，重视双方个人条件的般配，一定程度上表现了门当户对的新内涵。

婚前双方个人自身条件的比较（单位:%）

个人自身条件	结婚年代				
	—66	66—76	77—86	87—96	总计
男方好得多	4.1	3.2	4.4	4.0	4.0
男方较好	20.9	17.9	17.1	19.9	18.6
差不多	58.1	64.4	56.3	57.8	58.4
女方较好	12.9	11.9	17.1	14.2	15.0
女方好得多	4.0	2.5	4.3	4.1	3.9
合计	100	100	100	100	100
	831 人	1049 人	2288 人	1862 人	6030 人

资料来源：徐安琪主编：《世纪之交中国人的爱情和婚姻》，中国社会科学出版社，1997年，第49页。

以上数据可以在一定程度上说明，80年代和90年代中国人婚配的基本原则仍然重视双方家庭和个人条件的门当户对，重视"差不多"和"般配"。

但是要看到，改革开放以后，门当户对逐渐摆脱了传统的唯门第等级论，而是日趋综合考虑双方的自然资源和社会资源，看重以个人资源为主、家庭背景为参照的同类匹配或异质交换的择偶标准或婚配模式。[②] 理想、兴趣、爱好和共同话语逐渐成为人们的追求。随着生活的普遍富足，人们对能促进双方和谐的因素日趋重视，对婚姻质量的诉求增强。这既包括提高物质

---

① ［美］W. 古德著，魏章玲译：《家庭》，社会科学文献出版社，1987年，第40页。
② 徐安琪主编：《世纪之交中国人的爱情和婚姻》，中国社会科学出版社，1997年，第51页。

生活水平，还包括感情、性格、容貌、身体健康等因素，尤其是感情、文化素质等因素的个体匹配、和谐程度受到重视。越是有文化的人越重视性格、脾气和文化素质的匹配和精神共鸣。现代社会的婚姻日趋重视个人资源匹配，这种门当户对也是一种交换，只不过这种交换体现的是从家庭的政治、经济地位向当事人之间的感情、文化等因素的转向。

改革开放使人们解决了温饱问题，甚至有些地方达到小康水平，在此基础上，人们对经济之外的要求越来越多。对河南省知识分子的调查显示，不同年代的人们择偶时对"双方情投意合"的重视程度持续提高，1949 年至 1965 年为 0.74%，1966 年至 1976 年为 2.17%，1977 年至 1992 年为 14.63%，1993 年至 2000 年为 55.99%。[①] 对河南省农民的调查显示，择偶时对"双方情投意合"重视的人越来越多，1949 年至 1965 年为 16.27%，1966 年至 1976 年为 24.36%，1977 年至 1992 年为 38.67%，1993 年至 2000 年为 64.96%。[②]"情投意合"往往要求双方的受教育水平相当，人们在择偶时也非常重视对方的受教育水平。在 1992 年，某市的婚姻介绍所进行了一项抽样调查，发现在 30 岁以上的女性登记的资料中，大专以上文化教育的人占 73.6%，她们择偶的标准，94.5% 的人要求男方也受过大专以上教育。[③] 这些数据一定程度上表明，无论是知识分子还是农民对"情投意合"都表示了越来越多的重视。

门当户对越来越重视双方文化背景和生活习惯的接近，因为家庭的政治条件、经济条件、社会地位相当或学历、职业接近的人，其文化教养、性格志趣会比较接近，这样的婚姻更容易和谐，幸福的概率会增加。已解决温饱的人们已不满足在婚姻里仅仅是简单的"过日子"，他们希望双方志同道合，在事业上、生活上能互相理解、互相扶持。要实现这一愿望，就需要在文化背景、生活志趣、知识修养、个人气质等方面找到一个匹配的人。[④] 下表一定程度上反映了这种择偶取向。

---

① 孙立坤编著：《河南当代家庭变迁调查》，人民出版社，2004 年，第 169—170 页。
② 孙立坤编著：《河南当代家庭变迁调查》，人民出版社，2004 年，第 454—455 页。
③ 朱双喜：《自由鸟——现代女子独身现象透视》，《北京日报》1992 年 10 月 17 日。
④ 严昌洪著：《20 世纪社会生活变迁史》，人民出版社，2007 年，第 190 页。

不同年代青年的择偶取向（单位：%）

类别	1967—1976	1977—1986	1987—1996
理想志向	17.9	12.2	12.9
思想观念	13.0	10.3	18.1
兴趣爱好	12.1	17.0	12.9
性格脾气	46.5	47.3	51.1
生活习惯	29.0	26.5	28.3
职业	25.8	28.2	40.7

资料数据来源：李煜等著：《婚姻市场中的青年择偶》，上海社会科学院出版社，2004 年，第 36—37 页。

从上表可以看到，"理想志向"、"思想观念"、"兴趣爱好"、"性格脾气"、"生活习惯"、"职业"这些因素都是个人化的因素，"性格脾气"占比最高，可见人们认识到这对双方是否和谐起到了关键作用。"职业"占比也比较高，因为职业背后一定程度上隐含着两个人的理想志向、兴趣爱好甚至性格脾气。随着时代的发展，这六类因素的占比都在升高，这反映了人们对"个人"门当户对的重视，这和传统婚姻对家庭政治、经济地位的重视不同。

传统婚姻的门当户对要求以家庭的政治、经济地位为标准，排斥以感情为基础的婚姻。美国著名社会学家古德指出："从偶然的约会到长期的约会，从订婚到结婚，同类性往往愈来愈明显。这就是说，偶然的约会具有较少的同类性，随着男女双方关系越来越密切，具有相似社会地位和社会背景的人所占的比例就会增加。"[1] 同类匹配是指人们总是倾向于选择与自己的年龄、教育、种族、宗教、价值观以及社会阶级、角色认同等相近或类似的异性作为配偶。[2] 古德所说的择偶同类性理论，在我国可以称为门当户对，传统婚姻主要关注双方家庭的政治、经济地位，不考虑个人因素，但改革开放后门当户对的内涵发生了变化，虽然双方的家庭因素仍是被考虑的因素，但个人人品、情感、气质、融洽度等因素地位迅速上升。

---

① ［美］W. 古德著，魏章玲译：《家庭》，社会科学文献出版社，1987 年，第 88 页。
② ［美］W. 古德著，魏章玲译：《家庭》，社会科学文献出版社，1987 年，第 283 页。

随着人们生活水平的提高，人们已不满足婚姻成为"经济合作社"与"生育共同体"，人们希望双方志同道合，在事业上、生活上能互相理解、互相支持。要实现这一愿望，就需要在个人文化背景、生活志趣、知识修养、个人气质等方面找到一个匹配的人，以便婚后生活会比较和谐与幸福。

第四节　防范婚姻风险的措施

自由择偶并不必然形成幸福的婚姻，不幸福甚至解体的婚姻对人们产生巨大的冲击。随着对婚姻认知的加深，人们在择偶时越来越谨慎，人们在结婚前采取各种措施确认对方能不能给自己带来幸福，有的人进行了试婚，有的人为了保障个人在婚姻中各种权益，就和对方签订婚前协议，还有的人对婚姻产生了恐惧心理，或者为追求理想中的幸福婚姻而不愿凑合，他们走上了独身的道路。

一、城市青年的试婚现象

离婚率大幅升高，不幸福的婚姻折磨着围城内的人们，耳闻目睹了这样的婚姻，某些即将进入婚姻的青年为了确认和对方是否能有幸福的婚姻，他们尝试像夫妻一样过一段时间的同居生活，如果互相满意就办理结婚手续，成为合法夫妻，如果互相不满意，就分手。有人认为在试婚期间，双方可以按丈夫、妻子的标准去衡量和检验对方，但无权用丈夫、妻子的标准去要求对方，因为双方各自都是不受法律约束的自由人，不负丈夫、妻子的责任。[①] 有人认为试婚是"没有配偶的男女双方在一定期限内，以结婚为目的，以避孕为前提，没有履行法定结婚程序而以夫妻名义共同生活的两性关系"。[②] 还有人指出"试婚是指未婚男女（包括已离异者）以建立婚姻关系为目的，按照夫妻婚姻生活的模式进行的一种试验"。[③] 尽管人们对试婚概念的表述方式

---

① 孟广宇等著：《边缘婚姻：中国农村婚恋纪实》，北方文艺出版社，1999 年，第 269 页。
② 武秀英：《对"试婚"同居的道德评价》，《河北大学学报》2005 年第 5 期。
③ 苏建军：《我国当代青年试婚现象的伦理解析》，《当代青年研究》2000 年第 4 期。

略有不同，但表述的试婚目的、方式等内容大致类似。试婚不同于一般的婚前同居，也不同于姘居，前者与后两者主要区别在于试婚的目的是考察能否与对方结婚，试婚的目的指向婚姻，而后两者没有这一目的。

试婚不是改革开放后出现的新事物，在古代中国就曾经有类似现象。《晋书·大宛传》记载：大宛"其俗娶妇以金同心指环为聘，又以三婢试之，不男者绝婚"。① 意思是在定下婚约之后，女方使用婢女测试男方的性功能，如果有问题就要退婚。清代皇室也有试婚制度，一般王府贵族不能有试婚之举，公主下嫁前，会安排一名精明的宫女作为试婚格格与驸马同床一次，同床后立即派人将驸马的表现回报公主，公主以此为基础做出对驸马的判断。② 此类"试婚"主要是验证对方的生理是否健康，而且获得的是间接的体验。这与现代意义上的试婚有较大区别，现代的试婚是男女双方本人同居，除了考察对方的生理状况，还尽可能全面地考察婚姻生活中的感情、日常琐事等因素是否和谐。

试婚有必要性。一对情侣来自不同的家庭和生活环境，他们的情趣和性格不可能一样，即使经过了恋爱期间的相处，但是因为没有经历婚后的生活，恋爱期间情侣往往展现相对美好的一面，所以对婚后生活只是主观上的想象，两个人能否真正在婚姻生活中和谐依然是未知数，在现实生活中，很多青年夫妻就是因为结婚不久就发现与对方不合适而离婚，所以通过试婚了解对方是有必要的。正如英国心理学家蔼理士所指出："婚姻还有另一种准备工作，其意义的重要更要在医学检查之上，而必须双方当事人在私底下自己做的。"③ 费孝通也认为两个人是否会得到婚姻中的幸福，"最简单的方法是使男女在决定他们的婚姻之前有一个尝试的机会"。④ 罗素也曾指出，"如果要求人们不知道他们在性方面是否和谐的情况下就进入一种终身的关系，那就是荒唐的。这就像一个人买一幢房子，但不能获许在成交之前看到房子

---

① 《古人也玩"试婚"》，《传奇故事（百家讲坛中旬）》2009 年第 3 期。
② 陈靖宇编著：《大清后宫秘史》，中国华侨出版社，2007 年，第 177 页。
③ ［英］蔼理士著，潘光旦译注：《性心理学》，生活·读书·新知三联书店，1987 年，第 345 页。
④ 费孝通著：《生育制度》，天津人民出版社，1981 年，第 56—57 页。

一样荒唐"。① 以上几位学者都强调了婚姻生活对未婚者是个未知数，都认为试婚对于获得婚姻幸福是一种必要的措施。

改革开放后尤其是进入 90 年代，城市青年的试婚现象凸显出来。城市青年对试婚有较高的认可度，1990 年，在广州、上海、福州和北京等大城市青年中，至少 30% 的人认为试婚无可厚非。② 有人在某大学进行的试婚问题的抽样调查显示，有 87.3% 的人表示赞同，9% 的人表示与己无关，仅有 3% 表示全盘否定，可见大学生们观念之新。③ 从数据看，作为知识分子的大学生由于思想相对前卫，对试婚的认可度相对更高。事实上，越来越多的青年人在婚前已经试婚，据报载，在京、津、沪、穗、深等大中城市，有 8% 的已婚青年在正式领取结婚证前，已有过半年以上的"实验期"。④ 真正践行试婚的大学生比例也相对较高，上海某区曾做过一项调查，结果查出 2310 个"违法婚姻"中，在校大学生非法同居者占一半以上。⑤ 从以上数据可见，"试婚"已非个别行为，知识分子群体更为突出。

试婚现象主要发生在城市青年群体中，他们的居住环境相对具有私密性，而且居住点和工作地相对分离，邻居之间也是生人，城市是陌生人社会，公共场所例如公园和酒吧能较好地保护个人隐私，私人空间越来越大。这还与城市的陌生人社会的特征有关，即使被别人知道存在婚前性行为，舆论对当事人的影响也相对小，这也说明了为什么试婚主要发生在城市青年中。另外，受教育水平直接影响着人们对试婚的认识，随着社会的发展，人们的受教育水平不断提高，对试婚的接受程度也越来越高。

具有试婚类似意义的婚前同居现象也逐渐凸显。例如 1984 年对上海市所属一个县的调查发现，未婚先孕的女青年竟占该县女青年总数的 50%。同年无锡市的一项调查发现，未婚而人工堕胎的女青年共 5112 人，占全市 20 岁以上未婚女性的 16%。⑥ 这说明，尽管人们可能不太理解什么是试婚，但

---

① ［英］罗素著，靳建国译：《婚姻革命》，东方出版社，1988 年，第 111 页。
② 郭传火著：《中国当代试婚潮》，作家出版社，1993 年，第 3 页。
③ 千芊芊：《校园中的浪漫曲》，《青年一代》1989 年第 3 期。
④ 张兴杰等编：《震荡中的变迁：中国社会年报（1999 年版）》，兰州大学出版社，1999 年，第 308 页。
⑤ 陈彧：《试婚，在大学校园》，《青年时代》1993 年第 4 期。
⑥ 刘达临著：《婚姻社会学》，天津人民出版社，1987 年，第 50 页。

是婚前同居在事实上已经起到了一定的试婚的作用。

在相对落后的农村，人们很难接受试婚。即使已经订婚的青年男女在婚前同居，大多也被视为是有伤风化，一旦未婚女性发生了性行为，很快就会形成闲言碎语，成为农民街头巷尾、茶余饭后的话题，对女性的道德评价随之降低，这对未婚女性择偶将产生极大的消极影响。这主要是因为农村的传统观念相对浓厚，并且农村是熟人社会，舆论束缚相对严重，试婚缺少舆论环境。另外，在农村，婚前性关系发生较少，这和农村居住环境和熟人社会的性质关系较大。农村未婚青年大多和父母在同一个院落居住，不仅父母容易发现子女是否和异性来往，而且，农村邻里互相串门是经常发生的事情，不经意间就可能发现婚前性关系，农村居住的院落环境使当事人难以产生婚前性关系。① 正如 W 先生（1951 年出生，山东人聊城，农民）所说："社会舆论不允许婚前同居，女方父母也不允许，订婚后分手的人也是有的，女方如果没结婚就与男方同居，女方父母感到脸上无光，女方父母会被视为教女无方，家风不好，这个女孩也大多会被认为太风流、不稳重，而且这种舆论可能长期存在。"

而在经济相对发达、思想相对开放的农村，出现了具有和试婚类似意义的婚前同居和婚前性行为现象。例如在浙江北部的农村，"订婚后，未来的新娘开始成为男方家庭的一位非正式成员，或说是预备成员"。此后双方可在平时或年节互相走动。五六十年代，男女虽已订婚，但不能在对方家里过夜，即使出新个别现象也受到非议。八九十年代则不同了，订婚后男女关系已类同夫妇，当地有的干部将这种现象称之为试婚。② 实际上，浙北农村此类现象在严格意义上并不是试婚，因为当事人的这种行为已经基本失去了选择是否结婚的意义，这种同居行为大都被农村人所认可，订婚的青年男女基本上被视为准夫妻。阎云翔对黑龙江下岬村的调查也发现了类似现象，"村里的订婚男女的婚前性关系并不能被等同于城市中流行的同居。在同居关系中，性与婚姻可以分开，而村里的青年男女对婚姻非常认真，订婚之后双方

---

① 张立平等：《传统农业地区的婚姻特征——山东省陵县调查》，《社会学研究》1993 年第 5 期。

② 曹锦清等著：《当代浙北乡村的社会文化变迁》，上海远东出版社，2001 年，第 335—336 页。

都已经是全心全意。这种严肃的态度加上订婚的礼节给了婚前性关系的民间合法性"。① 浙北农村相对发达，订婚后的同居是少数现象。对浙北农村的调查发现，发生订婚后的同居行为是因为订婚年龄的偏低和实际允许结婚登记的年龄过高。另外，直接导致这种现象的原因恐怕还在于年轻人性观念的开放，当地农妇说得直截了当："现在的青年在订婚后就如此乱来，全是被现在的电视、录像带坏了。"②

试婚现象与性观念的变化有关。有关调查显示，高达 39% 的青年人认为婚前性行为是"正常行为，无可指责"。而在否定的观点中，多数人仅仅认为"不正当"而已，说明性观念已经有很大变化。认为婚前性行为"正常的，无可指责"的青年占比 8%，认为"可以理解"的占三分之一。问到"当您的恋人向您提出婚前性行为的要求，您将采取什么态度时"，表示"拒绝"的青年只略多于半数，有 9% 的人明确表示答应，"有可能答应"的人占 29%，两者相加接近 40%。③ 一份从 1989 年 2 月到 1990 年 4 月的全国"性文明"调查报告显示，在 15 个省市、24 个地区中，抽样 2.4 万例，有效问卷 2.3 万例。大学生群体的性观念更多地挣脱了封建思想的束缚，对婚前性行为，42% 的人认为只要是基于爱情就可以发生，36.25% 的人认为只要双方愿意就可以进行，两者相加，对此持基本肯定态度的竟占 78.32%，占绝大多数，而认为婚前性行为应受到道德谴责的只占 20.47%。④

人们婚前贞操观念的淡化也是主要原因之一。1998 年，阎云翔在黑龙江下岬村发现：一对青年人取消了婚约，村里人传说他们在订婚之后已经发生了性关系，在不久前，如果这样的性关系被人知道，这对年轻人就非要结婚不可，女方在有了性关系之后再解除婚约，会被看成放荡。但是在这件事中，公众的舆论并未能阻拦女方的解除婚约，人们问那姑娘他们之间的性关系是否会影响她的将来时，她说"那又没有改变什么，我会找个更好的对

---

① ［美］阎云翔著，龚小夏译：《私人生活的变革：一个中国村庄里的爱情、家庭与亲密关系（1949—1999）》，上海书店出版社，2006 年，第 83 页。

② 曹锦清等著：《当代浙北乡村的社会文化变迁》，上海远东出版社，2001 年，第 335—336 页。

③ 楼静波：《当代青年的婚恋和性价值观》，《青年研究》1991 年第 1 期。

④ 上海性社会学研究中心：《现代中国人的性问题——一份全国"性文明"调查报告》，《民主与法制》1990 年第 10 期。

象"，一位中年人感叹："时代变了，年轻人的看法跟咱们的不一样，有些小伙子甚至根本不在乎是不是黄花闺女。"[①] 1999 年，一位女青年订婚后就住在男方家，后因彩礼问题未得到满足，女方决定和男方断绝关系。当亲戚问她和男方有性关系一事时，她说："那又怎么了？有过关系又没改变我什么，我还是老样子。"[②] 可以看出，不仅是社会舆论对发生婚前性行为者的制约力弱了，当事人的性观念也更开放了。

试婚现象还与性行为的安全度越来越高有关，避孕技术的提高，可以很大程度上避免因试婚产生的怀孕，这一定程度上减少了试婚者的后顾之忧。

试婚和女性的独立性的增强也存在密切关系。改革开放推动着女性思想的开放和经济上的独立，她们独立、自由、平等、权利意识增强，对传统婚姻的认知增强，那种只有结婚以后才能感知幸福与否的婚姻程序让知识女性感到恐惧，试婚成为女性追求婚姻幸福的一种尝试。另外，试婚体现了个人权利意识的增强，例如有些女性认为"肉体是属于自己的，愿意和谁发生性关系，任何人都无权干涉、过问，相爱就同居……同居后如果双方满意，再去办理正式结婚手续，如果不满意就'拜拜'"。[③] 在这种观念下，试婚就成为一种个人自主无关他人的事情。

青年人的试婚行为对恋人进一步互相了解具有积极意义，对于幸福婚姻生活的建设也是一种有益的探索，体现了人们在缔结婚姻时的慎重态度，也体现了人们自主决定自己生活的态度。

二、保护个人财产的意识

人们对婚姻的恐惧的一个重要原因是可能会因为婚姻失去个人财产，所以，拥有较多个人财产的人在结婚前往往会采取相应的措施避免对方分割自己的财产。改革开放后，无论是男性还是女性，婚前保护个人财产的意识都

---

① ［美］阎云翔著，龚小夏译：《私人生活的变革：一个中国村庄里的爱情、家庭与亲密关系（1949—1999）》，上海书店出版社，2006 年，第 52 页。

② ［美］阎云翔著，龚小夏译：《私人生活的变革：一个中国村庄里的爱情、家庭与亲密关系（1949—1999）》，上海书店出版社，2006 年，第 82 页。

③ 《婚前发生性行为的心理因素》，《大河报》1999 年 3 月 2 日。

增强了。

改革开放后，随着集体化体制的瓦解，拥有丰厚财产的个人越来越多。在集体化体制下，人们都是为集体劳动，创造的财富归属集体，个人很难拥有较多的财产，结婚者保护个人财产的意识也较弱。但是在改革开放后，个人越来越成为独立的工作个体，个人拥有的财富随之增多，例如一些高档电器、股票、名画、产房和轿车成为家庭财产，在知识经济年代，个人技术发明等无形财产也受到人们的重视。而且因为个人能力强弱不同，人与人之间所拥有财富的数量差距也较大，面对日趋升高的离婚率，越来越多的人在结婚前产生了保护个人财产的意识。

改革开放提升了人们的契约意识，这促进了人们保护婚前财产的意识的产生和发展。契约意识是各方在自由平等基础上的守信精神，平等是其最重要的内涵，没有哪一方只享有权利而不尽义务，讲究权利和义务的对等，重视人格上的平等，而这些对等、平等、权利和义务的重要基础就是财产，拥有财产才会减少对另一方和家庭的依赖。在传统社会，中国婚姻缺少契约精神，人身依附关系是夫妻关系的基本特征，表现为妻子依附丈夫和家庭，缺少独立、自由和平等，而三纲五常的伦理要求是对独立和自由的严重打压。共和国成立后一直到改革开放后相当长的一个时期，人们并不认可甚至反对婚姻是一种契约行为，因为它与中国的社会观念相冲突，人们把契约关系视为资产阶级的人与人的关系特征，"资产阶级虽然标榜什么婚姻自由，实质上，在他们的眼里，一切都是商品，'爱情'也是如此，一切的社会关系都是契约关系，婚姻也是如此，美国报刊上就登载过八十岁的寡妇用金钱购买三十多岁的青年的爱情的事例"。① 改革开放后，契约精神逐渐产生和发展起来了，随着国门开放，新思想和新观念传入，传统的婚姻观念被削弱，而且随着市场经济的建立和发展，人们的自由、平等和权利意识大为提高，爱情和婚姻注入了越来越多的契约因素，契约精神逐渐成为人们共同认可并自觉遵守的准则。契约精神对婚姻起到了积极的作用，它"能以全部共同的力量来卫护和保障每个结合者的人身和财富，并且由于这一结合而使

---

① 徐五林：《婚姻应以政治为基础，还是以爱情为基础?》，《民主与法制》1979 年第 1 期。

得每一个与全体相联合的个人又只不过是在服从其本人，并且仍然像以往一样地自由"。①

在以上背景下，人们在结婚前采取各种措施保护个人财产，其中很重要一项措施就是婚前财产公证。婚前办理财产公证最早是在上海兴起，这与上海人的思想相对前卫有关，1995 年上海市公证处的婚前财产公证不到 10 例，1996 年不到 80 例。② 到了 2000 年，上海每 100 对夫妻就有 10 对进行婚前财产公证，这 10 对都受过高等教育。③ 可见办理婚前财产公证的人逐渐增多，这种现象的日趋凸显一定程度上表明人们日趋强烈的个人财产保护意识，这也是对婚姻可能出现的风险表示担忧，从而不得不提前采取措施进行自保。

婚前财产公证主要出现在 90 年代的城市青年群体中，他们敢为人先，办理婚前财产公证，就是把感情和财产分清楚了，这样会减少双方的心理负担。例如，小张经商多年，不仅拥有了住房，还有一笔颇丰的遗产，有股票和一些贵重饰品。在择偶时小伙子却犯了愁，许多看上他的人究竟图的啥？某中学外语教师小文心地善良、性格温和，成了小张的首选。在一番商讨后，双方愉快地到江东公证处办理了婚前财产公证。小俩口坦言，婚前财产公证让双方都卸下了心理包袱，"我俩是为了感情而走到一起的，并不是为了钱财"。④ 某记者在朋友家中看到了一份详尽的婚前财产公证约定书，小到手表、戒指，大到电器、房产都细细划分至各人名下，这对夫妻认为"各归各的，经济独立，能避免因花钱而引发小矛盾。况且若干年后，回头看当初的情形，不也是令人欣喜的事吗？……当代职业女性越来越多，经济上的独立自主给婚姻添了一份理智"。⑤

为了避免因离婚造成个人财产的损失，越来越多的人对财产进行婚前公证。记者在宁波某区法院了解到，在婚姻纠纷中除了抚养权外，提及最多的是双方的财产分割。闹到法院的离婚官司多是因为财产分割上的矛盾，常常

① ［法］卢梭著，何兆武译：《社会契约论》，商务印书馆，2003 年，第 19 页。
② 《婚前是否需要财产公证》，《青年一代》1997 年第 11 期。
③ 晓伏：《70 年代生人亮出自己的旗》，《中国青年》2000 年第 18 期。
④ 蒋炜宁：《婚前财产公证——给婚姻添一份理智》，《宁波日报》1999 年 9 月 6 日。
⑤ 蒋炜宁：《婚前财产公证——给婚姻添一份理智》，《宁波日报》1999 年 9 月 6 日。

有一方在诉前将贵重物件转移，另一方却无法提供有效证据证实财产的归属，双方为此争论不休，甚至打得头破血流，法院只能按双方提供的证据分割财产。这时如果双方能拿出法律文书，那么无论对当事人还是法官，都会避免许多不必要的麻烦。① 中国人在结婚时大多忌讳谈论离婚和分割财产，但是在当今社会感情多变的年代，提前对财产进行公证，反而能让人们安心经营婚姻生活。

但是大部分人不赞成婚前财产公证。办理婚前财产公证者只是少数都市青年，大部分人在理性上能接受这种新事物，但是轮到自己头上还需要斟酌。例如宁波市公证机关从 90 年代初开始办理婚前财产公证，但问津者寥寥无几，每年办理婚前财产公证的仅仅几十件。主要原因是传统观念的束缚，在许多人眼里，这种摆在台面上的斤斤计较，甚至约定一根项链或一部电话机的归属，尤其是在夫妻之间，总有些有悖常理，更有人认为在婚前将财产分割得清清楚楚，有损于互相之间的感情。② 在 2000 年，全国妇联在全国范围的一次调查显示，有 57.4% 的人认为婚前财产公证违背了中国人传统家庭观念，这可能会破坏夫妻感情，有 42.6% 的被调查者认为有必要进行婚前财产公证。调查显示，在城市，赞成财产公证的人占 49.3%，而 36% 的农村人表示赞成。③ 数据的城乡差别表现了城市人更倾向进行婚前财产公证，农村人的思想更传统，农民接受这种新事物的程度也较低。

除了婚前财产公证，财产约定也是人们保护个人财产的方式，而且法律对财产约定提供了日趋完善的保障。1950 年《婚姻法》无约定财产的规定，1980 年《婚姻法》第十三条规定："夫妻在婚姻关系存续期间所得的财产，归夫妻共同所有，双方另有约定的除外。夫妻对共同所有的财产，有平等的处理权。"2001 年《婚姻法修正案》还增加了财产约定应当采用书面形式，这更有助于保护个人财产，该法还对婚内债务由谁偿还进行了明确规定，夫妻对婚姻关系存续期间所得的财产约定归各自所有的，夫或妻一方对外所负的债务，第三人知道该约定的，以夫或妻一方所有的财产清偿。这些规定对

① 蒋炜宁：《婚前财产公证——给婚姻添一份理智》，《宁波日报》1999 年 9 月 6 日。
② 蒋炜宁：《婚前财产公证——给婚姻添一份理智》，《宁波日报》1999 年 9 月 6 日。
③ 倪四义：《婚姻法应如何修改》，《人民日报海外版》2000 年 11 月 3 日。

当事人保护个人财产提供了法律支持，而个人财产的约定制度也使国家处理婚姻问题尤其是离婚更加方便。《婚姻法》对约定财产的规定从无到有，从简单到详细，这说明国家越来越重视保护个人财产，是对个人财产权的尊重。就中国传统的婚姻观念而言，夫妻双方总是希望能白头偕老、天长地久，尚未结婚就讨论离婚后的财产如何分割，这会伤害夫妻感情。随着离婚现象的凸显，婚前财产公证的作用不言自明，法律规定婚前约定的财产不是夫妻共同财产，这减少了离婚时的争端，而且这使当事人在离婚后正常的生活得到保障。

保护个人财产的意识实际上是一种权利意识。改革开放前以及改革开放后的相当长的时期，人们的权利意识相当淡薄，这与国家高度的政治化特征密切相关，在高度集中的、政治化的思想导向和集体化管理体制下，广大人民群众的个人意识被削弱，权利意识淡薄，思维中充斥着高度的国家和集体意识，私人领域被严重侵入，公私领域混沌不分，人们的权利认识弱而且模糊，对国家权力的边界也没有清醒的认知，这在婚姻领域一个重要表现是人们的权利意识较弱。

改革开放的一个重要影响就是促进了中国人权利意识不断增强。权利意识的一个重要内涵是对个人权利的认知，这种认知的增长既源于人们文化素质的提升，也源于国家对人权的尊重，还源于政治、经济和文化等领域的改革产生的综合推动力，权利意识提升的一个重要影响便是人们越来越重视个人财产的保护。

三、逐渐凸显的独身现象

自古以来，人们奉"男大当婚，女大当嫁"为圭臬。《中庸》写道："君子之道，造端乎夫妇。"就是说要处理好人与人、人与自然的各种关系，做一个有道德有修养的人，这起始于处理好夫妻关系。婚姻被视为人伦之始，三纲六纪之源，因此独身往往被视为怪诞，独身者也被社会歧视。但在改革开放后，独身成为逐渐凸显的现象。本书所阐述的独身区别于单身，单身更侧重成年未婚的客观状态，而独身主要有两种状态，一是人们主观选择不结婚一个人生活，二是因为各种原因被动造成的不能结婚，只能一个人生活。实际上，独身现象并非在改革开放后才出现，但改革开放后的独身现象具有特殊的表现和原因。

改革开放后，独身现象日趋明显。在 80 年代的农村，人们依然像过去一样生活在熟人社会的群体中，农民的传统观念依然浓厚，偶尔出现某人试图独身，他们也难以实现个人的愿望，结婚被视为是正常人的行为，有条件结婚者选择独身会被视为大逆不道，他们会陷入断子绝孙、心理变态、生理有缺陷等舆论漩涡。进入 90 年代，市场经济条件下人口流动越来越自由，农村女性择偶时往往流向经济相对发达的地区，这进一步挤压了经济落后地区农村男性的择偶空间，这就使农村女性掌握了更多的择偶主动权，农村女性独身者远远少于男性。根据国家统计局的统计，从分布地区看，农村出现的独身男性较多，城市出现的独身女性较多，1987 年，28 岁至 49 岁独身的男性分布为：城市占 14.81%、镇里占 15.2%、县里占 69.98%，农村比市、镇人数多 425 万；独身女性分布：城市占 56.13%、镇里占 14.41%、县里占 29.46%，城市独身者比县里大约多 192 万人。[①]

改革开放为独身现象的发展创造了适宜的外部环境。社会保障制度的日趋健全是人们敢于独身的重要原因，例如敬老院的增多和医疗保障制度的健全，这些条件一定程度上解除了独身者的后顾之忧。"经济发展创造的财富，以及现代国家福利提供的社会保障，两者共同使这种新兴之势成为可能"。[②]随着城市化的进程，城市陌生人社会的特征越来越明显，这种变化减弱了人们对独身者的关注，舆论道德评判对独身者的制约减弱了，独身行为也得到了越来越多的理解和支持，例如有的人认为只恋爱不结婚也是一种可以理解的生活方式，"婚姻是两个人的事，选择或者放弃是每个人的权利。不管最终你们做出任何选择，只要它是真诚的，就无所谓对错"。[③] 独身的观念和行为相对容易存在和发展。从这些因素来看，独身现象更容易发生在城市群体中。

---

① 王伟：《独身问题的伦理思考》，《道德与文明》1990 年第 2 期。
② ［美］克里南伯格著，沈开喜译：《单身社会》，上海文艺出版社，2014 年，第 14 页。
③ 孙雅君：《我为什么这样害怕结婚》，《中国青年》1997 年第 8 期。

想独身者之所以能独身与社会变革有密切关系。例如在单位体制下，结婚往往是获得单位资源的前提条件，独身者在单位资源分配时往往处于不利地位。例如某市的独身工程师龚某，每当单位分房的时候都没有资格，因为单位规定的分房条件中，把独身与未婚青年一样对待，均无资格分房。① 住房不足使一部分人不得不结婚，例如一位新娘说："如果我有自己一间住房，我就不结婚。可现在我不结婚不行啊，家里太小，哥哥又要结婚。"一位大学生也解释了住房困难对人们婚姻的影响："问题是国家住房困难，如果每一个人都有自己的单间，全中国怕有一半人不愿意结婚，我就是其中之一。"② 到了 90 年代，随着住房的市场化发展，单位分房的时代逐渐结束，只要有购买能力，人们就会拥有自己的房子，拥有独立的生活空间成为能够独身的一个因素。

日趋独立的房屋环境为独身行为的发展创造了条件。在城市里，住房的商品化使人们具有独立的生活空间成为可能，独立的生活空间为人们追求个人化的生活创造了条件。独立生活空间有助于保持新奇的爱情，例如有人认为："属于我的空间可以是他的憩息处，属于他的空间可以是我的避风港。我们不用担心宁静的心境被破坏，也不用害怕一旦孤独袭来会无人慰藉。只要需要，我们可以随时走到一起，拥着我们的爱甜甜蜜蜜，我们不会因相处太久而互相厌弃，他不会过多地渴求我，我也不会对他有太多的不满意——总有那么一丝陌生，总有那么一份新奇。"③

爱情影视剧使部分青年产生了脱离实际的幻想。改革开放后，伴随着爱情为主题的影视剧越来越多，有的女青年幻想自己也能像剧中姑娘遇到高富帅还浪漫的白马王子，有的男青年幻想和剧中情节一样能娶到富家公主。琼瑶爱情剧中完美的男女主角成为他们择偶时的臆想对象，以此为标准择偶势必在现实中失望，他们还以为完美的择偶对象是存在的，只是自己没有机会遇到。在苦苦的寻觅中，即使在现实生活中遇到了理想的择偶对象，奈何因为门不当户不对也难以和对方成为夫妻，孤独终老成为他们大概率的结果。

① 朱双喜：《自由鸟——现代女子独身现象透视》，《北京日报》1992 年 10 月 17 日。
② 桑桑：《我选择独身》，《社会杂志》1990 年第 8 期。
③ 阿毛：《何必结婚》，《青年一代》1991 年第 1 期。

改革开放不仅从政治、经济和文化等方面为人们独身创造了适宜的外部环境，还促进了个人独立、自由观念的发展，享受个人自由被某些人视为比结婚更重要的事情。另外，在传统观念下，"社会的习惯势力仍然只看重婚姻，而不尊重爱情；只是婚姻的保护者，而不是爱情的维护者。一个人有没有婚姻能得到不知道多少人的热情关心，但一个人有没有爱情却很少有人过问"。① 中国人重视婚姻忽视爱情实际上是家庭价值本位的表现，改革开放削弱了这种集体的婚姻价值导向，重视爱情的个人价值观日趋发展，个人主义的勃兴推动了人们对爱情的追求，这成为独身现象凸显的一个内因。

在漫漫历史长河中，爱情在中国人的婚姻中是一种奢望。无论是传统婚姻，还是改革开放前的新中国，人们的婚姻都被赋予集体主义的价值，或为了国家、或为了家庭，均不是为了个人爱情。改革开放后，婚姻逐渐向私人领域发展，人们对爱情的追求具备了条件，有的人为了爱情而独身。

一部分青年人害怕结婚之后会失去爱情。他们认为："婚姻是爱情的雕像——结婚，就凝固了。"甚至认为家庭是爱情的坟墓。② 白云女士与男友恋爱已经有几年，有时男友谈到结婚的话题，白云觉得这样谈恋爱挺好，没必要非要结婚。她认为没结婚的时候谈恋爱俩人关系非常好，人也体贴，结婚之后，激情迅速消退，夫妻没话可说，没事可做，感情淡漠，婚姻成了爱情的坟墓。两个人就像绑在一起过日子，这样的婚姻没意思。③ 还有人想结婚，而且想和自己爱的人厮守在一起，但是不敢结婚，因为"总觉得生活里有太多的浮沉……你不敢确定什么是真实的，什么是假扮的"。④ 对不确定的恐惧使她不敢贸然进入婚姻。有人认为相爱的人不一定要结婚，体验爱情比婚姻更重要，正如一位名叫尤儿的人认为："两个相爱的人不一定结婚，而两个结婚生活在一起的人也未必有爱情。不必拘泥于婚姻的形式，重要的是我们要有爱情，没有爱情的生活才是最可怕的。"⑤

---

① 张铭远著：《黄色文明：中国文化的功能与模式》，上海文艺出版社，1990年，第75页。
② 陈群：《从"单色"向"全色"的转变——谈谈今日中国青年新的婚姻观》，《中国妇女》1989年第2期。
③ 孙雅君：《我为什么这样害怕结婚》，《中国青年》1997年第8期。
④ 陈媛媛：《一千个单身的理由》，《中国青年》2000年第1期。
⑤ 孙雅君：《我为什么这样害怕结婚》，《中国青年》1997年第8期。

还有独身者认为不结婚才有机会不停地追求爱情。例如一位男性独身者认为："我讨厌角色式的生活，总是在不停地寻找自我，以求得自我实现和自我发展，你知道，传统的中国人只是一种角色的混合体，称不上个人，个人的人格完全融化在君臣、父子、夫妻的伦理关系中，婚姻，也是消弭个性的一种方式。……我决定独身是因为我太喜欢女人了，别人会以为这是奇谈怪论，我想你却不难理解，爱神丘比特给了我过多的神矢，我却始终乐意引而不发，对漂亮的女人，见一个，热一个（当然不是见一个，爱一个），激情太多，又往往处于矛盾的极端，有时能很放纵，有时更能严于律己，清醒的理智和浪漫的激情共存。假若我结了婚，靠理智的引导，我固然可以做一个忠贞的丈夫，但浪漫的激情却不能保证我没有婚外恋，自然，理智能够战胜情感，但感情的失败无疑是最痛苦、最折磨人的，没有婚姻的束缚，便在感情上保留了广泛爱恋的自由和权利。"[1]

改革开放不仅提升了人们的生活自由度，还提升了人们对自由的渴望程度。某些未婚者不想被婚姻中的琐事所困，只想自由地生活。改革开放使社会对不结婚不生孩子的人宽容度越来越高，某些青年人害怕结婚生孩子拖累自己，让自己的生活变得辛苦，他们甚至认为："要孩子，简直就是折磨自己。"[2] 改革开放使人的流动性增强，人们与外界的交流互动更为便捷，一个人自由地享受生活乐趣的条件也增多，例如小尤姑娘已经30岁了，犹如一只自由鸟，飞来飞去，像个孩子，当别人问她为什么不想成家，她认为自己有很多朋友，一个人生活并不孤独，没必要结婚找罪受。[3] 实际上，某些已婚者也渴望自由，在90年代，上海市性社会学研究中心对全国24个地区500多人的抽样调查显示，城市人对夫妻暂时别离感到很轻松的占40%。[4] 对自由的追求和渴望在一定程度上使人们选择了独身。

某些人只愿意自由地生活，他们害怕婚姻的责任和家庭的负担。他们选择"舒适、自由、不为关爱所牵绊的生活，以及越来越多的享受其他有趣、

---

[1] 赵合俊：《一位独身者的自白》，《社会杂志》1989年第11期。
[2] 陈群：《从"单色"向"全色"的转变——谈谈今日中国青年新的婚姻观》，《中国妇女》1989年第2期。
[3] 朱双喜：《自由鸟——现代女子独身现象透视》，《北京日报》1992年10月17日。
[4] 文勇：《冲出"围城"的人们——离婚女性不急于再婚现象透视》，《大时代文学》1992年第10期。

新鲜事物的机会"。① 有的人不想因为婚姻成为对方的负担，有人说："我们希望自己永远不成为对方的负担，永远带着那份美好的情感，直到走向生命的归宿。"② 再如一位女士所说："遇到过的男人不少，也有些好男人，这一点我想我算是幸运的……相处的日子是愉快的，到后来分手的理由一般都是他们实在不能接受我这般飘荡的生活，可是我喜欢自由自在的生活。男人想娶一首诗，谁知道遇见了一部小说。"③

有的人和恋人选择同居沐浴着爱情，但不结婚。他们自由地享受同居生活的愉悦，但是不想承担婚姻的责任，也不想被婚姻中的繁琐事情缠身。例如有的独身者认为，和恋人同居不结婚"不是苟合……从现实到理想，从精神上的审美到物质上的享受，这便是独身主义的自由，这便是最自由的结合"。而且两个人在一起生活，"不必担心经济纠纷，不需要大办婚事，请客送礼，不必有'四转'、'五机'。我们互相更关心，互相体贴，却没有'合法婚姻者'的责任感，我们是自由的，谁也不欠谁"。④ 这位先生的话语反映了他们既沐浴着甜蜜的爱情，还享受着个人的自由，没有婚姻的责任和琐事，但过着夫妻一样的生活。

独身者群体中有一部分人是离异者，他们从婚姻里走出来，只想自由自在地生活，不想再婚。例如某些城市离婚女性不想再婚，虽然个中原因很复杂，但这也向人们传递了值得思考的信息。女性在经历了婚姻之后，对生活和婚姻有了更加深刻的认知，产生了重塑自我的意愿，而这种意愿需要在一种独立的状态下实现。她们力图挣脱婚姻中的传统角色，在广阔的天地中丰富个人的生活经历，提升自己，去做自己喜欢的事情，而不是被家务劳动所束缚。正如一位离婚女性认为："我为什么非要急于再婚？当今世界上束缚我们手脚的事已够多了，有许多我们都是无法摆脱的。但是不是马上再婚，则完全可以由我做主。为什么我刚挣脱了束缚，又要急忙地再钻进去将自己

---

① ［美］克里南伯格著，沈开喜译：《单身社会》，上海文艺出版社，2014 年，第 16 页。
② 阿毛：《何必结婚》，《青年一代》1991 年第 1 期。
③ 陈媛媛：《一千个单身的理由》，《中国青年》2000 年第 1 期。
④ 金航：《在"独身主义"的背后》，《青年一代》1989 年第 2 期。

的手脚捆起来呢？"① 这些诉求一定程度上表明城市女性的自主、自立的愿望。随着社会的进步，经济的发展，教育的普及，妇女地位的提高，女性的自我意识越来越强，个性越来越发展，越来越追求高质量的婚姻生活。

某些女性并非不想结婚，而是因为自身的优秀，择偶时不想凑合导致独身。改革开放后，女性受教育的水平普遍提高，她们在职场上的能力不逊于男性，优秀的女性对婚姻的要求也越来越高，部分女性宁可独身也不愿凑合进入低质量的婚姻。小林姑娘就是这样的例子，她考上大学，以后又读研究生，猛然发现自己已属于大龄青年。尽管有人张罗给她介绍对象，但是她的要求比较高，没有遇到心仪的对象，她认为与其凑合着找一个男人建立一个凑合型的婚姻，还不如自己走完这一生，独身的想法就这样产生了。② 有的女性择偶时不能忍受男方的某些缺点，例如何小姐是某领事馆白领，经人介绍见过多位相亲对象，一位颇具儒商风采的男子，但其关注股票的过分热情使何小姐无法容忍；一副福相的处级干部无论做什么事情都官气十足，这都让何小姐不能容忍，她接受男方可以大自己 8 岁、10 岁、12 岁，但是有的经济上富有而学历偏低，或者虽受过高等教育但是经济收入大大低于自己，自己会觉得门户相差太大，思维方式和行为方式都会发生矛盾。外貌上，她认为身高总该比自己稍胜一筹才行。③ 一位女工程师，因为对方只要求她能够成为家庭主妇而遭到她的拒绝。她不认为女人注定是月亮，她要求自己同男人一样发光，但是难以找到理想的志同道合的人。④ 自古以来，女性择偶表现出非常强的向上选择的慕强特征，这是女性寻找安全感的表现。改革开放为女性提升受教育水平，走出家庭参加社会工作创造了越来越多的条件，她们不仅有独立的事业还形成了独立的思想，越来越重视婚姻质量，择偶时对男性的要求势必增高，在事业上取得一定成就的女性在婚姻上往往更不愿意凑合，她们往往择偶时更倾向要求男性的条件比自己强。从本质上来说，这种择偶心态是女方是在追求自身利益的最大化，要求男方的资源至少和自

---

① 文勇：《冲出"围城"的人们——离婚女性不急于再婚现象透视》，《大时代文学》1992 年第 10 期。
② 朱双喜：《自由鸟——现代女子独身现象透视》，《北京日报》1992 年 10 月 17 日。
③ 蓝田玉：《独身女性的坦言》，《青年一代》1997 年第 1 期。
④ 黄京尧：《独身现象分析》，《家庭》1987 年第 1 期。

己势均力敌，最好是优于自己，正如有人认为："人的行为都是有目的的，人之所以结婚组成家庭，主要目的就是追求自身最大的满足。因此，只有在婚姻所得大于单身所得的情况下，男女双方才会组成家庭。"①

还有一部分女性因为对个人条件和婚姻的认知存在错误导致独身。有一部分女性认为女性始终在择偶市场上占据主动地位，只要自己想择偶随时能实现愿望，她们认为只有不结婚，才可能认识更多的优秀男士："这世界上一定有许多男士我还没遇到，我要不断地约会下去，直到 80 岁为止。"② 另外，为了获取更多的利益，把某些商品或奢侈品卖出去，资本对女性进行了捧杀，例如鼓吹"每个女人都是小仙女"，"没有丑女人只有不会打扮的女人"，"不给女人花钱的男人就不是好男人"，"给女人花多少钱代表多少爱"，这些言论使部分女性对婚姻产生错误的认知，她们择偶时要求男方提供巨额的彩礼、房子、车子、钻戒，等等，凡是不能提供这些物质条件的男人被认为不配拥有婚姻，这就导致男性结婚成本的畸形上升，这成为绝大部分男性的难以承受之重，这也导致部分女性在寻找更好物质条件的择偶对象时沦落到独身的境地。

越来越多的女性认为自己始终在择偶市场处于主动地位，实际上是走入了择偶的误区。她们忽略了一个事实，男性在择偶时更重视女性的生育价值，外貌姣好尤其是年龄较小的女性在择偶市场更受男性欢迎，文化素质和职业优秀的女性往往令男人望而却步。改革开放后，女性受教育的机会增多，高知女性逐渐增多，她们的高学历和知性让某些男性望而生畏，这给高知女性择偶增加了一定的难度。男性大多愿意找比自己的地位、能力、文化、年龄甚至身高都低一些的女性为择偶对象，这样男性面对妻子才有可能保持自尊。高学历女性的思维更严谨，知识文化丰富，审美标准更高，这会让男性感觉不易相处，部分高知女性就这样被剩下了，受教育水平高、事业成功的女性择偶困难成为一个凸显的现象。例如一位女研究生认为不是自己挑剔，而是社会太挑剔高知女性了，是社会的传统意识给自己的婚姻带来诸

---

① 朱健：《理想的婚姻伴侣——工作能力互补　生活情趣相投》，《宁波日报》1998 年 6 月 20 日。
② 朱双喜：《自由鸟——现代女子独身现象透视》，《北京日报》1992 年 10 月 17 日。

多困难，男人大多认为在妻子面前就要有权威，夫唱妇和。他们不想用自己的能力和良好的形象树立妻子心目中的权威，而是通过降低要求女性的指标让自己相对突出，这很可悲。① 这位女研究生的话有一定道理，但在现实生活中，女性各方面素质和条件的优越并不能使她们更容易择偶。男性在择偶时往往选择职业、学历等条件低于自己的女性，年龄偏大的、高学历的知性女性往往会成为婚姻市场中的剩女，个人条件的优秀又使大龄剩女不愿意降低择偶条件，独身就可能成为她们最终的结局。

尽管独身现象凸显，但这毕竟是一种非主流的小众行为。当事人要承受很多误解甚至故意的伤害，甚至还要面对很多不公平的待遇，忍受少数人的冷眼和歧视。例如一位 32 岁的女工，离婚后独自生活，由于相貌较好，还爱打扮，这就招致同事的议论，甚至让一个厂长心怀不轨，这个厂长采取不正当手段强奸了她，她向有关部门投诉，但是人们首先怀疑的是她是否存在作风问题。② 从这件事可以看出，人们带着有色眼镜看待独身者，独身行为被外界附加了某些恶意的人品和道德因素，从而使人们对独身者产生不客观的看法。只同居不结婚的人也承受着压力，有的当事人深有体会，认为同居关系没有保障："连我们自己也保证不了这样的关系能维持多久，社会舆论的压力太大，一朝公开化了，舆论就是同居的绞刑。"③ 独身者也常常面临着他人的劝告，有的已婚者现身说法，认为独身不是好的选择："作为一个女人我劝你结婚，作为一个到 30 岁还没有结婚的女人，我更劝你结婚，我已为当年的心高气傲、不同凡响付出了代价，你也要来吗？"也有人认为："别总盯着别人的不幸吓唬自己，别人的幸福在家里，你看不到，可看不到不等于不存在，不然怎么诉完苦，那人又乐不颠儿地回家了。"④ 这些因素都可能使独身者难以坚持下去。从实践中看，尽管独身者处于"结婚"主流婚姻文化的包围之中，但随着社会的进步，人们文化水平和文明程度的普遍提高，传统的思想观念逐渐改变，人们对独身者也会给予越来越多的理解和包容。

---

① 宋萍：《独身：女研究生的爱情归宿？》，《今日中国（中文版）》1995 年第 2 期。
② 朱双喜：《自由鸟——现代女子独身现象透视》，《北京日报》1992 年 10 月 17 日。
③ 金航：《在"独身主义"的背后》，《青年一代》1989 年第 2 期，第 8 页。
④ 孙雅君：《我为什么这样害怕结婚》，《中国青年》1997 年第 8 期。

伴随着经济上的日趋独立，思想上对自由的追求意愿的增强，独身者的数量还会增长。

我们需要正视日益凸显的独身现象，因为引发独身现象的社会变革是不可逆的。例如个人主义勃兴、城市化程度的提高、女性独立自主能力的提高以及人类寿命逐渐延长。我们只有正视和积极回应独身现象，才能顺应社会发展潮流。

本章小结

在经济、政治和文化变革的推动下，中国从群体性社会向个体性社会过渡，婚姻逐渐回归私人领域，人们的择偶自由度逐渐提高。人们的择偶观念和行为经历了祛除政治束缚和传统观念束缚的过程，个人主义越来越成为影响青年人择偶的主导因素，青年人的择偶自由度逐渐提升。

青年人的择偶自由度越来越高。自由择偶往往更重视爱情，为了自由和爱情，农村青年奋起反抗包办婚姻。为了自由与爱情，为了避免不幸的婚姻，人们对待结婚越来越谨慎，人们在结婚前采取措施验证对方能不能给自己带来幸福，所以试婚成为婚前的选择，并且非常谨慎地保护婚姻中的个人财产，如果没有遇到心仪的择偶对象，有的人甚至选择了独身。

改革开放推动了择偶方式的社会化。以父母之命、媒妁之言为标志的传统择偶方式逐渐减少，而新式择偶方式增多，例如报刊征婚、婚姻介绍所及电视相亲节目为个人自由择偶提供了更为便捷的途径，这也削弱了父母对子女婚姻的控制力。从亲缘、地缘向业缘发展的择偶方式也使家庭对青年择偶的影响力减弱，介绍婚逐渐成为婚姻结识的主流。择偶方式的变化意味着代际间的权力格局发生变化，父辈权力下降，而子辈自主权上升。在这种情况下，代际协商逐渐成为择偶模式的主流和发展方向，这是中国传统婚姻文化和现代思想观念交融、碰撞与调适的结果。

择偶标准的变化是社会的政治、经济和文化发展变化的晴雨表，而青年择偶标准又是晴雨表中的核心部分。青年人择偶标准向多元发展，在重视政治、经济等外在因素门当户对的同时，男女双方个人之间的和谐与匹配越来越被重视，经济条件成为择偶时日趋受重视的因素。这种趋势反映的不仅是人们择偶自由度的提升，还反映了人们婚姻价值观念的多元化发展。

个人主义主导下的择偶突破了传统婚姻观念和习俗的束缚，也突破了集体主义价值观导向下的择偶束缚，以个人婚姻价值诉求为目的的择偶成为趋势，这是人获得解放的重要表现。

第四章　社会性转向个人性的婚姻礼仪

婚姻礼仪的传统内容是"六礼"，即纳彩、问名、纳吉、纳征、请期和亲迎六道程序，这是传统社会缔结婚姻的基本程序。婚姻礼仪在本质上是婚姻社会性的表现，婚姻礼仪经历了新中国成立后政治化年代的冲击，经历了改革开放的影响，其内容和形式或消失，或变异，或增添了新的因素，其功能也逐渐裂变，出现社会性的衰减、变异，个人性逐渐发展。在婚姻礼仪中，国家、家庭和个人的关系发生重构。本章通过对改革开放后婚姻礼仪变化的梳理和分析，试图揭示婚姻礼仪的社会性功能裂变的动力、程度和趋势，国家引导良风益俗的理念、措施和效果，以及个人在婚姻礼仪中追求自由的程度、阻力与应对措施。

第一节　彩礼功能从偿付向资助的转变

支付彩礼在传统婚姻中是"六礼"之一的"纳征"，"纳征者，纳聘财也"。[①]

---

① 《礼记·昏义》，（清）阮元校刻：《十三经注疏》（下册），中华书局，1980 年，第 1680 页。

传统婚姻重视男方家庭对女方家庭抚育女儿的"偿付"，男方家庭增加了人口，女方家庭得到了钱财，在这种冷冰冰的交换中，看不到结婚当事人之间的感情，体现的是父母主导子女婚姻以及女性地位的低下。彩礼即聘礼，在中国历史上，彩礼始终被排除在国家法之外，只作为民间习俗存在。共和国成立后，尤其是"文革"时期，伴随着婚姻的政治色彩越来越浓，彩礼被贴上资产阶级劣俗的标签，受到严厉批判，其功能的发挥受到遏制。但改革开放后，彩礼习俗回归世俗，并得以发展。本节通过彩礼主要功能的转变，揭示社会发生的嬗变，揭示婚姻领域的国家、社会、家庭和个人权力格局的变化，揭示彩礼功能从双方父辈利益诉求向结婚者个人的利益诉求转向。

一、农村彩礼偿付功能的收缩

彩礼的偿付功能是男方家庭送给女方家庭，对女方家庭出嫁女儿的补偿，这是传统婚姻中彩礼的基本功能。彩礼偿付功能体现在彩礼从男方家庭流向女方家庭，彩礼的使用权归属女方父母。彩礼的性质按照恩格斯的说法是："这种礼物算是被出让的女儿的赎金。"① 这项功能体现了女性地位的低下，把女性视为可以购买的物件，一种具有剩余价值和劳动价值的商品，可以带来人口和财富增长的礼物。彩礼的偿付功能往往和包办、买卖婚姻结合在一起，此类婚姻主要关注婚姻缔结带来的钱财收益，女方家庭视女儿如待售的商品。在改革开放后，包办、买卖婚姻在城市中相对较少，彩礼的偿付功能主要存在于落后地区的农民婚姻中，越是经济落后、观念越传统的地区，偿付功能存在的基础越牢固。

"偿付"是包办、买卖婚姻中彩礼的基本功能，彩礼偿付功能的收缩在改革开放前就已经发生了。共产党在根据地时期就已经对传统彩礼进行了严厉批判，收受彩礼被认为是买卖婚姻的手段。② 彩礼在法律上被明文废止。③ 共和国成立后，彩礼被视为资产阶级劣俗进行批判。

随着"文革"受到质疑以及人们对政治运动的厌倦，婚姻逐渐回归世

---

① 《马克思恩格斯选集》第 4 卷，人民出版社，1972 年，第 43 页。
② 张希坡著：《中国婚姻立法史》，人民出版社，2004 年，第 259 页。
③ 张希坡著：《中国婚姻立法史》，人民出版社，2004 年，第 130、309 页。

俗。人们在择偶上也回归世俗化，提出了"三转一响六十四条腿"等物质条件，例如手表、缝纫机、自行车等生活用品，不再"唯精神化"。① 人们认为婚姻大事一生只有一次，"桌椅、板凳、衣橱、床边柜之类，是生活必需品……仅仅带有起码的家庭生活条件的性质"。而且，我们是社会主义国家，也"应当提供给人民物质文明"，人们依靠自己的劳动初建一个小家庭，给爱情提供新的依托，确定新的起点，"我们不能苛求青年的爱情生活只是'精神会餐'，也很难设想一个空徒四壁的家庭是充满幸福的"。② 彩礼习俗的这种变化趋势和国家对婚姻习俗政治干预的弱化息息相关，改革开放后，"国家对要彩礼的干预不再是政治手段强制制止，而是把其视为风俗，改为引导"。③ 政治压力的弱化客观上为彩礼偿付功能的恢复创造了宽松的条件。

　　在改革开放之初，彩礼的偿付功能在农村得以较为明显地恢复。彩礼偿付功能的恢复存在社会基础，伴随着集体化时代的结束和家庭联产承包责任制的推行，农村家庭的生产功能得以恢复，家庭重新成为农村生产的基本单位，子辈生活的经济来源需要依靠家庭，这就造成父母对子女婚姻的控制力增强。共和国成立后，尽管农村已经经历了 30 年的发展，但农村整体状况依然非常落后，男尊女卑、男主女从的男女不平等状况依然严重，在婚姻缔结中女性依然被置于男性的从属地位，农村的传统婚姻观念比较浓厚，女儿被认为是别人家的人，女儿出嫁后被认为是"泼出去的水"，数千年来形成的封建意识难以彻底消除，在相当一部分人的头脑里，旧思想还不断地沉渣泛起，加上生产力落后，人们生活普遍贫困，把女儿出嫁视为捞钱机会的大有人在。正如 W 先生（1956 年出生，河北人，农民）认为："农村的传统观念是，女儿出嫁就是别人家的人了，以后就只是亲戚，自家从小到大养女儿多年，不收彩礼太亏了，另外，如果女方家庭还有未婚儿子，那么收彩礼就有为儿子结婚打基础的目的。借结婚的机会向男方多要一点彩礼，甚至结婚当天有女方还会再要一笔钱，否则就不过门，这时男方一般会答应。"而且，

---

① 蒋卫武等：《50 年择偶之变——胡发云：择偶的实质是寻求安全感》，《小康》2008 年第 2 期。
② 张源：《一千对私奔者的悲喜剧》，《中国青年》1987 年第 3 期。
③ 张源：《一千对私奔者的悲喜剧》，《中国青年》1987 年第 3 期。

在农村"妇女由于没有独立的经济地位，对男人有较强的依附性。女性经济上对男性的依附性，决定了她出于日后生活保障这一动因而向男方索要彩礼的行为"。① 以上因素成为农村彩礼的偿付功能恢复的社会基础，而且越是落后地区，这项功能恢复得越明显。

彩礼的偿付功能还比较明显地体现在女方父母支配着彩礼的使用权，女方父母往往把彩礼用作家庭开支。例如孙淑敏对西北赵村 20 多个个案的调查发现，女方父母对彩礼的使用方向有"给女方兄弟'攀'媳妇用了"，"家里日常生活开支"，"为女方哥哥付了彩礼"，"修了大房"，"给女方大大治疗眼睛"，"给女方弟弟还了赌博债"。②

改革开放之初，包办、买卖婚姻回潮，这使彩礼偿付功能更加明显。据对山东菏泽的郓城、巨野、成武等七个县市的调查，1986 年登记结婚的青年有 62428 对，其中转亲、换亲的就有 1797 对，而且转亲范围越来越广，四转亲、六转亲、九转亲司空见惯，巨野县竟出现二十六转亲，涉及二县四乡，23 个村。③ 80 年代初，对安徽的若干县的调查材料显示：卖到那儿的共有 22339 名妇女，其中 83% 来自四川，四川由于贫困，成为拐卖妇女的中心。④ 买卖婚姻引起女性的强烈反抗，甚至发生了 83 名女青年集体向《人民日报》写信求救的事件，她们呼吁："把我们从买卖婚姻中解救出来！我们这些山村青年的婚事，至今仍听命于媒妁之言、父母之意，决定于金钱交易之中。"⑤ 可见当时农村地区包办、买卖婚姻现象非常突出，买卖、包办性质的婚姻势必强化彩礼的偿付功能。

但是，改革开放推动了社会、经济和思想、文化的普遍发展，各领域新产生的因素逐渐消解了彩礼的偿付功能，使这项功能逐渐收缩。

中国以农耕经济为基础的社会结构被逐渐解构，这从根本上削弱了彩礼的偿付功能。中国的传统社会是农耕文明，农耕文明建立在乡土社会结构的

---

① 鲁婷等：《浅析中国"彩礼"彩礼婚俗存在原因》，《传承》2009 年第 3 期。

② 孙淑敏著：《农民的择偶形态：对西北赵村的实证研究》，社会科学文献出版社，2005 年，第 229 页。

③ 葛承雍著：《中国传统风俗与现代化》，陕西人民出版社，2002 年，第 127 页。

④ ［美］弗克斯·巴特菲尔德尔德，张久安等译：《苦海沉浮——挣脱 10 年浩劫的中国》，四川文艺出版社，1989 年。

⑤ 王平等：《把我们从买卖婚姻中解救出来！》，《人民日报》1984 年 4 月 12 日。

基础上，乡土社会结构的特征是封闭和稳定，族权和父权对个人严格控制，家族和家庭利益至上，男尊女卑，这是包办婚姻产生的基本土壤，也是彩礼偿付功能存在和延续的基础。而随着社会主义市场经济的建立和发展，这种建立在农耕文明基础上的乡土社会结构趋于瓦解，这给婚姻自由创造了条件，人口自由流动削弱了父辈对子辈的管控，女性社会地位的提高也具有了可能性和现实基础，代际关系趋于平等化，这些变化使包办婚姻越来越少，彩礼偿付功能随之呈收缩态势。

另外，"订婚"环节逐渐弱化，这也削弱了偿付功能存在的基础。传统婚姻重视"非受币不交不亲"，[①] 这是说如果女方家庭没有接受男方家庭的聘礼，双方就不能有交往，更不能发生亲密关系。而且，在传统婚姻中，彩礼可以起到婚书的作用，《唐律》曾规定"虽无许婚之书，但受聘财亦是"，意思是支付彩礼完毕即完成了彩礼的偿付功能，双方就实现了订立婚约，任何一方在未解除婚约关系之前不得再与他人订立婚约，彩礼起到了保护婚约的功能。在社会习俗的制约下，彩礼对婚约的保护功能非常强大。

改革开放后，彩礼逐渐失去了左右婚姻的功能，即使男方支付了彩礼，也难以保障婚约牢不可破。首先，法律不保护婚约。1950 年《婚姻法》和1980 年《婚姻法》对婚约都没有相关规定，在实践中国家不承认婚约受法律保护，毁约者没有法律上的顾虑。其次，随着人们权利和自由意识的增强，解除婚约的现象已经见怪不怪，社会舆论对毁约的谴责逐渐弱化，社会舆论及道德评判越来越难以形成对婚姻的制约。在传统社会，社会舆论是维护婚约的重要因素，当缔结了婚约，社会舆论及道德评价会形成对试图悔婚者的强力约束。但改革开放后，随着社会的工业化进程，以及市场经济条件下社会流动的加剧，社会日趋从熟人社会向陌生人社会发展，社会舆论和道德评价对婚约的制约力量越来越弱，毁约的一方所付出的毁约成本越来越小。在80 年代，毁约的行为就屡见不鲜，据安徽含山县法院对该县九莲乡的调查显

---

① 《礼记·卷第 2·曲礼上》，（清）阮元校刻：《十三经注疏》（上册），中华书局，1980 年，第 1241 页。

示，为反抗不满意的婚约，该地"私奔"人数约占同时期结婚人数的
40%。①"私奔"是事实上的毁约行为。据安徽六安县徐集区法院统计，该区
1985 年共办理 366 起案件，其中有 141 起"婚约"纠纷，占 40%。在纠纷
中，女青年提出解除婚约的占 95%，其中绝大多数是以此来反抗包办、买卖
婚姻。② 另外，双方家庭越来越理智地对待毁约行为，如果预测将来大概率
会出现不幸福婚姻，男女双方家庭大多倾向好聚好散，不再强烈要求对方遵
守婚约，解除婚约时，也就只剩下退还彩礼的事情，而且也大多是通过和平
协商退还彩礼。调查发现，如果是男方提出解除婚约，彩礼往往会出现部分
返还或者不返还的情况，如果女方主动提出解除婚约，彩礼大多能全额返
还。如果因返还彩礼双方产生了争议，往往通过村干部或者德高望重者出面
调解，双方往往都能比较满意，这样的事情很少诉诸法律。对毁约行为的
和平解决一定程度上反映了人们追求高质量婚姻的趋势，越来越关注当事
人的幸福，减少了对毁约外界观感的关注。总之，彩礼已经难以确保婚约
的履行。

随着毁约现象的凸显，彩礼作为婚姻"保证金"的功能增强。改革开放
后，由于人口流动日趋自由，人与人之间的交往增多，感情多变成为常态，
男方在结婚前毁约的可能性增大，支付彩礼在一定程度上是为了给婚姻添加
一份"保证金"。尤其是女方担心男方变心，就把彩礼视为婚姻的"保证
金"，形成对男方的制约。正如 W 先生（1963 年出生，山东聊城人，本科文
化，自小生活在农村，大学毕业后在聊城工作，某职业学校教师）所说：
"我在 1983 年订婚，感觉唯一的不同就是我家出的彩礼高出当时非常多，后
来我才知道，是她父母故意多要彩礼，因为他们知道我要参加高考，怕我反
悔，多要彩礼是对这门婚事的制约。"③ 女方为了维护婚约的稳定，会故意多
收男方的彩礼，如果男方悔婚，女方一般不会退彩礼，这就增加了男方悔婚
的顾虑，这类目的的彩礼在改革开放后增多了，并在一定程度上削弱了彩礼

---

① 项光荣：《婚约——套在农村姑娘脖子上的绳索》，《中国妇女》1986 年第 12 期。
② 项光荣：《婚约——套在农村姑娘脖子上的绳索》，《中国妇女》1986 年第 12 期。
③ 梁景和主编：《中国现当代社会文化访谈录（第五辑）》，首都师范大学出版社，2016 年，第 51 页。

的偿付功能。

随着社会的发展，订婚仪式越来越成为一种形式上的、程序上的文化符号。在结婚之前，不经过订婚仪式而结婚的现象也出现了，对 80 年代河南潢川农村的调查显示，在 608 位户主中，没有正式履行过订婚程序的有 173位，占该项统计总数的 28.5%。① 新潮的年轻人并不重视以订婚的形式确定双方的关系，他们重视以更加浪漫的方式表示互相钟情。例如共戴一对情侣表，或同穿一套情侣衫，少数人还互赠订婚戒指。未婚同居则是双方关系深的表现，也可视为一种订婚行为。②

彩礼的偿付功能与女性的素质密切相关。有调查发现，文化素质越低的女孩，自我意识越弱，她们往往以出嫁要来的彩礼为家庭增加一些收入，为兄弟娶媳妇助一臂之力。③ 这种情况下要来的彩礼基本上由女性的父母支配使用，彩礼的性质更多地体现了偿付功能。相反，对于文化素质越高的女性，彩礼的偿付功能越弱。随着社会的发展，女性接受教育的机会越来越多，受教育的水平越来越高，她们往往有机会自由恋爱，双方更重视是否合得来，大多不会计较彩礼，这些女孩子大多头脑较灵活，在婚姻选择上她们有相当的自主性，一般在彩礼上会打"折扣"。从实践中看，越是能力强、文化素质高的女性在彩礼诉求上越表现出更多的灵活性，她们更关注男方本人的素质。另外，这些自由恋爱的女孩子，有相当一部分人已与男友同居，并且多数已经未婚先育，彩礼的有无以及彩礼的数额常常是一个变数，"事实婚姻"也减少了偿付性质的彩礼。所以，彩礼的性质和女性对未来婚姻的预期有关，女性素质的普遍提升是削弱彩礼偿付功能的重要因素。

总之，经济、文化和社会的发展促使彩礼的偿付功能逐渐收缩，这反映了农民逐渐摆脱传统的婚姻观念，包办婚姻逐渐减少，代际关系趋于平等化，还反映了女性地位的提高。随着社会的发展和农民素质的提高，彩礼的

---

① 雷杰琼主编：《改革以来中国农村婚姻家庭的新变化——转型期中国农村婚姻家庭的变迁》，北京大学出版社，1994 年，第 291 页。

② 严昌洪著：《20 世纪社会生活变迁史》，人民出版社，2007 年，第 194 页。

③ 全国妇联联合调查组：《农村婚姻彩礼上升的社会成因——福建省清流县婚姻彩礼情况调查分析》，《福建论坛》1987 年第 4 期。

偿付功能最终也会渐渐趋于消失。

二、彩礼资助功能的增强

在传统婚姻中，偿付是彩礼的主要功能。共和国成立后，在经济、文化相对落后的贫困农村，彩礼的偿付功能依然顽固存在。在经济、文化日趋发达的城市，彩礼的偿付功能日渐淡化，其资助功能逐渐增强。彩礼的偿付功能向资助功能的转向与经济、文化的发展程度密切相关。

改革开放后，随着彩礼的偿付功能逐渐收缩，彩礼的一项新功能——资助功能逐渐凸显起来。与彩礼的偿付功能不同的是，彩礼的资助功能指的是彩礼的最终流向是从结婚者双方家庭流向新郎新娘的家庭，彩礼成为双方家庭对新郎新娘家庭的资助金，彩礼的这种功能主要发生在城市和较为发达的农村。从以下方面可以体现彩礼的这项功能。

首先从新娘的父母看。新娘的父母要彩礼的目的和如何支配彩礼决定了彩礼的性质，越来越多的新娘父母把彩礼送给女儿，而不是留下自用。首先，随着家庭经济条件的普遍好转，女方父母没有必要把彩礼留下改善生活条件。其次，女方父母对待女儿的观念发生变化，诸如"嫁出去的女儿泼出去的水"、"女儿是别人家的人"之类的观念渐渐淡化，"女儿也是传后人"的观念渐渐增强。而且，随着男女平等观念的增强，女性出嫁前在娘家长期劳动，为家庭做出了贡献，父母大多愿意在女儿出嫁时对其加以资助。再次，这些父母对女儿的态度也与计划生育政策有关，计划生育政策实施后出现了大量的独生子女，家庭财产迟早要传给女儿，既然如此，在女儿出嫁时，女方家庭把彩礼以嫁妆的形式返给女儿家庭，甚至女方家庭还会超过彩礼数额再赠送一部分财物。这其中隐含着女方父母对于女儿的感情投资，以期女儿以后和娘家的感情更深厚。在这种情况下，男方的彩礼到了女方家庭，最终又流向新郎新娘组建的新家庭。这正如费孝通先生所说："名义上，男方要给女方一笔礼金，而这一笔礼金实际上是给女方准备嫁妆的津贴，这几年经济好转后，女方提供的嫁妆，一般说来都超过礼金所能购买的东西。"①

---

① 费孝通著：《三访江村》，《文汇报》1981 年 11 月 18 日。

新娘对嫁妆的自主要求也增强了彩礼的资助功能。阎云翔在下岬村调查时发现：60年代，许多父母将彩礼中的大部分给自己留下；到70年代非直接的嫁妆；80年代末期开始，嫁妆的数量变得很大，在嫁妆的上升中，女儿起了非常积极的作用。① 女儿的"积极作用"是她们对嫁妆有自主性的诉求，这很大程度上影响了嫁妆的数量，在女儿的要求下，父母支付的嫁妆数量可能等于甚至超过彩礼的数量，超额部分更能体现出女方父母对女儿家庭的资助意图。

女方父母对女儿的婚姻资助还体现在彩礼的内容上。例如有人给某老汉的女儿提亲，问他要多少彩礼，他说："要一张高中文凭！"② 高中文凭在80年代代表着较高的文化素质，这类"彩礼"不能由女方父母支配使用，但是有助于女儿家庭的发展，这体现的是一种对出嫁女儿的资助行为。

既然如此，女方家庭为何还向男方要彩礼呢？女方父母主要是出于社会观瞻的需要，无论男女双方感情如何，大部分女方家长会依据当地风俗习惯支付社会认可的彩礼数额，尤其是在农村这样的熟人社会，更容易滋生攀比现象。D女士（40岁，1995年结婚，山东某镇教师，结婚时收彩礼1万元，数额当时在娘家村里最高）所说："如果不这样做，会被别人认为女孩可能有问题，而且会被议论一辈子，受不了这个舆论。"另外，男方家庭给的彩礼相对较多，也会博得较好得声誉："男方家庭如果给的彩礼高，会有面子，名声好，而且女方家庭也感觉有面子，女方父母也认为男方父母是明白人。"出于这种考虑，在大多数情况下无论是女方父母、男方父母或男女当事人都会赞同支付彩礼。

其次，新娘在彩礼的形式、内容和数额等方面的话语权越来越大，这也使彩礼的资助功能更加凸显。

先看彩礼的形式。出现从实物向"干折"发展的趋势，即"男方家庭将所有的现金类、实物类的礼物全部折合成现金，大多数以存折的形式一次性交付

---

① ［美］阎云翔著，李放春等译：《礼物的流动：一个中国村庄中的互惠原则与社会网络》，上海人民出版社，2000年，第181—192页。

② 刘达临著：《婚姻社会学》，天津人民出版社，1987年，第78页。

给女方"。① 阎云翔对黑龙江省下岬村的调查发现，80 年代就出现了这种趋势。彩礼从实物向现金的发展，不仅使彩礼的流向更为简单，而且彩礼的支配权完全绕过了女方父母直接交给女方。下表展现了彩礼从实物向干折变化的过程。

彩礼从实物向干折的变化

1970—1979	1980—1989	1990—1993
礼钱	干折 1	干折 2
买东西钱		
装烟钱		
家具钱	家具钱	
被褥钱	被褥钱	
大件	大件	

资料来源：［美］阎云祥著，李放春等译：《礼物的流动：一个中国村庄中的互惠原则与社会网络》，上海人民出版社，2000 年，第 180 页。

上表虽是下岬村彩礼的调查结果，但这在一定程度上反映了全国彩礼发展的趋势。随着 90 年代市场经济的逐渐建立和发展，人口流动越来越自由，集体化年代把人限制在一定区域，难以流动的情况一去不返，人们可以在全国范围内流动，择偶也突破了地域界限。在这种情况下，如果是异地恋人，男方为女方提供实物彩礼有诸多不便，而折合成干折则成为一种方便的选择。更重要的是，新郎和新娘自由支配彩礼的意图越来越强，新娘更愿意接受干折形式的彩礼，例如一位新娘说"我可不想浪费钱买太多转眼就过时的东西"，她还意图用她的定亲礼钱以较高的利息借给别人。② 可见，干折的出现"改变了婚姻契约中金钱转手的性质，如今新娘以及躲在新娘背后的新郎对于男方家提供的彩礼有了完全的支配权"。③

---

① 吉国秀著：《婚姻仪礼变迁与社会网络重建——以辽宁省东部山区青源镇为个案》，中国社会科学出版社，2005 年，第 178 页。

② ［美］阎云翔著，李放春等译：《礼物的流动：一个中国村庄中的互惠原则与社会网络》，上海人民出版社，2000 年，第 187 页。

③ ［美］阎云翔著，龚小夏译：《私人生活的变革：一个中国村庄里的爱情、家庭与亲密关系（1949—1999）》，上海书店出版社，2006 年，第 173 页。

关于彩礼的内容，新娘更愿意按照个人的意图要彩礼。阎云翔在下岬村调查时发现，"1991 年有个新娘竟然要求将男方家里的粮食加工厂作为彩礼的一部分。在九十年代，彩礼单上出现了许多过去没有的内容，比如土地、奶牛、拖拉机等，这些都是生产资料，他们进入彩礼单意味着年轻夫妇正在为他们自己的小家庭积聚生产资本"。① 新娘要求的土地、奶牛和拖拉机之类的彩礼对于自己家庭未来的发展有积极作用，要彩礼是出于个人利益的考虑，而不是出于考虑自己的娘家，这种彩礼实际上是男方父母对儿子新成立家庭的资助行为。

再看彩礼的数额。总的来看，农村彩礼的数额越来越高，从 70 年代末开始，彩礼上涨的幅度急剧飙升。对赣中南农村的调查显示，80 年代彩礼保持在 3000 元以下，90 年代中前期以前的普遍水平是 3000 元至 5000 元，后期开始有人突破 5000 元。② 孙淑敏对西北赵村的调查发现，20 世纪 80 年代赵村的彩礼为 2069 元，90 年代中期为 6320 元，90 年代后期为 15720 元（金额是由礼钱、衣服钱、开箱钱、钥匙钱和衣物的折合现金）。③ 山东省妇联对高青县的调查显示，该县彩礼数额 1983 年一般为 800—1000 元，1985 年升到 2500—3000 元，1986 年又上升到 4000—6000 元，最高的达 8000 元。④ 3402 份全国性的问卷调查显示，从 1980 年到 1985 年期间，农民结婚的彩礼涨了十倍，但是同时期的农民人均收入才提高了 1.1 倍。根据国家年度经济公报，1980 年农民人均收入为 191 元，1985 年是 397 元。⑤ 根据上述全国性的数据以及部分地方性数据，可以看出彩礼数额呈不断升高的趋势。

彩礼数额不断升高有多方面的原因。阎云翔对这种现象有较为深刻的认识："近年来婚姻交换中花费高涨的现象绝非中国传统文化的简单回潮，相反，它代表了婚姻交换制度持续变动的新近阶段。过去的框架仍然适用，但

① ［美］阎云翔著，龚小夏译：《私人生活的变革：一个中国村庄里的爱情、家庭与亲密关系（1949—1999）》，上海书店出版社，2006 年，第 174 页。
② 韩玲：《论当代赣中南农村婚姻习俗中的彩礼和嫁妆》，《农业考古》2010 年第 3 期。
③ 孙淑敏：《农民的择偶形态：对西北赵村的实证研究》，社会科学文献出版社，2005 年，第 223 页。
④ 山东省妇联：《农村婚嫁移风易俗状况调查》，《山东法学》1987 年第 3 期。
⑤ 黄瑞旭等：《"彩礼"问题调查》，《青年研究》1986 年第 8 期。

婚姻礼物的意义和功能却已大相径庭。"① 阎云翔指出了"婚姻交换"的花费的新变化，即彩礼的意义和功能发生了不同于"过去"的变化，"过去"主要体现的是男方家庭对女方家庭的偿付功能，随着社会的发展，尽管彩礼的偿付功能在某些落后地区依然存在，但是资助功能越来越成为一种新趋势。

彩礼数额的升高与男女比例失衡存在一定的关系。80 年代推行了计划生育政策，而且在重男轻女因素的影响下出现男多女少的状况。据人口普查显示，80 年代以来，中国出生人口性别比一直居高不下，1982 年的中国尚有一半的省、市、自治区的出生人口性别比（每 100 名女婴对应的男婴数量）在 107 范围内，1990 年这一数字缩减为三分之一；到了 2000 年第五次人口普查时，全国 31 个省、市、自治区中只有 3 个省区（西藏、新疆和贵州）的人口性别比处于正常范围，江西、广东、海南、安徽、河南人口性别比甚至超过了 130。② 另外，社会的市场化使人口流动越来越自由，大批的农村女性流入经济相对发达的地区，这挤压了落后地区男性择偶的范围，落后地区的婚姻市场出现男多女少的现象。这种结构性矛盾使女性在婚姻选择权上占据优势，女性在要求彩礼的数额时更加占据优势地位。

在很多情况下，彩礼的数额是新郎新娘共同推动的结果。随着自由意识的增强，越来越多的新婚夫妻倾向分家单过，新婚夫妻的家庭就成为独立的利益单元，女人们追求高额彩礼的深层动机在于想更好地建设自己的家庭，而这不仅仅涉及她本人，还和新郎有关。随着自由恋爱现象逐渐凸显，在结婚之前，青年男女很容易形成亲密的深厚关系，青年男女在结婚前就开始合力为未来家庭积攒物质财富，在彩礼支付的过程中会出现俩人"合伙"算计新郎父母，谋求更多彩礼的现象："现在新郎鼓动新娘向他家要一份高额彩礼——以期汲取更多家产来建立自己的家，倒是司空见惯。"③ 年轻人想方设法从父母那里挤出更多的彩礼，并且闹着提早分家单过，反映的是青年人自

---

① [美] 阎云翔著，李放春等译：《礼物的流动：一个中国村庄中的互惠原则与社会网络》，上海人民出版社，2000 年，第 197 页。

② 赵捷著：《反对拐卖：行动与反思的研究》，云南人民出版社，2012 年，第 81 页。

③ [美] 阎云翔著，李放春等译：《礼物的流动：一个中国村庄中的互惠原则与社会网络》，上海人民出版社，2000 年，第 197 页。

由意识和权利意识的觉醒，体现了"这代人对自身权利的强调，对个人在家庭财产中份额的要求，以及对把握自己家庭生活的欲望"。① 而且他们的这种诉求也具备了实现的现实条件。这种情况下的彩礼实际上具有男方提前继承财产的性质，是新郎新娘共同为自己家庭建设打基础的一种策略。彩礼"成为家庭内部代际之间财产的转移，即儿子继承家产的一种方式，对儿子们来说，结婚是继承家产的一个重要时机，大量的家产都投入到结婚消费中，待到分家时可用于分割的家产越来越少，所以结婚时家产继承的重要意义更突出，意味着家产继承的时间提前至结婚时"。② 而且越是各方面比较一般的女性越倾向要高额彩礼，因为她们未来的丈夫可能相对普通，彩礼对她们未来的家庭建设具有更重大的意义。

男方父母往往并不反对子女提前继承财产的行为。据对江苏省连云港市某乡的调查，55%的姑娘是自己提出要彩礼的，还有45%是男方硬给的。即使家庭条件相对较差的父母，也大都认为，在儿子定亲的大事上，"有粉应该擦在脸上"。③ "硬给"两个字比较形象地反映出男方家庭给彩礼的主动性，对彩礼流向心知肚明的男方父母，他们知道这些财产早晚还会回到儿子家里，肥水没流外人田，还显得自己富足又大方，还能搞好自己与儿子、儿媳的关系。而且男方主动"硬给"彩礼，也存在使婚约更加稳定的意愿，正如一位姑娘说："当我和宋庄乡一位男青年确定了恋爱关系以后，男方先后三次送来彩礼，一次比一次多，我都没有收，这下可引起男方父母的种种猜测，一怀疑我有病，二怕我脚踏两只船，甚至怀疑我作风有问题，弄得我哭笑不得。最后为了表达我的诚意，只有违心地收下了彩礼。"④

有学者认为，在现代社会，彩礼的性质"不再是两个家庭之间的财富资助、财富转移，而变成了农村子代剥削父代、兄弟剥削姐妹、城镇剥削农村的一种新迹象"。⑤ 这里用"剥削"的说法有待商榷，从实践中看，当存在两

---

① ［美］阎云翔著，龚小夏译：《私人生活的变革：一个中国村庄里的爱情、家庭与亲密关系（1949—1999）》，上海书店出版社，2006年，第180页。
② 韩玲：《论当代赣中南农村婚姻习俗中的彩礼和嫁妆》，《农业考古》2010年第3期。
③ 李宜庄等：《农村姑娘呼吁：也请男方不要送彩礼》，《中国妇女》1987年第5期。
④ 李宜庄等：《农村姑娘呼吁：也请男方不要送彩礼》，《中国妇女》1987年第5期。
⑤ 吴天慧：《农村"高价彩礼"的社会学分析》，《湖北科技学院学报》2016年第6期。

个以上的子女时，父辈会对自己的家产统筹考虑，相对公平地"资助"结婚的子女，未婚的子女一般不会因为后来结婚就少得到家产。

在各种因素的影响下，彩礼的偿付功能逐渐减弱，而双方家庭对子女新家庭的资助功能逐渐凸显，彩礼越来越成为新郎新娘建设家庭的一种启动资金。彩礼的资助功能体现了女性地位的上升，男女平等的观念增强，也体现了子辈婚姻自主度的上升，家庭关系从父子轴心向夫妻轴心转变。

第二节　婚礼功能的个人化转向

自古以来，人们特别重视婚礼。我国自周代就已出现婚礼，举行婚礼表示对婚姻的重视，《礼记·昏义》曰："婚礼者，将合二姓之好，上以事宗庙而下以继后世也，故君子重之。"《礼记·效特牲》曰："婚礼不用乐，幽阴之义也。"婚礼自古就有许多规范，"六礼"是婚礼的六个环节，包括纳采、问名、纳吉、纳征、请期、亲迎。"六礼"是广义的婚礼，亲迎才是结婚时的礼仪。[①] 在我国各民族中，由于民族文化发展的特点及进程不同，婚礼形式多种多样。在封建社会，举行婚礼是婚姻成立的首要条件，直至国民党旧民法仍规定"结婚应有公开之仪式"。[②] 共和国成立后，1950 年《婚姻法》规定：结婚应男女双方亲到所在地（区、乡）人民政府登记。取得结婚证，即确立夫妻关系。至于要不要举行仪式，仪式的具体形式由当事人自己决定。在我国，现代意义上的婚礼是在"亲迎"的基础上发展起来的，主要指结婚当天的一系列活动，本书是从这一层面上使用婚礼概念的。改革开放引发了婚礼功能的变化，婚礼从主要满足社会、家庭的价值向个人本位的价值诉求发展。

---

① 彭立荣主编：《婚姻家庭大辞典》，上海社会科学院出版社，1988 年，第 124 页。

② 胡福明总纂，沈秉钧（卷）主编，江苏省地方志编纂委员会编：《江苏省志·70·民政志》，方志出版社，2002 年，第 729 页。

一、婚礼社会功能的重构

任何习俗都处在不断变迁之中，在一定的社会背景下，习俗大都会经历产生、发展、延续和衰落以致最终消失的过程。在社会变迁中，习俗的某些要素不再符合社会新形势，从而出现功能的裂变与流失，并且，随着社会形势的变化和人们新需求的出现，新的习俗功能也会逐渐产生。婚礼作为一种习俗，其功能也随着社会的变化而变化。改革开放之初，中国人的婚礼主要有两类，一类是集体主义价值导向的婚礼，另一类是传统婚礼。这两类婚礼很大程度上都被赋予服务社会的价值意义，都较为明显地忽视个人在婚礼中的价值意义。改革开放后，这两类婚礼的社会功能不断裂变、流失或增添了新内容。

改革开放后，国家的工作重心转移到了社会主义现代化建设上来，国家要求一切工作和活动都要服务这个重心，婚礼也被赋予了服务社会主义建设的价值。结婚者在婚礼的内容和形式上表达服务社会主义建设的意图，这会被认为是思想进步，办婚礼不耽误工作、节俭办婚礼等行为在 80 年代早期曾是人们的一种追求。有的结婚者表示举行婚礼不能耽误工作，婚礼要为工作让步，在 80 年代初期，报刊、杂志等媒体上刊登着大量此类婚礼。数学家陈景润结婚就用了一天时间，上午去登记处领结婚证，下午买结婚用品，晚上举行婚礼。结婚仅买了几件旧家具，十几斤糖果，把仅有的 14 平方旧屋简单地收拾了一下就当新房。[①] 陈景润的简朴婚礼在京城一度成为美谈。还有结婚者表示要为国家移风易俗工作做贡献，要响应党的号召，婚事新办。例如某位女教师要求男方举行简单的婚礼，男方一没贴喜字，二没放鞭炮，三没摆酒席，只是两亲家十几人聚在一起，喜气洋洋地吃了顿喜面。她说："我们婚礼简办，不是花不起钱，而是为了破旧习，也是因为花不起时间。"结婚那天上午，她照常给学生们上了两堂课。中午休息时，她还接待了一位学生家长。两点以后，她才梳洗更衣。临行前，她还到教室看了学

---

① 树军编：《京城婚事》，九州图书出版社，1997 年，第 134 页。

生。① 从这些婚礼看，结婚者都在表达一种个人"私事"服从"公事"的价值观，个人把精力投入社会主义现代化建设，这是在响应国家倡导的集体主义价值观。为了使集体主义价值观更深入地融入婚礼，单位领导或居委会干部经常出现在婚礼中，并且常常成为婚礼过程的重要参与者。

随着国家干预从私人领域的逐渐淡化，社会生活领域从公私混沌不分逐渐走向分离，婚礼的变化也表现了这种趋势，婚礼逐渐向私人行为回归，与"国家"逐渐脱钩，集体主义价值趋向的婚礼逐渐消失。

除了集体主义价值趋向的婚礼，传统婚礼的功能主要表现了一种社会功能趋向，例如维护两性交往秩序的功能、成人礼的功能和社会宣示功能，这些功能在改革开放的背景下逐渐弱化、裂变或重构。

维护两性交往秩序是传统婚礼的重要功能。婚礼是一个界限，未婚夫妻的交往也受到社会舆论和道德的制约，更不必说普通的两性关系，男女授受不亲是对男女关系的形象描述，这在农村表现得尤为突出。婚前两性交往或亲密关系会给当事人带来不同程度的负面影响。举行了婚礼，人们就会对男女双方公开地来往表示认可，举行婚礼也意味着结婚当事人性权利的获得，婚礼的这种功能受熟人社会的舆论道德、传统的两性伦理观念以及人口流动不畅等因素的制约。但是改革开放之后，特别是伴随着社会主义市场经济建立、发展，人们的思想观念逐渐摆脱传统观念的束缚，人口流动也逐渐自由，熟人社会的舆论道德对个人制约力大幅减弱，男女交往增多，婚前性行为也大幅增多，而且，"对未婚夫妻性关系的日益容忍也改变了早先人们认为新娘必须是黄花闺女的观念"。② 婚礼作为两性公开交往及发生性关系的界限功能越来越淡化。伴随着传统观念的逐渐淡化，农村婚礼作为维护两性交往秩序的功能迅速弱化，在城市中，婚礼的这种功能基本上趋于消失，这在知识分子群体表现得更为明显，这与知识分子思想相对开放有关，这在第二章恋爱中亲密关系的增加和第三章关于试婚的分析中可以得到印证，城市群

---

① 裴伟：《师表婚礼》，《人民日报》1981 年 12 月 26 日。

② ［美］阎云翔著，龚小夏译：《私人生活的变革：一个中国村庄里的爱情、家庭与亲密关系（1949—1999）》，上海书店出版社，2006 年，第 82 页。

体的婚前性关系越来越多。

　　成人礼也是传统婚礼的一项重要功能。举行成人礼，目的是通过一定的仪式强行把某人推向社会，强化当事人的成人仪式，获得能独立行使权利和履行义务的资格。由于中国传统的家庭是父权控制下的权力结构，一个人只要没结婚，父母和社会就会以"孩子"的标准对待他，家庭和社会不断地强化未婚者是"孩子"的观念，当事人没有成人的权利和义务，在这种环境中成长起来的青年人，成人意识和成人行为的能力相对较弱。这种问题在西方国家并不严重，这是因为西方国家"有经济、政治的原因，也有文化和教育的原因，明显的一条，就是他们的成人意识教育包括作为民族习俗的成人礼仪，大体上是普遍进行的"。① 所以，西方人结婚后的成人意识和能力相对成熟。当中国的家庭需要子女承担成人的任务时，就需要通过一定的程序突击完成子女的成人过程，这个过程的最佳载体就是婚礼。在婚礼上，结婚者会受到多重因素的冲击，包括天地、祖宗、父母以及亲戚、朋友群体都会在婚礼中以不同的形式对结婚者产生影响，例如拜天地、拜父母、上坟祭拜祖宗，邀请亲朋好友参加一定程度上也是为了宣告结婚者成人，这让结婚者在极短的时间内强化成人意识，明白自己已经成人了，从此以后，社会也会以成人的标准对待结婚者。在中国人的传统观念中，婚礼被视为结婚者成人生活的开端，繁杂而又隆重的婚礼仪式基本上不是出于对结婚者本人的重视，一个很重要的目的是通过一系列的仪式强化结婚者的婚礼成人意识。

　　婚礼的举行使结婚者在形式上完成了"成人"的过程。婚礼昭示着新郎新娘从一种社会身份过渡到另一种社会身份，或者说获得了更多的社会角色，例如夫（妻）、婿（媳）的全新角色。对于个人而言，这意味着人生的重大转折，特别是对于女性，婚礼过后，她就基本上脱离原来的社会关系网络，进入完全陌生的家族关系体系。举行婚礼之后，结婚者被社会和家庭认为已经"成人"，既然从婚礼开始已经"成人"，那么结婚者就要具有成人意识，承担成人的任务。在传统的观念中，结婚者最主要的任务是传宗接代，无后被视为最大的不孝。

———————————

① 谢如娟：《成人礼、成人意识与妇女解放》，《中国妇女管理干部学院学报》1995 年第 1 期。

但是，"成人"的意识和能力并非仅仅通过举行婚礼就能具备和发展起来。例如很多青年人结婚后依然在很大程度上对父辈家庭存在较强的服从和依赖，而且生育了子女也并不意味着青年夫妻已经"成人"。在现代的观念中，"成人"更多地强调经济上的独立、生活上的自立、已经立业和心理上的成熟等因素。

在改革开放的浪潮尤其在市场经济的冲击下，青年人的成人意识在婚前就已经逐渐成熟起来。这是因为市场经济的内在要求是"每个正常的成人具有自觉的公民意识，而公民意识的基础，在于自然人社会人的成人意识"。[①]成人意识表现为独立、竞争、享受权利和承担责任等意识，人们为了谋求发展，会主动适应市场经济的形势和要求，主动发展这些意识，而不是被动地改变。

另外，越来越多的人不举行婚礼就已经完成了"成人"的任务。例如，由于晚婚者越来越多，未成家就已经"立业"者越来越多。不举行婚礼，只领结婚证获得法律上承认的结婚者也逐渐增多，对河南省的调查资料显示，在被调查者中，1977 年至 1992 年，未举行结婚典礼者占 2.3%，1993 年至 2000 年，未举行结婚典礼者占 5.7%。[②]而且随着思想观念的变化，"人们对婚前性关系的容忍度大增，这使得成年礼的功能不用再通过婚姻礼仪来实现"。[③]结婚者社会身份和社会角色的转变也并非完全以婚礼为界得以实现，青年人"成人"的途径增多。改革开放后，婚礼的成人礼功能越来越萎缩。

社会宣示也是传统婚礼的主要功能。婚礼进行社会宣示表达了多重目的，例如向社会公开婚姻，表示明媒正娶，人类学家韦斯特马克指出："从普遍意义上来说，婚姻礼仪的社会目的在于使男女的结合具有一种公开性。"[④]否则当事人的婚姻在群体中的合法性就会受到质疑，而举办了婚礼的婚姻会得到人们的认同与祝福。婚礼面向社会公开，结婚者所处的关系网络

---

① 谢如娟：《成人礼、成人意识与妇女解放》，《中国妇女管理干部学院学报》1995 年第 1 期。
② 孙立坤著：《当代河南家庭变迁调查》，人民出版社，2004 年，第 102 页。
③ 荣娥等：《婚姻礼仪的功能弱化、仪式变迁与村庄文化——以鄂中荣村调查为例》，《理论界》2009 年第 5 期。
④ ［芬兰］E. A. 韦斯特马克著，李彬译：《人类婚姻史》第二卷，商务印书馆，2002 年，第 827 页。

对结婚者的监督和约束作用就形成了，社会学家潘允康曾对婚礼的这种功能进行论述："从当事人角度说，这（婚礼）是使自己的行为得到社会承认的又一种方式，婚礼的举行是向社会宣告婚姻正式成立，把个人行为交给社会，而且得到社会的监督和承认。"①在熟人性质的社会中，结婚者的人际关系网络存在监督别人的兴趣，而且他们有机会、有条件对已婚者进行一定的监督，这样有助于维护婚姻的稳定和持久，婚姻不会轻易破裂，如果结婚者做出某些出格的事情，会受到一定的约束。另外，婚礼的形式、内容和隆重程度也宣示了结婚者家庭的社会地位与经济实力，同时也体现着男方家庭对女方的重视程度。

在改革开放浪潮的冲击下，婚礼的社会宣示功能渐渐发生裂变，有的因素得以延续，有的消失，有的变异。

婚礼的公开宣示功能得到较大程度的延续。大多数人结婚时会选择举行婚礼，并邀请亲朋好友参加婚礼和婚宴。对河南省的调查资料显示，在被调查者中，1977年至1992年，"在家举行婚礼""在饭店举行婚礼"分别占56.3%和18.3%，1993年至2000年，两项数据分别是37.2%和33.8%。②从数据可见离开家庭在饭店举行婚礼的人增多，婚礼地点的外移是婚礼社会化的表现，这在一定程度上增强了婚礼的公开宣示功能。另外，婚礼的形式也表明结婚者重视公开宣示，在农村，"拜天地"和婚宴结合的婚礼形式相对稳定地传承下来，这在相对落后的地区表现更为明显。1979年至1986年之间，河南潢川农村男户主结婚时，采用"拜天地"的婚礼仪式者比例为56%，比例超过了半数，地处内地的河南潢川受传统观念的影响仍然较为严重。H先生（1976年出生，山东冠县人，大学文化，中学教师，1999年结婚）的婚礼印证了这一点："举行什么形式的婚礼，我和妻子没什么想法，就是按照我家乡拜天地结合婚宴的风俗举办，一拜天地，二拜高堂，夫妻对拜，送入洞房。到了中午，亲戚朋友到我家参加婚宴，农村基本上都是采取这种形式举行婚礼。"③笔者对相对落后的鲁西北农村调查发现，直到21世

①　潘允康著：《中国婚姻家庭变迁》，中国社会出版社，1998年，第80页。
②　孙立坤著：《当代河南家庭变迁调查》，人民出版社，2004年，第102页。
③　梁景和主编：《中国现当代社会文化访谈录（第五辑）》，首都师范大学出版社，2016年，第79页。

纪 20 年代，"拜天地"依然是农村婚礼的主流形式，这种婚礼形式把亲朋好友聚在一起，宣告婚姻成立，当事人的婚姻得到社会的认可，能有效地实现婚礼公开宣示的目的。

举行婚礼表示结婚者对婚姻的重视态度。"不论是对男方还是女方都是极其严肃的慎重、严肃的事情，当选中自己理想的伴侣，决定结为夫妻时，用婚礼的形式通告社会，以示婚姻的严肃和认真"。[①] 婚礼越来越被结婚者视为人生的一种美好经历，结婚者非常珍惜这个经历。一般来说，一个人一生之中只有一次婚礼，为了留下美好的回忆，大多数人会邀请亲朋好友参加婚礼热闹一场，并使用现代化的工具记录婚礼的全程，以便长久地保存。

同时，我们要看到，婚礼的公开宣示功能在逐渐萎缩。在经济发达、思想相对开放的地区基本摆脱了传统观念的影响。调查显示，上海郊区男户主结婚时的采用"拜天地"者，在 1949 年之前占 56.4%，1950 年至 1965 年占 18.3%，1966 年至 1978 年占 1.7%，1979 年至 1986 年这一仪式已经消失。[②] 而且，婚礼形式的多样化也消解了社会宣示功能，改革开放后，集体婚礼、个性化婚礼等婚礼形式多种多样，婚礼也未必邀请亲朋好友参加。部分青年甚至只登记领结婚证，并不举行婚礼，婚礼的个性化色彩逐渐增强。

随着人口流动的加剧，陌生人社会的特征日渐明显，熟人群体对结婚者逐渐失去了监督的条件。熟人社会性质的农村在市场经济背景下发生了显著变化，大量的农民走出农村在更广阔的天地工作和生活。伴随着城镇化的进程，陌生人群体往往居住在同一社区，甚至同一楼房邻居对面不相识。而且，人们对他人的婚姻家庭事务也逐渐失去了关心的兴趣。这样，熟人关系网络对结婚者的监督功能逐渐减弱。

共和国成立后，尽管新《婚姻法》规定登记才是获得婚姻合法性的唯一程序，但是在民间习俗中，人们依然非常重视婚礼作为结婚的主要程序，举行了婚礼才被社会承认结婚。所以，婚礼具有确立婚姻民间合法性的功能，

---

① 潘允康主编：《中国城市婚姻与家庭》，山东人民出版社，1987 年，第 87 页。
② 雷洁琼主编：《改革以来中国农村婚姻家庭的新变化——转型期中国农村婚姻家庭的变迁》，北京大学出版社，1994 年，第 190 页。

这种功能的实现受熟人社会道德评判和舆论的制约。

但是，随着社会流动日趋自由和人们思想观念的改变，人们离开出生地这种熟人社会，熟人社会的舆论和道德约束越来越弱，婚礼的举办与否难以对当事人的生活和工作产生消极影响。随着社会发展，婚礼的两方面功能日趋凸显出来，并表现出较强的工具性色彩，无论是结婚者及其家庭，还是参加婚礼的来宾都试图利用婚礼扩大自己的利益。

一方面，维护和构建社会关系的交际功能逐渐增强。婚礼逐渐成为社会交往活动的一种场所，在婚礼中的来宾中，包括男女双方的家庭成员以及各自的亲戚、朋友、同事、同学等各种社会关系，来宾借助婚礼这个场所一定程度上实现了关系网络的扩张与整合，新的关系网络就产生了，所以，婚礼逐渐成为社会关系网络的构建平台。对于双方的亲戚来说，婚礼仪式就是面向社会公开宣示婚姻形成的关系，这样就能使婚礼产生促进双方姻亲交际的功能，"男女两家在没成亲前，还没有以血缘的姻亲纽带连结起来，成亲以后，其相互的交际就发生了质的演变"。[1] 对于参加婚礼的来宾来说，"这就造成了一个相互认识和今后交往的良机，特别是在今天的经济转型期，信息越来越被人重视"。[2] 在婚礼上，人们能获取诸多的信息，能加速信息的传播速度，本来是互不相识的人，在朋友的婚礼上相识了，双方可以利用这个机会沟通信息，而且由于是结婚者的亲戚或朋友，互相之间的信任度也相对较高。商业上的买卖可能就成交了，本来非常棘手的问题，可能就顺利达成了，正因如此，婚礼的交际功能越来越为人们所重视。另外，结婚者与自己的社会关系网络实现了互动，原有的关系网络得以维护和延续。来宾参加婚礼与结婚者现场交流，与结婚者既实现了情感上的互动，而且，来宾通过"随礼"这种物质上的来往，进一步巩固了与结婚者之间的关系。"随礼"的数额一定程度上体现着来宾对结婚者这个关系的重视程度，结婚者从中也可以管窥自己的社会关系状况，从而实现对关系网络的整合。改革开放后，礼金的数额呈逐渐增高的趋势，从改革开放初期的两元，经历了 10 元、20 元、

① 中国民俗学会编：《中国民俗学研究》（第一辑），中央民族大学出版社，1994 年，第 175 页。
② 中国民俗学会编：《中国民俗学研究》（第一辑），中央民族大学出版社，1994 年，第 176 页。

40 元、60 元，到 90 年代的 100 元稳定下来，这是大众化的数额，关系好一些的是 200 元、400 元，甚至更多。这体现的不仅是钱数的增加，其互助、庆贺的内涵已经发生了变化，一张随礼单，就是一张人与人之间远近亲疏的关系表。[①] 有人认为回收礼金成为举办婚礼的一个重要目的，"你们结婚时我随了礼，这回该轮到我收礼了"。[②] 实际上，在回收礼金目的的驱动下，结婚者邀请来宾的范围越来越广，甚至不分亲疏远近。这在客观上促进了各种关系的交融。

　　另一方面，婚礼展示结婚者及其家庭地位、财富、声望和人际资源的功能逐渐凸显。人们通过对婚礼层次的感受一定程度上会改变对结婚者及其家庭的态度，结婚者及其家庭从而达到重塑社会形象，获得社会认可的目的。所以，结婚者家庭大都会尽力打造一场体面的婚礼。中国人的婚礼场面最为壮观的一幕反映在结婚当天的热闹程度、家庭的装饰层次和出席人数兼酒席桌数，满足了这三点，中国普通人一般是觉得很有面子的。为了制造声势，这些平时只能挤公交汽车、骑自行车或步行的人租用一些贴上大红喜字的小轿车、面包车和装有嫁妆的大卡车沿街缓慢行驶一周也是必要的。在江苏等地，还有一种习惯，即女方要把男方所送的礼品全部摆出来给众人品评。[③]这种做法对男方和女方具有同样的意义。

　　婚礼的新功能体现了感情性和工具性的结合，也体现了结婚者及其家庭对自己在社会关系网络中获得认同的焦虑。其中最主要的焦虑来自对自己身份、地位和财富等因素认同的不确定性，"身份的矛盾和不确定，即主体与他所归属的社会文化传统失去了联系，失去了社会文化的方向定位，从而产生观念、心理和行为的冲突及焦虑体验"。[④] 举行婚礼正是结婚者及其家庭验证和增强外界认同的重要途径。当国家对婚姻礼仪干预力强大的时候，例如在"文革"时期，婚礼的内容和形式差别较小，人们基本上不会在婚礼中解读当事人的身份和地位差异，所以，结婚者通过婚礼验证外界认同的焦虑感

---

① 王晞：《广收随礼、大摆宴席的背后是什么?》，《中国青年》1981 年第 20 期。
② 王晞：《广收随礼、大摆宴席的背后是什么?》，《中国青年》1981 年第 20 期。
③ 翟学伟著：《中国人的脸面观》，（台北）桂冠图书股份有限公司，1985 年，第 332 页。
④ 魏红珊：《炫耀消费与身份焦虑》，《文艺理论与评论》2005 年第 1 期。

并不明显。而改革开放后，国家权力对婚礼的干预逐渐弱化，婚礼日渐成为结婚者及其家庭的事情，并且在这个时期，由于人与人之间存在能力、素质和机会等因素的差异，这扩大了人与人之间的身份、地位、资源和发展状况的差异，婚礼在一定程度上体现了这种差异，人们往往会从婚礼中解读结婚者及其家庭的状况。而结婚者及其家庭为了展现身份、地位和资源，往往会重构婚礼的内容和形式。

总之，随着社会的变迁，传统婚礼功能逐渐发生重构，并产生出一些新的社会功能，与新的社会环境、家庭诉求和个人心理相匹配。

二、婚礼个人意义的增长

改革开放后婚礼功能的一大变化，是其社会意义逐渐弱化，个人意义逐渐增强。社会意义主要表现在婚礼要获得群体的认可，婚礼的举办主要是为群体的利益服务。但社会的发展消解了这种功能的保障因素，婚礼的个人意义逐渐增长。随着政府对婚礼干预的弱化和市场经济的发展，代际关系的变化，人们的生活观念以及对婚礼的文化认同也在发生变化，婚礼的私人化、个性化逐渐增强。传统婚礼存在的基础被消解，婚礼渐渐发生了三种趋势的变化。

1. 仪式的神圣性向娱乐性转变

传统的婚礼仪式具有浓厚的文化意义，不仅是人与人的互动仪式，也是人与神的互动仪式，充满了宗教般的神圣性，表达了对神灵的敬畏，蕴含着禀告列祖列宗的意蕴，告慰祖宗一个家庭的诞生，家族力量的壮大。婚礼的神圣性和封建迷信、传统的孝道文化和男尊女卑的两性关系密切相关，传统观念越强的地方，婚礼仪式神圣性的表现越明显。这种神圣性表现在确定结婚日期和结婚当天的一系列仪式中，婚礼的神圣性在繁琐的婚礼程序中得以实现。"举行婚礼，利用繁琐的礼仪，复杂的程序，为婚姻当事人套上一架难于摆脱的枷锁，不管当事人的个人感受如何，社会却承认了这桩婚姻是神圣的，不可以随意轻渎和破坏的"。[①]

---

① 潘允康主编：《中国城市婚姻与家庭》，山东人民出版社，1987年，第86页。

传统婚姻"六礼"之一的"请期"就是确定结婚日期。《仪礼·士昏礼》："请期，用雁。主人辞，宾许告期。"目的是为了择吉日。"请期"即"男家在纳送聘礼于女家后，即占卜吉日以定婚期。得吉日后，男家派使者到女家征求婚日之期，以示谦和，女家按阳倡阴和原则，辞让一番，意即婚期由夫家决定，于是使者将婚期告知女家"。① "请"是表示谦虚，含有不敢独自决定的意思，其实是男方决定，所以"请期"称为"告期"更合适。② 可见，在传统婚姻中，婚礼日期是由男家决定，女家配合，并且家长主导，子女服从。这体现了男尊女卑和父辈做主的代际关系。

"请期"在民间被称为"择日子"。在传统婚姻中，一般是男方家庭把男女两人的生辰八字交给算命先生，请他推算一个结婚的黄道吉日。这个作为结婚日期的日子一旦选定了，这一天就与男女双方的婚姻建立了稳固的联系，一般不能更改。正是因为这个日期来源的神圣性和确定性，这就增加了这一天的神秘感，这种神秘感让结婚者认为自己未来家庭生活好坏都与这一天有着密切的关联。在"文革"时期，"择日子"被贴上"封建迷信"的标签，但"择日子"并未因此消失，这一定程度上说明对于结婚者而言婚礼日期具有超越其本身的预示意义。

婚礼当天的一系列仪式也具有神圣性。传统婚礼的主要形式是"拜天地"，意味着对天和地的崇敬。《易经》曰："有天地然后有万物，有万物然后有男女，有男女然后有夫妇。"③ 天地被认为是万物、男女和夫妇之源，婚姻被认为是天地的产物，"拜天地"被赋予了未来生活能否得到天地保佑的意义。直到90年代末，"拜天地"依然是农村婚礼的基本形式。"拜天地"的仪式一般在新郎迎娶新娘刚进家门之后立即进行。在鲁西北地区的农村，至今依然存在婚礼当天新娘要去到男方家祖坟，给祖宗磕头的习俗，以告知祖宗神灵自己加入男方家族，并期盼未来的生活得到祖宗的庇护，这是新娘成为男方家庭新成员的必经程序，不仅需要得到男方父母和家族成员的认可，还需得到男方祖宗的"接纳"。

① 申士垚等编著：《中国风俗大辞典》，中国和平出版社，1991年，第38页。
② 岳庆平撰：《婚姻志》，上海人民出版社，1999年，第179页。
③ 于春海评译：《易经·序卦传》，吉林文史出版社，2006年，第268页。

随着改革开放的推进，封建迷信逐渐减少，代际关系和两性关系日趋平等化，孝道表达的方式也在发生变化，这都消解了婚姻礼仪的神圣性。

人们越来越按照个人的意愿选择婚礼日期。农村婚礼举行日期大多集中在农闲季节，例如春节前后，这个时间没有特殊的意义，主要是因为农民在这个时间处于农闲时间，另外，外出工作的亲朋好友这时大多已经返乡，参加婚礼的人可能比较全。正如 D 先生（1969 年出生，山西人，教师）所说："举行婚礼的时间一般要和父母商议，因为这不仅仅是结婚者个人的事情，双方家庭的亲朋好友是参加婚礼的主要人员，要考虑在大多数人有空闲的时间举行婚礼。"受城市婚俗新风的影响，加之个人意识逐渐增强，在 90 年代的农村，个性化的婚礼日期也出现了，例如五一、十一等节假日。

城市婚礼日期也从"黄道吉日"逐渐转向个性化的选择。市民占卜婚礼"黄道吉日"的意识逐渐淡化，这与人们封建迷信观念逐渐淡化有关，与青年人日趋增强的个性有关，还与婚礼举办地点的变化有关。婚礼地点从主要在家里或单位家属院内举行，逐渐转移到酒店之类的社会场所，在 90 年代，这种趋势日渐明显。因为在酒店举行婚礼需要提前预订，在上海等大城市，婚礼日期常常提前半年甚至一年预订。[1] 在使用酒店的紧张局面下，很难实现在传统观念中的"黄道吉日"举行婚礼，这使婚礼日期选择具有随机性。婚礼日期也和某些有纪念意义的日子结合起来，有的是对新郎新娘有特殊意义的日子，例如生日；有的是和国家的节假日结合，例如国庆节、五一节、元旦；有的与国家的重大活动结合，例如有人把婚礼定在 1990 年 9 月 22 日，因为这一天亚运会开幕。[2] 有的和公认的吉祥日子结合，例如在 1990 年 10 月 14 日，结婚潮狂卷北京城，城里所有中档以上的宾馆、饭店全部爆满，据说一条小胡同里就有五家在这一天结婚。有人披露，10 月 14 日这一天特别吉利，有 4 个双——阳历 10 月 14 日，阴历 8 月 26 日，再加上 1990 年，

① 邓志伟等著：《上海婚俗》，文汇出版社，2007 年，第 159 页。
② 《九月二十二日，在成都的大街小巷，大红喜字成为一多　对对青年人精心挑选，要的是——婚礼与亚运同天》，《人民日报》1990 年 9 月 25 日。

就更加难得了。① 再如 1999 年 9 月 9 日，寓意婚姻长久，5 个"9"，② 这种日子千年一遇。还有 8 月 8 日也受人欢迎，因为 8 寓意"发"。选择此类婚礼日期基本上是结婚当事人的个人行为。还有人选择了西方节日结婚，中央某机关的某翻译选择 2 月 14 日——情人节——登记结婚，她觉得这样安排使结婚纪念日很有意义。③

无论城乡，双方家庭协商逐渐成为青年人确定婚礼日期的主要模式，一般是男方家庭提出建议和女方商议，或者女方提出建议和男方商议。这种变化体现了代际关系和两性关系的平等化。

改革开放时代处于全球化的浪潮中，中国社会转型的步伐加快了，中国从落后的传统时代逐渐走向现代化，社会安定和平，生活方式发生了深刻变化，人们逐渐摆脱传统观念的影响，婚礼的神圣性逐渐淡化，娱乐化的婚礼逐渐兴起。伴随着婚礼仪式的神圣性逐渐淡化，娱乐化婚礼逐渐取代传统婚礼成为中国婚礼的主流。传统婚礼的文化价值和功能被消解，其内容和形式被逐渐改变了，这在 90 年代的城市中表现得尤为明显，婚礼充满了戏剧性的表演活动。

例如某地婚礼上的"偷筷子"活动，妙趣横生。当接亲人来到新娘家时，新娘家要摆桌，桌上摆满各式糕点、糖果、杯盘筷子，接亲人簇拥着新郎在桌旁落座，新娘家再让新娘的女伴作陪，在品点心时，新郎的男伴要想尽办法"偷"筷子，"偷杯盘"，新娘的女伴则防"偷"，此时也是歌声叠起，笑声阵阵，"筷子"是"快生子"的谐音，是取其吉利。④

娱乐化婚礼体现了结婚者的自由选择。某些结婚者试图从婚礼中获得各种需要，例如情调、时尚、唯美、创意、气派和美好的心情。夫妻音乐人冯晓泉和曾昭斌 1996 年在哈尔滨举办了一场别开生面的婚礼，婚礼的名字叫做"龙管凤笛"，这是以两人主攻的乐器命名的婚礼。报社记者、文艺界等各界人士 500 多人参加了婚礼，大家又说又唱，拿出各自的绝活表演一番，

---

① 刘新平著：《婚姻中国》，中国工人出版社，2005 年，第 299 页。
② 龚雯等：《世纪婚庆：喜上加喜？》，《人民日报》1999 年 11 月 15 日。
③ 詹维克：《洋节在中国》，《中国妇女》1992 年第 1 期。
④ 中国民俗学会编：《中国民俗学研究》（第一辑），中央民族大学出版社，1994 年，第 177 页。

婚礼恰如一场大型音乐会。① 有结婚者不想多花钱，还想要婚礼热闹的气氛，于是举行了聚会婚礼，把同事和亲朋好友请到一起，边吃边聊，谈谈恋爱的经历，说说恩爱秘诀，新郎新娘在来宾的众目睽睽之下完成几个高难动作，也很快乐，正如一位新郎所说："尽管结婚人生只有一次，但我并不把婚礼看得多么神圣，重要的是在于夫妻生活和谐、美满。"②

娱乐化的婚礼往往和高消费联系在一起。"在人们抱着展示自己社会身份的心态而进行消费的时候，商品的身份价值或社会标志价值便得到了实现"。③ 婚礼消费的目的不是商品本身，而是在于消费对象所展现的身份、地位和财富的价值意义，目的是获得群体的认同感。婚礼办成什么样的风格和档次，很大程度上取决于当事人出钱的多少，例如沈阳某位大款为了举办一场隆重的婚礼，提前包下酒店，仅酒席费用就花费了 20 多万元。举行婚礼时，有几十辆奔驰轿车迎亲，且有数辆摩托车开道，还放礼炮助兴，这位大款还欲出钱邀请明星捧场。④

婚庆公司成为娱乐化婚礼的策划者，甚至还可以专门为当事人量身打造最合适的个性婚礼。在城市婚礼中，婚庆公司往往有自己的司仪，而且司仪越来越专业化，司仪根据结婚者的要求，制定出合适的婚礼程序方案，他便成为婚礼过程的导演。司仪大多能说会唱，多才多艺，还能即兴发挥，制造婚礼的欢乐气氛，让婚礼充满了娱乐性。在策划的婚礼中，有时"婚宴之后，往往又举行婚礼舞会，新郎新娘翩翩起舞，双方来宾翩翩起舞，在歌声笑语中，婚典推向了高潮！"⑤

城市中还兴起了充满温馨和谐气息的"婚补"现象。一些手中有余款的中老年夫妻，仿效青年人的婚姻礼仪，以弥补过去的遗憾。他们补一场婚宴，一方面补办过去无力举办的婚宴，另一方面表示庆祝结婚多少周年纪念。⑥ 再如全国各地以各种名目组织的集体婚礼更多地表现婚礼的社会意义，

① 牛立明：《中国最年轻的夫妻音乐人》，《青年一代》1998 年第 10 期。
② 万一：《城市婚礼新潮》，《中国妇女》1998 年第 12 期。
③ ［芬］尤卡·格罗瑙著，向建华译：《趣味社会学》，南京大学出版社，2002 年，第 32 页。
④ 本报讯：《研讨会屈尊移驾　大款婚礼占地方》，《大河报》1999 年 10 月 20 日。
⑤ 中国民俗学会编：《中国民俗学研究》（第一辑），中央民族大学出版社，1994 年，第 177 页。
⑥ 牛立明：《中国最年轻的夫妻音乐人》，《青年一代》1998 年第 10 期。

某些集体婚礼的操办往往是大手笔，除了全套服务和赠送纪念品、摄制VCD、种植"合欢树"、举办酒会和文艺晚会，不少主办单位还请来官员和名流作陪，并联合电视台做现场直播。[①]传统婚礼的神圣性荡然无存，婚礼洋溢着娱乐的气氛。

从以上婚礼的内容、形式可以看出，婚礼呈现随意化和娱乐化，传统婚礼中的神圣性逐渐淡化。

2. 社会性向个人性转变

"在乡土社会中，婚姻不是件私事，而是社会力量造成的"。[②]费孝通先生所说的是尚未剧烈经历社会变革的熟人社会。在熟人社会中，婚礼的目的、形式和内容都要重视社会的观瞻，实现其社会性功能。在改革开放大潮的冲击下，农村传统的乡土熟人社会逐渐向半熟人社会转变，甚至已经具有了相当程度的陌生人社会性质，在这种情况下，婚礼的社会性功能逐渐减弱，而个人性的功能逐渐发展。而城市本身便具有陌生人社会性质，随着人口流动的加剧，城市的陌生人社会性质加重。这使得传统观念对人们的制约力减弱，人们举行婚礼时有机会关注个人的感受，多样化的婚礼越来越多，主要表现在以下方面。

形式多样。多样化的婚礼反映了反传统的意蕴，传统婚礼具有严格的统一的仪式。改革开放后尤其是进入90年代后出现了越来越多的新式婚礼，这虽不是婚礼的主流，但受到越来越多的青年人的喜爱。城市青年在婚礼中的个性表达逐渐增多，在空中、海中、长城、沙漠、墓地、教堂等地方，人们采取各种各样的形式举行婚礼。其中比较引人关注的是随着西方文化的传入，以及涉外婚姻的增多，西式婚礼也成为青年人的一种选择。例如教堂婚礼，Z先生（1972年出生，山东潍坊人，大学文化，导游）1998年和菲律宾妻子LoRain结婚，他们举行的是教堂婚礼："我们俩都是基督教徒，她坚持要举行教堂婚礼，她说这能让她找到家乡菲律宾的感觉。牧师主持了婚礼，婚礼开始时放起了婚礼音乐，我们牵手进入教堂，走到牧师前站定，牧

---

① 《时尚1999》，《中国青年》2000年第4期。

② 费孝通著：《乡土中国　生育制度》，北京大学出版社，1998年，第129页。

师解释婚礼的意义，然后唱圣歌，牧师按住我们俩人的手祝福，然后来的亲友祝福我们，大家一起唱赞美诗，牧师宣布婚姻成立，祝福我们。"① 教堂婚礼是典型的西式婚礼，其主持人、程序、文化寓意都与中国文化相距甚远，带有浓厚的宗教色彩。教堂婚礼传入中国后受到部分青年的喜爱，90 年代的婚礼融入了越来越多的西方元素。它保留中国传统婚礼中的一些因素，并吸收西方的一些礼仪。② 城市婚礼中西方因素增多，例如送结婚戒指，新娘身穿白色婚纱，新郎穿西服，举办婚礼舞会，蜜月旅行，等等。

形式简单。当许多人被繁琐的婚礼压得喘不过气来时，简朴随意而又不失庄重的素婚，被越来越多的人所接受。他们的"新"，既新在"简"与"俭"的新办法上，更新在对待喜事的新观念上。他们不赞成招摇过市的迎新车队，更不喜欢吃喝铺张。例如湖南出版社有个青年编辑，一天突然向朋友们宣布：前一阵子他结婚了。朋友们一笑之后，这个送束鲜花，那个送张贺卡。③ 飞碟射击世界冠军巫兰英和铁路钳工魏玉萍这样举行婚礼：结婚那天小魏骑着自行车去接新娘，他们向双方的父母行了鞠躬礼，就算是结婚仪式完毕，没有摆丰盛的宴席，只用茶点、喜糖招待亲友。④ 更有甚者，一些前卫青年开好结婚证书，没有任何形式，两个相爱的人就住在一起。⑤

形式新奇。在举行婚礼时，思想前卫的青年人越来越关注婚礼中的个人感受，形式新奇的婚礼成为他们的选择。例如 1987 年，江苏省某村农民举行婚礼，没有酒宴，也不收彩礼，而是新娘举办的婚礼象棋邀请赛。新娘是全县有名的女棋手，在出嫁之前，她把想法告诉了父亲，得到父亲的赞成。⑥ 有的青年人举行婚礼时就在考虑如何把日子过好，山东利津县某青年结婚，在整个婚礼仪式上，没有车队，也没有新艳夺目的高档家具和现代化电器，有的只是满满的一院子活蹦乱跳的绵羊和一辆崭新的农用三轮车。这是新娘的主意，她认为把钱花在刀刃上，投资农副业生产，赚了钱再买家具彩电也

① 梁景和主编：《中国现当代社会文化访谈录（第五辑）》，首都师范大学出版社，2016 年，第 27 页。
② 金黄：《婚礼流行风》，《光明日报》1998 年 8 月 22 日。
③ 兰楠：《婚礼"静悄悄"》，《人民日报》1991 年 2 月 11 日。
④ 凤鸣：《女神射手巫兰英》，《中国报道》1982 年第 5—6 期。
⑤ 耳东：《婚姻：崇尚素婚》，《宁波日报》1999 年 9 月 29 日。
⑥ 《婚礼象棋邀请赛》，《当代体育》1987 年第 7 期，第 30 页。

不迟，日子过得照样红红火火，而乡亲们都夸新娘是过日子的好手。① 随着农村经济水平的提高和城市婚俗文化向农村渗透，某些地区的农村婚礼也逐渐呈现出城市婚礼的某些特点，80 年代的农村也出现了旅行结婚。②

个性婚礼的践行者主要是城市青年，尤其是受教育水平较高的群体。其原因显而易见。农村熟人社会的舆论氛围限制了人们的个性表现，绝大部分农村青年举行约定俗成的婚礼，这样才能得到群体的认可，农村青年人的生存和发展要依赖这个群体的时候，很难在婚礼中出现个性化的表现。城市陌生人社会的特征决定了社会舆论氛围对结婚者的影响相对较弱，而且城市结婚者大都有独立的经济收入，以及相对较高的文化水平，这影响着他们的观念。阶层差异也会造成婚礼的差异，在城市中，工人群体即使经济困难也倾向于把婚礼办得体面，而知识分子这方面的压力相对较小，这是因为，知识分子阶层因为具有相对较高的社会地位，这使他们的自信心要高于工人阶层。另外，正是因为社会地位相对较低，工人阶层具有相对较少的社会资源，他们往往更重视与亲戚朋友之间的来往，以防自己遇到事情不能得到照应。而且，工人阶层和知识阶层的文化价值和社会时尚也存在较多的区别。③ 正如一位工人子弟认为，像他这样的父母都没有文化的工人子弟，在现实生活中会被人看不起，如果结婚还非常节俭，肯定会被人耻笑，大家会认为结婚这样的大事都很寒酸，结婚以后的日子也不会多好。在他这一辈子中，自己为中心、做主角的日子或许只有结婚这一天，自己可以按照个人意志在大家面前风光地露脸表现，所以一定要格外重视这一天。相反，那些知识分子子弟和干部子弟是命运的宠儿，结婚办喜事可以不必太铺张，因为人家也不需要刻意表现自己，平时就被别人围着转，即使举办节俭的婚礼，大家也不会认为那是寒酸，反倒会认为那是另一种风雅。④ 其实，不仅仅是工人阶级和知识分子的差别，文化水平越高、社会资源越多、社会地位越高的群体，越容易追求个体化的婚礼。

① 罗乡妇：《特殊的婚礼》，《东营日报》1996 年 3 月 12 日。
② 苏莉鹏：《29 年前他们花 300 多元旅行结婚》，《城市快报》2013 年 5 月 7 日。
③ 李银河：《婚礼的变迁》，《江苏社会科学》2002 年第 5 期，第 76 页。
④ 程志山：《一天的幸福和医生的幸福》，《中国青年》1981 年第 23—24 期合刊。

虽然个性化婚礼在婚礼中只占少数，但意义重大。这种对传统婚俗的突破，本身就代表着新的思想观念的发生和发展，这种新思想正是社会发展所需要的积极的精神动力。

3. 婚礼上新郎新娘成为主角

在传统婚礼上，新郎和新娘被要求按照固定的程序行动，不允许有特立独行的个人表现。当传统观念的束缚逐渐淡化，结婚者在婚礼上的自由度也就逐渐提高。

在城市婚礼中，新郎新娘的个人表现和二人之间的互动增多。1996 年结婚的 L 女士（1967 年出生，北京人，在北京某商业部门工作）回忆当年自己的婚礼："我当时穿的是白色的婚纱，那时候婚纱已经很流行了，她家又给我买了一套旗袍，结婚换着穿。在饭店举行的婚宴，在司仪的主持下，在大家的祝福声中上台，互相交换戒指，喝交杯酒，我和他互相说一说结婚感想，并表达对来宾的感谢。"[①] L 女士的婚礼形式在 90 年代的城市婚礼中有一定代表性，婚礼融入了交换戒指这种西方色彩的仪式，新郎新娘互相表达结婚感想，突出了夫妻间的互动。在婚礼中，公共场合交换信物、喝交杯酒，给了新郎、新娘公开表达感情的机会，凸显出个体在婚礼中的重要角色，这是传统婚礼模式所忽略的部分。[②] 传统婚礼重视结婚当事人家长的互动，结婚者只能服从安排。共和国成立后，政治色彩的婚礼中也出现了新郎新娘之间的个体互动，但这种互动往往刻意表达政治上的正确，这实际上限制了结婚者真实地表达个人自由自主性，他们在婚礼上很大程度上是不自由的。在改革开放以后的婚礼上，政治上的和传统的要求逐渐淡化，新郎新娘真正表达个体意愿的自由度逐渐提高。

不断娱乐化的婚礼形式也增添了新郎新娘之间的互动内容。在某些婚礼上，新郎新娘常常被要求表演节目，例如新郎新娘"挤气球"，象征着新人生活甜甜蜜蜜；"穿针引线"，寓示着新婚夫妇同甘共苦；还有"悄悄话中辨

---

① 梁景和主编：《中国现当代社会文化访谈录（第五辑）》，首都师范大学出版社，2016 年，第 68 页。
② 吉国秀著：《婚姻仪礼变迁与社会网络重建——以辽宁省东部山区青源镇为个案》，中国社会科学出版社，2005 年，第 215 页。

新郎"。① 新郎新娘之间的互动，既表达了新郎新娘对未来生活的美好期盼，也表达了亲朋好友对新郎新娘未来美好生活的祝福。

实际上，不仅仅婚礼上新郎新娘被安排的个人互动增多了，新郎和新娘主动的互动行为也逐渐增多。例如 1991 年阎云翔在黑龙江下岬村参加一个婚礼时发现，新娘和新郎公开表达爱慕，"新娘在大礼前毫无顾忌地帮新郎整理衣服。显然，他们对自己的婚姻很满意，而且毫不在意当着上百人公开示爱"。② 新郎新娘这种表达爱意的行为是自主的，并非他人的安排。一般来说，受农村观念的影响，农村新郎新娘一般不会公开表达爱意，农村婚礼中新郎新娘表达的感情如果是自发的行为，意味着新郎新娘感情较好，这往往是当事人自主的婚姻。

从婚礼服饰看，城市新娘的婚礼服逐渐表现中西结合的因素，中式的旗袍、西式的婚纱都成为新娘们喜爱的服装。"五六十年代，女子是花衬衣或花棉袄，无所谓婚礼服。到 20 世纪最后几年，欧式婚纱流行，以至备有 70 多套欧式婚纱、每套日租金在 850 元以上的摄影楼，每到结婚旺季，总是供不应求。"③ 由于具有纯洁与白头偕老的寓意，结婚前，女孩子们都有一个对白色婚纱的浪漫憧憬，白色的婚纱逐渐成为新娘们在婚礼当天的首选，甚至"很多新娘还会在当天不同时刻换不同颜色的婚纱，多种的色彩充分体现了新娘的个性"。④ 而且，新娘的服装从对身体严实的包裹逐渐发展为适当的暴露，并有意识地利用婚礼服展现女性优美的身材线条和气质，随着身体包袱的逐渐打开，人们在对服装的关注中逐渐增加了关注"人"的因素，这在某种程度上寓意着女性的解放和女权意识的增强，体现了女性追求自由的意蕴。

新郎的婚礼服装相对单一。改革开放后，西服在我国迅速地流行，在城市婚礼中，西装似乎成为固定不变的着装，西装、领带和皮鞋令新郎看起来

---

① 《十月花开别样红——公司"十·一"青年集体婚礼侧记》，《齐鲁石化报》1993 年 10 月 14 日。

② ［美］阎云翔著，龚小夏译：《私人生活的变革：一个中国村庄里的爱情、家庭与亲密关系（1949—1999）》，上海书店出版社，2006 年，第 51 页。

③ 严昌洪著：《20 世纪社会生活变迁史》，人民出版社，2007 年，第 41 页。

④ 徐强等：《中西方婚礼服发展对当今婚礼服设计的影响》，《江苏丝绸》2006 年第 2 期。

更加精神焕发和干练。如果新郎新娘从事特殊职业，尤其是新郎可能也会在婚礼上穿着职业服装，例如有些军人在婚礼上穿着军装。

除了婚礼服饰，新娘的打扮从比较朴素向精细化妆发展。在 80 年代，城市新娘到理发店烫一个流行的发式，就被认为是一件奢侈的事情。① 那时的农村新娘更是不敢想这样的事情。随着社会的发展，新娘越来越重视打理自己，例如对头发的颜色、发型甚至有了个人化的设计，有的戴上假睫毛，根据自己的气质，化妆师为新娘设计或清纯淡雅，或俏皮可爱，或成熟娇媚的风格，尽量展现新娘的个性。

通过以上对婚礼变迁的分析，可以发现集体主义价值导向的婚礼逐渐消失，传统婚礼所蕴含的神圣性的诉求逐渐淡化，婚礼的社会性逐渐向个人性转化，结婚者在婚礼中越来越多地表达了自由的个人意愿。

第三节　国家的婚姻礼仪规范与个人的调适

尽管国家对婚姻领域直接的行政干预逐渐减少，婚姻逐渐回归私人领域，但婚姻作为社会的构成因素显然不能脱离出国家管理，国家始终关注着婚姻领域，对婚姻领域进行规范和引导，并针对其中的问题做出反应，采取措施引导婚姻领域良风益俗的发展，这是国家管理社会的应有职责。

一、国家对婚姻礼仪的规范

改革开放后，国家依然把婚姻视为一个影响国家稳定与发展的社会问题，把婚姻视为服务国家和社会的工具。当时，有的法学家就说明了国家干预婚姻礼仪的必要性，他认为婚姻家庭事务不仅是个人生活的私事，社会的基层单位就是家庭，家庭和社会利益密切联系在一起。大要彩礼，大办婚事，这是旧式婚姻制度在今天的烙印，它对我们的社会主义国家和集体利益造成消极影响，它是破坏"四化"的因素。所以，对这些歪风邪气，广大群

---

① 张沫：《改革开放 30 年：中国人婚恋打破束缚走向自由》，《京华时报》2008 年 12 月 16 日。

众都可以过问，国家也应该进行干预。① 这种观点指出了国家干预婚姻礼仪的必要性，同时指出了广大群众也要为建设良风益俗做出贡献，这种观点契合了国家通过婚姻礼仪治理社会的理念。从实践中看，国家干预婚姻礼仪的方式主要有两种。

首先，建立和完善制度规范婚姻礼仪中的问题

《婚姻法》是规范婚姻的主要法律，1950 年《婚姻法》、1980 年《婚姻法》以及 2001 年《婚姻法修正案》都对婚姻礼仪进行了规范和引导。

禁止在结婚过程中索取财物。1950 年《婚姻法》规定："禁止任何人借婚姻关系问题索取财物。"1980 年《婚姻法》重申："禁止借婚姻索取财物。"2001 年《婚姻法修正案》再次强调："禁止借婚姻索取财物。"之所以反复强调，是因为现实生活中的确存在这样的问题。需要注意，《婚姻法》反对的是买卖性质的彩礼，并未禁止作为民间习俗的彩礼。"新中国成立后婚姻法虽然也取消了彩礼制度，明文禁止买卖婚姻或借婚姻索取财物，但也没有把婚姻彩礼与买卖婚姻、借婚姻索取财物相等同。"②

规定结婚程序。1950 年《婚姻法》、1980 年《婚姻法》、2001 年《婚姻法修正案》都规定结婚的男女双方必须亲自到婚姻登记机关进行结婚登记，取得结婚证，即确立夫妻关系，结婚登记是婚姻成立的唯一法定形式要件。1986 年《婚姻登记办法》，1994 年《婚姻登记管理条例》也有类似的规定。在传统婚姻中，订婚是婚姻成立的前提，"结婚之前必须具备的定婚手续，否则婚姻不发生效力。因而婚约的约束力极大，已订婚者就不许再与他人订婚，否则要受到严厉的处罚"。③ 共和国成立后的有关婚姻法规均没有规定订婚是婚姻成立的必经程序，这是在法律上规范良风益俗，但是在实践中国家也尊重订婚习俗，订婚习俗在绝大部分人的婚姻中存在。对 80 年代河南潢川农村的调查显示，在 608 位户主中，正式履行过订婚程序的有 435 位，占

---

① 巫昌祯：《贯彻执行新婚姻法　制止索取彩礼和大操大办的歪风》，《政法论坛》1980 年第 2 期。
② 于晓青：《传统文化中的彩礼及其流变》，《河南省政法管理干部学院学报》2008 年第 2 期。
③ 潘允康主编：《中国城市婚姻与家庭》，山东人民出版社，1987 年，第 98 页。

该项统计总数的 71.5%。① 另外，国家也尊重特殊情况下的事实婚姻，例如 1980 年《婚姻法》第三十六条规定，在民族自治的区域，当地立法机构可以制定某些变通的或补充的规定。②《婚姻法》在制定及修改过程中重视原则性和灵活性，既要维护社会秩序，也考虑到了民间习俗的特殊性。

国家的律令、制度具有强制性，这对于破除某些旧习俗，推动良风益俗的形成起到了积极作用。风俗习惯对于个人来讲是一种相对较软性的行为规范，而法律是一种强制性的行为规范，如果法律对良风益俗进行倡导，对陋俗进行禁止，这可以让人们在摒弃陋俗、形成良俗的过程中具有强有力的法律依据，所以，钟敬文先生指出："对于那些涉及地区广大、人口众多、危害严重、急需改革的陋俗，不能等待它的自然淘汰、缓慢演变，应该发挥国家各级政权和法律的作用。"③ 但是，也要注意到"制度、律令需经个人认同、变成个人行为规范才能为人们信守，所以它的作用绝不是无限的"。④

其次，采取措施引导良风益俗

鉴于律令、制度自上而下强制性规范习俗的局限性，国家还采取了一些措施，引导广大群众参与建设良风益俗。相对于律令和制度，国家"引导"是一种软性措施，而且是推动广大群众自下而上主动参与良风益俗建设。批判彩礼陋俗、批判婚姻大操大办，开展移风易俗的活动，例如倡导集体婚礼、节俭婚礼，力图引导社会形成良风益俗，这种引导并非强制措施，而是利用政府的影响力引导人们自愿参与，同时在社会上营造节俭的氛围，这与改革开放前利用政府力量强制改造婚俗根本不同，政策转变后的国家以一种协调性的、建议性的、倡导性的非强制力量引导婚俗的变化。尽管看不到直接的国家强制干预，实际上国家依然在引导着婚俗的变化，因为"习俗是国家权力以其扎根与弥散形式出现的一个特权场所"。⑤

---

① 雷杰琼主编：《改革以来中国农村婚姻家庭的新变化——转型期中国农村婚姻家庭的变迁》，北京大学出版社，1994 年，第 291 页。

② 民政部基层政权和社区建设司编：《婚姻登记管理资料汇编（1950—2003.5）》，中国社会出版社，2003 年，第 24 页。

③ 钟敬文：《民俗文化的民族凝聚力》，中国民俗学会编：《中国民俗研究》，中央民族大学出版社，1994 年，第 16—17 页。

④ 杨善华著：《经济体制改革和中国农村的家庭与婚姻》，北京大学出版社，1995 年，第 187 页。

⑤ ［加］朱爱岚著，胡玉坤译：《中国北方村落的社会性别与权力》，江苏人民出版社，2004 年，第 201 页。

在 80 年代，国家力图促使人们在婚俗中以国家、集体利益为重，这种意图能得到人们一定程度的响应，这部分地源于社会刚刚从集体化时代走出，人们服从国家的思想惯性使然。这两方面因素的合力使国家引导婚姻礼仪的意图能相对容易地实现。

为了更有效地实现国家引导良风益俗的目的，国家通过引导新式婚礼，倡导勤俭节约的风气。例如河南省某县利用多种形式进行移风易俗、勤俭节约教育，出现了"一包糖果一挂鞭，放场电影办婚事"的新风气。[①] 电影婚礼上，村领导为主持人，新婚青年通过扩音喇叭，向全村人说上结婚献词，热热闹闹地举行了婚礼。[②]

国家还倡导有积极价值意蕴的嫁妆。例如倡导"文凭嫁妆"，湖北省某地的人武部门为了刹住一部分民兵结婚时大操大办的歪风邪气，帮助女民兵学习科学技术知识，让她们参加农业夜校、函授大学的学习，以便她们带着文凭出嫁。[③] 再如在河南省某县人武部的引导下，6000 多名女民兵兴起"技术嫁妆"，不向婆家要彩礼，不争娘家陪嫁衣。[④] 有关部门从改变嫁妆入手，在一定程度上改变彩礼习俗，并且有利于提高女性的素质，促使女性养成良好的婚姻观念。

在 80 年代，政府大力倡导集体婚礼，集体婚礼主题往往被赋予服务社会主义建设的积极意义。有关部门的领导干部常常出现在集体婚礼上，例如，在一次集体婚礼上，全国妇联和北京市有关部门负责人出席了婚礼，甚至北京市的领导担任了主婚人和证婚人，并给新郎新娘赠送礼品，领导人发表了讲话，对新郎新娘携手并进表示祝贺。[⑤] 从婚礼可以看出，领导参与婚礼的活动，目的是借助婚礼引导良性的婚礼习俗，贯彻政府治理社会的意图。

倡导节俭、服务社会和体现爱心的良风益俗是集体婚礼的主要目的。例

---

① 王新军等：《平舆民兵时兴"电影婚礼"》，《人民日报》1992 年 5 月 23 日。
② 贾英俊：《稻庄镇流行电影婚礼　既节俭又文明》，《东营日报》1990 年 1 月 20 日。
③ 田野：《不图有嫁妆　只求有技术》，《中国民兵》1990 年第 3 期，第 43 页。
④ 王新军：《平舆六千女民兵兴"技术嫁妆"》，《中国民兵》1991 年第 4 期。
⑤ 冯宵：《北京举办大龄青年集体婚礼》，《人民日报》1985 年 2 月 9 日。

如 1988 年 1 月，来自 10 余个省、市、自治区的 50 对新婚夫妇参加了哈尔滨团市委主办的冰上婚礼。在鞭炮声和欢快的鼓乐声中，对对新人携手步入冰上舞厅。参加者对集体婚礼的感受颇好："现在结婚大操大办可邪乎了，一天摆十几桌，几千元就花进去了。冰上婚礼多好，俭朴还有趣！"① 另外，有关部门引导集体婚礼服务社会，例如 1982 年安徽省有 304 对新郎新娘以栽树的形式举行了婚礼，并以此为契机向全省青年人发出移风易俗、婚事新办倡议。② 再如长沙市的某次集体婚礼，19 对新人婚事从简，省下钱来，每一对新婚夫妇自愿捐助一名失学儿童。③ 这种形式的婚礼表达了对失学儿童的爱心。

参加集体婚礼者往往被单位视为工作积极和思想进步的表现。从参加集体婚礼的青年来看，主要是受过高等教育的人，家庭较为困难的人，以及某些共产党员和共青团员。④ 受过高等教育的人往往思想较为开放，能不被传统婚礼形式约束，而且倡导节俭的集体婚礼可以有效避免传统婚礼的铺张浪费，为家庭减少困难。并且，参加集体婚礼正是党员和团员表现思想进步的机会，这对他们的事业发展无疑具有积极意义。所以，在这种目的下，在某次集体婚礼上，在 242 对新婚夫妇中，党、团员占了 80%，还有不少人是先进生产（工作）者、新长征突击手、三八红旗手。⑤ 这样的集体婚礼好像一次先进工作者表彰会。实际上，集体婚礼不仅对结婚者有益，对单位的发展也有益。

集体婚礼主要发生在城市，农村几乎看不到集体婚礼。在城市中，组织集体婚礼相对方便，组织者或者是政府或者是婚庆公司，容易把结婚者集合到一起。而在农村，这些条件相对缺乏，把农村结婚者集合在一起举行婚礼往往不太现实，而且大部分农民的思想观念不能接受许多人在一起举行婚礼。尽管有个别地区的农村青年希望举办集体婚礼，有些农村青年在报纸上

---

① 徐江善：《五十对新婚夫妇谈婚事 冰上婚礼俭朴有趣》，《人民日报》1988 年 1 月 25 日。
② 新华社：《安徽省元旦举办集体婚礼俭朴热闹 省委第一书记应邀作证婚人 新婚情侣双双对对种"合欢树"》，《人民日报》1982 年 1 月 4 日。
③ 石涛：《长沙市十九对新婚夫妇简办婚礼捐助失学儿童》，《人民日报》1996 年 1 月 3 日。
④ 马立群等：《集体婚礼的现状》，《人民日报》1988 年 12 月 25 日。
⑤ 本报讯：《武汉举办大型集体婚礼 二百四十二对情侣参加》，《人民日报》1981 年 12 月 27 日。

还表达了心声，他们不愿意举办奢侈浪费的婚礼，都想举办简朴的婚礼，既简单又热闹，最好是学习城市青年举办集体婚礼。① 这表现了农民对好的婚礼形式的向往，但由于受农村相对传统的观念和现实条件制约，农民的想法往往难以实现。

但有些集体婚礼渐渐偏离了节俭办婚礼的初衷。某些集体婚礼的确节省了结婚者的个人开支，但是由于组织者往往把集体婚礼办成一场表演秀，耗费了大量的国家钱财。例如 1981 年，太原市 130 对青年男女参加了某次集体婚礼，在集体婚礼举办的当天，在市工人文化宫前后停了上百辆各种汽车，还不算其他跑来跑去的车辆。在婚礼过程中，有乐队奏乐，有儿童献花，还放映了近千人观看的电影。人们不禁感叹："集体婚礼虽然好，可有些人就是变着法花国家的钱。"② 有些集体婚礼的组织者虚荣心作怪，用公款摆谱，慷国家之慨，扬自己单位的名声，例如东北某市用公款举办的"航空旅游集体婚礼"，结婚者仅 14 对，但陪同人就有 16 人，四天就开支 8949 元。③ 这种集体婚礼完全背离了倡导俭省节约的初衷，没有起到引导婚嫁新风尚的积极作用，反而助长了社会不良婚俗的滋长。

到了 90 年代，集体婚礼的组织者、目的和方式都发生了变化。越来越多的非政府部门成为集体婚礼的组织者，组织集体婚礼的目的主要是为了盈利，大部分集体婚礼消费比较高。此时，参加集体婚礼已经完全成为一种个人行为，成为一种重视个人体验的自由选择的婚礼形式。集体婚礼的主办者由政府向民间组织转变，表明国家对公私领域边界的认识越来越清晰，在婚姻礼仪领域的声音迅速减弱。另外，集体婚礼逐渐成为一种市场化行为，集体婚礼不仅形式多样，而且消费标准也不一样，参与不参与集体婚礼成为个人行为。

从参加集体婚礼的实际情况看，参加集体婚礼者越来越少。有关部门对上海市婚礼形式的调查显示，1984 年，集体婚礼占所有婚礼形式的 0.38%，进入 90 年代，集体婚礼的比例已经是零了。④ 这与人们越来越重视婚礼的个

---

① 本报讯：《农村青年盼望举行集体婚礼》，《人民日报》1986 年 2 月 3 日。
② 梁力刚等：《举办集体婚礼不应慷国家之慨》，《人民日报》1982 年 2 月 24 日。
③ 萧殿襄：《集体婚礼走样了》，《人民日报》1988 年 11 月 19 日。
④ 沈崇麟等主编：《世纪之交的城乡家庭》，中国社会科学出版社，1999 年，第 49 页。

人体验有关，集体婚礼在一定程度上"淹没"了个人，在集体婚礼中，新郎新娘体会不到自我为中心的感受。正如一位即将结婚的姑娘说："结婚那天该是女人一生中最漂亮的日子，要是参加集体婚礼，那么多新娘子都花枝招展地站在一起，哪显得出我来呀？"① 所以，一些新式的个性化的婚礼形式受到新郎新娘的喜爱，例如上海的某乐团计划为结婚者举办音乐会婚礼，新婚夫妻可以提前订票，并且可以上台，新人的名字也会出现在音乐会节目单上，新人非常喜欢这种形式的婚礼，有15对新人买下了600多张票，其中一位新郎表示这种形式令人非常高兴，这种形式的婚礼能得到社会的祝贺，比集体婚礼的效果更好。②

除了引导良风益俗，国家还不断批判和制止不良习俗。国家大力批判奢侈浪费举办婚礼的行为，开展宣教活动，例如1981年，共青团中央要求城乡各级团委在全国城乡广泛开展宣传教育活动，反对婚礼大操大办，倡导婚事新办。并且各级团组织都要把这事作为1982年"五讲四美"活动的重要内容，作为在婚姻家庭领域中倡导共产主义道德风尚的大事，重点是提倡婚事新办新风尚，刹住大操大办的不正之风。③ 1994年，民政部也下文严禁县(处)级以上领导干部在婚丧嫁娶中大操大办，这是在要求干部发挥模范带头作用："本人及家庭成员结婚，不准索要彩礼，鼓励支持子女、亲属参加政府主管部门指导下举办的新式婚礼。""本人及家庭成员结婚，不准无偿使用公车，租车应从简。"④

但是，国家倡导勤俭节约的措施效果并不佳，尽管上述措施对领导干部会形成较为有效的管理，但是对广大人民群众就很难形成约束，奢侈浪费、大操大办等风气依然流行。例如闽西清流县一般男家摆酒席20至40桌，多的为60桌。1981年酒席花费在1000元至2000元之间的占16.9%，1985年

---

① 龚雯等：《世纪婚庆：喜上加喜？》，《人民日报》1999年11月15日。

② 《高雅的婚礼音乐会》，《人民日报》1989年11月12日。

③ 新华社：《团中央通知各地团组织广泛开展宣传教育 提倡婚事新办 反对大操大办 反对包办、买卖婚姻，打击拐骗、贩卖妇女的犯罪行为》，《人民日报》1981年11月25日。

④ 《民政部办公厅转发关于中共山东省纪律检查委员会、山东省监察厅、民政厅〈关于严禁县（处）级以上领导干部在婚丧嫁娶等事务中大操大办的通知〉的函》，民政部基层政权和社区建设司编：《婚姻登记管理资料汇编（1950—2003.5）》，中国社会出版社，2003年，第98页。

则占 37.6%。把彩礼、酒席、结婚日用品购置等费用加起来，男方结婚总费用不断上升，1981 年总费用一般为 3350 元，1982 年为 4162 元，1983 年为 4683 元，1984 年为 4683 元，1985 年为 5686 元，1985 年比 1981 年增长 70%。1981 年男方最高花费 6000 元，1985 年为 1 万元，1985 年男方花费在 6000 元以上者占当年结婚总人数的 36.3%，而清流县人均收入不过 400 元，在所有的乡村，人均收入不过 300 元，结婚消费远远超过他们的经济收入。① 从数据来看，结婚费用已经成为结婚者的严重的负担，严重影响着当事人的日常生活。

这种状况的出现，很大程度上源于民俗改革任务的艰巨性和复杂性。由于民俗是千百年来稳定传承下来的文化，它的形成和发展是非常复杂的历史过程，"在这一过程中，历史的因素、地理的因素、思想的因素、民族的因素，往往错综复杂地交织在一起"。② 仅仅依靠有关法律和生活中的某些引导措施很难解决民俗改革这个复杂的系统问题。改革婚俗需要建立在尊重民间习俗的基础上，"一刀切"式的强力改革甚至会适得其反，只有具体问题具体分析，改革才能取得社会的普遍支持，否则改革很难取得实效，正如鲁迅先生所说："倘不深入民众的大层中，把他们的风俗习惯，加以研究解剖，分别好坏，立存废的标准……则无论怎样的改革，都将为习惯的岩石所压碎，或者只在表面上浮游一些时。"③

事实证明，尊重民俗存在和发展的自身逻辑，国家才能相对有效地实现引导良俗的目的。"民俗传承的维持，主要靠三种因素：心理信仰，传袭力量，习惯势力。这三种因素共同成为民俗约束力的基础，有了这个基础，民俗活动便赖以传承下来，并且具有相对的稳定性"。④ 民俗传承的支撑因素决定了国家自上而下的风俗改革具有一定的局限性，这并不是说国家的改革措施没有作用，在实践中尊重婚俗自身发展逻辑，深入分析民俗存在的基础，有针对性地采取措施，国家的民俗改革才会更有效。

---

① 张艳华等：《高额彩礼成为农民负担》，《中国妇女》1986 年第 12 期。
② 张紫晨著：《中国民俗与民俗学》，浙江人民出版社，1985 年，第 22 页。
③ 《二心集·习惯与改革》，《鲁迅全集》（第 4 卷），人民文学出版社，1981 年，第 223 页。
④ 张紫晨著：《中国民俗与民俗学》，浙江人民出版社，1985 年，第 6 页。

　　建立"红白事理事会"就体现了国家对婚俗发展变化规律的尊重。这是群众自发自愿探索婚俗改革的措施，"红白事理事会"往往是由德高望重的人或热心群众参与组成，通过制定一定的规章制度引导健康的红白事习俗，采取的措施往往来自群众的建议，反映了广大群众的心声，具有较强的可行性，效果比较好。例如河北柏乡县南某村组建了"红白事理事会"，制定了一系列受欢迎的措施，如简化婚礼程序，结婚时行鞠躬礼即可，不准送高档的礼品，禁止大操大办，参加婚礼者除了家人和亲友，其他人不超过 30 人，结婚开支控制在 300 元以内，女方也不能要彩礼。① 这类组织尽管各地名称不同，例如"移风易俗理事会"、"婚俗改革协会"，但它们有一个共同的特点，不是自上而下用行政命令强制建立的，而是群众在同陋习斗争中，在自觉自愿的基础上建立起来的。这件事顺民心、合民意，一经建立，推广得很快。这是人民群众在实践中的一个创造，具有强大的生命力，群众自发自愿的探索对婚俗改革更有效。

　　"红白事理事会"在农村婚丧习俗改革中发挥了很好的群众自治作用，按自我教育、自我服务、自我管理的原则进行活动。实践证明，在改革旧的社会习俗方面，采取群众自治的方法，比单纯依靠行政管理、干部包办更有效、更适当、更容易为群众所接受。1986 年，时任民政部邹恩同副部长曾指出，"红白事理事会"建立后，主要解决了三个大难题：一是有效地促进了人民群众道德观念的更新，二是在群众中确实扎下了除旧习立新风的根基，三是减轻了群众的精神负担和经济负担，促进了当地经济的发展。② 可以说，他的总结很到位。从现实中看，因为采取了群众自治的办法，人们对新的习俗容易接受，新习俗容易巩固，这避免了过去单纯用行政办法抓习俗改革，时有反复，扎不下根子。"红白事理事会"的效果显而易见，根据河北沧州地区对某年的统计，"红白事理事会"承办红白事 11581 件，节省开支约 400 多万元。用节省下来的钱购买牲畜 680 多头，农机具 2.1 万多件，化肥 2400 多吨，开办工副业摊点 260 多个。集腋成裘，一家一户积累起来就是个很大

---

① 本报讯：《南大江村移风易俗　红白事理事会受欢迎》，《人民日报》1986 年 5 月 19 日。
② 民政部基层政权和社区建设司编：《婚姻登记管理资料汇编（1950—2003.5）》，中国社会出版社，2003 年，第 53—54 页。

的数字。①

二、国家规范下的个人应对策略

婚姻礼仪是一种民俗，尽管它不具有法律的强制力，但它作为不成文的习惯法，在现实生活中强有力地约束着人们的行为，甚至发挥着法律所没有的作用，也就是说"一种民俗事象，既经确立，为大家所承袭，便产生一种约束作用。人们在民俗面前有一种不约而同的一致性"。②所谓"一致性"意味着对个性的观念和行为的约束。民俗"即创造于民间、传承于民间的一种文化现象。它是一个国家、民族历史上的传承下来的民间文化现象……一种民俗现象一旦创造出来，就为民间所传袭，并具有一定的规律性和约束性，没有传承，就不能成为民俗……民俗有它很大的约束力，它作用于人们身上，便形成了'民俗心理'"。③尽管国家和民俗都对人的个性发挥着约束作用，但是两者在一定程度上又是互相冲突的。例如，个人如果响应了国家提倡勤俭节约的理念，事实上会与现实生活中的民俗发生矛盾。个人如果想表达自己的意愿，就需要重视国家的政策，也需要重视社会上的风俗，这体现了婚姻并非一件纯粹的个人私事。在这种情况下，个人需要找到一种两全的方法，既能满足国家和民俗的要求，又能实现自己的意愿。

参加集体婚礼就是这样的途径。政府出于移风易俗的目的组织集体婚礼，对个人来说，参加集体婚礼一定程度上有节约结婚费用的可能，参加集体婚礼还可能是一件有名有利的事情，既在领导面前表现了个人积极性，也得到了一些实际的利益，这在前文已有分析，在此不再赘述。

但是集体婚礼结束后，当事人大多还要举办一次亲朋好友参加的婚礼，因为结婚者的家人和新郎新娘认为结婚的程序没有完成。C 先生（1970 年出生，北京人，教师）的观点有一定代表性："只有把亲朋好友聚在一起举行婚礼，才算正式的完整的婚礼，否则，就像偷偷摸摸结婚一样，别人都不知

---

① 民政部基层政权和社区建设司编：《婚姻登记管理资料汇编（1950—2003.5）》，中国社会出版社，2003年，第 53—54 页。

② 张紫晨著：《中国民俗与民俗学》，浙江人民出版社，1985 年，第 25 页。

③ 张紫晨：《张紫晨民间文艺学民俗学论文集》，北京师范大学出版社，1993 年，第 371 页。

道，自己对社会对亲朋好友缺一个交代。亲朋好友会怪罪的。"对 350 名青年的调查发现，青年们大都不赞成结婚时大摆筵席，但在生活中，为数不少的青年人在结婚时大操大办。调查显示，这种现象的主要原因是，如果结婚不摆筵席，当事人往往被社会舆论评论为小气和吝啬，被别人鄙视和耻笑，甚至这被视为没有本事的表现。[①] 这种现象说明人们内心的诉求是一回事，能不能真正有勇气冲破传统观念和习俗又是一回事。在习俗的影响下，大操大办的风气往往屡禁不止。除了要实现婚礼对社会的宣示功能，另外，集体婚礼虽然有许多优点，但是有的新郎新娘感到参加集体婚礼没有被重视的感受，"回家还要再补一个婚礼，这是因为集体婚礼是'多中心'，来宾常常把注意力集中在最漂亮的一对新人身上，而使其他新人感到心理上不满足"。[②] 两次婚礼反映了结婚者既能完成参加集体婚礼的"公事"任务，也能应对民间习俗的要求，两全其美，但这也使集体婚礼背离了倡导节俭的初衷，还浪费时间。

另外，《婚姻法》规定结婚当事人到登记机关亲自办理登记手续才是法律意义上的结婚，这是国家维护社会秩序的重要措施。但是相比法律上的登记，婚礼的社会宣示功能对当事人的意义更大。正如 1980 年结婚的 Y 女士（1954 年出生，山东威海人，聊城 S 厂化验室技术员）所说："结婚登记就是个程序，就是不去登记，谁也不知道，结婚就是举办婚礼，不举办婚礼就是没结婚，即使登记了，如果不举办婚礼，就和偷偷摸摸一样，谁承认你们是夫妻呀。"[③] 再如 1983 年，一位姑娘与心上人相恋，他们简单地布置了一下新房就结婚了，结果出现流言："没有办一桌酒席就同床，这是非法同居。"[④] 结婚当事人需要重视社会舆论，风俗习惯对当事人婚姻的认可在某种程度上比法律认可的作用更大。

再如旅行结婚，采用这种结婚方式也是响应国家倡导勤俭节约办婚事的方式，但是旅行结婚后，当事人大多再举行一次亲朋好友参加的婚礼。

---

① 石宝民：《广州青年婚姻恋爱观浅析》，《青年探索杂志》1983 年创刊号。
② 刘达临：《婚姻社会学》，天津人民出版社，1987 年，第 87—88 页。
③ 梁景和主编：《中国现当代社会文化访谈录（第五辑）》，首都师范大学出版社，2016 年，第 20—21 页。
④ 孙剑云：《做新娘以后》，《中国妇女》1983 年第 1 期。

L 女士（1967 年出生，北京人，曾在北京某商业部门工作，1996 年结婚）回忆说："那时，旅行结婚很时髦，旅行回来，结婚者大都举行婚宴，让亲朋好友参加。"① 如果不举行婚宴，当事人会受到指责，女方父母也不满意。例如江西某男子和爱人婚前决定举行一次破旧俗的现代婚礼，他们瞒着岳父母旅游结婚。旅游结婚结束后，两人带着喜糖、喜烟回到家中，女方家知道后，全家到男方家大骂，说他们是"小气""吝啬鬼"。幸亏妻子挺身而出："打破封建的结婚风气，是我们的婚姻自由，谁也反对不了，干涉不了。"而且在村干部的帮助下，这场风波才算过去。② 所以，举行亲朋好友参加的婚礼，不仅是出于对亲朋好友联络和宣示的要求，也是为了让女方家庭满意。

旅行结婚可以满足结婚者体验大好河山的个人意愿，也响应了国家节约办婚事的号召。亲朋好友参加的婚宴实现婚礼的宣示功能，也完成了通过婚礼整合社会网络等功能。旅行结婚和举办婚宴的结合让结婚当事人及其家庭在国家、社会面前树立了好形象，同时个人意愿也得到了一定的满足，正如有人认为"旅行结婚既可以避免举行婚礼时所要遵循的烦琐的礼节及络绎不绝的应酬，又可以在游山玩水中使爱情生活更为充实"。③ 所以说，在 80 年代，"旅行结婚通常作为居民回避'大操大办'的一种变通做法与替代策略，当时国家不允许铺张浪费"。④ 在 80 年代，旅行结婚比较流行，因为这是政府号召的婚礼方式，90 年代，旅行结婚就少了，因为在市场经济的背景下，政府逐渐淡化对婚姻礼仪的行政干预，婚礼走向了市场化。

结婚者还会举办一些文明婚礼，这既满足了国家节约办婚事的号召，也把婚事办得热热闹闹，实现了个人愿望。有人在举行婚礼的时候，婚礼办得隆重、热闹、有特色，欢迎亲朋好友参加，但谢绝送礼，要求参加婚宴者，每一桌的筵席费用由每一桌的人分摊。婚礼上，亲朋好友来了，甚至朋友的

---

① 梁景和主编：《中国现当代社会文化访谈录（第五辑）》，首都师范大学出版社，2016 年，第 68 页。
② 曾志：《破婚事旧俗要有勇气》，《青年一代》1983 年第 6 期。
③ 石宝民：《广州青年婚姻恋爱观浅析》，《青年探索杂志》1983 年创刊号。
④ 吉国秀著：《婚姻仪礼变迁与社会网络重建——以辽宁省东部山区青源镇为个案》，中国社会科学出版社，2005 年，第 237 页。

朋友也来了，一些未来的新郎新娘来见识见识这从未有过的场面，甚至有些不认识的人也结伴来凑热闹。①

从现实中看，集体婚礼和旅行结婚等国家倡导的结婚方式比例相对较低，当没有强大的外力作用时，人们更倾向优先考虑顺应风俗习惯。中国社会科学院等多个单位 1993 年联合进行的城市调查显示，在南京，拜天地的占 6.36%，文明结婚占 12.99%，举办婚宴的占 51.15%，茶话会占 11.37%，集体婚礼占 0.95%，旅游结婚占 7.98%，其他的占 7.44%，未举行婚礼的占 0.14%。② 各类婚礼的比例说明，无论个人如何想表达自己的个性，总是要考虑群体的评价和观瞻，这是人们生存的需要，人是社会的人，不能脱离社会生存，所以，举办婚宴依然是主流的婚礼方式。

无论采取何种婚礼形式，举行婚礼仪式后，结婚者大多要再举行一个由亲朋好友参加的婚宴。这种宴会的目的是把婚事正式向社会公布，让亲朋好友知晓，这也是亲朋好友对结婚者及双方父母的祝贺的机会。随着人们个性自由的发展，个性化的婚礼形式多种多样，但举办婚宴始终是婚礼的主要形式。这主要与中国的社会传统有关，通过婚宴接待亲朋好友，然后新婚夫妇作为一个新家庭被认可和接受，融入社会关系网络中去。

从上文可见，随着时间发展，无论是在城市还是农村，婚姻礼仪的内容和形式日趋重视以家庭利益为核心。即使人们响应了国家的倡导，很大程度上也是因为国家的意图契合了家庭和个人利益。家庭之所以顺应社会流行的婚俗，是因为社会上流行的婚俗相对于国家的引导更具有强制力，这种强制力促使家庭和社会上的主流婚俗"趋同"，甚至要超越公认的标准，只有如此，才能得到社会的认可。尽管青年人个性自由的程度越来越高，但是他们只有在维护家庭利益的前提下，才能更好地实现与父辈代际关系的和谐，更好地表达自己的孝道。

---

① 于小丽：《这是婚礼的最佳方案吗?》，《青年一代》1985 年第 2 期。
② 沈崇麟等主编：《当代中国城市家庭研究——七城市调查报告和资料汇编》，中国社会科学出版社，1995 年，第 183 页。

本章小结

婚姻礼仪在本质上是婚姻社会性的表现，改革开放后，其社会性的程度逐渐衰减。改革开放前，婚姻的政治色彩明显，婚姻礼仪表现为家国一体的特征，婚姻礼仪被赋予为政治服务的意义，随着改革开放，这种功能逐渐弱化。但在国家视角下，无论婚姻礼仪如何变化，都应服务于社会秩序的健康运行，所以国家必然对其进行良性引导，这就使婚姻礼仪在一定程度上朝向这种引导发展。也应看到，婚姻礼仪并非完全在国家的规范和引导下变化，它作为一种习俗有其自身的发展逻辑，它是政治、经济和文化等因素共同影响下的产物，国家对婚俗的政策一定程度上需要尊重婚姻习俗的发展逻辑，这使婚姻礼仪的发展变化与社会秩序诉求存在一定的张力。在此情况下，家庭利益成为婚姻礼仪运行的基本价值诉求，但是社会变革使代际关系和夫妻权力格局逐渐重构，父辈的权力下降，子辈的权力上升，女性地位逐渐提高，男女关系日趋平等化，权利格局的重构弱化了婚姻礼仪的社会性，其个人利益诉求逐渐增强。

可以说，婚姻礼仪主要是家庭和当事人共同推动下的行为，无论是在城市还是在农村，父子轴心逐渐向夫妻轴心转变，家庭本位逐渐向个人本位过渡，当事人的自主权逐渐升高。但是，个人生活不能脱离国家、社会和家庭，结婚者对婚姻礼仪的个性诉求也会受到约束，所以，结婚者往往采取既能满足国家号召，也能顺应社会习俗需要，还能满足个人诉求的婚姻礼仪方式。这种策略的实践反映了对于国家和社会习俗的约束，个人已经一定程度上改变了必须服从的状况，婚姻礼仪的社会性功能逐渐淡化，个人拥有了越来越高的自由选择权，婚姻礼仪中的个人自由意志逐渐增强。

婚姻礼仪的变化表明，婚姻在这个时期依然是国家关心和家庭重视的事情，但越来越重视尊重当事人的自由，个人在婚姻礼仪中的自由度逐渐提升。

第五章　婚姻质量视野下的自由离婚

改革开放之前，中国虽然没有人提出"婚姻质量"这个概念，但是人们也存在婚姻满意度的问题。在传统社会，中国人的婚姻重视家族的延续，婚姻的宗旨是"合二姓之好，上以事宗庙而下以继后世也"，这精辟地总结了传统婚姻的价值在于完成家族和家庭责任，与夫妻感情无关。当事人的婚姻满意度受制于外部因素，家族和家庭都重视维护婚姻的稳定，重视白头偕老，这正如《礼记·郊特牲》强调的"一与之齐，终身不改"，稳定是传统婚姻的重要特征。在共和国成立后，低离婚率被视为社会主义优越性的重要表现，离婚需要正当理由，而正当理由往往要符合政治的或集体主义的价值标准，离婚往往被阻止。这个时期的婚姻也忽视个人的婚姻感受，离婚率较低。而改革开放后，随着传统的和政治化的婚姻制约因素渐渐淡化，随着人们个性的解放，人们越来越重视夫妻之间以感情为主要内容的个人婚姻体验，基于此标准，有人提出了"婚姻质量"的概念，例如徐安琪和叶文振把婚姻质量界定为"夫妻的感情生活、物质生活、余暇生活、性生活及双方的凝聚力在某一时期的综合状况，它以当事人的主观评价为主要尺度"。① 这种概念界定强调了婚姻质量的三个特征：个体性、主观性和综合性。此概念重视夫妻之间的主观体验，而非国家、社会和家庭的婚姻价值要求，本章是在这个内涵上使用婚姻质量的概念。越来越重视个人的婚姻体验是改革开放后中国人婚姻的嬗变趋势，在这种趋势中，离婚观念、离婚制度都发生了变化，离婚新风尚不断出现。本章通过对这些内容的分析，试图揭示人们离婚率升高的时代新原因、离婚自由度升高的原因，离婚自由是如何被尊重并落实。

第一节 资源匹配失衡引发的离婚

改革开放后，中国人的离婚率不断增高。1978 年到 2000 年每年的离婚千分率（包括华侨、港、澳、台）依次是：0.35、0.65、0.69、0.78、0.84、0.83、0.80、0.87、0.94、1.10、1.20、1.35、1.38、1.43、1.47、1.54、1.64、1.75、1.80、1.94、1.92、1.91、1.91。② 据民政部门统计，我国人口的离婚率从 1990 年的 38‰上升至 1997 年的 85‰，离婚人数也由 1990 年 80 万对增至 1996 年的 113 万对，1990 年至 1997 年处于离婚状态的人口数量由 484 万人增至 697 万人。③ 离婚率的不断攀升源于改革开放时代的新成因，如果说资源匹配均衡是促成结婚的基本原因，那么资源匹配的失衡则是导致离婚的基本原因。

一、身份变化引发的离婚

人们身份的变化往往引发资源匹配的失衡，夫妻发展失衡在改革开放以前也存在，但受制于社会舆论和政治等因素的制约，当事人往往不敢提出离婚。进入改革开放时代，社会变革给一部分人提供了改变身份的机遇，他们

① 徐安琪等著：《中国婚姻质量研究》，中国社会科学出版社，1999 年，第 100 页。
② 民政部基层政权和社区建设司编：《婚姻登记管理资料汇编（1950—2003.5）》，中国社会出版社，2003 年，第 625—626 页。
③ 《我国离婚率直线上升　百对结婚，13 对离婚》，《宁波日报》1999 年 8 月 7 日。

或者改变了经济地位，或者改变了政治身份，这种改变使已婚夫妻的资源匹配发生失衡，并推高了 80 年代的离婚率。

改革开放后，农村"能人"离婚成为引人注目的现象。改革开放后，伴随着家庭联产承包责任制的实施和多种经济成分的发展，部分农民头脑灵活，他们有一定的致富技能或门路，或者做个体户，或者成为包工头，有的人还创办企业，随着他们经济地位及社会地位的提高，他们的思想观念也随之发生变化。据浙江省绍兴县人民法院的资料显示，法院受理的离婚诉讼案逐年上升，乡村"能人"家庭的离婚案较多。他们在外面闯荡久了，接触的异性越来越多，渐渐觉得自己妻子土气，从而产生嫌恶之感，就产生了离婚的念头。1987 年，仅柯桥区就审理了 7 件"能人"离婚案，其中 6 件都是男方提出。又据象山县妇联前几年的一项调查，64 户"能人"家庭中，有 17 户发生了婚变，而"发难者"均是男方。[1] 绍兴县柯桥区某厂长沈某，妻子是幼儿教师，1976 年恋爱结婚，婚后感情较好，可他当上厂长后就与某代销店姑娘搭上关系，便逼妻子离婚。上虞县有个厂长喜新厌旧，妻子问他："为什么忘恩负义？"他直言不讳地说："今非昔比，你已不适应今天的需要。"[2] 在 80 年代初，农村人民公社逐渐解体，农村组织对离婚的约束逐渐减弱，农村"能人"外出闯荡取得了一定的经济上的成功，他们往往不在意农村熟人社会的道德和舆论，敢于提出离婚，而且往往能实现离婚。

知青返城引发的离婚也成为 80 年代初的突出现象。"文革"时期因政治因素缔结的婚姻，在知青返城的背景下大量离婚。有的女知青为了减轻自己的劳动强度，出于生存的需要与当地农民结婚，有的是为了获得政治保护，"他们大多数只是出于生存的考虑，为了获得一张政治的护身符或者一个生活的避难所"，[3] 有的是孤独寂寞，看不到前途与当地农民结婚，有的是为了表示自己政治正确而主动与农民结婚，出于这些目的的婚姻大多与当事人之间的感情无关。而且，在当时的年代追求爱情是被批判的个人私情，当时的社会缺少追求爱情的环境。当"文革"结束后，国家政策允许知青返城，已

---

[1]　傅季仙：《乡村能人家庭的婚变》，《中国妇女》1990 年第 5 期。
[2]　傅季仙：《乡村能人家庭的婚变》，《中国妇女》1990 年第 5 期。
[3]　蒋卫武等：《50 年择偶之变——红色年代，爱情缺席》，《小康》2008 年第 2 期。

经在农村结婚生子的知青难以带着配偶和子女一同回城市，离婚回城就成为很多知青的选择。① 1980 年《婚姻法》确立了"感情确已破裂"的离婚标准，这也为知青们光明正大地提出离婚，解除没有感情的婚姻创造了条件，"遇罗锦离婚案"是轰动一时的典型的知青离婚案子。

遇罗锦出生于北京知识分子家庭，因红卫兵发现了她的"反动言论"，把她送农场劳教，迫于生活，她先和黑龙江的一个农民结婚，四年后离婚，回到北京谋生，经人介绍，1978 年，她和北京某厂工人蔡钟培结婚。这次结婚仍不是出于遇罗锦的本心，虽然"文革"已结束，但遇罗锦还没平反，"前科"依然影响着她的工作和生活，与蔡钟培结婚，遇罗锦的户口才得以从东北农村调回北京，蔡钟培利用个人关系为妻子平反，恢复了名誉，并有了工作。劫难过后，她却提出了离婚，离婚理由是和丈夫合不来，具体表现在对电影的爱好不同，看话剧《雷雨》时"不该笑的地方也笑起来"，看不懂《红楼梦》，不会游山玩水。② 遇罗锦在给单位的材料里写道："钟培是好人……但绝不是我心目中的爱人，他只知道老婆孩子热炕头，而我希望我能从爱人身上学点什么，能对我的精神有所启发。"③

遇罗锦的离婚理由受到了很多人的批判。蔡钟培认为："遇罗锦提出要结束没有爱情的、不道德的婚姻，我觉得，这是过河拆桥，忘恩负义。"④ 有人指出：这真是天底下最罕见的离婚理由，遇罗锦的追求"实在感到有点小资产阶级的情调"。⑤ 还有人认为遇罗锦婚前就了解对方，婚后提出离婚，有些不道德。她追求有爱情的生活，就是把自己的幸福建在别人的痛苦之上。⑥

也有很多人支持遇罗锦。有人认为她追求爱情为基础的婚姻，对世俗舆论和偏见提出挑战，体现了新一代青年对美好生活的追求。⑦ 也有人指出，说她堕落，无非由于她在特定的历史条件下和特定的环境中，违心地结了两

---

① 《温州都市报》编辑部：《知青返城为何造中国离婚潮：妻子户口无法回城》，《温州都市报》2013 年 3 月 16 日。

② 方石：《对小资产阶级情调不能迁就》，《民主与法制》1981 年第 2 期。

③ 《遇罗锦离婚案始末》，《淮河晨刊》2009 年 6 月 12 日。

④ 王学堂：《遇罗锦离婚案，没有童话》，《法治周末》2012 年 9 月 27 日。

⑤ 方石：《对小资产阶级情调不能迁就》，《民主与法制》1981 年第 2 期。

⑥ 孔黎：《离婚问题要讲点道德和良心》，《民主与法制》1981 年第 2 期。

⑦ 金桔等：《对新的爱情婚姻观的严肃探索》，《民主与法制》1981 年第 2 期。

次婚，嫁了两个男人，破坏了某些人脑海中的从一而终的观念。①

尽管人们对她提出离婚争论颇多，但 1980 年《婚姻法》颁布 15 天后，遇罗锦离婚案便根据新法规做出判决。判决书说："十年浩劫使原告人遭受政治迫害，仅为有个栖身之所，两人即草草结婚，显见这种婚姻并非爱情的结合，婚后，原、被告人又没有建立起夫妻感情，这对双方都是一种牢笼。"② 由于蔡钟培上诉认为一审判决不公平，上级法院发回重审。1981 年，法庭重新审理，尽管增加了批评遇罗锦的语言，但是并没有阻止离婚："遇罗锦与蔡钟培婚后夫妻感情融洽和睦，后由于遇罗锦自身条件的变化、第三者插足、见异思迁，因此使夫妻感情破裂……经本院审理中调解，双方达成协议，自愿离婚。"③ 遇罗锦离婚成功是离婚"感情破裂"标准的胜利，在当时的社会环境下，遇罗锦以没有感情为理由提出离婚并公之于众，这需要莫大的勇气。遇罗锦只是当时知青提出离婚的一个典型，知青返城在当时引发了离婚小高潮。

随着高考制度的恢复，有的已婚者考上了大学，考上大学后身份变化引发的离婚是当时比较突出的现象。有的人成为大学生、研究生，认为身份提高了，前程可能更远大，他们产生了与配偶离婚的念头，大学生李蜀秦离婚事件在当时产生了较大的影响。

李蜀秦考上华中工学院研究生以后就与妻子黄正秀提出离婚。理由是"你是工人，我是研究生，地位不同了，身份不相称"。黄正秀给《中国妇女》编辑部写信反映了这件事，她认为发生这样的事情不仅造成家庭的痛苦，而且会对社会造成很坏的影响。④ 在向《中国妇女》反映问题的同时，黄正秀也向华中工学院反映了问题，还把事情反映到自己所在单位，黄正秀所在单位对此非常重视，也给华中工学院去信，要求对李蜀秦进行教育。华中工学院对此事也高度重视，不仅劝告李蜀秦与妻子和好，还派人对他离婚的事情进行调查，发现情况属实。由于李蜀秦并无悔意，执意离婚，学校决

---

① 李勇权：《我为什么愿当遇罗锦的诉讼代理人》，《民主与法制》1981 年第 4 期。
② 王学堂：《遇罗锦离婚案，没有童话》，《法治周末》2012 年 9 月 27 日。
③ 李响：《1980 年新〈婚姻法〉感情破裂，准许离婚》，《文史参考》2011 年第 18 期。
④ 黄正秀：《这样的研究生值得培养吗？》，《中国妇女》1979 年第 12 期。

定开除其学籍，将其退回原单位，以维护学校的教学秩序。[①]《中国妇女》编辑部刊发文章，认为"华中工学院的决定是正确的，它保护了妇女的合法权利，维护了社会主义公共道德，批判了剥削阶级的腐朽思想，必将在社会上起到普遍的教育作用"。[②]

在此事中，我们需看到，当李蜀秦提出离婚，黄正秀把事情公开处理，求助李蜀秦所在学校和自己的单位，甚至求助媒体阻止离婚。有关单位把李蜀秦离婚视为"公事"来处理。黄正秀所在单位也站出来为本单位职工发声。华中工学院对李蜀秦做了大量的工作阻止离婚，华中工学院在处理李蜀秦的决定中，把李蜀秦的行为视为道德品质有问题，是剥削阶级思想在作怪。《中国妇女》编辑部公开刊登有关来信，用这种方式表达对黄正秀的支持和对李蜀秦的批判。

从前文可知，80 年代初的离婚率对比 1978 年离婚率是翻倍增长，离婚率增长速度非常快，但是这个年代的人们离婚时也遇到了极大的阻力。正如李蜀秦离婚事件一样，在 80 年代的离婚事件中，不愿意离婚的一方往往求助单位或领导阻止离婚，往往指出对方存在思想觉悟和道德问题，离婚往往就被阻止了。在 1982 年，36 名妇女组成"秦香莲上访团"，联名写信给时任总书记胡耀邦，状告他们的"陈世美"丈夫，反映她们的丈夫纷纷借助《婚姻法》中的"感情破裂"条款提出离婚，也反映"第三者插足"，她们认为这是因为《婚姻法》存在漏洞，造成道德败坏的人以"感情破裂"为借口，想和妻子离婚，给家庭带来了不幸。她们认为《婚姻法》关于离婚条件的规定助长了某些人的道德败坏，丈夫想离婚也属于资产阶级思想。她们要求领导出面阻止她们的丈夫离婚，以维护完整的家庭。[③] 因离婚问题请求领导阻止离婚成为改革开放之初的一个典型现象，她们相信领导会干预，会阻止离婚。事实表明，在领导人的过问下，"秦香莲上访团"事件中的 36 名"陈世美"都没有实现离婚的目的。

---

① 华中工学院：《关于我院七八届研究生李蜀秦问题的处理决定》，《中国妇女》1979 年第 12 期。
② 编者：《华中工学院做得对》，《中国妇女》1979 年第 12 期。
③ 陈煜等：《1980："感情破裂"可以离婚了》，《书摘》2009 年第 2 期。

不仅是平民百姓，即使是领导干部因地位升高离婚，也会受到严厉的惩罚。胡某自从升职为湖北沔阳县毛嘴区委副书记后，嫌弃妻子，为达到离婚、另寻新欢的目的，企图和妻子离婚，妻子分别给省、地、县有关领导写信，揭发胡某，胡某被开除党籍，开除公职，留用查看两年处分。[①] 这件事反映了见异思迁的离婚在当时会受到严厉批判，而且会毁掉当事人的前途。离婚行为已经被上升到影响国家建设的不良风气，《中国妇女》曾评论胡某离婚事件，认为只有严肃处理此类事件，才能维护社会主义道德，树立社会主义的正气，巩固安定团结的局面，促进"四化"建设，封建主义、资本主义的歪风邪气才能刹住。[②]

离婚往往和政治觉悟、人品联系在一起，反对轻率离婚是社会主流声音。社会的主流话语是劝当事人和好，单位往往直接干预离婚，并和道德品质相联系，"有人一旦社会地位变化，诸如考入大学、当上研究生、出国留洋、提干、回城、平反、落实政策等等，于是此山望见那山高，见异思迁，过河拆桥。所有这一切丑恶行径，都违背和践踏了共产主义道德的基本准则，理应受到社会舆论的谴责"。[③] 1980 年，中宣部在关于做好《中华人民共和国婚姻法》宣传工作的通知中指出，"双方都应珍惜夫妻之间的感情，本着善意的态度，和好的愿望……在婚后生活中共同培植感情，不要轻易地采用离婚这样不得已的手段"。[④] 当时的人们经常引用马克思、恩格斯、列宁的话反对离婚，例如，"谁随便离婚，那他就是肯定任性"，为了增强说服力，人们还引用恩格斯痛斥考茨基轻率离婚的故事，说他是一个下贱坏，这是他一辈子干的最愚蠢的事情。离婚对家庭、子女、双方父母、亲友都会带来不幸和苦恼，还会给社会造成不和谐因素，结婚者"除非对方已经破坏了共同的理想，道德已经败坏，到了无法再维持爱情生活的情况下，一般不采取离异的方式"。[⑤] 这种离婚话语具有明显的政治色彩，要求个人爱情服从社

① 严纪：《今日"陈世美"受到党纪制裁》，《中国妇女》1980 年第 8 期。
② 严纪：《今日"陈世美"受到党纪制裁》，《中国妇女》1980 年第 8 期。
③ 张贤玉：《离婚的法律与道德评价》，《民主与法制》1983 年第 12 期。
④ 民政部基层政权和社区建设司编：《婚姻登记管理资料汇编（1950—2003.5）》，中国社会出版社，2003 年，第 38 页。
⑤ 朱英瑞：《树立无产阶级的爱情观》，《伦理学与精神文明》1983 年第 4 期。

会利益。改革开放之初，"违反道德"的离婚者大都会受到严厉的抨击和道德谴责，如"忠实于爱情，对自己的家庭有强烈的责任感，这是中华民族几千年的传统美德，这种美德在社会主义社会同样应该继承和发扬，见异思迁，'陈世美'思想，应该受到鄙夷、谴责"。[①]

从上文可见，单位能决定职工能否离婚，还能对当事人进行道德评判和行政处理。在当时的中国，离婚并不仅是个人的私事，单位也会把职工离婚视为有权干涉和管理的职责范围，要离婚，首先得有单位的许可。美国记者巴特菲尔德曾记载中国人离婚时被单位阻碍，一位备受人们尊重的中层干部已有妻室，但有一天竟被人发现他和本单位一名已婚妇女床上寻欢。在同事们看来，事情既然已经发生，最好能够息事宁人，而双方的配偶也已表示同意离婚，但是单位拒绝了那位中层干部的离婚申请。[②] 单位除了阻止职工离婚，还可能对当事人加以道德上的谴责和工作上的惩罚，当事人因此会遭遇工作上的困境。王万里在父母的包办下，与一位农村妇女结婚，后来王万里考上大学、分配到国家气象局，妻子认为他要变心，无理取闹，使他难以工作，而国家气象局的领导说他是"八十年代的陈世美，喜新厌旧，摧残妇女，道德败坏，这样的人还留在党内，是不能容忍的"，要对王万里除名，后因同事联名要求，中华全国总工会等单位干预，国家气象局收回除名决定，但把他调走了。[③] 从这些案例可以看出，当时司法部门和单位把离婚视为一种可以干预的"公事"，采取阻止离婚的态度，离婚者会遭遇极大的身心痛苦。

除了来自社会的阻力，试图离婚的当事人也遭遇着来自自身的观念阻力。尽管 1980 年《婚姻法》明确了"感情确已破裂"成为法定离婚标准，这为解除无感情的婚姻创造了客观条件，但当事人很难以感情破裂为理由提出离婚，即使是高级知识分子也不例外，个人观念阻碍着当事人做出离婚的选择。北京律师李勇极曾是 80 年代极力主张"感情说"的主要代表，他给

---

① 佳宁：《一个想当"现代陈世美"的人的苦恼》，《家庭》1986 年第 8 期。

② ［美］弗克斯·巴特菲尔德著，张久安等译：《苦海沉浮——挣脱 10 年浩劫的中国》，四川文艺出版社，1989 年，第 209 页。

③ 马竞：《男儿泪——一个现代"陈世美"的哭诉》，《民主与法制》1987 年第 4 期。

因为无感情提出离婚的当事人辩护，被人称为"主离派"。但是他本人却未能摆脱包办婚姻的不幸，他的婚姻是父亲包办的，父亲看到女方家只要200多块钱的彩礼，觉得挺便宜，便把亲定了。李勇极后来成了研究生，与妻子文化层次差距大，没有共同语言，但没有与妻子离婚，而是把农村的妻子调到北京，凑合着过日子。为什么不离婚？李勇极认为，虽然有了新《婚姻法》，但中国还没有到能把法律和道德分开的程度。他怕别人说自己是"陈世美"，另外，自己是"主离派"律师，如果自己离婚，可能就会有人认为自己主张"感情说"是为自己服务。为了维护自己的观点和事业的发展，李勇极选择维持家庭的完整。①

从上文可见，在 80 年代早期，由于国家实施拨乱反正的政策，很多人因此改变了经济或政治上的身份，夫妻之间的资源匹配发生失衡，很多人因此离婚了，这使 80 年代出现了离婚高潮。但此时的离婚行为也遇到了来自国家、社会、单位等方面的阻力，离婚者需要冲破种种阻力。

二、追求爱情引发的离婚

根据马斯洛的需求层次理论，人类的需求层次由低向高发展，依次是生理需要、安全需要、归属和爱的需要、自尊需要以及自我实现需要。当低层次的需要满足之后，人类就会追求更高一层次需要。② 改革开放后，人们的物质生活水平不断提升，吃、穿等基本的生理需要逐渐得到满足，在这个基础上，人们日趋重视精神文化生活的满足，在维系婚姻稳定的因素中，爱情被越来越多的人重视。爱情是什么？因为它的复杂性，人们对于爱情的定义众说纷纭，不过，爱情大致可以理解为两个人之间相爱的感情，在婚姻中，夫妻之间的共同语言、平等、尊重以及性生活等因素都可以影响对爱情的体验。

在中国人的婚姻中，爱情曾经长期被排斥。中国传统婚姻重视家族延续而轻视夫妻感情，在配偶选择上，重父母之命轻个人自主，在夫妻互动中，

①　苏晓康等著：《阴阳大裂变》，江苏文艺出版社，1987 年，第 34—36 页。
②　［美］马斯洛著，许金声等译：《动机与人格》，华夏出版社，1987 年，第 40—68 页。

重礼仪规范轻视平等相爱，在婚姻维系上，重家庭义务轻个人幸福。① 以无爱情为理由离婚为社会所不许。在共和国成立后的 30 年间，婚姻的政治色彩日趋浓厚，婚姻稳定被视为社会主义优越性的重要表现，爱情被视为资产阶级情调，以无爱情为由提出离婚也会遭受强烈批判。在以上婚姻中，社会排斥以爱情为由提出离婚，而且有相应的惩罚机制，实际上就是强调要忽略个人情感，婚姻应服从家庭、集体和国家的利益。改革开放后，爱情在婚姻中的重要性逐渐被社会接受，以爱情为由提出离婚的现象才逐渐凸显出来。

改革开放促进了人们对爱情的重视。伴随着婚姻政治色彩的褪去，婚姻逐渐回归私人领域，婚姻的生活化成为发展的趋势。并且，日趋现代化的文化也影响着人们的观念，"年轻夫妻一起看电视或唱卡拉 OK，同时也将当代文化里的价值观念与行为准则带进了自己的生活，在当代的价值观念中，浪漫爱情是在年轻人中传播最为迅速的新观念"。② 社会环境和观念的变化，逐渐改变了过去那种为国家、为社会、为宗族、为家庭而结婚的旧观念，人们越来越重视基于爱情的婚姻。

越来越多的人逐渐认识到爱情的重要性。据中国婚姻家庭研究会 1992 年对北京市 31167 个职工进行的调查，74.2%的人认为婚姻应当以爱情为基础。据黑龙江省婚姻家庭研究所对 1441 个农户的调查，64.5%的调查对象认为爱情是维系夫妻关系的最重要因素。③ 在农村，人们一般不谈"爱情"，农民习惯用"感情"表示类似于"爱情"的内涵。不同年龄段的人对爱情在婚姻中的重要性的认识也有差异，有的学者在 90 年代对中国婚姻质量进行调查时发现，在被调查对象中，认为"爱情"是维系夫妻关系的主要因素，30 岁以下者占 57.8%，31 岁至 40 岁之间者占 47.9%，41 岁至 50 岁者占 38.7%，51 岁以上者占 31.3%。④ 这一定程度上反映了越是年轻者越重视爱情对夫妻关系的积极意义。这一定程度上与青年人受传统观念影响较小，更

---

① 徐安琪等著：《中国婚姻质量研究》，中国社会科学出版社，1999 年，第 1—6 页。
② ［美］阎云翔著，龚小夏译：《私人生活的变革：一个中国村庄里的爱情、家庭与亲密关系（1949—1999）》，上海书店出版社，2006 年，第 109 页。
③ 中国年鉴编辑部：《中国年鉴》（总第 14 期），中国年鉴社、华嘉集团，1994 年，第 80 页。
④ 徐安琪等著：《中国婚姻质量研究》，中国社会科学出版社，1999 年，第 163 页。

重视夫妻之间的感情有关。文化层次越高的群体越注重感情因素。一项在大学生群体中进行的 5000 份问卷调查显示，对"维持婚姻的第一要素是什么"的回答，认为是"感情"的人占 95%，90% 以上的被调查者对"假若你同对方已失去感情，是否离婚"持肯定态度。[①]

随着社会不断变革，婚姻中的爱情因素在不断增多，这对婚姻的稳定性造成冲击。传统社会用遏制爱情的方法维护婚姻稳定，但这在改革开放时代已经行不通了。首先，遏制爱情的社会制度消失了，压制爱情的传统观念也逐渐淡化。另外，"婚姻只是性爱的形式之一，不是唯一的方式；婚姻既然是以爱情为基础（而不是以经济和社会的需要为基础），那么爱情消失的婚姻就容易破裂"。[②] 而且爱情也是男女双方之间的一种感觉，它是一个不断变化的过程，具有不稳定性，把一个并不稳定的变化的事物作为追求的目标，追求的过程就永远不会结束，男女双方为了维护爱情，把自己塑造成对方心目中的理想对象，就需要不停地调整和发展自己。鲁迅先生对爱情的存在曾有深刻的认识，他在《彷徨》中指出爱情必须时时更新、生长、创造。[③] 这句话指出了爱情具有不断变化、不稳定的性质，道出了爱情之花永不凋谢的奥秘，爱情的这种性质决定了追求爱情大概率会引发婚姻的动荡。

有的人经过恋爱结婚，但是婚后发现爱情消失了，这引发了离婚。例如著名影星潘虹离婚以后，曾经谈到夫妻相处的艺术，她认为相处时应朦胧一点，有一点距离，"要亲密，但不要无间……一旦没有了距离，分寸便丧失了，随后丧失的就是美德、自由感、彼此的宽容和尊重，最后是爱情了，以为结了婚夫妻就是一体，就会造成纠纷不断"。[④] 人们在婚前都会把自己最美好的一面展现给对方，结婚后，自我表现变成自我暴露，谨慎小心变成满不在乎。还有的人在事业上不求进取，生活上邋里邋遢，性格中的人性也暴露无遗，热烈的爱情冷却下来了，婚姻生活变得乏味，久而久之，对方或双方就可能产生一种失望感，爱情的消失成为这些人的离婚理由。很多人认为当

① 杨晓升：《当代大学生恋爱悲喜录》，《中国妇女》1991 年第 9 期。
② 张铭远：《黄色文明：中国文化的功能与模式》，上海文艺出版社，1990 年，第 75 页。
③ 鲁迅著：《呐喊　彷徨》，万卷出版公司，2015 年，第 225 页。
④ 胡必利：《潘虹坦言自己的情和爱》，《青年一代》1998 年第 12 期。

爱情已经消失，夫妻的缘分走到尽头，离婚变成了迫不得已的唯一选择，彼此解放对方，各自寻找自己的幸福，或许还不失为一种积极的人生态度。[①]这种观点认为因为爱情消失而离婚对双方会产生积极的影响，是对彼此的解放，还为彼此未来的幸福生活提供了可能，而且把这种情况的离婚上升到积极人生态度的高度。

有些人因婚外"爱情"离婚。他们的婚姻缺少爱情基础，结婚以后发生婚外情，自认为遇到了真爱而离婚。据不完全统计，从 1997 年到 1998 年，广东省离婚案有 11037 宗，其中半数以上是因为有"包二奶"或第三者而离异。[②] 人们结婚后，婚姻生活回归平淡，当结识了其他异性后就会与配偶对比，进而产生离婚的想法。在银行工作的丽丽，通过亲友介绍认识了一位医生，经过感情培养两人结婚，但是婚后丽丽发现丈夫生性木讷，虽对丽丽百依百顺恩爱万般，她对丈夫越来越不顺眼，还产生厌恶感。此时，她遇到了一个油腔滑调、衣冠楚楚的第三者，他有钱，也让丽丽享受到了一些虚荣和新奇，丽丽就决定离婚。[③]

有的人恋爱时以为遇到真爱仓促结婚，婚后发现并不了解对方。自由恋爱的青年人容易失去理性，以婚姻为目的的自由恋爱是双方为了婚姻"博弈"的过程，双方进行"讨价还价"，衡量互相的条件，当"博弈"实现了平衡，双方就可能对缔结婚姻达成一致意见，这就需要获取对方充足的真实信息。但是自由恋爱者很难获取足够的对方个人信息，恋爱时，双方总是掩饰自己的缺点，展示最好的一面，另外，恋爱双方基本上是两个人之间的互动，与建立家庭有关的信息收集不充分，例如对方的家庭状况、社交圈子、日常生活习惯，即使收集到部分信息，也很难判断优劣。当事人缔结婚姻建立在虚假信息的基础上，结婚后双方的各种信息都暴露无遗，双方真实"条件"的失衡很可能引起婚姻不稳定，甚至离婚。例如一位小伙子与一位女孩相识不久就结婚了，两人便打骂不休，犹如冤家。原来，小伙子婚后发现妻子并非处女，当他表示惊讶时，妻子却嘲弄他："傻冒！这年头你还想到哪

① 陶沙等：《离婚，怎一个"离"字了得》，《宁波日报》1994 年 4 月 9 日。
② 刘金铃等：《广东惩治"包二奶"一石激起千层浪》，《深圳法制报》2000 年 7 月 18 日。
③ 蓝田玉：《四个女人为何独身》，《青年一代》1998 年第 6 期。

儿找第一次?"① 就这样,苦心经营良久的"爱"的圣殿顷刻瓦解,两人的婚姻也就此解体。婚前轻率发生性关系或者未婚先孕可能导致当事人仓促结婚,难以全面了解对方,婚后才发现真相而导致离婚。例如某女青年,第一次与相亲对象约会时,就发生了性关系。两人在此后约会时不断发生性关系,女方怀孕了,俩人仓促结婚,婚后,女方才发现丈夫作风不正,② 这就为离婚埋下了伏笔。

有的人离婚是因为婚后对爱情产生了新需求,而对方难以满足自己的需求。受新时代文化的影响,某些曾经被否定的事情逐渐被视为爱情的应有内涵,例如性生活对婚姻的意义。

在传统社会,对性的禁忌主要是为了维护家族和家庭的利益,而不是考虑个人感受。在传统社会,否定性爱实际上是减少人们对个人的关注,增强人们对家族和家庭的关注,否定性爱就成为维护婚姻稳定的一种方式,因此,"传统的封建伦理便专门在这上面下功夫,'万恶淫为首'是社会最通行的道德标准"。③ "性"的合理性在于生殖,"不孝有三,无后为大","为后也,非为色也",似乎这只是为了生育后代不得已而为之的。奉行的是禁欲主义,所以,中国的夫妻"床上夫妻床下客","一日夫妻百日恩",夫妻之间有恩情,但是和爱情没有什么关系。中国人对性比较含蓄,即使心中认可其价值,但是往往也会表现得并不重视,怕引起别人的嘲笑,这是中国传统文化中对"性"不可言说的表现。在离婚时,公开提出因性离婚的人也会受到舆论的苛责。有人指出:"表面上,中国人显得特别淳朴岸然、风尚净洁,即西方人所说维多利亚时代那种道貌岸然、风化优雅。然而在这幅图景背后,却掩盖着严重的性爱沮丧和心情压抑。"④ 这比较深刻地揭露了中国人传统的性爱状态。

共和国成立后,"性"被着政治的色彩,进入"以阶级斗争为纲"的时

---

① 于诚:《为什么找不到一个纯情女孩——一个纯情男子的天问》,《中国青年》1997 年第 9 期。

② 石宝民:《广州青年婚姻恋爱观浅析》,《青年探索杂志》1983 年,创刊号。

③ 张铭远:《黄色文明:中国文化的功能与模式》,上海文艺出版社,1990 年,第 69 页。

④ [美] 弗克斯·巴特菲尔德著,张久安等译:《苦海沉浮——挣脱 10 年浩劫的中国》,四川文艺出版社,1989 年,第 169 页。

代，尤其是"文革"时期，"性"被赋予了服务政治秩序的重要意义，对性愉悦的关注往往被视为政治上的不正确，"革命者最守纪律，性却老是鼓动人去犯忌。革命者立场坚定，性却使他意志薄弱"。① 在这种社会氛围中，人们对婚内的性行为也产生了排斥感，美国记者巴特菲尔德在其回忆录中，记载了改革开放初期一位中国女性对婚内性生活的反感，她丈夫是军人，一年探家一次，"一回家就老看着我，我知道他想干什么。真烦死人了，他经常缠着我动手动脚，要摸身上，要摸乳房。我决不准他乱动，连摸手也不行，真让人恶心！"② 在实践中，如果有人以"性"为理由提出离婚，就会被认为是阶级立场出了问题或者思想觉悟不高，当事人会受到批判。

在改革开放后，人们有机会接触到性爱的各种新观念。西方性爱观念不断涌入，电视、电影等媒体传播的多元化性爱观念冲击着人们的思想，个体化的性爱观念不断增强，不仅以生育为目的传统性爱观念被削弱，社会主流价值观所倡导的性爱观念也逐渐弱化。

人们越来越重视婚姻中的性体验。人们逐渐认识到性不仅仅是为了生育，性愉悦和身心快乐成为性生活的新诉求，这在城市群体中的表现尤为明显。1996 年，徐安琪和叶文振对上海、哈尔滨、广东和甘肃 6000 多名已婚男女的调查发现，在回答"性生活对您来说是否重要"时，认为"很重要"的占 8%，"比较重要"的占 26.2%，"一般"的占 48%，"不太重要"和"不重要"的占 16.7%，"厌恶"的占 1%。③ 但是，根据中国人对"性"的态度分析，"一般"的态度往往也包含较大比例的"很重要"或者"比较重要"。所以总体来看，人们比较重视性生活，这无疑会影响到婚姻的稳定性。在北京的某项调查也显示，"在对婚姻质量发挥作用的 65 种因素中，性生活是否和谐，是第三位重要的。而对于'婚变'的可能性，这是第二位重要的"。④ 由于某些人对性的回避，因性离婚的实际数据肯定高于公开发布

---

① 潘绥铭著：《中国性现状》，光明日报出版社，1995 年，第 67—68 页。

② ［美］弗克斯·巴特菲尔德著，张久安等译：《苦海沉浮——挣脱 10 年浩劫的中国》，四川文艺出版社，1989 年，第 182 页。

③ 徐安琪等：《性生活满意度：中国人的自我评价及其影响因素》，《社会学研究》1999 年第 3 期，第 107 页。

④ 潘绥铭等著：《当代中国人的性行为与性关系》，社会科学文献出版社，2004 年，第 15 页。

的数据。

　　性生活不和谐导致离婚在农村也被公开提出。由于受传统观念的影响较为严重，农民离婚时，往往回避是性的原因，如果公开提出因性问题离婚，当事人往往会遭到来自社会舆论的压力，以至于在农村这个熟人社会中增加自己的生存难度。改革开放不仅减弱了舆论等外部因素对农民的约束力，而且也使农民的性观念日趋现代化。越来越多的农民尤其是妇女不再默默忍受性生活的不和谐，公开提出因性问题离婚。[①]

　　80 年代末，据瑞金医院对 200 位阳痿病人的调查，其中 97% 的病人，或者已离婚，或是正在办离婚手续，或是夫妻已经分居，或是夫妻关系十分冷漠，其中也不乏妻子婚外情的事例。[②] 透过这些数字可以看到，人们的性观念正在发生着强烈的变化：性，已经不仅仅是为了生儿育女，更重要的是为了追求快乐。它已经成为维系夫妻关系的一个纽带，一旦夫妻关系中得不到性满足，就可能会出现离婚或婚外偷欢两种结局。

　　离婚原因中的性因素不仅被公开提出，而且因性离婚的比例越来越高。夫妻由于性生活不和谐而影响夫妻关系，甚至导致家庭破裂的日益增多。据1984 年上海某区统计，由于性生活不协调而导致离婚的，占当年离婚总数的23%。[③] 当然这个数字是缩小了的，因为不少夫妻怕丢人而不说。1993 年《中国年鉴》记录，因性生活不协调的离婚者占 37.4%。[④]

　　对夫妻"文化共同体"的追求也成为导致离婚的重要因素。传统婚姻重视政治、经济因素的门当户对，政治色彩的婚姻重视出身、政治面貌等因素的匹配。因为结婚当事人择偶受制于外部因素的干预，当事人很难实现文化上的匹配。夫妻"文化共同体"包含的因素较广，例如心理融洽、平等、互相尊重、性格匹配、三观一致等内容，这些因素综合构成夫妻和谐的"文化共同体"的基础，这种诉求的婚姻是相对于"经济合作社"、"生育共同体"式的传统婚姻来说的，随着国家对教育、文化事业越来越重视，人们的受教

①　丁巍：《农村的中老年夫妇离婚为何多》，《人民日报》1988 年 7 月 2 日。
②　于培明：《悄悄兴起的情人风》，《青年一代》1989 年第 3 期。
③　刘达临：《不要把性问题神秘化——性社会学漫谈之一》，《家庭》1986 年第 1 期。
④　中国年鉴编辑部：《中国年鉴》（总第 13 期），中国年鉴社、华嘉集团，1993 年，第 363 页。

育水平和文化素质普遍提高，人们不再仅仅是出于生存和生育的考虑而结婚，意识到了"文化共同体"对婚姻幸福的积极意义，人们对夫妻"文化共同体"的诉求也就日趋增高。费孝通先生在《生育制度》里曾指出文化对夫妻和谐的重要性："婚姻并不只是生物的交配，它还是文化的交流。在个人讲，与一个生活习惯不太相同的人共同生活确有困难。"[①] 从择偶开始，人们就越来越重视双方在文化素质、心理、性格、价值观等方面的匹配，为结婚后夫妻关系的和谐打下良好的基础，这在第三章择偶的研究中有一定程度的体现。

对"文化共同体"的追求使夫妻之间的要求增高，进而增加了婚姻稳定的难度。正如罗素指出："越有文化的人，就越不能与他们的伴侣共享白头偕老的幸福。"[②] 但心理的融洽在很大程度上也是从文化基础上发展起来的。罗素还认为，有文化的男女会得到幸福，前提是双方平等，价值观相似，身体和肉体亲密无间。[③] 罗素的这个观点指出了夫妻在价值观上的相似对婚姻稳定性的作用，而这种相似在改革开放年代比较困难，因为社会的多元发展对夫妻双方的影响是有差异的，夫妻双方很难达到文化上的一致。

有人因为性格不合而离婚。性格是一种人格特征，它在一个人对待事物相对稳定的态度，以及和态度一致的习惯化的行为方式中表现出来。夫妻如果性格不合，例如一个人开朗活泼，另一方性格内向，一方重视精神追求，另一方看重世俗的物质追求，那么夫妻之间可能就会因为这种差异发生矛盾，缺少共同语言，经常吵闹。这很难说谁对谁错，而是性格反差造成双方无话可谈，从而失去家庭的乐趣和温暖，离婚就可能发生了。对北京城区离婚案件的统计显示，因性格差异导致的离婚占离婚案件总数的比例，1955年为7%，1965年为19%，1989年为39%。[④] 从数据来看，因性格离婚的比例越来越高，这说明人们对双方性格的和谐越来越重视。

有人因为在婚姻中没有得到尊重，甚至被家暴而离婚。例如上海市某区

---

①　费孝通著：《乡土中国　生育制度》，北京大学出版社，1998年，第144页。

②　［英］罗素著，靳建国译：《婚姻革命》，东方出版社，1988年，第91页。

③　［英］罗素著，靳建国译：《婚姻革命》，东方出版社，1988年，第96—97页。

④　北京市地方志编纂委员会编：《北京志·政务卷·民政志》，北京出版社，2003年，第389页。

法院女原告以丈夫暴力为起诉理由的比重，在 1955 年占 6%，1990 年为 39%。① 家庭暴力主要源于丈夫的大男子主义或者性情粗鲁、暴躁。天津市河西区从 1984 年 589 件离婚案中任意调阅了 100 案例卷，发现离婚的主要原因是封建意识，有 41% 的毒打妻子的丈夫都理所当然地认为这是作为丈夫的权力。②

从上文可见，追求爱情成为引发离婚的重要原因。但爱情本质上是一种个人化的情感冲动，这种冲动无法持久，往往始于颜值，陷于才华，两个人便产生了好感，这种行为往往并不关乎家族和家庭利益，这在传统社会是离经叛道。但是改革开放把传统制约因素逐渐弱化了，这为爱情的发生和发展创造了适宜的环境。基于爱情结婚的人们，当爱情消失，往往也会离婚。

无论是身份变化引发的离婚还是追求爱情引发的离婚，本质上都是夫妻双方的资源匹配发生严重失衡后，进而寻找替代资源的结果，而且越来越广泛的人际交往为婚姻替代资源提供了机会。改革开放使政治、经济、文化等领域发生变革，这种变革对人们的生活产生全方位的冲击，使夫妻双方的资源匹配发生了失衡。既有政治地位、经济状况等"硬件"因素的失衡，也有性生活、情感等"软件"因素的失衡。当一方的资源越来越具有优势的时候，夫妻双方资源的不匹配日渐明显，一方能提供的资源不能满足另一方的需求，一方吃亏的心理增强，这就往往为离婚埋下了伏笔。中国人民大学法学院教授杨大文认为，"社会生活和婚姻生活发生变化，使得现代人对婚姻质量的期望要远远高于上一辈人，一旦婚后的现实与婚前的期望产生矛盾并不可调和，离婚就是必然的选择"。③ 资源匹配失衡并不必然导致离婚的发生，但会成为离婚的隐患，若有强力的外部因素制约，离婚的概率便会降低。但是改革开放后，外部因素对离婚的制约逐渐弱化，离婚的发生便成为相对容易的事情。

无论是"硬件"失衡导致的离婚，还是"软件"失衡导致的离婚，实际

① 徐安琪：《中国离婚的现状、特点及其趋势》，《上海社会科学院学术季刊》1994 年第 2 期。
② 苏晓康等著：《阴阳大裂变》，江苏文艺出版社，1987 年，第 15—16 页。
③ 转引自辽阳市妇女联合会：《辽阳市"家和万事兴"和谐家庭论坛优秀论文集》，第 177 页。

上都是离婚者试图通过重组资源、重新实现资源匹配平衡的行为，这种行为表现的是离婚者对提升婚姻质量的诉求。

第二节　离婚自由度提升的动因

改革开放后，国家不断完善和发展离婚法规，这为促进离婚自由提供了法律条件；传统的离婚观念也随着社会发展逐渐淡化，这减少了离婚者的思想束缚，这是提升人们离婚自由度的两个显著因素。

一、婚姻法规对离婚自由的推进

婚姻法规规定着离婚的标准、方式、程序等内容，这直接影响着离婚自由的程度，从婚姻法规的发展变化来看，推动离婚自由度提升的内容主要表现在三个方面。

1. 判决离婚标准

判决离婚是指离婚当事人向法院提起离婚诉讼的离婚方式，这种方式是因为离婚者在离婚时对是否离婚、离婚中的子女、财产等情况安排发生分歧，需要法院进行裁决。经历了 1950 年《婚姻法》、1980 年《婚姻法》和2001 年《婚姻法修正案》，判决离婚标准的变化也大致分为三个阶段，即从"正当理由"到"感情破裂"再到"婚姻关系破裂"，离婚标准经历了从无到有，从宏观、笼统到具体、可操作，离婚标准的变化对离婚判决的方式和过程产生了直接的影响。

1950 年《婚姻法》没有明确判决离婚的理由和标准。在此后的中央人民政府法制委员会关于婚姻问题的解答中，也将离婚的理由归结为不能继续维持夫妻关系。但是在实践中执行的是"理由论"，即离婚需要有关部门认定的正当理由，而理由的正当与否由法官和有关单位来认定，而正当的离婚理由往往带有政治化的色彩。

改革开放后，随着婚姻政治色彩的淡化，婚姻向私人领域回归。1980 年

《婚姻法》在中国婚姻法发展史上首次把"感情破裂"写入婚姻法，也是法院判决离婚的唯一实质性条件。执行的是"破裂主义"的离婚原则，其意义在于在中国首次在法律上确定了"感情破裂"的离婚判决标准。但是，这条规定过于笼统，原则性强，在实践中不易执行。尽管 1980 年《婚姻法》确立了"感情破裂"的离婚判决原则，但是"感情破裂"的具体标准没有明确，一直处于模糊不清的状态，这实际上在离婚判决时，把裁量权交给了法官，如何判断"感情破裂"单凭法官的主观认定，造成法官在判决离婚时可能产生司法腐败，另外，法官的素质和水平直接影响到案件判决的合理性。事实证明，在 80 年代，法官更倾向于调解和好，或者判决不离，这既有法官对国家、社会政治环境的考虑，也有考虑自身政治安全的因素。所以，离婚当事人的感情状况不是判决离婚时考虑的主要因素，在很大程度上反而决定于法官是如何考虑的。所以，这就限制了离婚者的离婚自由。

1989 年，最高人民法院颁布了《关于人民法院审理离婚案件如何认定夫妻感情确已破裂的若干具体意见》，上述问题才得以解决，该《意见》把"感情确已破裂"总结为十四种情况，被称为"十四条"，具体内容如下：

（1）一方患有法定禁止结婚疾病的，或一方有生理缺陷，或其他原因不能发生性行为，且难以治愈的。（2）婚前缺乏了解，草率结婚，婚后未建立起夫妻感情，难以共同生活的。（3）婚前隐瞒了精神病，婚后经治不愈，或者婚前知道对方患有精神病而与其结婚，或一方在夫妻共同生活期间患精神病，久治不愈的。（4）一方欺骗对方，或者在结婚登记时弄虚作假，骗取结婚证的。（5）双方办理结婚登记后，未同居生活，无和好可能的。（6）包办、买卖婚姻，婚后一方随即提出离婚，或者虽共同生活多年，但确未建立起夫妻感情的。（7）因感情不和分居已满三年，确无和好可能的，或者经人民法院判决不准离婚后又分居满一年，互不履行夫妻义务的。（8）一方与他人通奸、非法同居，经教育仍无悔改表现，无过错一方起诉离婚，或者过错方起诉离婚，对方不同意离婚，经批评教育、处分，或在人民法院判决不准离婚后，过错方又起诉离婚，确无和好可能的。（9）一方重婚，对方提出离婚的。（10）一方好逸恶劳、有赌博等恶习，不履行家庭义务、屡教不改，夫妻难以共同生活的。（11）一方被依法判处长期徒刑，或其违法、犯罪行为严重伤害夫妻感情的。（12）一方下落不明满二年，对方起诉离婚，经公告查找确无下落的。（13）受对方的虐待、遗弃，或者受对方亲属虐待，或虐待对方亲属，经教育不改，另一方不谅解的。（14）因其他原因导致夫妻感情确已破裂的。①

"十四条"使"感情破裂"标准模糊不清的状况得以改变，这让法官在处理离婚案件时有了明确的参考标准，从而判决时更趋于客观，减少了主观性。倾向阻止离婚的判决随之减少，离婚变得更加容易，当事人的离婚自由得到更多的尊重。例如第六条的规定，只要是包办、买卖婚姻，或者没有夫妻感情，当事人就可以提出离婚，这种规定最大限度地尊重了当事人是否离婚的意愿。这在大多数人甚至法官观念中没必要提出离婚，这条规定主要是出于尊重当事人感情的考虑。

"十四条"是离婚感情破裂原则和过错原则的结合。体现"感情破裂"的如第二、五、六、七、十一条，体现"过错"的如第一、三、四、八、九、十、十三条。尽管离婚判决"感情破裂"的标准具体化，但也给法官留下了主观判断的空间，例如第十四条，这有助于法官既客观还人性化的离婚判决。这两种原则的结合，是原则性和灵活性的结合，既给了法官一定的自由裁量权，也给出了较为具体的离婚判决标准。在处理离婚案件时，既一定程度上尊重了离婚者的意愿，也可以让法官发挥主观能动性，做出既合法又合情的判决。另外，"十四条"对离婚当事人来说也有了可以参照的具体标准，对自己的权利有了明确的认知，可以说是离婚判决标准的进步。

"十四条"不仅对于法官判案来说更具有可操作性，对于离婚当事人来说，也明确了离婚的条件，而且这些条件越来越得到完善。例如第七条"因感情不和分居已满三年，确无和好可能的"。② 在2000年的《婚姻法修正案（草案）》中，关于分居的条款已经改为"因感情不和分居满二年的"被视为感情确已破裂，分居的时间缩短了一年。这也是为了呼应人们对分居满三

---

① 王怀安等主编：《中华人民共和国法律全书》（增补本），吉林人民出版社，1990年，第62—63页。
② 何君主编：《婚姻法一本全》，中国法制出版社，2004年，第147页。

年产生的意见，例如在全国妇联进行的一次 4000 份抽样调查中，公众认为，夫妻分居平均 15. 78 个月，就应当离婚。男性认为分层平均 16. 34 月，女性认为分居平均 15. 27 个月，就应当离婚。从此次调查看来，女性更不愿意分居时间太长，造成婚姻关系长期无法确定。当然，也有 5. 3% 的人认为，无论分居多长时间都不应该离婚。①

2001 年的《婚姻法修正案》继续完善了离婚条件，使离婚条件更加具体化，增强了离婚判决标准的可操作性。法案第三十二条规定："有下列情形之一，调解无效的，视为感情破裂。"它采用了例示主义原则，规定了准予离婚的五种法定情形："重婚或有配偶者与他人同居的；实施家庭暴力或虐待、遗弃家庭成员的；有赌博、吸毒等恶习，屡教不改的；因感情不和分居满二年的；其他导致夫妻感情破裂的情形。一方被宣告失踪，另一方提出离婚诉讼的，应准予离婚。"② 这条规定延续了 1980 年《婚姻法》的"感情破裂"的离婚判决标准，弥补了 1980《婚姻法》的离婚条件过于笼统和过于原则化，法律难以操作的不足，而且弥补了离婚"十四条"的不足。这使判决离婚的标准更加客观、具体。这些法定情形的规定使法院判决离婚更具可操作性，而且离婚当事人对离婚的标准更加清楚，有利于进一步保障当事人的离婚自由。这体现了"破裂主义为主，过错主义、目的主义相结合的离婚原则"。③ 新原则的确立，并未完全否定之前的原则，对离婚的考虑既全面还人性化。此时，离婚的法定判决标准进一步从主观向客观发展，感情破裂标准具体化为五种客观的标准，使离婚法定理由的具体化，有利于进一步克服法官运用法律时的主观随意性，增加了法定离婚条件的透明度，在实践中也提升了当事人的离婚自由度。"既可以限制法官的恣意、减轻法官的负担，也可以防止社会主义道德对离婚自由的绑架"。④ 1980 年《婚姻法》确立了离婚"感情破裂"的离婚判决原则，随后具体执行标准从无到有，并且离婚标

---

① 田鹰：《离婚不必等三年》，《中国妇女报》2000 年 11 月 16 日。
② 民政部基层政权和社区建设司编：《婚姻登记管理资料汇编（1950—2003.5）》，中国社会出版社，2003 年，第 112 页。
③ 奚晓明主编：《解读最高人民法院司法解释之民事卷》（上），人民法院出版社，2011 年，第 184 页。
④ 朱丽娟等：《从传统到现代的嬗变——新中国离婚自由规定的变迁》，《法制与社会发展》2011 年第 2 期。

准日趋具体化，这使离婚判决越来越容易，体现了国家对离婚自由的不断推动。当然，列举的这些情形不是绝对的离婚理由，即使符合这些情形，如果调解和好也可以不离。这种修改显示出了社会的公正与文明，从理论上说，男人或女人都可能存在这些情况，不仅是针对男性，也是针对女性，以同等的分量保护了婚姻中的男人和女人，有助于促进男女平等，受到了人们的欢迎。

2. 登记离婚制度

登记离婚就是协议离婚，离婚双方自愿离婚，并就子女、财产等事项达成协议后，到婚姻登记机关办理离婚手续，解除婚姻关系的制度。登记离婚充分体现了离婚双方的意愿，该制度的变化体现了离婚自由度的变化。1950年《婚姻法》和1980年《婚姻法》对于登记离婚制度都有相关规定。共和国第一部《婚姻法》高度重视婚姻自由的原则，尊重当事人离婚自由，1950年《婚姻法》和1980年《婚姻法》都有登记离婚的规定，规定离婚者系自愿离婚，到婚姻登记部门申请离婚，经查明离婚者对子女、财产等问题已经达成妥善安排的协议，婚姻登记部门便发给离婚证。并且，以上两部《婚姻法》都规定了登记离婚制度的保障内容，例如对弱势群体的保护，1950年《婚姻法》规定："女方怀孕期间，男方不得提出离婚；男方要求离婚，须于女方分娩一年后，始得提出。但女方提出离婚，不在此限。"[①] 1980年《婚姻法》也规定："离婚后，一方抚养的子女，另一方应负担必要的生活费和教育费的一部或全部，负担费用的多少和期限的长短，由双方协议；协议不成时，由人民法院判决。"[②] 这种规定对于保护离婚协议中弱势一方的权益具有积极意义，因为离婚协议的达成也可能会出现某一方不自愿，而被另一方逼迫达成协议的情况，《婚姻法》对登记离婚的保障性规定保护了当事人的离婚自由。

除了《婚姻法》，国家还出台了婚姻登记办法。1955年，内务部出台的

---

① 民政部基层政权和社区建设司编：《婚姻登记管理资料汇编（1950—2003.5）》，中国社会出版社，2003年，第3页。

② 民政部基层政权和社区建设司编：《婚姻登记管理资料汇编（1950—2003.5）》，中国社会出版社，2003年，第24页。

《婚姻登记办法》规定了登记离婚的两个条件，一是离婚者自愿离婚，二是离婚者已经适当安排了子女和财产。[①] 1986 年，民政部颁布的《婚姻登记办法》第七条对登记离婚的规定，除了上述两个条件之外，增加了离婚者"必须双方亲自到一方户口所在地的婚姻登记机关申请离婚登记。申请时，应持居民身份证或户籍证明和结婚证"。[②] 与 1950 年《婚姻法》、1980 年《婚姻法》、1955 年《婚姻登记办法》的有关规定相比，这条对协议离婚的规定更具体了，例如要求当事人亲自去登记，需要带有关的身份证件，而且若存在没有达成协议的事情，婚姻登记机关不受理。这进一步确认了离婚的真实性，保护了离婚者尤其是弱势一方的离婚自由。而且，登记机关对有关内容的真实性进行核实，例如 1986 年《婚姻登记办法》规定，离婚者应如实提供婚姻等机关必须了解的情况。[③] 这进一步保障了离婚当事人达成协议的真实性，有助于保障离婚当事人行使离婚自由的权利。

与 1986 版《婚姻登记办法》相比，1994 年 2 月 1 日国家出台的《婚姻登记管理条例》对离婚者办理离婚登记时提供的材料规定得更加具体，离婚者必须持有"户口证明、居民身份证、所在单位、村民委员会或者居民委员会出具的介绍信、离婚协议书和结婚证"。[④] 从材料来看，既能确认离婚者系合法夫妻，离婚时对子女和财产已经妥善安置，而且各自的单位也已经知晓，与此前有关法规对登记离婚的规定比较，提供的材料多了，而且全面，一定程度上可见国家对离婚的管控力度有加强的意味。而且做了更详细的协议离婚保障规定，例如审查离婚者的离婚申请，第十七条规定："离婚的当事人一方不按照离婚协议履行应尽义务的，另一方可以向人民法院提起民事诉讼。"[⑤] 这一条保障了离婚协议能得到落实。第十八条规定直接拒绝受理不

---

① 民政部基层政权和社区建设司编：《婚姻登记管理资料汇编（1950—2003.5）》，中国社会出版社，2003年，第 143 页。

② 民政部基层政权和社区建设司编：《婚姻登记管理资料汇编（1950—2003.5）》，中国社会出版社，2003年，第 152 页。

③ 民政部基层政权和社区建设司编：《婚姻登记管理资料汇编（1950—2003.5）》，中国社会出版社，2003年，第 152 页。

④ 民政部基层政权和社区建设司编：《婚姻登记管理资料汇编（1950—2003.5）》，中国社会出版社，2003年，第 168 页。

⑤ 民政部基层政权和社区建设司编：《婚姻登记管理资料汇编（1950—2003.5）》，中国社会出版社，2003年，第 168 页。

符合条件的离婚申请：没有结婚登记的，不是双方提出自愿离婚，而是一方提出离婚；没有安排好如何抚养子女，财产、债务没达成协议，对于有经济困难、限制或无行为能力的一方也没有达成帮助的协议。① 这些不能受理的条款是对弱势一方离婚后的保障，同时规定未办理过结婚的也不受理，这一条规定，比之前的《婚姻登记办法》是一大进步，有助于促进结婚登记，减少违法婚姻。从 1994 年《婚姻登记管理条例》这个文件的名字看，"管理"的意味增强了，从内容上看也的确如此。从内容上看，对离婚登记的规定更加具体，保障措施更加完善。这种变化与国家对婚姻领域的态度有关，改革开放以后，婚姻领域的离婚现象日益凸显，离婚原因日趋多样化，违法婚姻也层出不穷，国家出于维护社会秩序的需要，也随之加强了对婚姻领域的管理。

但也要看到，1994 年《婚姻登记管理条例》依然是原则性强，但不易执行。例如随着社会发展，人们的财富日趋多样化在离婚的时候已经是较大的难题，该《条例》对大宗财产没有进行规定。另外，该《条例》规定了，婚姻登记管理部门审查离婚申请，"自受理申请之日起一个月内，对符合离婚条件的，应当予以登记，发给离婚证，注销结婚证"。② 规定了一个月的审查时间，既是为了登记机关的慎重处理离婚，也是为了给离婚当事人一定的时间慎重考虑离婚问题，避免一时冲动地轻率离婚。但是，如果仅仅给出一个月的时间，而没有其他的配套措施，这也很难保障离婚时的慎重。再如该《条例》规定，离婚协议书应当写清楚要帮助经济上困难的一方，要抚养照顾好子女，以保护妇女和子女的合法权益。但是这条规定显得过于原则性，没有规定经济帮助、保护妇女和子女的合法权益的具体措施，这就造成执行时会遇到困难。

2001 年《婚姻法修正案》第三十一条重申了登记离婚的条件：对子女和财产达成妥善安排的协议。这相对之前并无发展，但是，关于协议离婚在执

---

① 民政部基层政权和社区建设司编：《婚姻登记管理资料汇编（1950—2003.5）》，中国社会出版社，2003 年，第 168 页。

② 民政部基层政权和社区建设司编：《婚姻登记管理资料汇编（1950—2003.5）》，中国社会出版社，2003 年，第 168 页。

行时的保障进行了具体化的规定，例如 1994 年《婚姻登记管理条例》第二十八条规定对"不符合婚姻登记条件的当事人撤销婚姻登记，收回婚姻登记证书"。[①] 这就是作了撤销婚姻登记的规定，但是这条规定并不具体，难以执行。所以，在 2001 年《婚姻法修正案》中就设立了无效婚姻制度："重婚的；有禁止结婚的亲属关系的；婚前患有医学上认为不应当结婚的疾病，婚后尚未治愈的；未到法定婚龄的。"[②] 这就使 1994 年《婚姻登记管理条例》中的"不符合婚姻登记条件"有了可以具体执行的依据。而且 2001 年《婚姻法修正案》增加了登记离婚的保障措施，例如第十七条对哪些是夫妻共同财产的规定，第十八条哪些属于夫妻一方的财产，第十九条夫妻可以约定财产的归属。这些规定为登记离婚时减少争端大有裨益。

登记离婚制度减少登记时的要求条件成了一种趋势，进入 21 世纪，这种趋势依然在发展。2003 年 10 月 1 日国务院颁布了《婚姻登记条例》，对登记离婚又进行了发展，第十一条规定：办理离婚登记的内地居民只要出具本人的户口簿、身份证、结婚证、双方当事人共同签署的离婚协议书。[③] 从这一条规定可见，对协议离婚者要求出具的证件减少了，不再要求出具所在单位、村民委员会或者居民委员会出具的介绍信。这就简化了协议离婚程序，更加尊重当事人的意愿，减少了外界对离婚当事人的干预，并且更加有效地保护了离婚者的隐私权。而且，第十二条规定，不受理属于无民事行为能力人或者限制民事行为能力人的登记离婚，这是对某些特殊人群，例如精神病人和智力低下者等限制行为能力人的保护。离婚登记制度越来越以人为本，尊重人性，重视保护弱者。

从《婚姻登记条例》这个文件名称也可以看出变化的趋势。比 1994 年《婚姻登记管理条例》少了"管理"两个字，《婚姻登记条例》也删除了对婚姻登记机关和婚姻登记员监督管理的内容，用相对人性化的方式，例如可撤

[①]　民政部基层政权和社区建设司编：《婚姻登记管理资料汇编（1950—2003.5）》，中国社会出版社，2003 年，第 170 页。

[②]　民政部基层政权和社区建设司编：《婚姻登记管理资料汇编（1950—2003.5）》，中国社会出版社，2003 年，第 110 页。

[③]　全国人大常委会法制工作委员会审定：《中华人民共和国常用法律法规全书 2012 年修订版》，中国民主法制出版社，2012 年，第 198 页。

销婚姻、无效婚姻、补办登记来代替某些撤销登记以及行政处罚，这一定程度上也代表着国家对婚姻领域生硬的"管理"色彩的淡化，"服务"的理念逐渐增强，体现了政府职能的转变，体现了全心全意为人民服务的宗旨，这也是司法为民理念的增强。

3. 离婚调解制度

离婚调解制度在共产党早期的婚姻制度历史上就是一个突出的特征。对于当事人有争议的离婚，调解是重要的程序，黄宗智认为："毛主义法律制度的一个核心主张是让调解构成整个制度的基石。"[①]

新中国第一部《婚姻法》就强调了离婚调解制度。1950 年《婚姻法》规定，对离婚事件的处理，或者是先是经过政府调解，然后由法院处理；或者是直接由法院受理离婚案件的诉讼，但是法院也必须对离婚当事人进行调解。无论是哪种方式，调解都是必经的程序。1950 年《婚姻法》没有规定具体的离婚标准，这为政府或法院进行调解创造了条件，而实践中执行离婚必须有正当理由，而何为正当理由的解释权也在政府或法院。1980 年《婚姻法》首次确立了"感情破裂"的离婚判决标准，但"感情确已破裂"的标准并未明确，判不判离婚的主动权依然掌握在政府或法官手里，离婚当事人事实上缺乏离婚的自主权，离婚自由尽管在《婚姻法》中有规定，但是当事人的离婚自由并未得到真正的尊重，在较长的时期内，婚姻登记部门或法院依然倾向调解不离婚。这种情况直到 1989 年"十四条"出台才得到较好的解决。

离婚调解存在于三种情况之中，除了诉讼离婚、协议离婚中的调解之外，当事人还可以寻求诉讼外的调解。《婚姻法》规定一方要求离婚的，可由有关部门进行调解，有关部门包括居委会、企事业单位等基层组织。离婚调解的执行者包括法院、农村集体组织、城市单位以及居委会等组织机构，这些工作单位和生活管理部门都可以干预离婚，他们控制着离婚者的离婚手续，掌握着人们的生存资源，所以，他们有能力采取各种方式调动资源促使

---

① ［美］黄宗智：《离婚法实践——当代中国民事法律制度的起源、虚构和现实》，黄宗智主编：《中国乡村研究》（第四辑），社会科学文献出版社，2006 年，第 46 页。

离婚者和好。从改革开放初期的离婚案件来看，不愿离婚的当事人往往诉诸有关单位，要求进行调解，目的是请求阻止离婚，有关单位也的确发挥了阻止离婚的作用。

法官和有关单位会采取措施阻止离婚。法官们对离婚的基本态度是：我们的责任是教育人民，而不是打击人民。[①] 调解和好的方式既有好言相劝，进行思想教育，也有强制性的措施，对离婚当事人施加经济或政治压力。例如一位法官劝告女方撤回离婚起诉，他还暗示，离婚将造成经济上的浪费。一对夫妻占用两套住房，两套购粮证，会使一个拥挤的城市难以承受。[②] 离婚者的单位往往也会在工作、晋升、资源分配等方面施加压力阻止当事人离婚。

尽管《婚姻法》逐渐完善了尊重离婚自由的内容，但在实践中执行有难度。一是离婚大多情况下被视为与腐朽思想有关；二是法官思想上有顾虑，怕判决离婚引发不良的社会反应，对自己产生不利影响；三是1980年《婚姻法》确立了"感情破裂"的离婚判决原则，但是缺少具体执行标准。即使法官认为感情破裂的夫妻，调解无效时应判决准予离婚，但"感情破裂"未规定具体的执行标准，全凭法官的主观认定。而法官受社会环境和自身观念的影响，大多倾向调解和好和阻止离婚。1986年，北京市经调解和好的婚姻有720对，占申请离婚总数的21.8%；1987年771对，占18.8%；1988年892对，占17.2%；1989年1009对，占16.2%；1990年1627对，占申请离婚总数的21.6%。[③] 数据表明了调解和好的离婚案占有相当大的比重。

鉴于以上原因，调解和好成为离婚调解的基调，在80年代，离婚的阻力依然很大，即使离婚当事人感情确已破裂，他们也很难以此为理由实现离婚。

随着社会发展，调解过程越来越尊重离婚当事人的意愿。离婚调解制度

---

① ［美］弗克斯·巴特菲尔德著，张久安等译：《苦海沉浮——挣脱10年浩劫的中国》，四川文艺出版社，1989年，第226页。

② ［美］弗克斯·巴特菲尔德著，张久安等译：《苦海沉浮——挣脱10年浩劫的中国》，四川文艺出版社，1989年，第227页。

③ 北京市地方志编纂委员会编：《北京志·政务卷·民政志》，北京出版社，2003年，第389页。

始终存在，但是调解的目的、方式都在变化，让双方和好的目的仍然存在，但在当事人双方感情破裂的情况下，主要调解当事人顺利离婚，而不是为了阻止离婚。那种无视当事人感情实际，一味阻止离婚的状况逐渐改变，调解的目的是避免当事人一时冲动，考虑欠妥而离婚。当离婚者确无感情，促进双方和谐地离婚，这也是调解的目的。另外，调解也是为了促使当事人离婚时的争端能顺利解决，尤其是在财产、子女问题上的争端。

在处理离婚案件的时候，法院的调解程序逐渐简化。这种变化一定程度上和离婚案件数量急剧增加有关，主要负责审理离婚案件的朝阳区法院简易法庭的三名法官，最多的一天曾审理了 40 起离婚案件。[1] 另外，法官对离婚的认识也逐渐改变，"宁毁十座庙，不毁一桩亲"的传统观念逐渐淡化，F 法官（1960 年出生，山东人，法官）的认识一定程度上反映了这种变化："长期的办案实践使我们认识到，只要离婚双方一致自愿同意离婚，并且对子女和财产做了合理的处理，我们就应当尽快地让当事人离婚，不能人为的设置离婚障碍，婚姻法规定法官在审理离婚案时要进行调解，但是调解不能演变成阻止，没有感情的夫妻很难在一起生活，还不如离婚好。"在这种认识下，法院的调解程序常常被省略，直接判决离婚。例如 2000 年何先生与妻子去法庭离婚时，工作人员看了他们的离婚协议，很干脆地说："把结婚证拿来，交 800 块钱就办离婚证！"[2] 从此事可见，法官没有劝解离婚当事人和好，把调解的程序都省略了，仅仅是想快些为当事人办理离婚手续。离婚者也非常欢迎这种简易的离婚程序，因为这的确很方便。例如北京的"便民法庭"，所有受理的案件均在当日开庭、当日审结，最快的从开庭到结案仅用了 20 分钟，深受当事人的欢迎。[3] 除了结案时间快，"法院手续简单，不需要当事人所在单位开具证明，可以较好地保护当事人的隐私"。[4] 另外，在人们的观念中，法院结的离婚案似乎更具法律效力，离婚当事人的合法权益能够得到更好的维护。

---

[1] 汲传排：《今年北京离婚案数量剧增　法庭门口排队离婚》，《大河报》2000 年 11 月 24 日。

[2] 贺丽嘉：《离婚咋这么容易?》，《西南工商报》2000 年 7 月 4 日。

[3] 许可：《便民法庭"方便"办案》，《大河报》2000 年 5 月 16 日。

[4] 汲传排：《今年北京离婚案数量剧增　法庭门口排队离婚》，《大河报》2000 年 11 月 24 日。

从离婚调解的变化可见，当事人的意愿越来越得到尊重，离婚调解制度的变化反映了政治氛围的变化和法官观念的变化。法官思想上的顾虑逐渐消失，在 80 年代，如果判离，法官害怕自己被认为阶级立场有问题，至少被人认为工作不积极，没有阻止离婚。出于自身政治安全的顾虑逐渐消失了，正如北京右安门法庭庭长刘海红所说，《婚姻法》已经规定了离婚自由，如果为离婚设置人为的障碍，不符合法律的要求，"法院的职能就是裁定是非，没有必要干涉当事人的自主意愿"。① 还有关键的一点，随着社会的发展，人们为了个人幸福，维持不幸福婚姻的思想日趋淡化。1950《婚姻法》、1980 年《婚姻法》和 2001 年《婚姻法修正案》都规定当一方要求离婚的，可由有关部门进行调解。但是，离婚者要求调解的越来越少，有人认为，离婚者到对方工作单位要求领导调解已经是不正常的事情了，人们的观念转变了，越来越少的人以此途径维护婚姻，所以，对于离婚有关的调解规定，"《婚姻法》的这条规定从立法角度而言已经没什么意义"。② 即使法官阻止当事人离婚，调解和好的效果越来越不理想，实际上这使法官往往费力不讨好，尊重离婚当事人的意愿，调解离婚成为更好的选择。"调解离婚"的案子 1980 年为 139926 件，1985 年为 227480 件，1990 年为 388456 件，1992 年为 402847 件。③ 此数据的上升表明，法院的离婚调解工作日趋尊重当事人的意愿，而不是阻止和维护不幸福的婚姻。

另外，协议离婚手续也逐渐简化，北京和上海在这方面走在前列。北京市民政局婚姻登记处推出了一项新举措：民政部门不再对当事人进行调解，只要手续全，三天就处理完原来 30 天才能处理完的协议离婚。④ 北京市的不少法院不再让离婚者提供单位证明，使用简易程序，有时只用几十分钟就能终结一段婚姻，例如李女士和张先生在拿到离婚裁判文书后，都感觉离婚太容易了，甚至不禁对婚姻的神圣和庄严产生怀疑。⑤ 上海市在简化协议离婚

---

① 蔡敏：《离婚，还要不要调解》，《中国妇女报》2002 年 4 月 25 日。
② 蔡敏：《离婚，还要不要调解》，《中国妇女报》2002 年 4 月 25 日。
③ 张：《中国 1980—1992 年诉讼离婚状况》，《社会学研究》1993 年第 5 期。
④ 蔡敏：《离婚，还要不要调解》，《中国妇女报》2002 年 4 月 25 日。
⑤ 王小星：《从立案到裁决仅需几十分钟　"快速离婚判决"有争议》，《人民日报》2000 年 8 月 30 日。

手续方面也推出了新的措施，从 2000 年 1 月起，该市民政部门离婚登记将不再要求离婚者出示住房、户口去向的相关证明。离婚者将不必为户口落实而在派出所、离婚登记等部门来回奔波，也不必因为"分居住房"这沉甸甸的四字继续承受死亡婚姻。2000 年 1 月 1 日《上海市婚姻登记管理办法》修改后，夫妻双方只要妥善安排好住房即可离婚，民政部门不再把离婚的事情通知离婚者的单位和户籍所在地，市民政局婚姻登记处的工作人员认为：这样一来，既减少了市民办理离婚登记的诸多麻烦，更体现出如今离婚登记自由、保护他人隐私的以人为本崭新理念。① 另外，该文件关于"分居住房落实"内容也进行了修改，原《办法》规定，离婚当事人的《自愿离婚协议》中应当写明"分居住房落实等协议事项"，修改为"住房安排等协议事项"，这一修改进一步体现了婚姻自由，为离婚自由、解除死亡婚姻扫除了障碍。这是因为原《办法》颁发时，上海市住房仍较紧张，如果离婚当事人未落实分居住房，很容易造成社会的不稳定因素。因此，根据上海市的情况，原《办法》要求离婚当事人必须在离婚协议中写明分居住房落实情况，而离婚必须落实住房在具体操作上存在着相当的复杂性，离婚当事人经常会遇到住房无法分割，父母不同意户口迁回等问题，给当事人的离婚造成了一定障碍，使得许多感情确已破裂的当事人想离婚却离不成。随着时间推移，上海市住房紧张状况已经缓解，"分居住房落实"已无必要，国务院《婚姻登记管理条例》中也只明确对"子女抚养、生活困难的经济帮助、财产及债务处理等协议事项"，没有分居住房落实这一条，并且，婚姻登记机关受职能所限，只就当事人提供的自愿离婚协议书面审查。所以修改后的《办法》规定，离婚当事人只需在离婚协议书中表明住房事项达成协议，不要求写明分居住房的具体落实情况。另外，关于当事人离婚一事，也不再通知其单位和户籍管理部门。修改后的《办法》删去了原《办法》中的"婚姻登记机关在双方当事人取得离婚证后，应当通知双方当事人所在单位和所在地的户籍管理体制部门"的内容。这是因为随着社会的进步，人们普遍认为离婚这一事实是公民的隐私，他人无权侵犯。此外，上海市居民流动较大，工作单位不

---

① 《上海：办离婚手续简单了》，《大河报》2000 年 1 月 21 日。

固定、人户分离现象普遍，当事人离婚后通知单位和户籍管理部门已没有多大的实际意义。同时《婚姻法》和国务院《婚姻管理条例》无此规定。据悉，人民法院在调解离婚时，一般也不通知当事人的单位，更不通知户籍管理部门。[①]

协议离婚制度的有关规定充分体现了离婚当事人的意思，自主决定离婚，自己为自己的行为负责，简化了离婚手续，保护了离婚当事人的离婚隐私，可以有效防止有关单位干涉婚姻自由。

总之，改革开放后的离婚制度不断提升了离婚自由度。无论是离婚条件、离婚程序等内容都得到完善，国家在离婚制度上逐渐增强了可操作性，提升了离婚自由的程度。这一定程度上体现了国家治理社会理念的变化，离婚制度从法律管制向法律服务转向，在这个转向中，国家重视婚姻的社会性，在离婚制度中重视保障离婚者的权益，维护社会和家庭的稳定，作为国家上层建筑的婚姻法理应如此。同时，也重视满足人们对离婚自由的追求，在离婚制度上不断减少对离婚当事人的限制，重视以人为本，以保障离婚者的离婚自由度。

二、离婚观念趋向自由

改革开放后，人们的离婚观念主要受两种因素约束。一种是传统的婚姻观念。经历了数千年的沉积，传统的婚姻观念非常稳定、顽固，主要表现在妻子要对丈夫从一而终，正如《礼记》所说："一与之齐，终身不改。"离婚需要由丈夫同意，也就是休妻，这种离婚有明显的压抑女性的特征，离婚往往被视为不光彩的事情，离婚者往往被着上失败者的色彩。另一种是改革开放后集体主义价值导向的离婚观。国家认可离婚自由，但是由于国家把婚姻视为社会主义建设的工具，为了维护社会稳定，基本上是反对离婚。要求人们对国家、社会、家庭和子女尽责任，不能轻易离婚。这两种婚姻观对人们自由离婚形成阻力。但改革开放后的政治、经济和文化等方面的变革，促进了个人主义的勃兴，削弱了两种离婚观的阻力，为离婚自由观念的发展创造

---

①　林克武：《〈上海市婚姻登记管理办法〉问题解答》，《上海法治报》2000 年 8 月 2 日。

了越来越多的条件，离婚观念越来越趋向自由。

《婚姻法》的不断完善为离婚观念的自由化提供了法律支持。1950 年《婚姻法》和 1980 年《婚姻法》都强调了离婚自由原则，尤其是 1980 年《婚姻法》确立了感情破裂的离婚原则，这使离婚自由向前发展了一大步。法律对离婚自由的规定并未使传统的婚姻观念马上发生改变，这反映了法律和社会风俗是并非亦步亦趋的两种事物，正如罗素所指出："关于离婚，那最奇怪的现象之一，是法律和习俗往往是两回事，最宽松的离婚法绝不是总能产生最多的离婚事件。"① "法律虽然能使离婚成为一件非常容易的事情，风俗却可以使离婚率大为降低。"② 这种论断阐明了人们的离婚观念并不会随着法律对离婚自由的规定立即改变，但是《婚姻法》的颁布实施和修改让人们离婚法律意识的提升有了制度基础，离婚自由观念也会随着时间推移趋向自由。

在 80 年代，尽管农村的传统婚姻观念依然严重，这在女性身上表现得尤其明显，但大多数人的传统观念已经开始转变。部分农村女性"从一而终"的观念依然严重，即使婚姻不幸福，她们依然坚持维护婚姻的完整。1986 年《中国妇女报》刊发了六位婚姻不幸的女性坚持不离婚的事迹：8 年来把青春献给初婚就失去性功能的丈夫的田菊花；放弃事业、照料患病的公爹和丈夫 17 年如一日的李玉秀；丈夫去世 23 载，与公婆风雨同舟的王凤芝；侍奉瘫痪公公、精神病婆婆，还要耕种责任田的军属柳小琴；被逼换亲，抗争不成，现在已经不再想离婚的赵玉；在别人开导下表示等待判刑 15 年的丈夫的高志芬。这六位女性的共同之处是宁愿守着不幸的婚姻也不离婚，她们的事迹被刊登之后，引起了全国范围内"是精神文明还是封建愚昧"的大讨论，人们纷纷来稿，表达了对这些女性的不同看法。一类观点认为，这些女性的事迹反映了中国女性的传统美德，尽管她们的婚姻家庭不幸福，但是她们在精神上富有，这是精神文明的鲜花，这种精神应该发扬光大。③ 另一类观点认为，六位女性的事迹"实际上是封建伦理道德，与社会

① ［英］罗素著，靳建国译：《婚姻革命》，东方出版社，1988 年，第 146 页。
② ［英］罗素著，靳建国译：《婚姻革命》，东方出版社，1988 年，第 153 页。
③ 张皖：《是精神文明还是封建愚昧？〈中国妇女报〉讨论婚姻家庭观》，《人民日报》1986 年 11 月 21 日。

主义精神文明建设大相径庭"，持这类观点的稿件约占 60%。[①] 这表明大多数人对六位女性的行为持否定态度。但是六位女性得到了政府的鼓励和褒奖，例如王凤芝的家庭被评为"文明家庭"，李玉秀被评为"好媳妇标兵"，田菊花被评为"三八红旗手"。官方的褒奖强化了当事人对自己行为的认可，例如柳小琴甚至说："自己与古时候传说中的那个挖出心肝为婆母治病的媳妇相比，还差得远呢。"当别人给高志芬提亲时，她坚定地说："别说我丈夫没有死，就是死了，我也永远不离开这个家！"[②] 六位女性的行为反映了她们"从一而终"的传统观念依然严重，但大多数人对"从一而终"的观念表示反对，这说明社会整体的传统观念正在淡化。

官方对六位女性行为的褒奖并非是为了维护不幸福的婚姻，更多的是为了维护稳定的社会秩序，为改革开放创造稳定的社会环境。但是如果夫妻之间出现问题，官方首先建议的是维护婚姻稳定，若夫妻不能和好，官方并非一味阻止，而是建议离婚。例如当某位军人要求和妻子离婚，《人民日报》刊文指出："夫妻间的问题，不一定采用离婚的办法来解决。我们建议你立足于改善双方的关系，争取建立感情，巩固家庭。如果经过努力仍于事无补，双方感情已完全破裂，没有和好的可能，那么你可以依照婚姻法和有关法律规定，到法院起诉离婚，任何人都是无权干涉的。"[③]《人民日报》的态度反映了离婚的国家话语，这种态度在实践中是对离婚自由的支持，对人们离婚观念的转变提供了支持。

"从一而终"的观念随着时代的发展逐渐淡化。某项对流动人口的调查发现，认为应"从一而终"的只占 8%，认为为了孩子尽量不离的占 37%，28%的人认为应该离，27%认为离婚是个人私事，不干涉为好。[④] 数据说明，坚持"从一而终"观念的人比例大幅减少，尤其需要注意的是 27%的人认为离婚是个人私事，既然是个人私事，离婚就是自己能决定的事情，来自外部

---

① 本报婚姻家庭部：《是精神文明还是封建愚昧——婚姻家庭传统观念讨论综述》，《中国妇女报（京）》1987 年 3 月 20 日。

② 本报婚姻家庭部：《是精神文明还是封建愚昧——婚姻家庭传统观念讨论综述》，《中国妇女报（京）》1987 年 3 月 20 日。

③ 本报法律顾问团：《军人能提出离婚吗?》，《人民日报》1988 年 6 月 8 日。

④ 周伟文等著：《生存在边缘——流动家庭》，河北人民出版社，2002 年，第 134 页。

的阻扰都是不应该的。

离婚"不光彩"的观念也逐渐淡化。根据上海社会学研究所 1989—1990年进行的一项名为"中国当代性文化"的调查，69.3%的男性和 73.7%的女性不赞成"女人离婚不光彩"的看法。[①] 到了 90 年代初，一次全国性文明调查结果显示：高达 73.90%的人认为离婚并不是一件不光彩的事情；14.83%的人认为离婚"无所谓"；只有 11.77%的人认为离婚"不光彩"。[②] 90 年代对某大学学生的调查显示，大学生对"离婚是私人生活领域的事，难以用传统道德来评判"的观点，51.4%的人"同意"，25.6%的人"基本同意"，10.6%的人"中立"，8.7%的人"基本不同意"，3.3%的人"不同意"。[③] 可见，绝大部分大学生倾向于认为离婚是个人私事，不应受到传统道德的评判。当然，大学生群体是思想观念相对开放的群体。实际上，即使是思想相对保守的农民群体，在 90 年代，对别人离婚事情的关注也逐渐减少。调查发现，在 90 年代，农民对发展经济致富的关注已经冲淡了对他人私事的关注，这时人们目光的焦点集中在发展经济致富，L 女士（1969 年出生，山东德州人，农民）的话具有一定的代表性："有钱就能被人羡慕，谁还管别人离婚不离婚，一个人即使离婚了，如果是个会挣钱的能人，老百姓甚至会把离婚视为一个人'优秀'的表现，只有能人才敢离婚，有钱才是硬道理。"这种观点反映了社会发展促使人们的关注点发生转移，减少了对别人私人生活的关注，客观上为离婚者提供了较为宽松的舆论环境。

在传统婚姻里，感情是被排斥的因素，重视夫妻感情是个人化的诉求，这与传统婚姻重视家族和家庭利益相矛盾，夫妻因为感情离婚不能被人接受。改革开放促进了个人主义勃兴，因为感情因素提出离婚的现象渐渐凸显。在 90 年代，某项在深圳进行的 949 份问卷调查结果显示，对于"离婚首先顾及的问题"的回答，答案的排列次序为"孩子"、"感情"、"财产"、"名誉"、"住房"、"地位""老人"、"经济"。为"孩子"而维持婚姻的观念仍相当普遍，但顾及"感情"的比重也相对较高，排名第二位，其次为"财

---

① 刘达临著：《中国当代性文化》，三联书店，1992 年，第 541 页。
② 储兆瑞：《当今离婚新动向》，《社会杂志》1994 年第 2 期。
③ 曾盛聪等著：《伦理的嬗变——十年伦理变迁的轨迹》，人民出版社，2005 年，第 19 页。

产"和"名誉"。离婚时首先顾及"地位"的相对集中在 52 岁以后的年龄段，顾及"财产"的相对集中在 45 岁以后的年龄段，顾及"感情"的年龄特征不是特别明显，在 34—39 岁、43—45 岁这个年龄段的人几乎 100%不赞同，但在 33 岁和 76 岁的两头赞同的比重较大，离婚时首先顾及"住房"的在 40 岁以后的年龄段较为明显。[①] 孩子是中国人离婚时最重要的考虑因素，这体现了人们重视亲情和对子女的责任感非常强烈。"感情"原因处于第二位，体现了人们对个人婚姻体验的感受的重视，而且越是年轻人往往越重视感情因素，说明年轻人传统的婚姻观念淡化得相对较快，对"感情"的重视实际上也是对婚姻自由的重视。

而且，人们越来越认识到爱情是相互的，不必为了维护不幸福的婚姻有损自己的人格和尊严。人们关注婚姻中的个体感受，而不是委曲求全维持完整的婚姻，人们认识到，爱情是两颗心共同撞击的火花，不要祈求和强迫对方跟自己一起生活，无论是男的，还是女的，都要认识自己存在的价值，以及自己的人格和尊严，"如果你已经确知对方爱的并不是你，那你就再没有必要去留恋他（她）了，再也没有任何东西是你舍不得丢开了"。[②] 这种观念重视维护婚姻中的个人尊严，重视个人幸福感，而不是依附对方维持不幸福的婚姻，这是传统婚姻所没有的观念。

另外，随着改革开放的发展，集体主义价值导向的离婚观念也在逐渐被削弱，自由离婚的观念随之逐渐发展。

集体主义价值导向的婚姻观总是倾向维护婚姻的稳定，但不是为了维护离婚自由，不是为了婚姻幸福，而是为了让他人满意，维护社会稳定，从而有利于国家建设。集体主义价值导向的离婚观倡导通过帮助对方缩小夫妻之间的差距来解决问题，而不是通过离婚的方式。俄罗斯作家车尔尼雪夫斯基认为爱情的意义就在于帮助对方提高，同时也提高自己，这种观点经常被用来教导离婚者。例如有媒体报道一位女青年婚后发现丈夫和恋爱的时候大变样，婚后脾气固执还打人、不善于料理自己，她给《中国妇女》编辑部去信

① 彭南林：《深圳人的离婚观》，《深圳周刊》2001 年第 11 期。
② 陶铠：《甩掉重负　轻装前进——我对离婚的一点看法》，《中国妇女》1983 年第 7 期。

请求帮助解决苦恼，编辑部认为：这是恋爱时期和婚后的差别，恋爱时期性格和脾气的缺点会尽量掩盖，但是婚后缺点会暴露出来，这是一种不足，但是，只要夫妻之间真诚相爱，就要冷静下来，做到既互相尊重，又互相谦让，既互相支持，又互相体谅，既各持所好，又各取所长。①

集体主义价值导向的婚姻观要求试图离婚者重视对社会、家庭和子女的责任，强调要认识到离婚的危害，是对他人、对社会的危害，而非对个人幸福的危害。例如《宁波日报》曾刊文指出，离婚的后果不容忽视，离婚会对夫妻本人、双方家庭的老人、孩子带来消极影响，也对社会的道德风尚产生消极影响。"那种认为只要借口'感情破裂'，就可以离婚，而不考虑对方是否同意，更不考虑家庭、子女的危害和社会影响，显然是不对的"。② 媒体认为离婚者有追求爱情、重组家庭的权力，如果夫妻感情确已破裂，在无法维持夫妻关系的人来说，离婚是一种解脱。但是要求人们重视孩子的健康成长，强调维持婚姻的稳定是家长的责任，例如《宁波日报》的文章指出："请千万别忘了你们的孩子……在孩子未成年前，父母对子女有着不可推卸的抚养、教育义务，任何虐待、遗弃未成年子女的行为都将受到法律的制裁。"③

集体主义价值导向的话语不鼓励离婚，甚至把离婚视为自私和无能的表现。当婚姻发生危机时，当事人被要求用行动去感化对方，不要轻易离婚。"有志气的中国妇女，不应该同那些不道德的人分道扬镳，而是应该鼓起勇气，英勇进攻，伸出双手救人于'盲人瞎马，夜临深池'的境地，无论从个人思想感情上，还是从承担社会主义义务方面都应该这样做。从这个意义上讲，离婚就显得有些自私和无能了"。④ 当时的很多女性也是这样做的，即便委曲求全也在所不惜，例如大学毕业的王某提出同妻子离婚，而妻子用一个农村妇女勤劳善良的美德感化他，她带着两个孩子，不但参加农业劳动，每年还喂三头猪，几十只鸡，用她的汗水，盖起了新房，置办了家具。她的行

---

① 田雯：《谁能帮我摆脱苦恼》，《青年一代》1983 年第 3 期。
② 《反对草率离婚》，《宁波日报》1981 年 9 月 19 日。
③ 朱泽军：《请别抛弃你的亲骨肉——写给离婚的父母》，《宁波日报》1986 年 11 月 21 日。
④ 张景忱：《离婚是自私和无能的表现》，《中国妇女》1983 年第 11 期。

动终于感动了王某，夫妻重归于好。①

　　如果离婚了，周围的人大都会以异样的眼光看待离婚者，离婚者大多会因此遭遇生活和工作的困境。离婚当事人甚至被认为道德品质上出了问题，而这种观念对当事人的生活和工作都会产生或多或少的不良影响，离婚者的事业与前途会受到不同程度的影响。在 80 年代，有的人各方面表现都不错，但是求职的时候仅仅因为离过婚而不被录用。②

　　离婚后，女性遭遇的生活和工作困境相对更多，即使是知识女性也难以幸免。在 80 年代末，一位离婚的女性记述了她的经历。离婚后，她的婚姻介绍人，一位中学女教师指着她的鼻子吼叫："你知道不知道，离婚的女人等于破鞋！"由于离婚，几年来一直是重点发展对象的她，入党问题也被束之高阁。她在社交中也越来越孤立，异性对她也敬而远之。只要家中来了异性客人，不管年老年少，总有无数只眼睛在窥视。③ 从这位离异女士的经历看，女性离婚者往往遭受人们的另眼看待，她被视为存在问题的非正常人。很明显，她的离婚已经影响到了正常入党，毫无疑问，单位把她离婚这件事情和思想觉悟高低联系在一起了，离婚者在事实上被认定为不符合入党的条件，单位的这种做法本质上是认为婚姻也是一种"公事"。

　　但是，集体主义价值导向的离婚观被越来越多的人反对。集体主义价值观认为婚姻稳定有利于社会稳定和发展，而反对者也是从维护社会稳定的目的出发，认为维护不幸福的婚姻不利于社会稳定和发展。他们认为改革开放就要解放生产力，人是生产力中唯一具有能动性的因素，解放生产力就是解放人，就是要发挥人的智力，释放人的能量，激发人的积极性。"试想在一种不愉快甚至不能忍受的家庭气氛中生长，人在工作中怎么能充分地焕发他的聪明才智呢？试想在父母感情恶劣的嘈杂环境中生长起来的儿童，精神上、体质上怎么能正常发育呢？"他们认为传统文化作用下的婚姻观念，往往拼命维持家庭秩序的"正常"，但是无视精神生活的需要，甚至压抑、摧

---

① 张景忱：《离婚是自私和无能的表现》，《中国妇女》1983 年第 11 期。
② 刘达临：《"劝合不劝离"对吗》，《现代妇女》2001 年第 4 期。
③ 晓蕾：《重做单身女人》，《中国青年》1989 年第 3 期。

毁人的感情，仿佛百姓全都老老实实地生活在家庭里就国泰民安了，"长此以往，习惯了这种压抑的人日趋麻木，代复一代的历史积累，不能说没有影响我们民族的精神面貌和健康体魄，同时形成阻碍社会发展的因素"。[①] 这是以其人之道还治其人之身，这种观点有力地批驳了集体主义价值导向的离婚观。

对离婚男性增多了理解，减少了苛责。在传统话语中，离婚男人往往被视为"陈世美"，喜新厌旧是他们的标签，这几乎是社会对他们的刻板印象，仿佛只要离婚就是男人的责任，女人是受害者。越来越多的人对此表示质疑，表示不能苛责"陈世美"。例如有人认为，陈世美错就错在不认妻儿，要是他把妻儿生活安排好，征得秦香莲应允，再招为驸马，就不应再受到谴责。今天的"秦香莲"已有独立生活能力，儿女又有抚养费，何不让"陈世美"另寻知音呢？社会对今天的"陈世美"应当宽容。[②] 还有很多人为"陈世美"鸣不平，认为夫妻如果没有共同语言，同床异梦，离婚未必不是一件好事。如果夫妻之间文化水平差距过大，可能就会缺少共同语言，"试想一位学富五车、满腹经纶的状元与一位大字不识的乡村女子彼此有什么共同语言，试想工程师回家只能谈烧饭洗衣，画家、音乐家回家只能谈柴米油盐，别的什么也谈不上，又有什么家庭乐趣？"人们认为志不同、道不合的夫妻，如果彼此愉快地分手，"一方以及社会不能也不应把对方说成缺乏道德。同床异梦、貌合神离的夫妻离婚各自去寻觅新的幸福，对个人、社会有益无害"。[③]

离婚未必对孩子产生危害的话语也出现了。例如有杂志刊文指出，如果夫妻感情不和的阴影长期影响孩子，不离婚对孩子的伤害未必就小，对于孩子来说，如果要求关系不良的父母为了自己不离婚，实际上也是为自己带上了枷锁，而且，父母维持不幸福的婚姻也会给孩子树立不好的榜样，孩子成年以后如果也组建了不幸福的家庭，可能也会学习父母不离婚，如果孩子能承受父母离婚的变故，"他们会更加成熟，更加坚强，更富有独立精神，更

① 李楯等：《现代爱情观与喜新厌旧——一次被透露的沙龙活动》，《新华文摘》1985 年第 12 期。
② 黎肇等：《怎样看待陈世美的"苦衷"》，《民主与法制》1987 年第 2 期。
③ 王宗贵：《陈世美也有他的苦衷》，《民主与法制》1986 年第 12 期。

善于料理个人生活"。① 这样的观念辩证地分析了离婚对孩子的影响，指出离婚对孩子可能产生的积极影响，这样的话语旨在消除人们因孩子不愿意离婚的顾虑。从现实来看，某些青年人并不支持父母维持不幸福的婚姻，例如在90 年代末，因为难以忍受爸妈天天吵架，某位读高中的北京女孩支持爸妈离婚。② 这样的事情从孩子的角度反映了离婚对孩子成长未必是坏事。

总之，改革开放不断破除了阻碍离婚的因素，中国人的婚姻观不仅突破了传统婚姻观念对人们的束缚，也渐渐突破了集体主义价值婚姻观的束缚，观念是行为的先导，离婚观念的现代转向使离婚渐渐成为夫妻两人决定的事情。

第三节　自由离婚的社会新风尚

随着离婚自由离婚法规的发展和人们思想观念的现代转向，离婚出现了新风尚，主要表现在文明离婚逐渐成为社会潮流，女性离婚的主动性增强，再婚现象也凸显出来。

一、文明离婚逐渐成为潮流

曾几何时，"打"好似离婚的必经程序，不经过这个过程，离婚者很难实现离婚的目的，离婚过程带给离婚者的大多是痛苦的回忆。

有的人"打"离婚是因为不想离婚。离婚对某一方可能会造成生活的困境，尤其是落后地区的农村女性，这种困境主要来自经济因素，她们可能会直接陷入生活的困境。农村女性离婚能带走的财产有限，房产之类的价值相对较高的财产基本上原属男方，这让她们对离婚后的生活产生严重的忧虑，所以她们往往以"打"、"闹"来捍卫婚姻。另外，受传统观念的影响，某些女性从一而终的观念依然严重，她们难以接受离婚的现实，当对方试图离婚

① 胜利：《离异与孩子》，《社会杂志》1985 年第 3 期。
② 阿昌：《我让爸妈打离婚》，《青年一代》2000 年第 2 期。

时，她们也会反击。在 80 年代，她们通过"闹"的方式常常能实现维护婚姻的目的。而政府有关部门出于维护社会稳定的考虑往往阻止离婚，曾经轰动一时的"秦香莲上访团"的 36 名妇女在政府的干预下没让对方得逞。① 在经济和文化落后的地区，男性离婚再娶的成本相对较高，如果离婚，个人和子女生活可能陷入无人照顾的境地，再婚也面临较多的困难，所以，男性为了维护婚姻也可能"打"。面对"打"离婚，法官出于政治正确的考虑，也倾向不判决离婚。1984 年 7 月到 1985 年 9 月，在大约一年零三个月的时间里，郑州市各级法院发生了 112 起离婚案当事人用"自杀"或"行凶"手段威胁审判人员，其中 73% 发生在城区法院，这导致金水区法院有一年多时间没敢宣判一桩离婚案。② 政府和法院的态度让"打"离婚者维护了自己的婚姻。

有的人想离婚，他们试图通过"打"离婚的方式维护自己及家庭的面子、声誉。离婚者即使知道离婚不可避免，也要"打"，离婚者尤其是女性需要的是"打"的过程，并非是为了达到不离婚的目的，她们及其娘家是为了争取面子。这种情况大多发生在落后地区的离婚女性身上，离婚时，女方往往被认为是被欺负、吃亏的一方，如果不"打"，在熟人社会的农村，女方及其家庭往往被人看不起，被视为软弱的表现。在落后的乡村，离婚的女方娘家往往会召集本家族的人去男方家理论一番，有时在男方家进行打砸，甚至男女双方家庭大打出手的事情也时有发生。甚至有的人离婚时到对方单位攻击对方，似乎不把对方搞臭，自己在社会上就没面子。

"打"离婚也是为了在离婚时争取更多的利益。离婚涉及财产和孩子等问题，离婚者往往因此产生争端。不少人在诸如孩子归属、财产分割等方面斤斤计较，有些夫妻在法庭上都不要孩子，把孩子丢给法院。还有的人离婚前暗地里转移财产，甚至离婚时设法制造债务给对方，在家庭财产日趋多元化和丰富的年代，"打"离婚主要与财产分割有关，当事人往往斤斤计较，例如"你身上穿的衣服是我买的，给我脱下来！""电视是我妈给的，

---

① 孟园：《靠法律打"小三儿"有戏吗?》，《婚姻与家庭·性情读本》2011 年第 1 期。
② 苏晓康等著：《阴阳大裂变》，江苏文艺出版社，1987 年，第 19—22 页。

我得带走!"①

实际上,"打"离婚者往往夫妻感情淡薄或者缺少感情基础。一旦到了离婚时,如果不能实现个人的离婚诉求,对另一方往往表现出毫不关心,甚至视同水火,还可能产生互相伤害的事件。例如在浙江绍兴的一个山村里,因为丈夫提出离婚,愤怒的妻子竟用刀把丈夫杀死,她也被判了15年徒刑。② 1998年,浙江省开化县某农妇与丈夫性格不合提出离婚,但丈夫不同意,为达到离婚目的,她把自家的房屋点燃,房屋和屋内物品全部化为灰烬。③

造成"打"离婚的上述原因没有消失,"打"离婚就难以消失。所以"打"离婚主要发生在落后的农村地区,甚至在90年代,某些经济、观念落后的地区,"打"离婚依然屡见不鲜。

改革开放逐渐消解了"打"离婚的动力因素,"打"离婚的现象逐渐减少,不"打"不离的现象日渐成为历史,文明离婚逐渐成为潮流,人们在离婚时逐渐以平静的态度接受离婚,以友好的、充满情谊的态度对待对方,以谦让的态度为婚姻画上句号,甚至离婚后双方依然是好友,这涤荡了传统的道德观和婚姻观。那么,是什么因素推动着离婚的文明化呢?

一个重要的原因是自由恋爱缔结的婚姻,夫妻之间存在较好的感情基础,即使离婚,一方也不忍心伤害对方,而是盼望对方生活更美好,而且人们的受教育水平普遍增高,在离婚时往往能表现得相对文明。例如有离婚者表示要珍惜曾经的情谊:"最主要的是我很珍惜过去那份情谊,都是初恋,都动过真心,都全身心投入过,否定对方就等于否定自己,诋毁别人和我的生活信条、所受的教育格格不入。"④ 再如有人表示不能因为离婚伤害对方和孩子:"我们曾经真心相爱过,孩子是我们爱情的结晶,我更没必要也不能去伤他、伤孩子。"⑤ 在这种观念下,越来越多的离婚夫妻不但和平达成协

---

① 廖文燕等:《我们该如何结婚?》,《中华工商时报》2000年10月25日。
② 傅季仙:《乡村能人家庭的婚变》,《中国妇女》1990年第5期。
③ 徐高峰:《夫妻闹离婚　纵火焚家屋》,《浙江消防》1999年第2期。
④ 齐安:《婚姻涅槃——协议离婚启示录》,《中国妇女》1992年第4期。
⑤ 齐安:《婚姻涅槃——协议离婚启示录》,《中国妇女》1992年第4期。

议，友好分手，而且离婚后还可能成为朋友。在不少城市，离异双方还共同举办离婚舞会、离婚宴会、离婚旅行，有的离异者在离婚后还继续友好往来，甚至相互介绍再婚对象。① 有的夫妻为了纪念离婚，还非常和谐地一起吃离婚饭，有的商家看到了文明离婚的商机，开起了离婚餐厅，让离婚者在舒缓悦耳的音乐中，在平和温馨的氛围中互道珍重。在北京有一家建在什刹海旁边的离婚饭馆，这家饭馆开设了别具一格的"离婚菜系"，这吸引着将要离婚和已经离婚的人，在这里，他们品尝了分手菜"棒打鸳鸯"，也干一杯酒互相祝福未来生活得更好，然后就各奔东西。有一个有趣的现象，很多人在这里吃饭后不离婚了，又和好继续一起生活。这个店因为新奇的经营方式，不仅取得了良好的经济效益，还取得了较好的社会效益。②

文明化的离婚方式一定程度上表现了人们承认感情对婚姻的重要性，也承认感情的可变性，夫妻双方越来越倾向认为，维护不和谐甚至痛苦的婚姻不如愉快地分手。例如有一对夫妻，因婚后性格不合，双方一致认为不如分手，吵着分手不如客客气气分手，因此走进法庭要求判决离婚，当离婚上诉书写好的时候，他们脸上露出了笑容，他们看起来就像一对刚领结婚证的恋人。③ 办理离婚手续的过程非常地和平、友好。

越来越多的夫妻逐渐认识到维持不幸福的婚姻对双方都没有意义，如果拖着不离，造成双方身心疲惫，到最后婚姻也难以幸福。例如一对夫妻，男方提出离婚，女方死活不同意，于是马拉松般地僵持 8 年之久，待到法院正式判离婚时，这时双方的身心都已经疲惫。④ 当经历了不幸婚姻的痛苦，人们逐渐开始觉悟，及时结束不幸福的婚姻，开启新的生活。

法院不再立足阻止离婚，而是根据当事人婚姻状况决定是否判决离婚，并且对离婚者开展积极的工作，促进文明离婚。法院并非不再重视调解和好，而是改变了调解的方式，目的是让离婚者慎重离婚、文明离婚。《婚姻法》规定"法院审理离婚案件，应当进行调解"，也就是说调解是审理离婚

---

① 中国年鉴编辑部编：《中国年鉴》（总第 13 期），中国年鉴社、华嘉集团，1993 年，第 363 页。
② 兰岚：《"爱情旅店"与"离婚餐厅"》，《乡镇企业》1995 年第 5 期。
③ 陈方平：《客客气气离婚》，《宁波日报》1989 年 8 月 21 日。
④ 朱梅华：《平静地分手——协议离婚一瞥》，《宁波日报》1993 年 11 月 21 日。

案件的必经程序，但法院的调解方式逐渐发生变化，在尊重当事人个人意愿的前提下，仍然希望当事人和好。调解工作贯穿于离婚案件审理始终，调解分为调解和好与调解离婚两种方向。只有在法庭认为原告被告之间的婚姻关系确已破裂的情况下，并在调解无效时，才会判决准予离婚。例如济南市中区法院于 1991 年 11 月开办了"离婚前教育学校"，每月一期。学校对提出离婚的当事人进行系统的法律、政策、道德、伦理教育，促使双方正确对待离婚问题。对那些有可能和好的夫妻，尽量做好工作，促其和好；对那些"死亡婚姻"，促其好说好散，文明分手。学校组织离婚当事人集中听课，并让以前的离婚者现身说法，大多数人边听边落泪，这种教育活动收到了出乎意料的好效果。据对前 6 期 290 名学员的调查，受教育后夫妻和好、自动撤诉的占 36.5%；文明离婚、不争财产、积极抚育子女、不留后遗症的占 44.8%；一些原来有相互仇恨、打骂报复等矛盾的，绝大多数也能够平静地分手。① 北京、上海、天津等地的法院也办起了离婚学校。法院对待离婚的态度发生转变，表明对离婚从阻止向尊重离婚者的个人意愿转变，从离婚学校的工作来看，尊重离婚者的意愿并不代表放任草率离婚。

　　法律的逐渐完善为文明离婚创造了条件。当夫妻双方因为家庭财产、孩子等问题不能达成协议时，就可以诉诸法律。对于家庭财产的处理，1980 年《婚姻法》、2001 年《婚姻法修正案》以及有关的司法解释对于婚前财产、夫妻共有财产、个人特有财产都有了日趋完善的规定，约定财产制度也逐渐完善。这些财产制度的完善减少了夫妻离婚时的争端，共同财产原则上需要平均分割，共同财产是平均分割还是不平均分割，先由双方协议处理，如果达不成协议，可以由人民法院裁决。婚前财产和个人特有财产归属明确，约定财产按约定分割，法律保障了夫妻双方的财产权利。另外，婚前财产公证制度也为文明离婚打下了基础，这使夫妻财产的归属在婚前便非常清晰，离婚时也就没有了争端，婚前财产公证为处理婚姻财产问题开辟了一条有效的途径。在这种情况下，"打"离婚也不会为自己争取到不应得的利益。

---

　　① 贾建舟：《离婚前进学校　听课后再抉择　济南"离婚前教育学校"使怨偶或破镜重圆或文明分手》，《人民日报》1992 年 12 月 11 日。

　　离婚者的后顾之忧逐渐减少也是文明离婚的原因之一。一方面女性在社会上发展的机会逐渐增多，经济上日趋独立，对丈夫的依赖性减少，离婚后也具有独立生活的能力，通过"闹"的方式维持婚姻的意图也随之减弱。另一方面，在人口流动日趋自由的背景下，无论是男性还是女性，人们的择偶机会增多，人们再婚变得容易，这减少了人们再婚的顾虑，不必担心离婚后陷入困境。

　　人们对他人私事的关心减少，离婚者对社会舆论的关注也在减少，通过"闹"的方式为自己争取面子的意图逐渐减少。在市场经济条件下，人口流动日趋自由，越来越多的青年人走出了熟人社会性质的农村，农村的社会舆论对离婚的青年人的影响逐渐减少。即使出现对离婚者不利的舆论，也难以对离婚者再婚形成阻力。

　　在以上因素的影响下，离婚时保持友好的关系，逐渐成为越来越多人的共识。据1993年《中国年鉴》记载，有65.5%的男性和70%的女性认为离婚不一定会造成双方的怨恨。当一方坚决要求离婚，另一方表示要报复对方的男性仅为1.1%，女性则为零。① 据有关资料显示，1993年有56.3%的男性和60%的女性愿意选择"允许离婚，在离婚协议上说明是非"的温和立场。② 1990年全国离婚近60万件，文明离婚占60%。③

　　随着人们文明离婚观念的增强，协议离婚和诉讼离婚的比例随之逐渐增长。相当一部分离婚者自愿到婚姻登记机关办理协议解除婚姻关系，协议离婚数量呈上升趋势，统计显示，由民政部门经过调解而协议离婚的人，从1980年的18万对，到1999年上升到47.7万对，平均每年递增了5%以上。④ 协议离婚存在一定的城乡差异，1990年，北京市城镇居民协议离婚4897对，占全市离婚登记的85.3%，相当于当年结婚数的11.5%；农村只有843对，占全市离婚登记的14.3%，相当于当年结婚数的2.3%。⑤ 协议

① 中国年鉴编辑部：《中国年鉴》（总第13期），中国年鉴社、华嘉集团，1993年，第363页。
② 中国年鉴编辑部：《中国年鉴》（总第13期），中国年鉴社、华嘉集团，1993年，第363页。
③ 焦祝平：《悄然兴起的文明离婚》，《黑龙江民政》1993年第11期。
④ 李平：《二十年全国离婚案件情况简析》，《人民法院报》2000年10月3日。
⑤ 北京市地方志编纂委员会编：《北京志·政务卷·民政志》，北京出版社，2003年，第389页。

离婚是夫妻双方自愿离婚，对子女抚养、财产以及债务处理等事项协商一致，这种方式体现了双方离婚自由的意愿。另外，随着人们的物质生活水平普遍提高，家庭财产相对丰富起来，离婚时因家庭财产构成复杂，确认困难，不易分割，容易产生争执，还有的人为妥善解决离婚中的房屋居住权、子女抚育权等棘手问题，为了得到公正裁判，当事人就选择到法院解决离婚纠纷。有关统计数据显示，在 20 世纪 80 年代初期，协议离婚的人数比诉讼离婚的人数略高或大体差不多，但是 1983 年以来，诉讼离婚案件的数量就始终比协议离婚高，在 1999 年，全国法院审理、准予离婚的案件比民政部门协议离婚案件要多三分之一。① 诉讼离婚是离婚时出现了争端，但是通过法律来解决，而不是以"打"、"闹"的方式解决，体现了离婚的文明化。

从"闹"离婚向文明离婚的转向，一方面体现了人们的素质正在逐渐提高，另一方面也体现了人们对婚姻的认识越来越深刻，为了追求高质量的婚姻，不再纠缠对方，放过对方，实际上也是给了自己一条通往幸福的路。

二、女性离婚主动性增强

在传统婚姻中，离婚的主动权掌握在丈夫手中，女性没有离婚主动权，对女性来说，离婚就是被丈夫休掉。《仪礼》曰："夫者，妻之天也。"《白虎通》曰："夫有恶行，妻不得去者，地无去天之义也。"也就是妻子不可以主动提出离婚，而丈夫可以用"七出"中的任何一个理由休妻，即使偶有妻子主动提出离婚，也必须经过丈夫同意，妻子依然处于被动地位，例如西汉的朱买臣因"家贫，好读书，不治产业"，其妻受不了这种穷苦日子，所以"求去"。②

实际上，在改革开放之前，女性主动提出离婚的现象就已经凸显出来了。据晋冀鲁豫解放区的资料记载，1948 年，河北定县的离婚案件中女方原告占 92%，太行区平顺县女方提出要求解除婚约的纠纷占 80%。③ 在共和国成立之初，女性主动离婚现象也凸显出来，有学者在抽样调查中发现，1955

---

① 李平：《二十年全国离婚案件情况简析》，《人民法院报》2000 年 10 月 3 日。
② （汉）班固撰，（唐）颜师古注：《汉书·卷六十四·朱买臣传》，中华书局，1962 年，第 2791 页。
③ 巫昌祯等主编：《当代中国婚姻家庭问题》，人民出版社，1990 年，第 29 页。

年，女原告占原告总数的 80%，1965 年占 64%，1975 年占 73%。① 数据反映了主动提出离婚的多数是女性。这些女性主动提出离婚，主要是因为有了共产党政权和法律的支持，她们看到了摆脱不幸婚姻的可能性，长期受传统婚姻压迫、难以解脱的女性产生了主动提出离婚的勇气。这些女性主动提出离婚是挣脱封建婚姻束缚的表现，反映了封建婚姻制度的逐渐解体。

在改革开放后，女性主动提出离婚的现象又凸显出来，造成这种现象的一个主要的原因是社会发展使女性的独立性越来越强。在 80 年代中期，时任中国最高法院第一任女副院长的马原指出："女方作为原告提出离婚的占全部离婚案的百分之七十左右。"② 1993 年《中国年鉴》记录：在离婚时，女方主动提出离婚的约占 70%。③ 这表明当时全国范围内的离婚案中女性主动提出的离婚占了绝大多数。另外，在地方的离婚案中，女性主动提出离婚者也为数不少，例如宁波市民政局的资料显示，1993 年全市离婚人数 1389人，由女方提出离婚的占近一半。④ 而且，城市女性主动提出离婚者更为突出。在 90 年代末，对全国部分大中城市的调查发现，"休夫"现象增多，在离婚案件中，原告是女性的占 64.3%；⑤ 1990 年下半年至 1991 年上半年，在北京市人民法院受理的离婚案件中，妇女为原告的占 73.4%。⑥ 这同以往夫妻感情破裂也要拖着不离婚的"秦香莲心态"形成鲜明的对比。需要注意的是，改革开放后女性主动离婚有了新的原因，除了逐渐挣脱传统婚姻观念和政治因素的束缚，主要是因为女性的文化知识、技能等素质提高了，尤其是在经济上日趋独立，改革开放为女性的独立和自主创造了社会环境，女性的独立性增强使她们有勇气、有能力主动提出离婚。

一方面，改革开放后的种种举措提升了女性的素质，尤其是文化素质。改革开放后，中国大力发展教育事业，提升入学率，重视加强对女性的教育。女性文化素质的提升，使她们更加容易摆脱传统婚姻观念。总体上看，

---

① 徐安琪著：《离婚心理》，中国妇女出版社，1988 年，第 182 页。
② 新华社：《改革开放有利于婚姻家庭关系健康发展》，《宁波日报》1986 年 8 月 22 日。
③ 中国年鉴编辑部编：《中国年鉴》（总第 13 期），中国年鉴社、华嘉集团，1993 年，第 363 页。
④ 孙新科：《93 甬城婚姻内参》，《宁波日报》1993 年 12 月 29 日。
⑤ 《离婚五大新走向》，《宁波日报》1998 年 8 月 31 日。
⑥ 北京市地方志编纂委员会编：《北京志·政务卷·民政志》，北京出版社，2003 年，第 389 页。

城镇女性的文化水平相对高于农村女性，女性主动离婚呈现出城乡差异和不同文化水平的差异。根据 1990 年人口普查数据计算出的下表，可以在一定程度上反映出文化水平对女性离婚主动性的影响。

全国城乡各种文化程度的离婚人口与已婚人口之比（单位:%）

文化程度	全国城乡		城镇		县（农村）	
	男	女	男	女	男	女
文盲、半文盲	20.77	2.98	19.04	4.15	21.05	2.75
小学	12.88	3.28	12.34	6.57	13.02	2.45
初中	8.02	6.44	10.05	11.26	6.73	3.07
高中	7.31	9.21	9.45	11.66	5.49	4.62
中专	6.50	9.77	6.81	9.99	5.85	8.53
大专	7.30	11.66	7.30	11.86	7.29	8.56
大学本科	7.94	12.94	7.77	12.96	10.79	12.05

资料来源：曾毅主编：《中国八十年代离婚研究》，北京大学出版社，1995 年，第 61 页。

从上表可见，在已婚人口中，文化水平为文盲、半文盲、小学、初中的离婚人无论城乡男性离婚比例均比女性离婚比例高。文化越低，男女之间离婚比的差距越大。文化层次越高，比值之差逐渐缩小，文盲与半文盲、小学、初中三种文化程度中男性离婚比是女性离婚比的倍数依次是 6.96 倍、3.93 倍、1.25 倍。但是在高中以上文化程度的离婚者中，随着文化程度的升高，高中、中专、大专、大学本科四类文化程度中，女性离婚比是男性离婚比的倍数依次是 1.26 倍、1.50 倍、1.59 倍、1.63 倍。从数据可见，文化水平低的女性更易被传统文化思想束缚，在婚姻中处于被动、从属的地位；随着文化程度的提高，女性独立生活能力增强，女性的自主性增强，主动提出离婚的行为增加。

从上表还可见，农村的离婚比从文盲与半文盲、小学、初中一直到高中，男性的离婚比值均高于女性，在中专这个文化层次才开始出现女性离婚比值超过男性。而在城镇，在初中这个文化层次上就开始出现女性离婚比值高于男性离婚比值。在每个文化层次中，城镇女性离婚比值均高于农村。这在一定程度上说明城镇的文化环境开放度高于农村，农村受传统婚姻观念束缚比城市严重，这制约着女性的离婚主动性。

相对于城市群体和知识分子，农村女性离婚的主动性相对较弱，但是在改革开放后，农村女性的离婚主动性也逐渐增强。这和政府提高农村女性生存技能有重要关系。在传统婚姻中，家庭的资源支配权掌握在男性家长或丈夫手中，女性缺少独立的经济来源，只能依附男性生存。改革开放后，女性外出工作的机会增多，经济上的独立性增强。而且在政府的支持下，越来越多的女性学习到了发展的技能，对丈夫的依赖性减少。例如1983年以来，河北省丰宁满族自治县县、乡、村妇联与有关部门紧密配合，通过办技术培训班、深入宅院现场指导、组织参观学习等形式，培训妇女6万多人次，有3万多名妇女学到一至三项农村实用技术。从全国来看，在农村的经济改革中，涌现了大批女种植、养殖能手，以妇女为主的专业户，占专业户总数的三分之一，有些妇女还在乡镇企业、个体生产中挑起了大梁。① 这些具备了生存技能的妇女，减少了对丈夫和家庭的生活依赖性，在家庭经济管理及各种消费中，与男性越来越平等，甚至有了更多的决定权，经济上的自立增强了女性在婚姻中的底气。

文化素质的提升和生存技能的增强使女性越来越追求夫妻关系的平等，这也增强了摆脱传统婚姻桎梏的能力。她们越来越反感传统婚姻中妻子卑顺的家庭地位和生儿育女的传宗接代工具的角色，他们追求夫妻之间人格的平等，反对妻子对丈夫的依附和从属关系，女性的个性增强，越来越意识到自己也是独立的个人。例如某大学毕业的丈夫对妻子英子的态度是"夫为妻纲"，妻子只能是驯服的家奴和生儿育女的工具，他怕英子超过自己。英子是有个性的女子，不久就离家出走了，从海南到北京发展，事业干得很红火，她感到生活有奔头，英子说对婚姻已失去了兴趣，谈到女人和男人，她从来不认为女人生来就是奉献和牺牲，女人和男人一样，都是自己的主人。②

在社会改革的背景下，参加社会工作的女性越来越多，职业女性有独立

① 中国年鉴编辑部编：《中国年鉴》（总第14期），中国年鉴社、华嘉集团，1994年，第80页。
② 寒冰：《舍得幸福还是懒得离婚？——"婚内分居"现象一瞥》，《中国妇女》2000年第9期。

的经济来源，开阔的社会视野，较多的异性交往机会，这增强了她们主动离婚的勇气。其经济收入不断增加，因而在家庭中的地位也不断提高。城市女性和知识女性主动离婚显得相对从容，这与她们更容易摆脱传统观念的影响有关，主动提出离婚的妇女多是文化高、见识广的女性，有职业保障。据一项调查发现，在提出离婚的妇女中，职业女性占 65%，女老板、女经理占 30%，农村妇女占 2%，其他占 3%。敢于向男人挑战的女性，大城市多于小城市，城镇多于农村。[①] 据对北京市城区家庭的调查，1949 年至 1957 年，男女结婚时双方收入的百分比为 100：45，而在 1979 年至 1984 年间，这一百分比上升为 100：92。这一情况，在大中城市具普遍性。[②] 生存技能和经济收入的提升，使女性更容易在家庭生活中摆脱对丈夫的经济依赖，女性离婚时必然会产生更多的底气。所以有的学者指出女性主动提出离婚，一个重要原因在于"婚姻在人们生活中的地位发生了改变。婚姻在传统社会中承担的功能——赖以维持生计、夫贵所以妻荣——对女性变得无从谈起，妇女经济地位的加强，也强化了她们的独立意识，掌握了离婚的主动权，对婚姻稍有不满，动辄可以提出离婚"。[③] 女性的社会角色日益凸显，女性就业机会和参加社会活动机会增加，女性成才的几率增大，她们对男子的依附性逐渐减弱，当遭遇不幸的婚姻，难以维系婚姻的时候，选择离婚不至于茫然何处安身、生存和发展。

另一方面，改革开放为女性的独立自主创造了越来越好的社会环境，尤其是人口的自由流动和社会的开放，这使离婚后的女性有更多的机会重组家庭。在传统社会，甚至在共和国成立后的 30 年间，中国人的生产、生活基本上局限于某一固定的区域，尤其是农村女性更是被禁锢在村子里，女性与外界缺少交往的机会。在这样的状态下，已婚女性的生活必然更多地依赖家庭，独立性较弱。女性择偶的对象也只能局限在有限的地域和群体范围内，她们只能被动地接受父母之命和媒妁之言安排的结婚对象。不仅如此，这也造成女性没有勇气离婚，因为离婚后再婚依然在原生活区，传统道德观念和

---

① 《妻子休夫比率趋升》，《香港文汇报》2001 年 5 月 5 日。
② 中国年鉴编辑部：《中国年鉴》（总第 14 期），中国年鉴社、华嘉集团，1994 年，第 80 页。
③ 殷一平著：《高级灰——中国城市中产阶层写真》，中国青年出版社，1999 年，第 217 页。

舆论使女性再婚有难度，而且再婚的质量也很难得到保障。改革开放打破了人口的地域流动限制，人口的流动性增强，尤其是进入 90 年代，随着社会主义市场经济的建立和发展，人口流动、迁徙越来越自由，越来越多的农村女性离开世代居住的村子外出谋生，这使她们的经济收入来源更广，独立支配经济收入的可能性提高了，而且她们有机会接触到更多、更优秀的男性，离婚的几率增加了。罗素曾经指出："如果除了和自己的妻子，再没有和其他女子性交的可能，那么，大多数男人都会满足于现状。"① 实际上，不仅男人如此，女人也是这样，如果与外界异性交往的机会增多，婚姻的不稳定性也随之增加。中国社会从封闭走向开放，甚至打开国门走向世界，涉外婚姻增多，这种状况使女性容易摆脱原生活区的道德束缚，而且在流动中增长了见识，独立自主的意识随之增强，在人口流动自由的环境下，女性择偶的范围扩大，这也使女性更加敢于离婚。

中国社会的改革也为女性的独立和自由提供了越来越多的政治保障。例如国家规定单位招聘不允许性别歧视，《婚姻法》《妇女儿童权益保护法》等有关婚姻法规保障了女性离婚自由和权益，而且也保障了老人和儿童权益，这一定程度上减少了女性离婚的后顾之忧。如果提出离婚，对于可能产生的针对女性的家庭暴力，有关部门制定措施进行援助。1995 年世界妇女大会之后，各地有关部门将保护妇女权益提上了重要日程，出台多种措施帮助受害者，以遏制家庭暴力增长的势头。北京市于 1995 年，山东省于 2000 年开始提供家庭暴力伤害的鉴定服务，并且为受害者提供法律援助。还有的城市为了反对家庭暴力设立了专项资金，例如 2000 年福州市妇联设立反家暴救助金。沈阳市建设了对社会保密的妇女救助站，这有助于保护女性的隐私。2000 年，北京成立了第一家全国性的反家暴工作小组，主要是为反家暴提供法律和社会服务，建立由多机构组建的反家暴网络。无论是国家还是地方有关部门，都为女性反抗家暴起到了保驾护航的作用，国家和社会的支持减少了女性离婚时的困难和顾虑。

政治上的解放、经济上的独立、文化水平的提高及受到社会的保护，使

---

① ［英］罗素著，靳建国译：《婚姻革命》，东方出版社，1988 年，第 92 页。

女性离婚时有了越来越足的底气。正如作家冯和仪指出："她们为什么要离婚？因为她们相信自己的力量，能够在离婚后谋取更好的生活。没有一个女人预知日后生活将陷于寂寞凄惨之境，而尚敢决意离婚的。"① 她们越来越不害怕离婚，越来越从容和坦然地接受离婚，这种心态反而有助于婚姻幸福。实际上，中国女性都希望婚姻能够幸福和稳定，因为"女性在社会领域成功较少，故更看重自己的家庭角色和爱情价值，加上她们较重感情，且更多地追求浪漫，常对美满姻缘给予过高的期望，一旦现实和理想出现偏差，她们的挫折感和失望感也比男子更甚"。② 不怕离婚的心态反而使她们更能经营好自己的婚姻，正如一位从事文化工作的女士说："只有抱着'不怕离婚'的平常心去爱一个人，去经营一段婚姻，在关键时候，才不会哭哭啼啼，才不会干蠢事甚至犯罪。"③

　　在历史长河中，中国女性的独立自主性经历了"无我"向"有我"再到"自我"的发展阶段，这个过程是女性冲破外部束缚和自我束缚的过程。辜鸿铭认为中国传统的女性"无我"的重要表现是中国妇道有"三从"，指的是"三种无私的牺牲或'为他人而活'。也就是说，当她尚未婚配时，要为她父亲而活（在家从父），当她结婚以后，要为其丈夫而活（出嫁从夫），而当她成为寡妇时，又必须为孩子而活（夫死从子）"。④ 这"三从"就是女性生活的道德规范，女性为他人而活是生活的目的，唯独没有为自己而活，束缚女性的因素既有经济上的不独立，政治上的压制，也有伦理道德束缚，这造成女性对男性的依附性。中国近代以来，这些束缚因素虽在一定程度上得以破除，但真正形成女性经济上的独立、伦理道德观念的转型和自我意识的形成是在改革开放后，这个时期无论是经济上、政治上、文化上都培育了中国女性"有我"的基础，促进了女性"自我"意识的发展。

　　改革开放后，女性离婚主动性增强反映了女性婚姻资源的增多。无论国家对女性各方面的保障和支持，还是女性思想上的逐渐摆脱传统婚姻观念，

---

① 韩笑编：《中外名人论性爱、婚姻与家庭》，经济日报出版社，1999 年，第 130 页。
② 徐安琪：《离婚与妇女的地位》，《中国妇女》1994 年第 7 期。
③ 罗西：《不怕离婚：女人的新式武器》，《中国妇女》1998 年第 9 期。
④ 辜鸿铭著，黄兴涛等译：《中国人的精神》，广西师范大学出版社，2001 年，第 70 页。

思想日趋自由、自尊、自信、自立和自强，经济上独立性增强等等因素，都使女性在婚姻中决定去留的资本增多了，这使她们敢于主动离婚。女性婚姻资源的增多使她们对男人的要求随之增加，对婚姻质量提出了更高的诉求，一旦男人不能满足她们的要求，婚姻的破裂往往成为可能。

三、再婚现象凸显

在传统社会，再婚被传统婚姻伦理道德严格约束，女性再婚尤其困难。传统婚姻文化片面强调妇女的贞操义务，要求妻子对丈夫"从一而终"，所谓"妻者齐也"。《礼记·效特性》也要求："一与之齐，终身不改，故夫死不嫁。"汉朝班昭在《女诫》中也认为"夫有再娶之义，妇无二适之文"。一旦离婚，来自社会、家庭的阻力使女性再婚的难度很大。妻子被休后，很难再嫁，改嫁的妇女后被称为再醮妇，遭人歧视，而丈夫休妻后再娶继室，被视为理所应当。再婚境遇的两性差异状况反映了传统社会的抑制女性特征，一个社会的再婚状况能较为明显地反映社会的变迁及两性平等的状况。

改革开放后，不仅离婚率不断攀升，再婚率也不断增加。离婚率不断攀升在一定程度上和再婚越来越容易有较多的关系，因为再婚难度降低使离婚者重组家庭有了更多的机会，这使当事人也敢于离婚。有关数据显示，在1985 年，全国有 50 万人再婚，1990 年的全国再婚人数增至 78.8 万人，到了 1996 年则达了 86.2 万人。从 1985 年以来，在全国每年登记结婚人口总数中，再婚者的比例逐年上升，1985 年是 3.05%，1990 年是 4.14%，1996年已升到 4.61%。① 从数据的变化来看，再婚的比例呈上升趋势。这种现象的发生与改革开放中的经济、政治和文化的变革息息相关。

有关的婚姻法规逐渐完善，为人们再婚提供了逐渐完善的法律保障。例如再婚自由、财产继承、子女监护、赡养义务等方面的内容，这为解除人们在再婚自由、财产、子女等方面的顾虑提供了法律保障。1980 年《婚姻法》

---

① 张锦胜：《离婚、丧偶者的再婚行为越来越被社会所理解，来自社会、家庭的障碍正在逐步减小——再婚现象增多》，《人民日报》1998 年 2 月 10 日。

在总则中规定："禁止包办、买卖婚姻和其他干涉婚姻自由的行为。"[①] 此规定当然也是规定了人们再婚的自由。我国《继承法》第十条规定：配偶、子女、父母都是第一顺序的继承人，享有法定继承权。同时第十八条还规定：夫妻有互相继承遗产的权利。《继承法》也规定了当"夫妻一方死亡后另一方再婚的，有权处分所继承的财产，任何人不能干涉"。[②] 这一条内容保障了丧偶再婚者的财产权利。《民法通则》进一步规定："公民的合法财产受法律保护，禁止任何组织或者个人侵占、哄抢或者破坏等。"[③] 尽管这一规定是对所有人来讲的，但是对离婚或者丧偶者的财产保护也非常必要。人们再婚时，孩子的权益往往被忽略，因此，《民法通则》制定了保障孩子权益的强制性条款，指定父母是未成年人的监护人，若父母已亡或没有监护能力，则祖父母、外祖父母、兄、姐及其他亲属为监护人。[④] 这些法规关于财产、未成年人的规定，较好地为再婚者解除了后顾之忧。

除了法律的逐渐完善为再婚提供了保障，不同群体的再婚观念、社会对再婚者的舆论和制约因素也在逐渐变化，人们再婚的难易程度存在着城乡、性别、年龄等方面的差异。

在八九十年代，农村青年女性离婚后再婚的状况变化较大。有人对北京农村进行调查发现，1986 年 1 月到 9 月结婚的再婚人口中，农村的再婚女性有 1200 多人，而男性则只有 800 多人，调查者认为这是人们"好女不嫁二夫"的封建思想意识已经淡化，封建伦理已不再约束不幸丧偶的和离婚的农村女性。[⑤] 从全国来看，北京农村的经济、文化、思想等因素的发展相对其他地区农村要先进一些，这必然使该地农村女性受传统观念的影响相对弱一些。从全国农村来看，女性再婚相对容易，但是如果说她们已经摆脱封建伦理的束缚则有些不准确，她们再婚看起来容易，恰恰在一定程度上反映了农

---

① 民政部基层政权和社区建设司编：《婚姻登记管理资料汇编（1950—2003.5）》，中国社会出版社，2003年，第 21 页。

② 裴敬梅编著：《中华人民共和国婚姻法释义与适用指南》，中国人民公安大学出版社，2001 年，第 325 页。

③ 裴敬梅编著：《中华人民共和国婚姻法释义与适用指南》，中国人民公安大学出版社，2001 年，第 288 页。

④ 裴敬梅编著：《中华人民共和国婚姻法释义与适用指南》，中国人民公安大学出版社，2001 年，第 278 页。

⑤ 毛磊等：《北京市农村再婚女性高于男性　"好女不嫁二夫"已在人们思想中淡化》，《人民日报》1986 年12 月 12 日。

村女性屈从于外界的压力，急于再婚。她们再婚最主要的原因是"屈从于种种压力而无奈急于再婚，因为在观念守旧的地区，离婚难已为公众所接受，离异女子与异性的正常接触都会引起种种猜疑、想像或中伤，况且嫁出的女儿泼出的水，娘家也并非是她们的久留之地，故不少离婚女子迫于舆论、家庭或经济压力而匆忙再嫁"。① 从这一点上看，农村女性匆匆再嫁一定程度上反映了她们有被迫的因素。需要看到，农村女性再婚难易程度存在地域差异，在相对发达的农村，女性再婚相对容易，这与她们更多地摆脱传统思想观念有关，"从一而终"的婚姻观念逐渐淡化。从这个角度看，城市女性再婚相对容易。

相对女性再婚来讲，80 年代的农村男性再婚难度较大。在传统观念较为浓厚的农村，男性离婚也被视为一件不光彩的事情，男性再婚也比较困难。调查显示，他们之所以离婚，往往是源于自身在经济条件、名声等方面的不足，这是不利于再婚的因素。例如某法庭在调解、判决的 91 件农民离婚案中，离婚后的女方基本上都已经再婚，而 91 名男子中却有 61 人尚未重新组织家庭，占离婚男子总数的 63.54%。② 从具体原因看，有人是因为有劣迹，例如盗窃被抓、生活作风上声名狼藉，此类占离婚未再婚男子人数的 11.48%；有人是因为不务正业，此类人占总人数的 16.39%，这类人只顾自己吃好玩好，致使田园荒芜，家境贫困；有人是因为夫权思想严重，经常打骂妻子，这类人占总人数的 44.26%；有人是因为家庭经济困难，这类人占总人数的 27.87%，大多负债累累，生活困难。③ 这四类人再婚时在择偶市场处于劣势。实际上，即使没有以上原因，离婚男性再婚也比较困难，主要是因为人们对离婚者有比较差的刻板印象，离婚者再婚往往只能选择有些问题的女性，例如残疾女性，或者岁数较大的女性，甚至要去更加贫困的地区买老婆。除非离婚者的经济条件比较优越，实际上经济条件优越者再婚在任何年代都不是一件难事。

改革开放为农民再婚提供了越来越多的条件。一个重要的条件是人口流

---

① 徐安琪：《离婚与妇女地位》，《中国妇女》1994 年第 7 期。
② 桃源县漆河人民法庭：《农村离婚男女中男方为何再婚难》，《湖南法学》1987 年第 2 期。
③ 桃源县漆河人民法庭：《农村离婚男女中男方为何再婚难》，《湖南法学》1987 年第 2 期。

动越来越自由。在社会主义市场经济条件下，人口在全国范围内流动的自由度越来越高，城镇相对丰富的社会资源吸引着农村女性，她们从农村流入城镇，从落后农村流入经济发达地区的现象逐渐凸显，她们有机会与更多的异性接触，离婚后再婚的机会增加了，这增加了她们离婚的勇气。这种流动一定程度上造成农村的婚龄男女比例失调，农村男性娶妻难度增加。农村男性择偶市场受到挤压，他们的择偶标准大多会降低，这使农村的女性再婚机会也随之增多，农村青年女性只要愿意基本上都能再婚，甚至残疾女性也能找到相对理想的异性结婚。正如 D 先生（1965 年生，山东聊城人，农民，离异）谈到他的再婚要求："只要是个女的就行，二婚的也可以，有点残疾的也可以，甚至傻点的也能接受，只要能给咱家生孩子，抓紧答应。"[①] 另外，农村离婚男性再婚难的困难状况在 90 年代得到一定程度的缓解，主要是因为市场经济条件下的社会流动给离婚男性提供了更广阔的择偶空间，他们有了更多的机会选择合适的再婚对象。

相对农村来说，城市再婚者相对容易，再婚的比例也相对较高。在经济和文化相对发达的北京、天津和上海，1996 年的再婚人数占登记结婚人数的比例分别是 14.67%、10.08%、13.36%。[②] 此三地再婚者的比例高于全国再婚平均水平，而且再婚人数也不断攀升。以上海再婚人数为例，1980 年为 5700 人，1985 年为 10100 人，1990 年为 20400 人，1990 年的再婚人数几乎是 1980 年的四倍。[③] 根据城乡对比的资料显示，在城镇有配偶人口总数中，再婚有配偶者的比例是 2.95%，在农村有配偶人口总数中，再婚有配偶者占比为 2.52%，城镇比农村高 0.43 个百分点。[④]

城市青年无论男女，他们再婚都比农村青年容易，一个重要的原因是城市是陌生人社会，离婚者受到的社会舆论影响较弱，而且城市人与异性交流的机会更多，择偶机会更多。随着社会的发展，城市所提供的的再婚途径越

---

① 梁景和主编：《中国现当代社会文化访谈录》（第五辑），首都师范大学出版社，2016 年，第 9 页。

② 张锦胜：《离婚、丧偶者的再婚行为越来越被社会所理解，来自社会、家庭的障碍正在逐步减小——再婚现象增多》，《人民日报》1998 年 2 月 10 日。

③ 陆震：《再婚礼赞》，《社会杂志》1992 年第 4 期。

④ 张锦胜：《离婚、丧偶者的再婚行为越来越被社会所理解，来自社会、家庭的障碍正在逐步减小——再婚现象增多》，《人民日报》1998 年 2 月 10 日。

来越多，例如婚姻介绍所、电视相亲节目。

需要注意的是，老年人再婚现象逐渐凸显。老年人丧偶或离异后有再婚的需求，对吉林市老年人的调查显示，老年人缺乏生活自理能力，丧偶后生活困难，为了维持正常生活，他们需要再婚。部分老人退休后，身体仍强健，物质生活满足了，但精神生活空虚，想找个老伴共度晚年。部分老人怕子女以后对自己不好，想早点组织家庭，夫妇相依为命。① 城市老人再婚呈增长趋势，这一定程度上与家庭的核心化有关。传统的三代、四代同堂的大家庭已经逐渐消失，夫妻二人和一个孩子组成的小家庭成为主流，这使老年人与子女家庭的关系有疏远的趋势，城市老年人尤其是有退休金等经济保障的老人愿意独立生活，在 80 年代，对某市的调查显示，在千余名老人中，希望在子女婚后另立门户的占 58%。② 这样可以减少与子女家庭的矛盾，但是独立的生活的老人需要生活和精神上的伴侣，再婚成为一种较好的选择。

1996 年中国人口变化情况的抽样调查资料显示，中国有近 1800 万再婚有配偶的人口，其中，50 岁以上人口占 47.66%，人数是 859 万人。在 1996 年，中国 50 岁以上再婚有配偶人数已经占同龄有配偶人数的 4.84%，也就是在每 100 个 50 岁以上有配偶人中，有近 5 人是再婚者。③ 这是不区分城乡的数据，实际上城市老年人再婚占据了其中的大部分。

农村老年人再婚难度较大。受传统观念的影响，农村老人再婚往往有三方面的阻力，一是人老了还想再婚，这在农村往往会被认为人不安分；二是子女往往被认为不孝，儿女怕亲友指责，邻里指点，这在熟人社会的农村，可能会给子女的生活带来消极影响；三是农村老人是子女可用的资源，例如照顾孙子辈，帮衬子女劳动，老人再婚意味着子女可能会失去这种天然的资源。这些因素使农村老人再婚比例相对较低，其中女性老人再婚遇到的阻力往往更大，即使她们实现了再婚，往往也会经历痛苦的折磨。例如有位 60 多岁的寡妇想再嫁，双方子女竟以威胁手段阻止，经过多方做思想工作，只

---

① 郭培义：《老年人丧偶再婚调查》，《家庭》1987 年第 10 期。
② 吕晓琦：《城市老年人再婚趋势》，《中国妇女》1986 年第 6 期。
③ 张锦胜：《我国人口的再婚现象增多》，《光明日报》1998 年 2 月 3 日。

得勉强同意老人再婚，但要求只能悄悄地往来，不能公开，晚上可住在一起，白天必须分开。[①] 为了发泄对老人的不满，有的子女在母亲再嫁时甚至举行了侮辱性的仪式。儿子动员亲友，强迫母亲按照旧习俗在夜色中离开家，没有结婚庆典，没有亲友祝贺，还必须像小偷一样从后门爬出去。[②]

相比之下，城市老人再婚相对容易，再婚人口增长较快。城市老人往往有独立的经济来源，有能力自主规划个人生活，而且子女大多受教育水平相对较高，思想相对开明，能更好地理解和尊重老人的再婚。另外，城市是陌生人社会，老人再婚所遭到的舆论影响相对较弱，这就使城市老人再婚较为容易，再婚比例上升的速度也较快。以天津市为例，老年人再婚率逐步提高，在80年代，老年再婚率仅为一成五，90年代为三成五，2000年，已上升到五成。[③]

老年人再婚现象逐渐凸显，这与国家对老年人再婚提供的法律保障有关。老年人再婚往往会遭遇来自子女和亲属的阻力，有关的法律保障了老年人的再婚权益。1996年，国家颁布实施的《中华人民共和国老年人权益保护法》规定："老年人的婚姻自由受法律保护，子女或者其他亲属不得干涉老年人离婚、再婚及婚后的生活。""赡养人的赡养义务不因老年人的婚姻关系变化而消除。"[④] 这些规定不仅为老人排除了来自家人和亲属的阻力，保障了老年人的再婚自由，而且还要求再婚老人的子女尽赡养义务，老人再婚并不意味着子女可以不赡养老人，这就为再婚老年人安度晚年提供了法律保障。2001年《婚姻法修正案》增加了保障父母再婚的条文，明确规定要尊重父母的再婚权利，不能干涉父母再婚和再婚后的生活，不能因为父母再婚终止赡养义务。尽管此规定和《老年人权益保护法》基本相同，但是比《婚姻法》内对老年人再婚权益及婚后生活的保障更能显示国家对老年人再婚的重视程度，这进一步保障了老年人再婚的权利和婚后的生活。以上法律为老年人再

---

① 张德智：《请尊重老人再婚的选择权》，《中国妇女》1987年第8期。

② ［美］阎云翔著，龚小夏译：《私人生活的变革：一个中国村庄里的爱情、家庭与亲密关（1949—1999）》，上海书店出版社，2006年，第191页。

③ 秦国春：《天津老人再婚环境转佳》，《团结报》2000年8月22日。

④ 裴敬梅编著：《中华人民共和国婚姻法释义与适用指南》，中国人民公安大学出版社，2001年，第353页。

婚提供了越来越完善的保障，减少了老年人再婚的后顾之忧。

社会舆论对老年人再婚给予了越来越多的理解和支持，对老年再婚行为排斥和责备的现象逐渐减少。媒体大力宣传再婚对老年人有好处，他们也应该追求爱情，而且他们生活上需要照顾，单身生活有种种不便，儿女又难以完全依靠。媒体还常常会用一些实例来说明再婚的好处，例如一位老教师，妻子逝世后，儿女对他非常孝顺，但一次他起夜跌倒在地，自己爬不起来，儿女第二天早晨进屋才发现。[①] 有的媒体还从生理的角度说明再婚的合理性，例如"告别性生活会在心理上造成影响，加速衰老进程……一项对 68 岁老人的调查表明，有 80％的人对性生活有兴趣，70％的人性生活活跃，在 78 岁的老年人中，25％的人性生活仍然很活跃"。[②]

新式择偶途径的出现也为老年人再婚提供了便捷的条件。城市中的婚姻介绍所不断出现，例如 1984 年 7 月，全国第一家"老年人婚姻介绍所"在北京成立。[③] 1986 年，仅哈尔滨南岗区就已经有 7 家老年人婚姻介绍所。[④] 报刊上的征婚栏目也为老人再婚提供了便捷途径，2000 年，百岁老人章克标就通过登报征婚与一位应征者步入婚姻殿堂。[⑤] 这些新式择偶途径为老年人在广阔的范围内寻找合适的再婚对象提供了便捷条件。

除了国家和社会对老年人再婚的支持，老年人自己也采取办法减少再婚的阻力，一个重要的途径是婚前财产公证。婚前财产公证使老年人再婚减少了财产上的争议和顾虑。老年人再婚不同于青年人，到公证处申请办理婚前财产公证，以法律形式确定婚前财产归属权，然后结婚，这使双方子女打消了财产顾虑，促进了双方和睦相处。[⑥] 例如一对再婚老人认为，俩人现在财产虽然不是很多，但双方各有子女，为了以后各自儿女不在财产问题上产生纠纷，两人婚前特地公证双方财产。经过婚前财产公证，双方财产在法律上得到了保护。老人认为公证财产是理性地处理财产问题，并不影响双

---

① 应锐：《丧偶再婚有益健康》，《健康之友》1984 年第 4 期。

② 孙宝媛：《老人再婚益长寿》，《心理与健康》1998 年第 3 期。

③ 北京市地方志编纂委员会：《北京志·政务卷·民政志》，北京出版社，2003 年，第 415 页。

④ 吕晓琦：《城市老年人再婚趋势》，《中国妇女》1986 年第 6 期。

⑤ 蔡志培：《百岁征婚　觅得佳偶》，《光明日报》2000 年 4 月 14 日。

⑥ 李丽等：《北京近五成居民赞成婚前财产公证》，《安徽经济报》2000 年 9 月 22 日。

方感情。[1]

老年人避免再婚阻力的另一种途径是采取了灵活的方式再婚。例如非婚同居成为他们选择的新方式。[2] 这种方式既让老年人找到了一起生活的伴侣，也减少了子女对父母再婚后财产的顾虑，从而减少了子女对父母再婚的干预。

综上所述，青年人和老年人再婚的现象都逐渐凸显，这在一定程度上源于他们认为再婚有可能获得婚姻幸福。有人曾调查了上海两个区的离异者，在1985年再婚的234个家庭，有50%的再婚夫妻关系很好，20%的人夫妻关系较好，11%的人关系一般，19%的人经常争吵或者已离婚。[3] 从实践中看，再婚者有可能获得婚姻幸福，原因主要有以下方面。

再婚者择偶时更重视双方的和谐程度。对1985年上海234对再婚夫妇的调查显示，在离婚者中，高中文化及以上的人，其择偶标准为"双方有共同语言"的占33%，"相互了解"的占24%，两项择偶标准在小学文化及以下的离婚者中分别占18%和14%；高中文化及以上的初婚者有40%要求"双方有共同语言"，而14%的人因为"离异者更懂得爱情"与其结婚，小学文化及以下的人持同样观点的分别为29%和0。[4] 这一定程度上体现了文化层次越高，再婚者越重视感情。再婚者择偶时，除了考虑某些外在条件，例如家庭、经济状况等条件，更多地考虑婚姻当事人之间感情的和谐，婚姻基础更牢固，有助于提升婚姻质量。

再婚者择偶时往往更谨慎。因为离婚者大多对草率结婚有着深刻的感触，所以在婚姻解体后，大多数人能对婚姻进行反思，进而调整个人的择偶标准和择偶方式，他们再次择偶时，明显比初婚更加理智。另外，社会舆论对离婚者会产生无形的压力，再婚后如果婚姻不幸福对再婚者的打击非常大，所以他们再婚择偶更加谨慎。而且，再婚者往往比初婚者年龄大，婚姻

①　纪哲：《再婚老人重视财产公证》，《寿光日报》1999年11月16日。
②　京逊：《〈婚姻法修正案（草案）〉首次列入老人婚姻问题　干涉父母再婚，违法！》，《大河报》2000年12月25日。
③　徐安琪：《离异者再婚成功多》，《社会科学报》1992年2月13日。
④　徐安琪等：《离异者再婚能成功吗?》，《社会杂志》1991年第9期。

生活的经验也相对丰富，所以再婚恋爱时，也更成熟、更现实，少了不切实际的想法，故在择偶时也分外谨慎。尤其是其中的初婚者，除非经过深思熟虑并认同对方确实值得自己所爱，否则不会与离异者相恋，慎重择偶者的婚姻基础大多较好。

由于择偶者对离过婚的择偶对象常存有种种疑虑，大多会事先对其进行全方位的深入了解，于是那些主客观条件俱佳的离异者往往对异性更具吸引力，他们很快再婚的也相对多些。而那些在前婚中有过错、素质较差的人再婚则更困难些，但这在客观上也避免了他们再婚的不良后果。

再婚者处理夫妻矛盾的经验更丰富、心态更理智。事实上，再婚者处理婚姻关系的时候比初婚更有经验，这有助于重建幸福。再婚不是一次重复，而是一次领悟和超越，因为经历过婚姻，再婚者大多对婚姻的理解更深刻，再次择偶以及处理再婚后的问题和矛盾将更理智、方法更成熟。再婚者对婚姻生活更珍惜，故相互调适更有诚意和耐心，离婚毕竟是痛苦的经历，许多人的内心创伤常因舆论、经济及子女等压力而久久不能愈合，因此，不少人为了摆脱不幸婚姻的阴影，往往把希望寄托在再婚生活的美满幸福上。一项调查表明，离异者再婚的直接动因是"希望重新开始新生活"的占 32%，"适逢知己"的达 24%，"受过创伤的心需要温暖"的为 17%，"离异后产生孤独感"的占 13%。① 这表明他们对再婚的心理抚慰功能寄予了希望。同时，也因为他们那颗受过创伤的心已无法承受再次的婚姻波折，加上他们也吸取了前次婚姻的教训，所以与再婚配偶产生隔阂或冲突时，常以更多的宽容和谅解来进行调适，而少有初婚者的冲动和任性。另一方面，对于丧偶或初婚者来讲，他们更加珍惜来之不易的感情和婚姻，以更多的妥协来缓解家庭冲突，而这种付出和妥协对于夫妇的异质互补和感情和谐尤为重要。

总之，改革开放后法律制度、思想观念以及社会风尚等方面的变革为再婚创造了日趋自由的条件，再婚越来越容易是人们敢于离婚的一个重要条件。

---

① 徐安琪：《离异者再婚成功多》，《社会科学报》1992 年 2 月 13 日。

本章小结

改革开放后的离婚现象凸显从根本上来讲是夫妻双方资源匹配的失衡。人们以没有爱情、性格不合、家暴、性生活不和谐等理由提出离婚，这皆是表面现象，根本的原因是夫妻双方匹配资源的失衡。夫妻双方的资源包括经济、政治、职业等看得见的形式，也包括精神、文化等形式的资源。因为社会变革带给人们的发展机会不同，人们利用机会的能力也存在差异，双方的资源发生失衡就具有了可能性。这就造成形成优势资源的一方对婚姻产生不满心理，离婚就成为寻找优势资源，重新实现夫妻双方资源平衡的途径，从而提升婚姻质量。这也符合马斯洛的需求层次理论，当婚姻中的一方满足了某层次的需求，他就会追求更高层次的需求，如果对方不能满足自己对高层次的需求，离婚就成为可能。资源失衡导致离婚从一定程度上反映了婚姻要维系也需要"门当户对"这个基本内核。

人们在择偶时往往更重视双方资源的门当户对，结婚后因资源匹配失衡而离婚往往会被社会的、家庭的或道德的因素阻止。改革开放后因资源匹配失衡导致的离婚现象反映了约束离婚的因素正在弱化，离婚反映了群体性社会维护婚姻稳定的机制已经逐渐弱化，制约离婚自由的因素在社会发展中不断被消解，这使离婚变得容易。离婚自由法规的不断发展为离婚自由创造了法律条件，这是外在条件。一方面，离婚制度不断减少对离婚者的限制，不断提升当事人的离婚自由度，越来越尊重个人的意愿，这是关注了婚姻的个人性。离婚制度不断保障离婚者的权益，以维护社会和家庭的秩序，这关注了婚姻的社会性。这体现了国家重视保障个人的离婚自由和权利，也重视维护社会的和谐稳定，两者并不矛盾。另一方面，人们离婚观念的现代转向为离婚自由创造了良好的内在条件，它使人们以更加宽容的态度对待他人的离婚，也使离婚者逐渐摆脱传统思想的束缚，更加容易追求高质量的婚姻。

改革开放后的离婚现象反映了离婚自由从文本向实践的行进。在改革开放前后的集体主义体制下，尽管法律文本上规定了离婚自由，但是现实生活中人们离婚时会受到来自单位的阻止或者观念上的束缚，改革开放逐渐为人们解开了这些离婚枷锁。人们在离婚实践中获得的自由度越来越高，文明离婚、女性主动提出离婚和再婚现象成为逐渐凸显的新风尚，这不仅反映了国家和社会对离婚自由的尊重和宽容，也反映了人们对婚姻质量的追求，是对个人婚姻幸福的追求，是个人婚姻价值诉求的表现，而非以社会、家庭为婚姻的价值为出发点。从离婚新风尚中可以看到，离婚者离婚时也充满了对另一半的关心，这种姿态的离婚是中国人素质提升的表现，既有对婚姻的个人情怀，还为对方的幸福生活考虑，离婚成为夫妻两人私事的趋势日趋明显。

第六章　法治与德治结合推动的婚姻秩序重塑

改革开放后，"旧的计划经济体制下的社会控制模式不能完全适应社会转型的需要，新的控制模式又尚未建立，所以，社会控制出现了相对弱化的现象"。[①] 道德调节社会秩序的效力逐渐弱化，法律调节社会秩序的作用不断增强，但是法治社会的建设还不完善。社会转型伴随着家暴、婚外情等问题的凸显，这一定程度上对社会和个人造成危害。为了维护和谐的社会秩序，塑造和谐的婚姻秩序成为必要之举，国家通过道德建设和法治建设塑造新的婚姻秩序。本章探索使用这两种方式的原因，社会各界对使用这两种方式塑造婚姻秩序的反应，国家如何使用这两种方式，民间重塑婚姻秩序的逻辑，官方和民间重塑婚姻秩序的效果和不足以及原因。

[①]　刘世军：《社会转型期的中国政治体制改革》，《上海社会科学院学术季刊》2000 年第 1 期。

第一节　婚姻秩序调节的乏力

何种社会都存在构建和谐社会秩序的诉求，从而保障各方利益都能顺利实现，和谐的婚姻秩序是和谐社会秩序的重要内容。群体性社会调节婚姻秩序的主要方式是道德，个体性社会调节婚姻秩序的主要方式是法律。但在群体性社会向个体性社会的过渡过程中，就会出现道德调节婚姻秩序的效力逐渐减弱，而法制建设也需要一个完善的过程，两者调节社会秩序的效力也会出现乏力的情况。

法律是重要的社会控制形式，它表现为法律思想和在此基础上形成的法律条文，是由国家制定并且强制实施的行为规范，它直接反映了社会经济基础，反映了统治阶级的意志，法律"是实行社会控制的具有权威性的重要形式，但法律的控制纯属外在控制，因此其约束力范围比较狭小"。[1] 和法律一样，道德也是一种重要的社会控制方式，主要包括社会的伦理规范和社会成员的品格、情感以及操行，"道德是主要依靠社会舆论和人们内心信念及习惯、传统、教育发生作用的精神力量"，[2] 不同的社会经济基础产生不同的道德，道德也随社会经济基础的变化发生相应的变化。作为社会控制的重要形式，道德是法律的补充，也具有广泛的、普遍的约束力量。

从概念界定可以大致看到法律和道德的异同。法律和道德都是一种行为规范，都是调节社会秩序和维护一定群体利益的方式，都是一定经济基础的反映。两者的区别主要是：法律由立法机关通过，是人们必须遵守的规范，主要依靠司法机关通过威慑和惩罚体现效力，法律调节对象的范围清晰，个体性社会主要依靠法律调节人与人、人与社会之间的秩序。道德是从社会风俗习惯中形成和发展起来的，是告诫人们应该遵守的规范，主要依靠社会舆论和人们的自觉发挥效力，道德调节对象的范围相对模糊，群体性社会主要

---

① 乔志强主编：《中国近代社会辞典》，山西高校联合出版社，1994 年，第 26 页。
② 乔志强主编：《中国近代社会辞典》，山西高校联合出版社，1994 年，第 26 页。

依靠道德调节人与人、人与社会之间的秩序。

　　调节人与人、人与社会的秩序，既离不开法律，也需要道德，但在不同的社会两者发挥的作用不同。进入 90 年代，个体性社会的特征越来越明显，法律在调节各方利益过程中的作用越来越重要。个体性社会的某些道德也对调节社会秩序发挥了积极作用，但"这个道德不再是群体道德，它无需个人对什么的效忠，也不要求个人的克己和利他。法律社会的道德只是各追求自身利益的个人间合作的原则规定，只是如何合理分配社会合作所产生的利益和负担的道德原则规定"。[①] 也就是说，个体性社会（法律社会）的道德是个人在追求个人利益时，不应侵犯他人和社会的利益。但随着改革开放的推进，群体性社会逐渐向个体性社会过渡，由于调节群体性社会秩序的主要方式——道德的效力逐渐减弱，而调节个体性社会秩序的方式——法律还未建设完善，这客观上造成婚姻领域的混乱和无序，这种无序对人与人、人与社会的关系造成了不良影响。

一、道德约束婚姻的效力弱化

　　群体性社会的道德有效地发挥作用有其社会基础，离开了这个基础，道德就难以有效地发挥调节社会秩序的作用。从上文道德的概念可知，道德是主要依靠社会舆论和人们内心信念及习惯、传统、教育发生作用的精神力量。只有在熟人组成的群体中，社会舆论才可能有效地发挥制约作用，熟人群体的监督和舆论制约，能有效地使违反群体道德者陷入孤立的境地。内心信念的维持和巩固依赖"所有成员克己、服从、利他、效忠的群体社会确实是一个利益共同体"。[②] 如果人们不能从生存的共同体中获得利益，人们对群体的克己、服从、利他和效忠就难以维持。而习惯和传统的有效传承和发挥作用，需要封闭的、稳定的社会环境。总之，道德有效发挥调节社会秩序作用需要的条件是群体性社会、熟人社会、封闭和稳定的社会环境。

　　但是，随着改革开放的推进，群体性社会的道德发挥作用的基础被削

[①]　曹锦清等著：《走出"理想"城堡——中国"单位"现象研究》，海天出版社，1997 年，第 181 页。

[②]　曹锦清等著：《走出"理想"城堡——中国"单位"现象研究》，海天出版社，1997 年，第 174 页。

弱。熟人社会向陌生人社会发展，熟人群体的舆论对人们的约束力被弱化。人口流动的加剧使群体性社会难以保障成员的利益，而越来越广阔的生存空间为人们提供了越来越多的利益获取途径。社会越来越开放，变化也成为常态，这就使习惯和传统难以维系，道德调节社会秩序的有效性逐渐降低，这在婚姻领域表现得比较明显。

"道德法庭"的逐渐失效就是比较明显的例子。在 80 年代，对于不道德的婚恋行为，人们大都会进行严厉的批判，而且人们会把这种行为诉诸"道德法庭"，借助社会舆论的力量，及时地揭露和谴责。方式是投书报刊，寻求舆论支持。钊对这些情况，一些报纸、刊物开办了"道德法庭"栏目。"道德法庭"有别于现实法庭，所以这里的"法庭"打上了引号，在某些文章中还出现"审判"等字眼，也是一种比方。"道德法庭"专栏刊载的文章，并不能给人判罪，而只是对那些不道德的行为给予谴责，同时，"道德法庭"允许被批评的当事者本人实事求是地陈述自己的意见。被批评的当事者的陈述如与事实不符，"道德法庭"应予驳回。[①]

"道德法庭"开办后的确对婚恋领域的不道德行为起到了一定的约束作用，受到人们的欢迎。例如《贵州日报》的"道德法庭"栏目曾"审判"了某不道德行为：贵州省区域地质调查大队团委干部刘某向大队女工李某虚伪表白爱情，在玩弄、糟蹋她的同时，又追求另一名女工，并确定了关系。这时小李已经怀孕，刘某却翻脸不认账，小李忍受着极大的痛苦生下一个女孩，她怀着满腔悲愤，将婴儿送到刘辉家里，却遭到刘父母辱骂，把小李母女赶出门。通讯发表后，在半个多月的时间里，收到了上百封读者来信，这些来信强烈谴责刘某的不道德行为，批评了刘某父母袒护其子的错误行为。[②]"道德法庭"不仅成为婚恋受害者投诉的平台，也成为社会批判不良婚恋行为的一个阵地。据不完全统计，一些报刊的"道德法庭"栏目所刊登的文章

---

① 本报讯：《〈贵州日报〉开辟"道德法庭"专栏　运用社会舆论建设精神文明》，《人民日报》1981 年 10 月 21 日。

② 本报讯：《〈贵州日报〉开辟"道德法庭"专栏　运用社会舆论建设精神文明》，《人民日报》1981 年 10 月 21 日。

70%以上属于恋爱婚姻。①

　　但是，"道德法庭"的办刊方向在社会逐渐市场化的背景下走入误区。某些刊物为了招徕读者，肆意加工和编造，充满低级趣味，逐渐不再是人们伸张正义的场所，而是成为某些刊物盈利的平台。例如某刊物打着"审判"和批判不道德行为的幌子，对受害者受害的过程进行添油加醋的描写，描写如何玩弄女性的细节。从受骗到失身到怀孕到打胎最后自杀，刊物上到处充斥着"一个玩弄女性的魔鬼"，"少女受骗记"之类的文章。刊物的目的就是以此吸引人从而盈利。② 就这样，"道德法庭"批判不道德行为的目的已经消失了。另外，"道德法庭"没有强制力，只有谴责没有惩罚，造成有些道德败坏者在受了"道德法庭""审判"之后，依然我行我素，"道德法庭"形同虚设。此外，人们的思想观念也逐渐改变了，在 80 年代，在"道德法庭"中，很多女性说自己"被玩弄了"，"我被欺骗了！""在恋爱期间失去了最宝贵的东西"。③ 只要发生了关系，女性就认为失去了"一切"，贞操观念非常浓厚，一旦对方离开了自己，情绪反应强烈，她们通过各种途径揭露对方。随着女性贞操观念逐渐淡化，即使发生性关系后分手，也不再死去活来。同时，在社会舆论上，这种事情逐渐和道德脱钩，双方合得来就在一起，合不来就分开，不再死磨硬缠着对方。社会舆论对这类事情也见怪不怪了。人们的贞操观念及习惯、传统都在逐渐改变，这使当事人难以产生源自内部的道德约束力。由于作用越来越小，"道德法庭"在 90 年代逐渐销声匿迹，这与90 年代群体性社会逐渐弱化、个体性社会的特征逐渐明显相契合。社会变迁使婚姻领域的秩序受到冲击，但是道德对婚姻的约束力减弱了，这突出地表现在道德越来越难以控制婚外情、重婚现象和家庭暴力。

　　道德越来越难以控制日趋明显的婚外情现象。婚外情是已婚人士与丈夫或妻子之外的人发生的恋情，它常常伴有性关系的发生。婚外情的确切数字是多少恐怕永远也无法获得。在 90 年代，"包二奶"成为一个流行词汇。改

---

① 李荔：《〈道德法庭〉要全面、严肃》，《社会杂志》1983 年第 1 期。
② 秦文川：《"道德法庭"再议》，《社会杂志》1983 年第 6 期。
③ 燕华：《在道德法庭上的沉思》，《青年一代》1986 年第 6 期。

革开放后，南方尤其是广东成为经济发展的龙头，先富起来的群体寻找婚外情成为一种日趋突出的现象，"包二奶"这个词的流行也开始于广东，深圳、东莞等地出现了"二奶"聚居的"二奶村"。^① 广东省 21 个市的妇联调查显示，在 1992 年至 1996 年期间，有 20246 宗案件是妇女投诉丈夫"包二奶"；在 1996 年至 1998 年期间，有 802 宗案件是直接到省妇联投诉"包二奶"。至于大量隐蔽性的"包二奶"案件则无从统计，更无从追究，中山市妇联的问卷调查显示，25%的人说自己身边有"包二奶"现象。^② 另外，婚外情也出现从城市向农村蔓延的趋势。某些农民工，在城市中和异性交往的机会大大增加，他们中的某些人也学着大款"包二奶"。^③

婚外情泛滥是导致婚姻发生动荡甚至离婚的重要原因，也给当事人的家庭造成了痛苦。据深圳市妇联系统三级信访网络的统计显示，1997 年至 1999 年受理因婚外情遗弃妻子和孩子的投诉分别占婚姻家庭权益投诉总数的 36%、46%和 57%，呈递增趋势。这些被遗弃的女性年龄一般在 35—45 岁之间，80%以上都是因无业或无稳定收入、或为抚育孩子辞职而导致没有生活来源。其中被遗弃方 60%以上都是非深圳常住户口人。^④ 婚外情对子女的成长造成极大的危害，生活在这样家庭的孩子心理也被扭曲。重婚导致杀人和故意伤害的刑事案件增加，江门市妇联调查显示，该市 1995 年至 1997 年因"包二奶"引发的凶杀案共 16 件，涉及 20 人，其中死亡 13 人，重伤 8 人。^⑤ "包二奶"也严重破坏了国家计划生育政策。它产生了大量的社会隐蔽人口，南海市妇联调查发现，在 391 宗"包二奶"案件中，违法生育的孩子有 188 个，这些孩子大多没有上户口。^⑥ 这为社会带来负担，冲击了婚姻制度，一夫一妻的婚姻制度被践踏，严重危害了国家的计划生育政策，也埋下了种种危机。重婚使干部队伍产生腐败，某些干部因为重婚产生了贪污受贿，据广州、深圳、珠海 1999 年公布的 102 宗官员贪污受贿案件中，百分

---

① 涂俏：《我在深圳二奶村的 60 个日日夜夜》，《散文百家》2004 年第 14 期，

② 刘金铃等：《广东惩治"包二奶"一石激起千层浪》，《深圳法制报》2000 年 7 月 18 日。

③ 吴剑等：《脱贫才几天 学人包二奶》，《深圳法制报》2000 年 6 月 10 日。

④ 刘小菁等：《婚内"遗弃"何故频频发生》，《中国妇女报》2000 年 10 月 19 日。

⑤ 刘金铃等：《广东惩治"包二奶"一石激起千层浪》，《深圳法制报》2000 年 7 月 18 日。

⑥ 刘金铃等：《广东惩治"包二奶"一石激起千层浪》，《深圳法制报》2000 年 7 月 18 日。

之百有包养"二奶"问题。[①] 干部本应该起到模范带头作用，但是干部队伍风气的败坏，会造成上行下效，党员干部群体的风气恶化，进而带坏民风。

道德越来越难以控制日趋明显的家庭暴力问题。全国妇联的调查显示，中国有家暴的家庭占比 30%。1999 年，广东省妇联开展了对 1589 个家庭的调查，结果显示，其中存在家暴的家庭占比 29.2%。在家暴事件中，79.4%的是丈夫对妻子施暴，每月平均四次受丈夫施暴的占受暴妻子总数的32.1%，每月平均一次的占 39%。[②] 另外，广州市妇联的调查显示，施暴者并不仅仅是文化层次低的群体，文化层次较高的群体中家暴也大量存在，例如在施暴人中，有 51.7%的丈夫学历是高中和大专，甚至大学教授、博士也是施暴者。[③] 这反映了家庭暴力在高级知识分子群体中也并非鲜见。家庭暴力的对象往往是妇女，这和女性体力较弱有关，也与男尊女卑的意识有关，而且为数不少的女性在生活上依赖男方。数据显示，在 90 年代发生的家庭暴力案件中，丈夫对妻子施暴的行为更多，家暴受害者 90% 至 95% 是女性。[④] 家暴行为已经严重破坏了家庭和谐与婚姻幸福。

以上问题不仅冲击了正常的婚姻秩序，也对社会秩序产生了消极影响，仅靠社会舆论去约束，用道德去规范，用政治思想工作去教化，已经很难达到理想的效果。在向个体性社会发展的过程中，群体逐渐分解为具有独立人格和利益的个体，道德逐渐无力将日趋独立化的个人拉回群体中服务群体利益。国家只能接受这种状况，尊重个人的合法利益，然后发挥另一种调节社会秩序的方式——法律的作用，利用法律去规范婚姻秩序。正如时任全国人大常委会法制工作委员会副主任的胡康生在讲解《中华人民共和国婚姻法修正案（草案）》时说："随着经济、社会的发展，人们的思想观念也发生变化，在婚姻家庭关系方面出现了一些新问题。为了进一步完善中国的社会主义婚姻家庭制度，有必要总结《婚姻法》的实施经验，针对存在的问题，对

---

① 刘金铃等：《广东惩治"包二奶"一石激起千层浪》，《深圳法制报》2000 年 7 月 18 日。
② 《30%家庭存在暴力》，《河北工人报》2000 年 7 月 26 日。
③ 《法律向家庭暴力开刀》，《辽宁日报》2000 年 11 月 3 日。
④ 《法律向家庭暴力开刀》，《辽宁日报》2000 年 11 月 3 日。

《婚姻法》做出修改补充。"①

　　而且，社会各界对于利用法律调节婚姻秩序的呼声也日益高涨。2000年，全国妇联在全国范围内进行的随机抽样调查显示，91.6%的人赞成修正《婚姻法》，只有8.4%的人不赞成。② 2000年，全国妇联开展了一次全国性的民意抽样调查，结果显示，主张对重婚、纳妾、"包二奶"进行法律制裁的人达到了94.2%。③

二、法律处理婚姻问题的缺失

　　计划经济向社会主义市场经济发展是社会的转型，这种转型意味着传统道德对人们的制约力逐渐失效，而法律对人们的规范逐渐建立，但是法律规范的建立和完善需要一个过程，所以，这种社会的转型也可以说是"既无道德规范又无法律规范的过程，然而没有公认的社会行为规范绝不意味着人们就不去行为"。④ 处于这种环境下，道德和法律都难以对人们产生有效的规范，婚姻领域很容易出现某些不尽如人意的问题。

　　1980年《婚姻法》难以解决层出不穷的新情况、新问题。毋庸置疑，1980年《婚姻法》的颁行，巩固了社会主义婚姻家庭制度，维护了男女平等、一夫一妻和婚姻自由的婚姻制度，维护了文明、和谐的婚姻家庭关系。但是这部《婚姻法》的制定处在改革开放伊始，更多地是在表达拨乱反正的意图，前瞻性不足，这使本部《婚姻法》较为粗略，在解决婚姻领域的新情况、新问题时可操作性不强。这种不足在第一章已经详述，不再赘述。

　　1980年《婚姻法》及有关法规在实施过程中遇到诸多新问题需要解决，需要增强《婚姻法》的可操作性。在80年代、90年代，尽管国家出台了一系列相关法规，但在解决新问题方面仍显乏力，一个重要的原因是可操作性不强。例如法律调整亲属关系的范围、亲属的种类及其方法不明确；离婚后不抚养子女一方的探视权得不到保障，离婚时女方的财产权利也很难得到

---

① 杨一万主编：《新〈婚姻法〉讲话》，广西人民出版社，2001年，第5页。
② 崔淑惠等：《〈婚姻法〉应扩大对重婚罪的规定》，《中国律师》2001年第3期。
③ 《全国妇联建议婚姻法应遏制重婚纳妾和包二奶行为》，《法制日报》2000年09月21日。
④ 曹锦清等著：《走出"理想"城堡——中国"单位"现象研究》，海天出版社，1997年，第199页。

保障；因为婚姻家庭变故导致的少年犯罪问题；老年人在婚后的赡养问题；老年人被虐待的问题；家庭暴力的处理问题。但是"现行《婚姻法》只有关于结婚的相关条件和一个法定程序，而没有关于无效婚姻的规定，这样就使一些本该在法律上被认定为无效的婚姻，在发生了纠纷或有问题而无法调解时，也到法院去办理离婚手续，这是违背法理的"。[1] 这就造成婚姻问题得不到有效的处理，妇女、儿童和老人的合法权益得不到保障，婚姻家庭的稳定受到冲击，婚姻秩序和社会秩序遭到破坏。"不仅影响了社会安定团结，干扰了社会主义精神文明建设，而且严重冲击了计划生育基本国策的落实。"[2]

在诸多婚姻问题中，家庭暴力问题比较突出，处理家暴的法律也不完善。尽管家庭暴力问题频发，但是法院审理的家暴案件在所有案件中的比例非常低，1998 年北京市法院审理的虐待罪案件只占全部刑事案件的 0.29%，1998 年、1999 年两年北京市法院审理的暴力干涉婚姻自由案件都只占全部刑事案件的 0.01%。[3] 这与家暴案件的不容易认定和有关法律条文的模糊有很大的关系。尽管《宪法》《婚姻法》《妇女权益保障法》等与婚姻有关的法规都曾对家暴有规定，但是普遍性的缺陷是有关条文太过笼统，原则性太强而可操作性较差，不好操作。例如，尽管《宪法》规定了禁止虐待老人、妇女和儿童等弱势群体，也禁止家庭成员之间的虐待，但是受到家庭虐待的成员大多不会把家暴公之于众，也大多不会求助法律，因为中国人的观念中家丑不可外扬的因素太多，只能默默地忍受。也就是说家暴事件很难发现，法律执行部门对家暴取证的难度可想而知。再如丈夫家暴妻子，并且对妻子造成了严重的身心危害，依照《民法》的规定，妻子能获得赔偿，但是这种赔偿肯定来自夫妻共同财产，这样的赔偿使法律规定沦为形式，没有实际意义。

处理夫妻财产问题的法律也不完善。改革开放后，离婚现象凸显，带来

---

① 郑健玲：《结婚离婚制度更具体》，《中国质量报》2000 年 8 月 17 日。
② 民政部基层政权和社区建设司编：《婚姻登记管理资料汇编（1950—2003.5）》，中国社会出版社，2003 年，第 72 页。
③ 《法律向家庭暴力开刀》，《辽宁日报》2000 年 11 月 3 日。

诸多的社会问题，其中夫妻财产的分割引起的争端较为突出。改革开放后人们的财产内容日益多元化，财产归属认定难度增加，财产数量也发生了大变化。全国城乡居民储蓄存款年底余额，从 1993 年的 15203.5 亿元增加到 2000 年的 64332.4 亿元。①而且，离婚涉及的财产及债务数额增大，上百万乃至几千万的夫妻财产分割案件已经出现，以深圳为例，仅 1999 年至 2000 年 10 月，离婚案件涉及财产分割额就已达到 2.94 亿元，实际分割财产 2.77 亿元。②另外，财产内容的构成也日趋多元化，传统的夫妻财产主要是房产、家具、电器、婚后的工资等财产，但是新的财产形式日趋多样化，例如汽车、股票、期货、债券、股权、外汇等财产，这就增加了财产的复杂性和隐蔽性，造成离婚时容易出现财产分割的争端。有关部门的统计显示，从 1979 年到 1999 年，全国的法院在经办的离婚案件中绝大部分都出现了财产纠纷。③

面对离婚财产的问题，1980 年《婚姻法》对财产分割没有给出具体的规定，实践中很难操作。离婚当事人如果一方存在转移、隐藏甚至卖掉夫妻共同财产的行为，这就侵犯了另一方的财产权，但另一方很难有效地对财产进行掌控，这也为法院进行财产分割带来难度，对离婚后弱势一方的生活保障带来一系列的难题。尽管该法规定了哪些财产属于夫妻共同财产，也规定了夫妻双方约定的财产除外，但是，对于约定财产的有效条件，例如实质要件和形式要件，都没有从法律上进行明确规定，这就造成法院在处理有关离婚财产案件时会遇到各种困难，有关规定显然难以保障公民个人财产权益。

法律认定和处理重婚问题有难度。改革开放以来，重婚现象日益凸显，据河南商丘地区 8 县 1 市的统计数据显示，检察机关从 1985 年至 1988 年 7 月底共受理重婚犯罪案件 85 起，立案 42 起 61 人。1985 年立案 5 起，1986 年立案 6 起，1987 年立案数上升到 15 起，1988 年 1 月至 7 月立案 16 起。④可以说重婚现象逐渐凸显。最高人民法院对重婚是这样认定的，即有配偶者

---

①　国家统计局编：《中国统计年鉴 2001》，中国统计出版社，2001 年，第 304 页。
②　洪宾等：《深圳婚姻家事纠纷 20 年受理近 1.5 万宗》，《深圳商报》2000 年 12 月 21 日。
③　廖文燕等：《我们该如何结婚?》，《中华工商时报》2000 年 10 月 25 日。
④　侯宗庆等：《重婚犯罪增多不可忽视》，《人民日报》1989 年 4 月 5 日。

以夫妻名义与他人同居，或明知对方有配偶还与对方以夫妻名义同居。为了打击重婚，《刑法》规定"有配偶而重婚的，或者明知他人有配偶而与之结婚的，处二年以下有期徒刑或者拘役"。[①] 但是，《刑法》的这种规定难以处理事实上的重婚行为，重婚当事人大多不以夫妻相称，而是多以秘书、兄妹、保姆等相称，《刑法》对重婚罪的规定基本上形同虚设。《婚姻登记管理条例》第二十六条规定，有配偶的当事人重婚，其配偶不控告的，婚姻登记管理机关应当向检察机关检举。而事实上，没有多少重婚行为是由婚姻登记管理机关负责举报，通常是被害人一方不告不理，司法机关取证困难。因此，实际处罚的并不多，据了解，广东省各级人民法院于1998年、1999年判处重婚罪的分别为146人和112人。[②]

　　虽然法律上缺少处理重婚、"包二奶"的可操作规定，但是民间已经自发行动起来处理这些问题。例如为了惩罚"包二奶"行为，维护妇女合法权益，广州白云区部分农村的办法是，在村规民约中明确写明，如果村民因重婚、姘居等违法犯法行为与配偶（已结扎）离婚者，其股份转为原配偶享受。[③] 再如南京某家婚外情调查公司两个多月就接到100多个关于婚外情调查的业务，捉奸业务火旺。[④] 但是这种公司从事私人侦探式的业务对他人隐私实施调查是违法的行为。我国《民法》《刑法》均有规定，除了公安机关，任何部门和个人均不得对他人进行非法跟踪、非法拍摄等。遏制"二奶"现象，广大群众已走在了相关部门的前面，有关法规的完善显然已成了众望所归、呼之欲出的事情。

　　可以看出，1980年《婚姻法》的某些不足造成处理婚姻领域某些问题出现困难。有关专家意识到对1980年《婚姻法》进行修正的重要性，法学家巫昌祯也指出，在市场经济条件下，人们的思想观念多元化了，就产生了新的婚姻追求，"而作为调整婚姻家庭关系的婚姻法带有很大的局限性、滞后

---

①　民政部基层政权和社区建设司编：《婚姻登记管理资料汇编（1950—2003.5）》，中国社会出版社，2003年，第579页。
②　王玫：《重婚纳妾　挑战一夫一妻制》，《人民法院报》2000年8月10日。
③　本报讯：《白云区制订村规民约惩罚"包二奶"》，《中国社会报》2000年6月28日。
④　江山：《"捉奸公司"被判定为非法》，《福建工商时报》2000年10月24日。

性，不能适应新时期的要求，因此，修正、完善 1980 年婚姻法势在必行"。①

婚姻领域之所以不断出现各种问题，从法律的视角看，是因为有关的婚姻法规没有明确人们应该做什么和不应该做什么。在这种情况下，人们在追求个人利益时，就缺少行为标准，这势必造成婚姻领域乱象横生。其解决办法，只有用法律明确人们的利益范围，也就是明确权利和义务，人们有法可依，当利益主体之间发生利益冲突时，可以通过诉诸法律解决问题。

在社会转型过程中，道德与法律作为调整社会秩序的两种主要方式都存在难以有效地发挥作用的困难，这必然造成婚姻领域的问题难以解决，造成难以维护社会正义。正义是"给予每个人他应得的部分的这种坚定而恒久的愿望"，② 只有修正有关法律，才能更好地维护社会正义。

第二节　法律与道德：解决婚姻问题的大讨论

婚姻领域的新情况和新问题引起了社会各群体的关注、思考和讨论，主要集中在如何修正 1980 年《婚姻法》。学术领域较早地提出了修正《婚姻法》的建议。1990 年，中国法学会在纪念 1950 年《婚姻法》颁布实施四十周年和纪念 1980 年《婚姻法》颁布实施十周年的活动时，学者们就建议修正《婚姻法》，完善婚姻家庭领域的各项法规制度。他们积极撰写文章，较为系统地总结了改革开放以来十余年间婚姻家庭领域出现的新变化和新问题，分析了新问题难以解决的原因，并提出了修正《婚姻法》的建议，最终整理成《当代中国婚姻家庭问题》（人民出版社，1990）一书。书中首次提出了修正 1980 年《婚姻法》的建议，学者们在书中指出："婚姻家庭领域里也出现了一些新的情况和问题，加强法制建设和精神文明建设，完善社会主义初级阶段的婚姻家庭制度，是新时期婚姻家庭制度改革的重要任务。"③ 有

① 巫昌祯著：《我与婚姻法》，法律出版社，2001 年，第 11 页。
② 曹锦清等著：《走出"理想"城堡——中国"单位"现象研究》，海天出版社，1997 年，第 217 页。
③ 《1950—1990：新中国婚姻家庭制度改革四十年》，巫昌祯等主编：《当代中国婚姻家庭问题》，人民出版社，1990 年，第 33 页。

关修正《婚姻法》的研究课题也出现了，有关课题是中国法学会"八五"期间法学研究的一个重点，研究成果《走向 21 世纪的中国婚姻家庭》在 1995 年出版。这一系列学术研究工作，为修正《婚姻法》做了初步理论准备。

国家有关部门也为《婚姻法》的修正开展了一系列准备工作。在 1993 年，全国人大内务司法委员会召开最高法院、民政部、计生委等部门参加的修正《婚姻法》的论证会，参会人员都认为修正《婚姻法》不仅必要，而且可行。在 1994 年、1995 年的"两会"期间，有的人大代表和政协委员就提出了修正《婚姻法》的议案和提案。1995 年，在第八届全国人大常委会第十六次会议上，修正《婚姻法》的决定被通过了，从此，修正《婚姻法》的工作进入了立法日程。在 1996 年，民政部牵头多部委参加的修正婚姻法领导小组成立，修正《婚姻法》的具体工作开始启动。国家有关部门的工作推着《婚姻法》的修正工作有条不紊地进行。

国家有关部门在推进修正《婚姻法》的工作中认识到婚姻问题的复杂性，认为解决婚姻问题有必要吸纳广大群众的智慧。有些新问题《婚姻法》难以解决，例如有一次捉奸事件引起了人们的争议，河南郑州的罗某把丈夫袁某与其情妇孙某捉奸在床，还拍下两人裸照保留证据，但是孙某却向有关部门控诉了罗某，理由是罗某拍自己的裸照侵犯了自己的合法权益。[1] 罗某是否侵权，孙某维权是否正当，这引起了广泛的争议，广大群众纷纷发表个人意见，此事在一定程度上反映了《婚姻法》解决实际问题的复杂性，这让有关部门意识到广大群众的智慧对修正《婚姻法》有积极作用。实际上，《婚姻法》是关乎男女老少每个人利益的法律，在广大群众中征求意见，有助于增强其科学性。正如巫昌祯曾指出："征求全国人民的意见，集思广益，使婚姻法修正案更加完善。"[2] 在这种情况下，国家有关部门主动推动修正《婚姻法》大讨论的开展，以征求社会各界的意见。

国家宣传《婚姻法》的活动促进了广大人民群众对《婚姻法》的理解，提升了人们参与讨论修正《婚姻法》的能力。在 90 年代，国家开展了贯彻

---

① 《我对婚姻法修正的几点谏言》，《发展导报》2000 年 11 月 3 日。
② 巫昌祯著：《我与婚姻法》，法律出版社，2001 年，第 12 页。

《婚姻法》的宣传活动，以清除婚姻领域的腐朽思想，"宣传违法婚姻的危害，通过宣传教育，增强广大群众的婚姻法制观念，遵纪守法，依法办事"。① 通过这项活动，广大群众的婚姻法治观念得到增强，加深了对《婚姻法》的理解，也具有了一定的讨论能力。人们对婚姻都有个人感悟，都有一定的发言权，《婚姻法》是人们都能评说的法律。而且，《婚姻法》关系到家家户户的利益，人们有参与讨论修正《婚姻法》的愿望。

在这种背景下，《婚姻法》的修正成为全国上下男女老少关注的话题，无论是法学界、社会学界的专家，还是大学生，甚至是工人、农民群体，都表现出参与讨论的热情。中国社会调查事务所对北京、天津、上海、广州、哈尔滨和武汉六地的 1000 人进行了问卷调查，得到有效样本 980 个。结果显示，近八成的人知道修正《婚姻法》一事，其中，非常关注此事的人占59%，对修正《婚姻法》期望很高的人占 31%，他们期望能把《婚姻法》修正成为一部法律宝典，尽可能地把涉及婚姻家庭的所有问题都包罗进去。对修正《婚姻法》期望较高的人占 24%，他们希望《婚姻法》的修正应该广泛征求社会各界的建议和意见，修订的内容能体现新时代的特点。② 当时有学者认为这是非常新奇的事情，有如此多的群体参与讨论一部法律如何修订，持有不同观点的人们针锋相对，甚至出现恶语相向。在这次大讨论中，社会各群体都有广泛的参与者，有城市人，也有农村人，有专家学者，也有法律工作者，所以当时有人感慨："一个法律的制定，能得到人民这么广泛的参与，在中国历史上恐怕还是第一次。"③ 这反映了社会各界参与讨论的广泛性和积极性。

广大群众素来不关心国家立法，而这次表现出对修正《婚姻法》的极大热情，一定程度上说明广大民众的法律意识增强了，越来越懂得用法律维护自己的权益。2000 年，全国妇联在全国范围内开展的一项大型问卷调查显示，在被调查者中，对婚姻自由、一夫一妻和男女平等法律原则的认知程度

---

① 民政部基层政权和社区建设司编：《婚姻登记管理资料汇编（1950—2003.5）》，中国社会出版社，2003年，第 73 页。

② 东民等：《我们该如何面对婚姻》，《人民政协报》2000 年 12 月 18 日。

③ 李银河等主编：《婚姻法修改论争》，光明日报出版社，1999 年，第 6 页。

达到 80%—90% 以上，认同程度更高。① 另外，广大民众以往没有机会关心国家立法，此次能自由地表达对国家立法的意见，这体现了国家尊重广大人民的知情权，重视广大人民群众在建设法治国家过程中的积极作用，反映了中国法治建设的成就。

法律是利益的载体，修正《婚姻法》是协调各方利益的过程，不同利益主体的利益期待存在差异，这种差异表现为社会各界修正《婚姻法》过程中的争论。争论集中在《婚姻法》要不要限制离婚自由、要不要惩罚"第三者"等焦点问题上。

一、要不要惩罚婚外情

婚外情现象的凸显引起了社会各群体的关注，要不要使用法律惩罚"第三者"是讨论最激烈的问题，对这个问题的讨论也引出对夫妻忠实义务和配偶权问题的讨论。

在 2000 年，全国妇联曾经进行了一次全国性的问卷调查，对十个省、自治区、直辖市的城市和农村进行调查，并按不同经济状况、社会环境、地理位置、人口数量、文化程度的差异在各地区分配问卷数量。调查结果显示，认为婚外恋和婚外性这些行为会给家庭造成危害的人占 91.8%，认为要用法律对重婚行为加以制裁的人占 94.2%，认为要追究其刑事责任的人占 51.6%。② 从调查数据可见，绝大部分人非常关注这个问题，认为婚外情对婚姻家庭有危害作用，他们主张要用法律惩罚婚外情。

广大女性希望法律能惩罚破坏他人婚姻的"第三者"。她们认为"第三者"破坏了自己的婚姻，希望修正后的《婚姻法》能严惩"第三者"，她们发出惩罚婚外恋的呼声，强烈呼吁将婚外恋、第三者插足行为纳入违法范围。相当多的女性认为自己为了家庭和孩子付出了很多，不少人积劳成疾，在忍辱负重中生活，因为第三者插足导致"精神上受折磨的日子比起六七十年代经济上紧巴巴的日子还要难过几十倍。如果婚外恋不受法律制约，合法

---

① 倪四义：《婚姻法应如何修改》，《人民日报海外版》2000 年 11 月 3 日。
② 倪四义：《婚姻法应如何修改》，《人民日报海外版》2000 年 11 月 3 日。

妻子（或丈夫）的合法权益就得不到保障"。① 这些女性是从个人是受害者的角度要求惩罚婚外恋。还有部分女性从对国家利益的角度要求惩罚婚外恋，她们认为婚外情现象严重破坏了社会主义道德风尚，社会风气因此败坏，这也是婚姻关系破裂的一个重要原因，于情于理这种行为都要被谴责，并且要使用法律去规范这些行为。②

但也有部分群众对此表示反对，他们认为法律的惩罚手段难以保障婚姻的幸福。他们认为如果要使家庭、婚姻更加稳定，保障妇女的权益，使用法律手段遏制婚姻领域道德的滑坡，想法是好的。但是，夫妻双方能真心相爱的有价值的婚姻生活是法律很难做到的。通过法律保护婚姻是有必要的，但是如果使用法律惩罚婚外恋，保护婚姻，从而维护社会稳定，其结果可能与立法的初衷相反，这样的法律没有效率。③ 广大群众的这种诉求反映了他们不想仅依靠法律强行维持婚姻，他们反对貌合神离的凑合婚姻，向往夫妻之间有感情的婚姻，这表现了改革开放后人们对婚姻价值的新诉求。

某些组织、社会学和法学等领域的专家学者也对此问题予以高度关注。

一种观点是应该立法惩罚"第三者"。例如广东省妇联建议《婚姻法》在修正的时候，应该出台专门的规定对"包二奶"行为进行制裁。④ 这种建议遭到有关学者的反对，例如刘武俊认为广东省妇联这一立法建议的初衷是好的，但在法理上难以自圆其说，法律的功用其实是有限的，并非所有社会问题都以法律手段解决，否则结果往往会适得其反。婚姻这个感情和性水乳交融的私人生活领域，应当成为法律这种"公共物品"审慎介入的特区，《婚姻法》作为规范婚姻关系的法网，应当是有弹性、留有余地和相对宽容的。⑤ 有的学者主张严惩"第三者"，例如吕春华认为他们侵犯了他人的婚姻权利，无视法律，严重扰乱了社会秩序，为了保护合法婚姻，维护正常的婚姻秩序，只靠道德还远远不够。他们具备妨害他人婚姻家庭的主观故意性，

① 南京十几名受害者：《"婚外恋"应受法律制约》，《民主与法制》1997 年第 17 期。
② 唐山市总工会女工部：《为修改〈婚姻法〉支招》，《中国妇女报》2000 年 8 月 10 日。
③ 《聚焦〈婚姻法〉修正案（草案）》，《四川日报》2000 年 11 月 27 日。
④ 刘武俊：《制裁"包二奶"的法律规则》，《中国青年报》2000 年 11 月 8 日。
⑤ 刘武俊：《制裁"包二奶"的法律规则》，《中国青年报》2000 年 11 月 8 日。

因为明知对方已婚，依然和对方发生性关系，这种行为在客观上破坏了他人的婚姻家庭，需要追究其责任。另外，"中国人有自己的国情，惩恶扬善，是我国宝贵的民族传统"。① 这种观点主要是从人之常情出发，与广大群众的主张有契合之处。

也有学者认为由于现实各种因素的制约，不应当用法律手段惩罚婚外恋。例如社会学家李银河反对用法律惩罚婚外恋，一方面是因为有婚外性的人越来越多，惩罚婚外恋执行起来就会有困难，首先是警力不足，而且法不责众。另一方面，用法律惩治婚外恋也是有害的，因为惩治婚外性的法律实质上必定是通奸法，而通奸法这种中世纪的法律已经被现代社会摒弃了。婚外性关系是发生在成年人当中，而且是自愿行为，他们有道德选择能力，如果把处置婚外性关系的权力交给警察和国家，无疑会造成每个人自由生活空间的缩小。② 再如邱仁宗也反对用法律惩罚婚外恋，他认为惩罚婚外恋缺少可行性，根据社会学者估计，中国有 20% 的家庭可能存在婚外恋，如果用法律惩罚婚外恋，用以处理此类案件的司法人员数量无疑是惊人的，这种观点与李银河的观点基本一致。另外，他也指出用法律惩罚婚外恋的恶果，"立法者的本意也许是想通过用法律惩罚婚外恋来降低离婚率，实际上将会事与愿违，许多有此类问题的家庭，面临法律惩罚的风险，宁可选择离婚"。他还指出通过法律惩罚婚外恋可能造成对妇女的危害，因为"在男女仍然很不平等、性别歧视仍然存在的中国社会，惩罚婚外恋的法律最容易被利用来打击妇女"。③

有的学者从历史的视角审视婚外情，建议不能使用法律惩罚婚外恋。例如叶文振认为婚外情是一种历史现象，不是到了现代才有的感情活动，婚外情具有时代特征的是人们对待它的社会态度，但是，这种社会态度并非都是进步的。所以，他指出"人们对待婚外情报以宽容和理解是从一个侧面体现社会的进步"。同时，他还认为应看到婚外情具有积极的社会功能，在当下中国特定的社会环境中，"如果人们对婚姻存有危机感，人们会更加关心配

---

① 李银河等主编：《婚姻法修改论争》，光明日报出版社，1999 年，第 47 页。
② 李银河等主编：《婚姻法修改论争》，光明日报出版社，1999 年，第 45 页。
③ 李银河等主编：《婚姻法修改论争》，光明日报出版社，1999 年，第 14 页。

偶，从而关注婚姻关系的调整。非要使用法律进行惩罚婚外情，那可能会迫使当事人离婚，婚姻关系会更加恶化"。① 这种观点有一定的道理，提醒了立法者要全面地看待婚外情的影响。

有的学者认为不应武断地惩罚婚外恋，应全面、客观地认识婚外恋的成因和影响。例如陈新欣认为："是否应当立法惩罚婚外恋，首先应当把婚外恋与暴发户和'大款'用钱或权追求享乐，消费异性，表现为重婚、'包二奶'、养'小蜜'、纵情于犬马声色相区别。""婚外恋不仅仅是第三者造成的，第二者的主动追求，第一者的婚内建设不够都可能成为婚外恋的成因，因此防止婚外恋也绝不是打击第三者就可以奏效的，需要具体问题具体分析，综合治理。"② 他认为不能笼统地或武断地说婚外恋是好事或坏事，这都是缺乏具体问题具体分析的态度。为此，他举了一个例子，一位女研究生结婚七年，因丈夫阳痿，性生活很少，她很苦闷，但丈夫其他方面无可挑剔。她因此与一男同学有了性关系后，反而不想离婚了，因为考虑到离婚对于孩子、老人的伤害，丈夫可能一辈子难以再成家，对方在家庭拆散后会伤及无辜的人。所以，"社会生活的复杂性和多样化，要求我们在分析任何事物时必须站在人道主义的立场上，以现代文明精神为指导，力求客观、公正、具有建设性，尽量减少人性的压抑和扭曲"。③

法律专业的大学生们也纷纷发表看法，他们的观点显示了较高的法律素养。他们的主要观点是单靠法律不能解决婚外情问题，它的发生有综合的多方面的社会原因。他们认为有的老板和打工妹在一起生活，也生了孩子，但始乱终弃，打工妹也是受害者。④ 不能只考虑要惩罚谁，而应该从更高的视角理解《婚姻法》，在家庭财产关系、夫妻身份等方面制定合理的措施。⑤ 还有的大学生考虑得更深远，他们认为对于婚外情问题，要把解决处理当下问题和解决问题的根本结合起来，既要解决当下广大人民群众的呼声和热点问

---

① 叶文振：《法律不应约束婚外情》，《民主与法制》1997 年第 19 期。
② 李银河等主编：《婚姻法修改论争》，光明日报出版社，1999 年，第 48 页。
③ 李银河等主编：《婚姻法修改论争》，光明日报出版社，1999 年，第 66 页。
④ 崔丽：《大学生看婚姻法修正》，《中国青年报》2000 年 11 月 24 日。
⑤ 崔丽：《大学生看婚姻法修正》，《中国青年报》2000 年 11 月 24 日。

题，更要从根本上解决这个问题产生的原因，通过法律打击只能治标不治本，因为打工妹大多是贫困家庭走出来的女性，要采取措施提高打工妹的生存技能和素质，让她们不再依附他人。① 毫无疑问，法律专业的大学生考虑问题较为全面，他们甚至考虑到了"第三者"也是受害者的情况，给出的解决"婚外情"问题的措施也显现了法律专业大学生们对弱势群体的人文关怀。

对于婚外情问题的讨论引出了关于配偶权的讨论。中国政法大学教授巫昌祯指出，配偶权是"在合法的婚姻关系续存期间，夫妻相互间所享有的表明配偶身份及其相关权利的总成，男女一旦结合，就互为配偶，配偶是一种身份，配偶权就是一种身份权，只有具有身份的人，才享有婚姻法所规定的夫妻间的权利。配偶权的内容包括人身权利和财产权利，人身权利如同居权、相互忠实权、离婚权、家事代理权等，财产权利如对共同财产所有权、互相抚养权和互相继承权等"。② 基于这种认识，她认为应该设定配偶权，目的是通过法律保护正当的婚姻关系，这样《宪法》保护婚姻家庭的规定也能得到落实，"如果配偶一方有所违反，则构成对配偶另一方的侵害，对这种侵权行为加害人应承担相应的法律责任"。③

配偶权问题也是夫妻之间的忠实义务问题，部分学者认为法律要明确夫妻忠实义务。例如有学者认为夫妻之间不该发生婚外的性关系，夫妻之间的忠实主要是性生活上的专一，也不能恶意遗弃对方，性关系只能存在于合法婚姻中，这是一夫一妻的婚姻制度和其他婚姻制度最大的区别。④ 还有学者指出性权利如果被损害，很容易引发婚姻解体，夫妻之间有相互忠实的义务应该在法律中明确，目的是使人们慎重对待婚姻。忠实涉及的是行为范畴，而忠诚则包括心理活动。⑤

除了学者主张要在法律中明确忠实义务，广大群众对夫妻忠实义务的要

① 崔丽：《大学生看婚姻法修正》，《中国青年报》2000 年 11 月 24 日。
② 巫昌祯著：《我与婚姻法》，法律出版社，2001 年，第 16 页。
③ 巫昌祯著：《我与婚姻法》，法律出版社，2001 年，第 17 页。
④ 王玫：《婚外恋：涉及道德与法律间的话题》，《人民法院报》2000 年 12 月 21 日。
⑤ 《法律该不该管婚外情　新的〈婚姻家庭法〉建议稿受社会关注》，《大河报》1999 年 12 月 1 日。

求也非常强烈。例如 2000 年的一次全国性调查显示，99.4% 的人认为，夫妻间应相互忠实，只有 0.6% 的人认为夫妻间不必相互忠实。同时，92.1% 的人认为夫妻间有同居的义务，7.9% 的人不同意夫妻有同居的义务。①

从讨论的状况来看，无论是广大群众还是专家学者都表现出了非常高的参与热情，讨论中发生争议既体现了不同群体的法律素养，也体现了他们的立场，大讨论有助于把问题的本质呈现出来，这对于《婚姻法》的修正无疑具有非常积极的作用。

二、要不要限制离婚

改革开放后，离婚问题越来越凸显，这让是否限制离婚成为修正《婚姻法》讨论中众人关注的一个焦点问题，主要的观点可以分为限制离婚和不限制离婚两类。

主张限制离婚的人认为离婚会影响社会稳定。例如有的人认为离婚伤害了妇女和儿童的利益，"离婚带来的直接后果不仅仅是家庭的离散，而且其最大的不利后果是妇女和子女受到的伤害……法律上对离婚加以必要的限制不仅有助于稳定婚姻和家庭，维护妇女和儿童的利益，而且有助于降低离婚率，保障社会的稳定"。② 还有人认为"婚姻问题绝非纯粹的个人私事，它还涉及子女、家庭和社会的利益"。并且认为维护稳定和保障离婚自由并不矛盾，限制离婚不会侵犯离婚自由，婚姻自由也是维护家庭和社会稳定的手段，它是"以保障平等、和睦、健康稳定的婚姻家庭关系为目的而采取的一种法律手段……不是我国婚姻立法的目的"。③

为了维护社会稳定，一部分人提出了利用法律限制离婚的建议。例如有人指出了现行法律的不足："现行法律的规定还不能很好地起到防止轻率离婚的作用，要稳定社会婚姻家庭关系，维护社会主义的婚姻道德，这些限制规定是不够的。"④ 还有人看到了离婚被有些不良分子视为儿戏，甚至出现利

---

① 倪四义：《婚姻法应如何修改》，《人民日报海外版》2000 年 11 月 3 日。
② 李银河等主编：《婚姻法修改论争》，光明日报出版社，1999 年，第 114—115 页。
③ 李银河等主编：《婚姻法修改论争》，光明日报出版社，1999 年，第 68 页。
④ 李银河等主编：《婚姻法修改论争》，光明日报出版社，1999 年，第 119 页。

用离婚骗取财物和玩弄异性的行为，针对这些现象，法学家巫昌祯建议"新法可否对离婚的次数加以法定限制"。①

基于维护社会稳定的目的，有人认为要保护某些特殊群体的婚姻，尤其是需要保护军人的婚姻。例如有人认为应该保留 1980 年《婚姻法》中凡是现役军人的配偶要求离婚，须得军人同意的条款。认为军人婚姻的稳固，关系到军心的稳定。在离婚问题上，当军人的意见与非军人一方不一致的时候，非军人一方的离婚自由应受一定的限制。②

但是也有人反对限制离婚自由，其主要理由是这违背了婚姻自由的原则。在 90 年代，婚姻自由的观念已经深入人心，部分学者认为离婚自由并不会对社会稳定造成不良影响。例如有人认为为了维护军人的婚姻稳定牺牲非军人一方的离婚自由，这不但违反婚姻自由和男女平等原则，而且还会产生负面效应，没有人敢与军人结婚，其结果可能更加不利于稳定军心。③

有学者指出限制离婚未必会给孩子带来创伤。有人指出限制离婚会让孩子饱受痛苦，不易离婚则人们会对结婚望而生畏。④ 部分学者认为对孩子造成消极影响的不一定是离婚，尽管离婚会给一些孩子带来一些消极影响，"但孩子身上的创伤未必与其父母离婚直接相关，而常常与其父母在婚姻续存期间经常吵架斗殴（且没有避开子女的习惯）以及父母的自身素质较差密切相关"。⑤

有人认为限制离婚过错方不能保护妇女权益。他们认为中年夫妇离婚时对妇女权益造成的侵害，是由社会的性别不平等造成的，男主外、女主内造成女性对家庭的依赖，进而产生面对社会时的惰性和狭隘性，如果通过限制离婚和惩罚第三者保护妇女权益，结果保护的是女性的惰性和狭隘性。正确的方法应该是鼓励女性努力在事业上取得成功，这才是保护妇女权益的长久之计。必须让法律保护男女就业、提升、进入领导层的机会平等，而非限制离婚或惩罚第三者。⑥

① 巫昌祯：《离婚次数要限制　离婚标准要具体》，《民主与法制》1997 年第 15 期。
② 马忆南：《专家学者对婚姻法修正献计献策》，《民主与法制》2000 年第 1 期。
③ 马忆南：《专家学者对婚姻法修正献计献策》，《民主与法制》2000 年第 1 期。
④ 江伟：《离婚自由与结婚自由同等重要》，《中国妇女报》2000 年 11 月 16 日。
⑤ 李银河等主编：《婚姻法修改论争》，光明日报出版社，1999 年，第 188 页。
⑥ 转引自秦美珠：《〈婚姻法〉修改草案讨论评述》，《华东理工大学学报》1999 年第 2 期。

有的学者指出限制离婚过错方缺乏可行性，还可能引发消极后果。该学者认为限制有过错的一方起诉离婚，实际上就是侵犯了当事人的离婚自由权。而且这种限制在实践中不可行，对起诉方有无过错进行调查取证是不可行的事情。另外，如果限制有过错的一方离婚，可能会引发诸多恶果，例如他可能会更加恶劣地对待配偶，还可能会因此产生大量凑合的不幸福的婚姻，过错方与第三者的非法同居甚至非婚生育子女也会有增无减，另外，有些人为了表明自己没有过错，可能在婚姻发生危机的时候就开始刻意收集对方过错的证据，这种情况势必会使夫妻双方的关系更加充满敌意。[①] 他指出了限制离婚并不会带来婚姻的幸福和婚姻的稳定。

对于是否限制离婚的争论也涉及离婚标准。有的学者认为 1980 年《婚姻法》中的"感情确已破裂"作为判决离婚的标准不容置疑。因为"任何法律包括婚姻法，都只能规范那些反映人民大众意志和利益的本质的内容，而不能包罗万象，一览无余，而'感情确已破裂'的离婚标准所反映的正是社会主义制度下婚姻自由的本质要求"。[②]

部分学者已经看到"感情确已破裂"离婚标准模糊的弊端。例如有人认为，在"感情确已破裂"的离婚判决标准下，不管夫妻感情破裂源自何种原因，都被允许离婚，即使一方有过错，也不必承担相应的责任。这样的规定很容易造成人们的婚姻责任感下降，而且婚姻的道德观势必出现扭曲。[③] 有人指出离婚自由是相对的，在理解"感情确已破裂"原则时"要防止不考虑家庭离散后果的轻率离婚，不能使保持爱情的离婚理由，变成某些人不负责任，追求一己之利的理由和借口"。[④] 也有学者指出仅以"感情是否破裂"为判决离婚与否的标准，执法人员缺少可以依据的具体法律条文，这就造成离婚案往往"依赖于对当事人所在的单位或街道的了解，致使有的案子当离的没判离，不当离的却判离了"。[⑤]

[①] 李银河等主编：《婚姻法修改论争》，光明日报出版社，1999 年，第 187 页。
[②] 李银河等主编：《婚姻法修改论争》，光明日报出版社，1999 年，第 166 页。
[③] 李银河等主编：《婚姻法修改论争》，光明日报出版社，1999 年，第 119 页。
[④] 李银河等主编：《婚姻法修改论争》，光明日报出版社，1999 年，第 125 页。
[⑤] 巫昌祯：《离婚次数要限制 离婚标准要具体》，《民主与法制》1997 年第 15 期。

有的人认为应该修改离婚条件，理由是婚姻除了感情交流功能，还有很多功能。他们认为婚姻生活除了包括两性之间的精神生活，还包括性生活以及物质生活，交流感情的精神生活并不能代替其他两方面的生活。所以，婚姻生活是三者的共同体，并不能因为感情生活的破裂就断定婚姻的破裂，因为没有考虑另外两个方面，只有三者都被破坏了，婚姻才可被判断为死亡，如果把感情破裂标准修改为婚姻关系破裂标准，法院判决离婚时就会有更客观的评价标准，仅依靠感情破裂判决是否离婚太主观。[①] 对此，也有的人持反对态度，他们认为，1980 年《婚姻法》把感情破裂确定为离婚判决标准是反复研究的结果，《婚姻法修正案（草案）》规定了七种可以离婚的具体情形，但这些情形并不必然意味着夫妻关系的破裂，主要是因这些情形的发生造成了感情确已破裂。若轻易地进行修改，可能会被认为离婚条件放宽了。[②]

大部分群众也主张限制离婚，主张离婚标准应该具体化。在 2000 年，全国妇联的一次全国性调查显示，47.6%的被调查者认为《婚姻法》在修改时应该限制离婚，仅 27%的被调查者认为离婚条件应放宽。80%左右的人主张新《婚姻法》应当规定离婚必须有明确的理由，88.1%的被调查者认为在离婚诉讼中，谁破坏婚姻家庭谁就应承担责任，谁有过错谁承担责任，并对无过错方进行相应的赔偿。[③]

当《婚姻法修正案（草案）》公布以后，人们对离婚判决标准也发生了争论。在这部法律草案中，1980 年《婚姻法》中的"感情确已破裂"被修改为"婚姻关系确已破裂"，并规定了在感情破裂的情况下，如果调解无效，应准予离婚的具体情形，即实施家庭暴力或以其他行为虐待家庭成员，或遗弃家庭成员的；一方重婚或有其他违反一夫一妻制行为的；一方有赌博、吸毒等恶习的；一方被追究刑事责任，严重伤害夫妻感情的；婚后患有医学上认为不应当结婚的疾病的；因感情不和分居满二年的；其他导致夫妻感情确

---

① 《聚焦〈婚姻法〉修正案（草案）》，《四川日报》2000 年 11 月 27 日。
② 《聚焦〈婚姻法〉修正案（草案）》，《四川日报》2000 年 11 月 27 日。
③ 倪四义：《婚姻法应如何修改》，《人民日报（海外版）》2000 年 11 月 3 日。

已破裂的情形。一方被宣告失踪，另一方提出离婚诉讼的，应准予离婚。①
这样修改是把离婚标准具体化了，反映了离婚标准从主观认定向重视客观事
实转变。

三、法律和道德处理婚姻问题的边界

对以上问题讨论的本质是要不要以及如何尊重私权，国家公权力对以上
问题要不要干预和如何干预，哪些问题属于法律能干预的问题，哪些问题属
于道德调节的问题，法律是否应介入道德领域，如何正确把握法律和道德处
理婚姻问题的边界。

尽管对道德和法律的讨论具有较深的理论性，广大群众难以从道德和法
律的理论层面阐述观点，从上文他们朴素的话语和有关调查中可以发现，他
们赞同而且要求对重婚、"包二奶"等行为进行严惩，以保障个人的婚姻权
益，维护健康的婚姻秩序，实际上这些主张没有考虑道德和法律处理问题
的边界，也没有考虑这样的主张会不会引发什么样的不良后果。当然，我
们对群众的这类主张不能苛责，这只是反映了他们朴素的维护健康婚姻秩
序的愿望。

由于法律和道德问题的讨论具一定的理论性，所以讨论这类问题的主要
是有关法律专家和学者，他们几乎一边倒地认为应该尊重私权，法律和道德
有各自发挥作用的领域，法律代替道德可能会造成糟糕的后果。下面是代表
性的观点。

有的学者认为修正《婚姻法》应该尊重私权。例如刘武俊指出，修正
《婚姻法》的理念应以私人自治为主，尊重公民私权，国家公权力干预婚姻
是辅助性的并且要适度。国家公权力要非常慎重地介入婚姻家庭这个空间，
因为这里是不容外界侵犯的公民私生活的城堡，这里是家庭成员自治的私
人空间。从一定意义上讲，婚姻自由就是要求尊重婚姻关系中的私权利，
尊重婚姻内的自治，如果国家的公权力过度地介入，很可能对婚姻家庭造

---

① 《聚焦〈婚姻〉法修正案（草案）》，《四川日报》2000年11月27日。

成破坏作用。①

　　关于法律是否应该介入道德领域的问题。学者们普遍主张应该把道德的东西还给道德，法律不要干预。例如林猛使用西方的谚语"把恺撒的东西还给恺撒，把上帝的东西还给上帝"，以此解释法律是处理法律领域的事情，道德是处理道德领域的事情。他认为作为立法者，应该知道法律处理事情的边界在哪里，知道什么能做，什么不能做，公权力粗暴地介入私生活领域，实际上是贬低了人们的生活能力，漠视了人们的权利。如果社会上出现了人们认为的违反道德的事情，处理问题的方法有两种，一种是国家强制力量去管控和限制当事人的行为，这令社会的道德景象看起来好转；另一种方法是通过教育和文化的教化，促进全社会的文明素质水平，让人们提升辨别力。对于这两种方法，他认为中国的传统文化和现实社会心态更容易让人们选择使用强制力量维护社会稳定。为什么会犯这种错误，林猛认为是因为许多我们自以为绝对的道德观念，其实是随着社会的演进而发生缓慢变迁的。任意指责别人的道德而不去理解发生这种变迁的社会原因，不是立法者、学者应有的态度。其次，它不可能绝对减少受害者，却可能伤害无辜者。从它规定夫妻分居三年作为法院判决离婚的证据之一，同时规定有婚外恋、婚外性行为一方为有过错方，可以看出其实质是，如果一个人想离婚，又不想承担过错，就必须忍受三年的禁欲生活，这合乎人情吗？也许立法者没有充分意识到它的实际含义，或者他们缺乏一种真正人道的眼光。其危害很大。用法律去解决道德问题，实际上是对人性的不信任和不理解，会产生很多负面影响，有些问题完全可以用讨论的方式解决却诉诸法律，这只会产生迷信暴力的后果，这是开文明倒车。②

　　学者邱仁宗指出了"法律道德主义"的残酷、虚伪和危害。他认为"法律道德主义"是将一个群体认为不道德的行为通过法律规定为非法。这实际上是混淆了道德和法律两个不同的领域。他认为社会由不同的群体组成，而不同的群体因为历史、社会经历、语言等方面的差异，产生了不同的道德和

　　①　刘武俊：《〈婚姻法〉修订应尊重公民私权》，《中国青年报》2000 年 11 月 3 日。
　　②　李银河等主编：《婚姻法修改论争》，光明日报出版社，1999 年，第 15—17 页。

价值观。如果自己群体认为不道德的事情就是非法的，实际上就是否认了全体的差异性，把自己群体的道德强加给其他群体。他反对用法律惩罚婚外恋，认为用法律惩治婚外恋有一个预设，就是一切婚内关系都是合道德的。但是不尽然。的确，有许多崇高的、以相互理解为基础、互敬互助的婚姻和家庭，可以成为年轻夫妇的楷模。但是也应该看到，中国大量存在以买卖、包办建立的不幸婚姻，人们长期生活在不幸婚姻的煎熬中，这样的婚姻就不应该维护。"法律道德主义"的危害是，破坏了人们的私人空间，而这种私人空间恰恰是人们产生创造性的环境，最终破坏了现代社会的创造性。[①]

学者王建勋也对"法律道德主义"进行了批判。他指出了法律和道德作用的区别，他认为两者都是社会控制力量，而且两者都有特定的调控领域，法律和道德不能互相替代，但是两者之间似乎有没有一个非常明确的界限。"法律道德主义"错在不知道一个群体所认为不道德的事情，另一个群体可能认为它和道德无关甚至是符合道德的事情，也就是两个群体判定道德标准不一样。他也和邱仁宗一样指出了这种道德标准的差异是源于不同群体来自城乡差异、年龄、性别、宗教信仰等因素的差异，而且随着社会的发展，道德的多元化态势日趋明显，如果要求不同群体的道德标准一致，这与社会的发展趋势也显得格格不入。"法律道德主义"表现为道德上的专制主义，此种类型的法律可能成为压制型的法律。他认为"法律道德主义"处理事情试图用法律替代道德，似乎存在这样一种倾向，认为法律的作用优于道德力量。在实践中，法律有其优势，例如强制性、确定性，但在诸多方面的作用不如道德，例如道德处理事情时的灵活性，考虑事情发生的动机、时间、地点等因素，另外，道德处理事情不必等到法律所认为需要达到的一个界限就开始及时地进行处理，道德能在任何时间干预人们的行动，能在第一时间约束事情的发展，相对来讲，法律处理事情就会被延迟时间，并且道德处理事情的方式也是具有经济型和廉价性。[②] 王建勋对"法律道德主义"的批判也否认了法律对道德的替代，并且很深刻地指出了道德在处理事情时比法律积

---

① 李银河等主编：《婚姻法修改论争》，光明日报出版社，1999年，第12—14页。
② 李银河等主编：《婚姻法修改论争》，光明日报出版社，1999年，第18—29页。

极的方面，在这种思想的指引下，他并不赞成使用法律对婚外恋进行惩罚。

以上两位学者对"法律道德主义"的批判，依然是主张道德和法律都有处理问题的各自边界和各自作用，法律和道德在处理婚姻问题的时候都有各自的优势，法律介入有时候只会带给婚姻领域更糟糕的影响。

根据讨论的状况看，对于如何修正《婚姻法》，有关专家和学者的讨论越来越深入，越来越接近问题的核心和本质，讨论逐渐上升到是否尊重私权问题，《婚姻法》的制定原则，法律和道德发挥作用的边界问题。与广大群众以及妇联等组织基本倾向法律应干预婚姻问题的观点相比较，有关专家学者更倾向法律和道德各有各的发挥作用的领域，法律要慎重介入道德领域。

社会各界对有关婚姻问题长期的、充分的讨论，对修正《婚姻法》产生了积极的促进作用。

《婚姻法》的修正过程是协调各方利益的过程，各群体的讨论为立法部门修正《婚姻法》提供了协调各方利益的多维思考。立法是利益调整的基本方式，法律是利益整合的文本载体，参与大讨论的社会各界的立场不同，其主张也不同。可以说，"婚姻法修改活动其实是一个颇为复杂的利益冲突、利益协调、利益整合的博弈过程"。[①] 修正《婚姻法》的大讨论反映了各利益主体的诉求，广大群众从最原始的感情和义愤出发，表达了维护婚姻稳定的诉求，主张严惩"包二奶"、家庭暴力等行为，这是真实、朴素情感的自然流露。而法学界、社会学界的专家学者则从专业角度主张慎重干预私人领域的事情，他们大都主张要慎重使用法律惩罚，他们知道法律一旦制定，很可能不仅会惩罚婚姻问题当事人，还可能会引起侵犯私权的新问题，进而危害人们的生活。这反映了广大群众和专家学者对修正《婚姻法》的认知水平差异，广大群众主要从直观感受出发提出要求，而专家学者主要从专业视角、法律学理上进行分析，考虑问题更深刻、更长远。为了更好地维护社会各群体的利益，人们非常关心修正《婚姻法》的公平性，避免修改过程中天平偏向某一群体，一个明显的例子就是有人认为不可过于迁就全国妇联，提出全

---

① 刘武俊：《〈婚姻法〉修订应尊重公民私权》，《中国青年报》 2000 年 11 月 3 日。

国妇联要避嫌。面对"包二奶"、家庭暴力等损害妇女权益的案件，全国妇联积极参与修正《婚姻法》的活动，不断为维护女性婚姻权益发出有力的声音，而且立法部门也非常重视妇联的呼声，这不禁令很多人担心此种情况可能导致修正《婚姻法》时会倾向一家之言，从而违背立法的民主理念，所以，一部分人建议"婚姻法的修正还是不宜过于迁就妇联的'一家之言'，而应广开言路，博采众家之言"。① 这种观点一定程度上反映了广大群众关心修正《婚姻法》的公平性。

引导广大群众参与立法是立法程序民主化的表现。在 80 年代的立法工作中，由于立法权的起草和人部分法律议案的提案权掌握在国务院及其部门手中，"法律议案常常是直接提交常委会审议，并且一般在没有充分讨论和争议的情况下高票通过"，② 也就是没有经过广大群众的充分讨论，法律议案就通过了。后来，人大及其常务委员会逐渐取得了立法的主导权，而且，1998 年九届全国人大常委会将法律案审议定为三审制，立法程序由一审制发展为三审制，在这种情况下，"常委会成员有更充分的时间对草案调查研究，有关方面的意见能更充分反映，使法律制定得更完备"。③ 所以，此次修正《婚姻法》在三审前向社会征求意见，引起社会各界广泛关注和参与讨论，这在中国立法史上尚属首次，立法程序的民主化推动了立法内容的科学化。另外，国家在法律上也对立法要听取各方面建议进行了规定，2000 年通过的《中华人民共和国立法法》明确规定，法律案列入常务委员会会议议程，就应采取座谈会、论证会、听证会等多种形式听取各方面的意见。④ 这使立法过程有更多的公众参与，立法过程更加公开、民主，让人民群众参加修正《婚姻法》的讨论，不仅是法律的要求，也是有关部门科学化立法意识增强的表现。广大群众在参与的过程中，不仅对这样一部涉及切身利益的法律实现了知情权，也因为对修正法律的讨论促进了法律的科学化。《婚姻法修正

---

① 《我对婚姻法修正的几点谏言》，《发展导报》2000 年 11 月 3 日。
② 中国社会科学院法学研究所编：《中国法治 30 年（1978—2008）》，社会科学文献出版社，2008 年，第 18 页。
③ 中国社会科学院法学研究所编：《中国法治 30 年（1978—2008）》，社会科学文献出版社，2008 年，第 19 页。
④ 全国人大常委会办公厅研究室编：《人大工作常用法律汇编（2022 年版）》，中国民主法制出版社，2022 年，第 156 页。

案》的制定过程也让我们悟出一个道理，人民群众的参与是一部法律科学化的重要社会基础，尤其是像《婚姻法》这样的直接关乎民生的法律，广大人民群众的讨论可以为法律的修正提供人性化的参考，这样修正出来的法律在实施过程中会更具可操作性，更具人本色彩。而广大人民群众在参与法律修正的活动中，法律意识和国家情怀都会潜移默化地得到培育，国家的法治化进程就是在这样的过程中不断向前推进。

大讨论为《婚姻法》的修正吸纳了社会各界的智慧，为更好地修正《婚姻法》奠定了群众基础。1950 年、1980 年《婚姻法》是在中国生产力非常落后，法治建设不完善的条件下制定的，这一次《婚姻法》修正的基础较好，中国的法治建设已经取得了丰硕的成果，国家形成了依法治国的氛围，群众的法治观念也大为增强。我们不必纠结社会各界的观点正确与否，各群体的积极参与使《婚姻法》的修正一定程度上反映了社会各界的心声，《婚姻法修正案》具有了广泛的群众基础，关注的问题更广泛、更理性。正如马忆南所说："这场论争的意义，不仅在于它为立法机关制定一部合民意的婚姻家庭法准备了充足的理论根据和群众基础，更重要的是，这种立法过程中的全民大讨论将有助于推动我国立法工作民主化的进程。"① 不同群体的不同立场和观点为国家立法部门提供了多元的立法参考，使《婚姻法修正案》更具有群众基础，更显人性化，更重视以人为本，更尊重私权，更重视弱势群体保护。

与 1950 年《婚姻法》、1980 年《婚姻法》比较，《婚姻法修正案》的修正过程更多地吸纳了民意，有广泛的民意基础，更容易在实践中落实。1950 年《婚姻法》是先由国家制定、颁布实施，然后在全国宣传；这部《婚姻法》制定前尽管也曾征求过某些人员的意见，但基本上是高层或专业领域的人群，而且范围较小，广大群众知情度较低。1950 年《婚姻法》颁行后，为了让广大群众了解《婚姻法》，国家集中开展了三年的《婚姻法》宣传工作。1980 年《婚姻法》在制定之前，尽管发生过修正《婚姻法》的争论，但是争论基本上局限在参与制定《婚姻法》的领导、委员、代表、有关社会学家、

---

① 李银河等主编：《婚姻法修改论争》，光明日报出版社，1999 年，第 23 页。

法律工作者群体中。《婚姻法修正案》则不同，此次《婚姻法》的修正准备时间长，充分尊重和吸纳了民意，1990 年，修正婚姻家庭法的建议就被提出来了，从 90 年代中期开始，民间就针对婚姻家庭领域出现的问题提出了诸多修改建议，国家比较充分地尊重了民意，1980 年《婚姻法》的修正在近十年的时间内成为群众话题的一个热点。因此，《婚姻法修正案》制定后并未开展全国性的大规模宣传工作。

第三节　婚姻秩序调节方式：法律与道德的交融

立法部门参考了社会各界关于婚姻问题的建议，对法律的修正尊重了民众的情感，但也规避了民众的偏见。在修正 1980 年《婚姻法》时结合法律和道德两种途径解决婚姻问题，以两者共同塑造婚姻新秩序。而且这种结合也得到当时主要领导的重视，时任全国人大常委会委员长的李鹏强调，在《婚姻法》的修改中要分清法律和道德的界限。法律与道德相辅相成，法律规范的是人们的基本行为，同时需要加强道德、舆论的作用，共同维护和睦的家庭关系，维护社会稳定。[①] 李鹏委员长的要求使立法部门更加重视法律与道德的结合。另外，在 90 年代末，中国确立了依法治国的方略，并且重视依法治国和以德治国的结合，明确了司法为民、以人为本的治国理念，修正 1980 年《婚姻法》过程中重视法律和道德的结合就是这种治国理念的重要体现。

一、《婚姻法修正案》对公平正义的推进

进入 90 年代，社会发展所形成的经济、政治和人的法治素质等条件为修正《婚姻法》创造了日渐成熟的条件。

1980 年《婚姻法》的修正与社会主义市场经济的建立和发展密切相关。

---

① 《人大常委会分组审议婚姻法修正案草案　李鹏强调修改婚姻法意义重大》，《新华每日电讯》2000 年 10 月 2 日。

随着社会主义市场经济的建立和发展，市场经济的原则影响了人们的思想，自由、平等、权利、契约等观念逐渐增强，这使人们对《婚姻法》的修正产生了日趋强烈的诉求。

《婚姻法》修正的政治条件也逐渐具备。在 90 年代后期，"依法治国"被确立为治国的基本方略。1997 年，党的十五大确立了"依法治国"、"建立社会主义法治国家"的目标，提出要把"建设社会主义法制国家"改为"建设社会主义法治国家"国家，从"法制"到"法治"的理念升华，表明"中国不仅要加强法律制度建设，而且要从治国方式上根本抛弃'人治'传统"。① 1999 年修改《宪法》时，"依法治国，建设社会主义法治国家"写入《宪法》总纲。这种治国理念的发展为修正《婚姻法》提供了越来越好的政治环境，婚姻家庭领域的法治化是这个蓝图的重要组成部分，国家的法治化推动了《婚姻法》的修正。

人权领域的思想解放和法制建设也为修正《婚姻法》打下了基础。因为理论界困于"人权是资产阶级口号"的论断，理论界对人权的研究长期处于停滞状态，直到 1991 年 1 月，江泽民对人权问题做出了批示：人权问题，回避不了，要认真研究和宣传。② 至此，对人权理论的研究才开始突破禁区，人权领域的思想解放和法制建设逐渐深入。例如 1982 年《宪法》以及此后1988 年、1993 年、1999 年的宪法修正案，都加强了对人权的尊重和保障。90 年代颁行了《未成年人保护法》《妇女权益保障法》《母婴保护法》等保护妇女、儿童的一系列法律，这为修正《婚姻法》打下了制度基础。

以什么样的思路修正婚姻法？法学家巫昌祯提出了修正的原则与总体思路，她认为《婚姻法》的修正要坚持马克思主义的指导，从中国国情出发，以《宪法》和党的政策为根据，立足制度建设，《婚姻法》修正后体现中国特色和时代的精神，并且在法律体系上完整，内容上全面，还具有前瞻性、系统性和科学性。在这种思路的指引下，《婚姻法》的修正工作应该"填补立法空白，增设必要的法律制度，如亲属制度、无效婚姻制度、家庭制度

---

① 中国社会科学院法学研究所编：《中国法治 30 年（1978—2008）》，社会科学文献出版社，2008 年，第63 页。

② 石国亮主编：《形势与政策 2011·春》，研究出版社，2011 年，第 108 页。

等，当然，制度的建立和完善要逐步到位，不可能一次完成"。① 从后来对《婚姻法》的修正内容来看，大致就是依照的此种修正思路。

那么，是重新制订一部《婚姻法》，还是对 1980 年《婚姻法》进行适当的修正呢？当时有两种意见，"一种意见认为，应当将 1980 年婚姻法推倒重来，从条文到内容都做大幅度修正。另一种意见认为，1950 年和 1980 年婚姻法都是好法律，这次修正婚姻法应以 1980 年婚姻法为基础，针对现在亟待解决的问题，做适当的修正，可改可不改的条文，不改，以维护婚姻法的稳定性"。② 从修正的内容来看，修正后的《婚姻法》是采纳的第二种建议，并未把原有《婚姻法》推倒重新制定。

《婚姻法修正案》是在 1980 年《婚姻法》的基础上发展而来，并非全面修正 1980 年《婚姻法》，也并非制定一部新法，没有推翻 1980 年《婚姻法》，而是针对"社会上反映强烈的主要问题先作修改和补充"。③ 所以，此次对《婚姻法》进行修正，没有改变法案名称，没有增设亲属关系通则，尽量汲取实践中行之有效的司法解释和行政法规。既继承了某些内容，也修改、补充了部分内容。与 1980 年《婚姻法》比较，《婚姻法修正案》增加了 14 条内容，修改了 33 处，修正后的《婚姻法》共 51 条。从内容看，《婚姻法修正案》在吸纳民意的基础上，加强了对婚姻家庭生活的干预，"突破了传统思维，扩大了公权力对家庭生活的干预"。④ 它在内容上进行了补充和完善，从下面的表格可见其中的变化。

1980 年《婚姻法》与《婚姻法修正案》（修改部分）对照

1980 年《婚姻法》	《婚姻法修正案》（修改部分）
第一章 总则	
第一条 本法是婚姻家庭关系的基本准则。	

---

① 巫昌祯著：《我与婚姻法》，法律出版社，2001 年，第 16 页。
② 河山等著：《婚姻法修订与实务》，新华出版社，2001 年，第 22—23 页。
③ 巫昌祯著：《我与婚姻法》，法律出版社，2001 年，第 12 页。
④ 蒋月著：《20 世纪婚姻家庭法：从传统到现代化》，中国社会科学出版社，2015 年，第 471 页。

（续表）

1980 年《婚姻法》	《婚姻法修正案》（修改部分）
第二条　实行婚姻自由、一夫一妻、男女平等的婚姻制度。 保护妇女、儿童和老人的合法权益。 实行计划生育。	
第三条　禁止包办、买卖婚姻和其他干涉婚姻自由的行为。禁止借婚姻索取财物。禁止重婚。禁止家庭成员间的虐待和遗弃。	第三条第二款修改为： 禁止重婚。禁止有配偶者与他人同居。禁止家庭暴力。禁止家庭成员间的虐待和遗弃。
	增加一条，作为第四条： 夫妻应当互相忠实，互相尊重；家庭成员间应当敬老爱幼，互相帮助，维护平等、和睦、文明的婚姻家庭关系。
第二章　结婚	
第四条　结婚必须男女双方完全自愿，不许任何一方对他方加以强迫或任何第三者加以涉。	第四条改为第五条。
第五条　结婚年龄，男不得早于二十二周岁，女不得早于二十周岁。晚婚晚育应予鼓励。	第五条改为第六条。
第六条　有下列情形之一的，禁止结婚： 一、直系血亲和三代以内的旁系血亲； 二、患麻风病未经治愈或患其他在医学上认为不应当结婚的疾病。	第六条改为第七条，修改为： 有下列情形之一的，禁止结婚： （一）直系血亲和三代以内的旁系血亲； （二）患有医学上认为不应当结婚的疾病。
第七条　要求结婚的男女双方必须亲自到婚姻登记机关进行结婚登记。符合本法规定的，予以登记，发给结婚证，取得结婚证，即确立夫妻关系。	第七条改为第八条，修改为： 要求结婚的男女双方必须亲自到婚姻登记机关进行结婚登记。符合本法规定的，予以登记，发给结婚证。取得结婚证，即确立夫妻关系。未办理登记的，应当补办登记。
第八条　登记结婚后，根据男女双方约定，女方可以成为男方家庭的成员，男方也可以成为女方家庭的成员。	第八条改为第九条，修改为： 登记结婚后，根据男女双方约定，女方可以成为男方家庭的成员，男方可以成为女方家庭的成员。

（续表）

1980 年《婚姻法》	《婚姻法修正案》（修改部分）
	增加一条，作为第十条： 有下列情形之一的，婚姻无效： （一）重婚的； （二）有禁止结婚的亲属关系的； （三）婚前患有医学上认为不应当结婚的疾病，婚后尚未治愈的； （四）未到法定婚龄的。
	增加一条，作为第十一条： 因胁迫结婚的，受胁迫的一方可以向婚姻登记机关或人民法院请求撤销该婚姻。受胁迫的一方撤销婚姻的请求，应当自结婚登记之日起一年内提出。被非法限制人身自由的当事人请求撤销婚姻的，应当自恢复人身自由之日起一年内提出。
	增加一条，作为第十二条： 无效或被撤销的婚姻，自始无效。当事人不具有夫妻的权利和义务。同居期间所得的财产，由当事人协议处理；协议不成时，由人民法院根据照顾无过错方的原则判决。对重婚导致的婚姻无效的财产处理，不得侵害合法婚姻当事人的财产权益。当事人所生的子女，适用本法有关父母子女的规定。
第三章　家庭关系	
第九条　夫妻在家庭中地位平等。	第九条改为第十三条。
第十条　夫妻双方都有各用自己姓名的权利。	第十条改为第十四条。
第十一条　夫妻双方都有参加生产、工作、学习和社会活动的自由，一方不得对他方加以限制或干涉。	第十一条改为第十五条。
第十二条　夫妻双方都有实行计划生育的义务。	第十二条改为第十六条。

（续表）

1980 年《婚姻法》	《婚姻法修正案》（修改部分）
第十三条　夫妻在婚姻关系存续期间所得的财产，归夫妻共同所有，双方另有约定的除外。 夫妻对共同所有的财产，有平等的处理权。	第十三条改为第十七条，第一款修改为： 夫妻在婚姻关系存续期间所得的下列财产，归夫妻共同所有： （一）工资、奖金； （二）生产、经营的收益； （三）知识产权的收益； （四）继承或赠与所得的财产，但本法第十八条第三项规定的除外； （五）其他应当归共同所有的财产。
	增加一条，作为第十八条： 有下列情形之一的，为夫妻一方的财产： （一）一方的婚前财产； （二）一方因身体受到伤害获得的医疗费、残疾人生活补助费等费用； （三）遗嘱或赠与合同中确定只归夫或妻一方的财产； （四）一方专用的生活用品 （五）其他应当归一方的财产。
	增加一条，作为第十九条： 夫妻可以约定婚姻关系存续期间所得的财产以及婚前财产归各自所有、共同所有或部分各自所有、部分共同所有。约定应当采用书面形式。没有约定或约定不明确的，适用本法第十七条、第十八条的规定。 夫妻对婚姻关系存续期间所得的财产以及婚前财产的约定，对双方具有约束力。 夫妻对婚姻关系存续期间所得的财产约定归各自所有的，夫或妻一方对外所负的债务，第三人知道该约定的，以夫或妻一方所有的财产清偿。
第十四条　夫妻有互相扶养的义务。 一方不履行扶养义务时，需要扶养的一方，有要求对方付给扶养费的权利。	第十四条改为第二十条。

（续表）

1980 年《婚姻法》	《婚姻法修正案》（修改部分）
第十五条 父母对子女有抚养教育的义务；子女对父母有赡养扶助的义务。 父母不履行抚养义务时，未成年的或不能独立生活的子女，有要求父母付给抚养费的权利。 子女不履行赡养义务时，无劳动能力的或生活困难的父母，有要求子女付给赡养费的权利。 禁止溺婴和其他残害婴儿的行为。	第十五条改为第二十一条，第四款修改为：禁止溺婴、弃婴和其他残害婴儿的行为。
第十六条 子女可以随父姓，也可以随母姓。	第十六条改为第二十二条，修改为： 子女可以随父姓，可以随母姓。
第十七条 父母有管教和保护未成年子女的权利和义务。在未成年子女对国家、集体或他人造成损害时，父母有赔偿经济损失的义务。	第十七条改为第二十三条，修改为： 父母有保护和教育未成年子女的权利和义务。在未成年子女对国家、集体或他人造成损害时，父母有承担民事责任的义务。
第十八条 夫妻有相互继承遗产的权利。父母和子女有相互继承遗产的权利。	第十八条改为第二十四条。
第十九条 非婚生子女享有与婚生子女同等的权利，任何人不得加以危害和歧视。 非婚生子女的生父，应负担子女必要的生活费和教育费的一部或全部，直至子女能独立生活为止。	第十九条改为第二十五条，第二款修改为：不直接抚养非婚生子女的生父或生母，应当负担子女的生活费和教育费，直至子女能独立生活为止。
第二十条 国家保护合法的收养关系。养父母和养子女间的权利和义务，适用本法对父母子女关系的有关规定。 养子女和生父母间的权利和义务，因收养关系的成立而消除。	第二十条改为第二十六条。
第二十一条 继父母与继子女间，不得虐待或歧视。 继父或继母和受其抚养教育的继子女间的权利和义务，适用本法对父母子女关系的有关规定。	第二十一条改为第二十七条。

（续表）

1980 年《婚姻法》	《婚姻法修正案》（修改部分）
第二十二条　有负担能力的祖父母、外祖父母，对于父母已经死亡的未成年的孙子女、外孙子女，有抚养的义务。有负担能力的孙子女、外孙子女，对于子女已经死亡的祖父母、外祖父母，有赡养的义务。	第二十二条改为第二十八条，修改为： 有负担能力的祖父母、外祖父母，对于父母已经死亡或父母无力抚养的未成年的孙子女、外孙子女，有抚养的义务。有负担能力的孙子女、外孙子女，对于子女已经死亡或子女无力赡养的祖父母、外祖父母，有赡养的义务。
第二十三条　有负担能力的兄、姊，对于父母已经死亡或父母无力抚养的未成年的弟、妹，有抚养的义务。	第二十三条改为第二十九条，修改为： 有负担能力的兄、姐，对于父母已经死亡或父母无力抚养的未成年的弟、妹，有扶养的义务。由兄、姐扶养长大的有负担能力的弟、妹，对于缺乏劳动能力又缺乏生活来源的兄、姐，有扶养的义务。
	增加一条，作为第三十条： 子女应当尊重父母的婚姻权利，不得干涉父母再婚以及婚后的生活。子女对父母的赡养义务，不因父母的婚姻关系变化而终止。
第四章　离婚	
第二十四条　男女双方自愿离婚的，准予离婚。双方须到婚姻登记机关申请离婚。婚姻登记机关查明双方确实是自愿并对子女和财产问题已有适当处理时，应即发给离婚证。	第二十四条改为第三十一条，修改为： 男女双方自愿离婚的，准予离婚。双方必须到婚姻登记机关申请离婚。婚姻登记机关查明双方确实是自愿并对子女和财产问题已有适当处理时，发给离婚证。
第二十五条　男女一方要求离婚的，可由有关部门进行调解或直接向人民法院提出离婚诉讼。 人民法院审理离婚案件，应当进行调解；如感情确已破裂，调解无效，应准予离婚。	第二十五条改为第三十二条，增加二款，作为第三款、第四款： 有下列情形之一，调解无效的，应准予离婚： （一）重婚或有配偶者与他人同居的； （二）实施家庭暴力或虐待遗弃家庭成员的； （三）有赌博、吸毒等恶习屡教不改的； （四）因感情不和分居满二年的； （五）其他导致夫妻感情破裂的情形。 一方被宣告失踪，另一方提出离婚诉讼的，应准予离婚。

（续表）

1980 年《婚姻法》	《婚姻法修正案》（修改部分）
第二十六条 现役军人的配偶要求离婚，须得军人同意。	第二十六条改为第三十三条，修改为：现役军人的配偶要求离婚，须得军人同意，但军人一方有重大过错的除外。
第二十七条 女方在怀孕期间和分娩后一年内，男方不得提出离婚。女方提出离婚的，或人民法院认为确有必要受理男方离婚请求的，不在此限。	第二十七条改为第三十四条，修改为：女方在怀孕期间、分娩后一年内或终止妊娠后六个月内，男方不得提出离婚。女方提出离婚的，或人民法院认为确有必要受理男方离婚请求的，不在此限。
第二十八条 离婚后，男女双方自愿恢复夫妻关系的，应到婚姻登记机关进行复婚登记。婚姻登记机关应予以登记。	第二十八条改为第三十五条，修改为：离婚后，男女双方自愿恢复夫妻关系的，必须到婚姻登记机关进行复婚登记。
第二十九条 父母与子女间的关系，不因父母离婚而消除。离婚后，子女无论由父方或母方抚养，仍是父母双方的子女。 离婚后，父母对于子女仍有抚养和教育的权利和义务。 离婚后，哺乳期内的子女，以随哺乳的母亲抚养为原则。哺乳期后的子女，如双方因抚养问题发生争执不能达成协议时，由人民法院根据子女的权益和双方的具体情况判决。	第二十九条改为第三十六条，第一款修改为： 父母与子女间的关系，不因父母离婚而消除。离婚后，子女无论由父或母直接抚养，仍是父母双方的子女。
第三十条 离婚后，一方抚养的子女，另一方应负担必要的生活费和教育费的一部或全部，负担费用的多少和期限的长短，由双方协议；协议不成时，由人民法院判决。 关于子女生活费和教育费的协议或判决，不妨碍子女在必要时向父母任何一方提出超过协议或判决原定数额的合理要求。	第三十条改为第三十七条。
	增加一条，作为第三十八条： 离婚后，不直接抚养子女的父或母，有探望子女的权利，另一方有协助的义务。行使探望权利的方式、时间由当事人协议；协议不成时，由人民法院判决。 父或母探望子女，不利于子女身心健康的，

（续表）

1980 年《婚姻法》	《婚姻法修正案》（修改部分）
	由人民法院依法中止探望的权利；中止的事由消失后，应当恢复探望的权利。
第三十一条　离婚时，夫妻的共同财产由双方协议处理；协议不成时，由人民法院根据财产的具体情况，照顾女方和子女权益的原则判决。	第三十一条改为第三十九条，修改为： 离婚时，夫妻的共同财产由双方协议处理；协议不成时，由人民法院根据财产的具体情况，照顾子女和女方权益的原则判决。 增加一款，作为第二款： 夫或妻在家庭土地承包经营中享有的权益等，应当依法予以保护。
	增加一条，作为第四十条： 夫妻书面约定婚姻关系存续期间所得的财产归各自所有，一方因抚育子女、照料老人、协助另一方工作等付出较多义务的，离婚时有权向另一方请求补偿，另一方应当予以补偿。
第三十二条　离婚时，原为夫妻共同生活所负的债务，以共同财产偿还。如该项财产不足清偿时，由双方协议清偿；协议不成时，由人民法院判决。男女一方单独所负债务，由本人偿还。	第三十二条改为第四十一条，修改为： 离婚时，原为夫妻共同生活所负的债务，应当共同偿还。共同财产不足清偿的，或财产归各自所有的，由双方协议清偿；协议不成时，由人民法院判决。
第三十三条　离婚时，如一方生活困难，另一方应给予适当的经济帮助。具体办法由双方协议；协议不成时，由人民法院判决。	第三十三条改为第四十二条，修改为： 离婚时，如一方生活困难，另一方应从其住房等个人财产中给予适当帮助。具体办法由双方协议；协议不成时，由人民法院判决。
	第四章后增加一章，作为第五章，增加六条，作为第四十三条至第四十七条、第四十九条： 　　第五章　救助措施与法律责任 第四十三条　实施家庭暴力或虐待家庭成员，受害人有权提出请求，居民委员会、村民委员会以及所在单位应当予以劝阻、调解。 对正在实施的家庭暴力，受害人有权提出请求，居民委员会、村民委员会应当予以

（续表）

1980年《婚姻法》	《婚姻法修正案》（修改部分）
	劝阻；公安机关应当予以制止。 实施家庭暴力或虐待家庭成员，受害人提出请求的，公安机关应当依照治安管理处罚的法律规定予以行政处罚。
	第四十四条 对遗弃家庭成员，受害人有权提出请求，居民委员会、村民委员会以及所在单位应当予以劝阻、调解。 对遗弃家庭成员，受害人提出请求的，人民法院应当依法作出支付扶养费、抚养费、赡养费的判决。
	第四十五条 对重婚的，对实施家庭暴力或虐待、遗弃家庭成员构成犯罪的，依法追究刑事责任。受害人可以依照刑事诉讼法的有关规定，向人民法院自诉；公安机关应当依法侦查，人民检察院应当依法提起公诉。
	第四十六条 有下列情形之一，导致离婚的，无过错方有权请求损害赔偿： （一）重婚的； （二）有配偶者与他人同居的； （三）实施家庭暴力的； （四）虐待、遗弃家庭成员的。
	第四十七条 离婚时，一方隐藏、转移、变卖、毁损夫妻共同财产，或伪造债务企图侵占另一方财产的，分割夫妻共同财产时，对隐藏、转移、变卖、毁损夫妻共同财产或伪造债务的一方，可以少分或不分。离婚后，另一方发现有上述行为的，可以向人民法院提起诉讼，请求再次分割夫妻共同财产。 人民法院对前款规定的妨害民事诉讼的行为，依照民事诉讼法的规定予以制裁。
	第四十九条 其他法律对有关婚姻家庭的违法行为和法律责任另有规定的，依照其规定。

（续表）

1980 年《婚姻法》	《婚姻法修正案》（修改部分）
第五章　附则	第五章改为第六章
第三十四条　违反本法者，得分别情况，依法予以行政处分或法律制裁。	删除
第三十五条　对拒不执行有关扶养费、抚养费、赡养费、财产分割和遗产继承等判决或裁定的，人民法院得依法强制执行。有关单位应负协助执行的责任。	第三十五条改为第四十八条，修改为：对拒不执行有关扶养费、抚养费、赡养费、财产分割、遗产继承、探望子女等判决或裁定的，由人民法院依法强制执行。有关个人和单位应负协助执行的责任。
第三十六条　民族自治地方人民代表大会和它的常务委员会可以依据本法的原则，结合当地民族婚姻家庭的具体情况，制定某些变通的或补充的规定。自治州、自治县制定的规定，须报请省、自治区人民代表大会常务委员会批准。自治区制定的规定，须报全国人民代表大会常务委员会备案。	第三十六条改为第五十条，修改为：民族自治地方的人民代表大会有权结合当地民族婚姻家庭的具体情况，制定变通规定。自治州、自治县制定的变通规定，报省、自治区、直辖市人民代表大会常务委员会批准后生效。自治区制定的变通规定，报全国人民代表大会常务委员会批准后生效。
第三十七条　本法自 1981 年 1 月 1 日起施行。1950 年 5 月 1 日颁行的《中华人民共和国婚姻法》，自本法施行之日起废止。	第三十七条改为第五十一条。

从表格内容看，与 1980 年《婚姻法》对比，《婚姻法修正案》的发展变化主要表现在三个方面。

1. 增加了无效婚姻制度

在生活中，结婚程序和结婚条件被违反的情况时有发生，为了维护《婚姻法》的权威性，增设了无效婚姻制度。第十条列出了婚姻无效的四种情形，这让人们清晰地知道哪些属于无效婚姻。第十一条规定了因为胁迫结婚的，可以申请撤销婚姻。第十二条规定了无效婚姻和可撤销婚姻的法律后果。增加无效婚姻制度，对于维护婚姻自由，消除违法婚姻具有积极意义。

2. 完善了离婚制度

该法完善了离婚条件，使离婚条件更加具体化。继续对婚姻自由制度进行了完善，增强了离婚条件的可操作性，使婚姻的出口更畅通，离婚条件具有可操作性。用若干列举性的规定说明了哪些情形可视为夫妻感情确已破裂。法律规定可视为感情破裂的情形包括：重婚或有配偶者与他人同居的；实施家庭暴力或虐待、遗弃家庭成员的；有赌博、吸毒等恶习屡教不改的；因感情不和分居满二年的，以及其他导致夫妻感情破裂的情形。① 这条规定延续了 1980 年《婚姻法》的"感情破裂"的离婚判决标准，弥补了 1980《婚姻法》的离婚条件过于笼统和过于原则，法律难以操作的不足，而且弥补了离婚"十四条"的不足，使离婚的法定理由具体化了，其可操作性明显增强了。当然，列举的这些情形不是绝对的离婚理由，即使符合这些情形，如果调解和好也可以不离。离婚法定理由的具体化，有利于进一步克服法官运用法律时的主观随意性，增加了法定离婚条件的透明度，在实践中提升了当事人的离婚自由度。

这些条款显示了社会的公正与文明。从理论上说，男人或女人都可能存在这些情况，不仅是针对男性，也是针对女性，以同等的分量保护了婚姻中的男人和女人，有助于促进男女平等能，受到人们的欢迎。

该法规定对于重婚者、有配偶还与他人同居者、实施家暴者、实施虐待、遗弃家庭的成员导致离婚者，无过错的一方有权请求损害赔偿。其目的是以立法的方式，端正人们的婚姻观，保障无过错一方的婚姻权益，引导社会正气，使当事人更加珍惜婚姻。

规定了离婚的探望权。在现实生活中，离婚后不直接抚养子女的一方探望子女常常遭遇另一方的阻挠。父母的婚姻关系虽然解除了，但是父母和子女的亲情没有割裂，探望子女是人之常情。所以，该法第三十八条规定，离婚后，未直接抚养孩子的一方探望孩子，另一方需协助。若一方的探望产生了对子女不利的情况，法院会终止其探望权，中止事由消失则恢复探望权。② 这种规定不仅保障了探望权能真正得以实现，而且还考虑到了探望者可能对子女产生的消极影响，这种规定有利于保护未成年人的健康成长。

---

① 民政部基层政权和社区建设司编：《婚姻登记管理资料汇编（1950—2003.5）》，中国社会出版社，2003年，第112页。
② 民政部基层政权和社区建设司编：《婚姻登记管理资料汇编（1950—2003.5）》，中国社会出版社，2003年，第113页。

补充了离婚补偿制度和帮助制度。该法第四十条规定："夫妻书面约定婚姻关系存续期间所得的财产归各自所有，一方因抚育子女、照料老人、协助另一方工作等付出较多义务的，离婚时有权向另一方请求补偿，另一方应当予以补偿。"① 这一条规定肯定了家务劳动的价值，有助于保护弱者尤其是妇女的正当权益。因为在家庭生活中，女性往往承担了大部分家务劳动，而这在离婚时不像实物财产能看得见，女性的付出往往被忽略，在离婚财产分割时女性往往处于不利地位，这条规定有助于保护女性权益。第四十二条规定："离婚时，如一方生活困难，另一方应从其住房等个人财产中给予适当帮助。"② 这条规定体现了对离婚时弱势一方的照顾，有助于维护社会的稳定。

国家修正《婚姻法》时也对某些特殊群体进行了特殊考虑，尤其是对军人离婚的有关规定进行了修改。因为军人担负着保家卫国的重任，军人离婚一定程度上会影响军人的心情，这可能会对军人保家卫国产生消极作用，所以，一直以来法律都倾向维护军人婚姻的完整。1980 年《婚姻法》对现役军人的离婚规定是，无论军人是否犯有过错，非军人一方提出离婚，必须经过军人一方同意，只要军人不同意离婚，另一方就不能离婚，这条规定生硬而无情，既不考虑军人的过错，也没有考虑非军人一方的感受。这条规定依然是延续 1950 年《婚姻法》保护军人婚姻的规定，出发点是维护军人婚姻的稳定，维护国家利益，但缺少对非军人一方人性化的关怀，显而易见和婚姻自由原则相抵触。《婚姻法修正案》依然维护军人婚姻的稳定，尽管规定如果现役军人的配偶提出离婚，须要军人一方的同意，但是增加了一个条件，军人一方犯有重大过错的情况除外，可以不必征求军人一方的同意。这个条件的增加，体现了法律在保护现役军人婚姻的同时，也重视保护非军人一方婚姻权利，当现役军人有重大过错，且导致夫妻感情破裂时，其配偶要求离婚，可以不必征得军人同意，有重大过错的军人一方也应该依法承担犯错误的后果，也就是"法律不能允许现役军人利用军人身份在婚姻家庭关系上为

---

① 民政部基层政权和社区建设司编：《婚姻登记管理资料汇编（1950—2003.5）》，中国社会出版社，2003年，第 114 页。

② 民政部基层政权和社区建设司编：《婚姻登记管理资料汇编（1950—2003.5）》，中国社会出版社，2003年，第 73 页。

所欲为而不负责任，这是婚姻法 2001 年修正时取得的一个进步"。① 这一条规定既有助于保护军婚的稳定性，也有助于保护非军人一方的婚姻权益，这样的规定既维护国家利益，也重视保障婚姻自由，使国家利益和个人利益同时得到保护，这是党和国家的执政理念越来越以人为本的重要体现。

3. 完善了夫妻财产制度

改革开放以后，随着经济的发展，人们的财产日趋丰富多样，财产结构复杂化，财产来源多样化，人们的财产权利意识也逐渐增强。《婚姻法修正案》从以下方面对夫妻财产进行完善。

夫妻共有财产的规定更加具体。1980 年《婚姻法》尽管规定了夫妻在婚姻关系存续期间的财产属于夫妻共同财产，但是没有明确哪些是共同财产，《婚姻法修正案》明确了夫妻共同财产的具体内容。共同财产反映了夫妻在经济上是一个整体，夫妻对共同财产有使用、管理和处理的同等权利，明确了婚后的经济生活和夫妻身份的一致，增强了夫妻的共同体意识，有助于增强婚姻的稳定性。

增设个人特有财产制度。《婚姻法修正案》规定，若不经约定，夫妻双方都可以拥有个人的特有财产，也就是夫妻财产并非都是夫妻双方共同财产。这样《婚姻法》就适当地缩小了夫妻共有财产的范围，增加了个人财产的规定，这是对个人财产的尊重和保护。这条规定的增设，一方面是践行男女平等的原则，强调男女共同享有财产权，另一方面在制度上对女性有特别的保护，从共同财产制逐步过渡到保护个人财产的权利，"说明妇女有了独立的社会地位和经济地位，这既是时代的进步，也是法治的进步"。②

完善了约定财产制度。1980 年《婚姻法》曾对夫妻约定财产制度进行规定，即"夫妻在婚姻关系存续期间所得的财产，归夫妻共同所有，双方另有约定的除外"。③ 但 1980 年《婚姻法》关于约定财产的规定原则性较强，没有具体规定财产约定的形式，可操作性不强，这造成在实践中容易发生纠

---

① 蒋月著：《20 世纪婚姻家庭法：从传统到现代化》，中国社会科学出版社，2015 年，第 458 页。
② 李晶等：《风雨 60 年　〈婚姻法〉守望幸福中国》，《中国妇女（法律帮助）》，2010 期第 5 期。
③ 民政部基层政权和社区建设司编：《婚姻登记管理资料汇编（1950—2003.5）》，中国社会出版社，2003 年，第 22 页。

纷，所以，《婚姻法》在修正时增加了第十九条，详细规定了约定财产制度，增强了其实效。第十九条从约定财产制度的类型、约定的形式、约定的效力三个方面规定了约定财产制度，对 1980 年《婚姻法》的约定财产制度有了进一步完善。这种完善是"为了适应夫妻对财产关系的不同需求，适应我国市场经济条件下夫妻参与社会经济生活或因其他原因需独立支配财产的特殊需要"。① 要求约定财产者采用书面约定的形式，这样的好处是"使夫妻关于财产的约定具有凭证的性质，以减少日后的争议"。② 而且，约定财产制度没有规定约定的时间和程序，这给当事人约定财产提供了更多的选择机会，可以在婚前，也可以在婚后，只要双方同意，就可以对财产进行约定，并产生法律效力，这种人性化的规定有利于当事人对财产确定所有权。另外，法律还规定"夫或妻一方对外所负的债务，第三人知道该约定的，以夫或妻一方所有的财产清偿"。③ 也就是说一方债务不能由夫妻共同财产偿还，这有助于保护当事人的财产权利。

夫妻财产制的有关规定一定程度上反映了人们尤其是女性社会地位的变化。一些女性对婚姻的理解就是寻找一张长期饭票，而且有关法律规定夫妻一方的财产可以因为婚姻关系的存续，就自动转化为夫妻之间的共同财产。但修正后的《婚姻法》规定，夫妻双方婚前所有的财产，不会因为婚姻关系转变为夫妻共同的财产，这就明确了夫妻双方的个人财产不可转化性。"这一变化看似杜绝了女性寻求'饭票'的可能，却证明了女性已经可以独立承担自己的一切"。④ 实际上，这一条规定有助于断了某些人想通过婚姻获取对方财产的企图，端正人们的婚姻观念，引导良好的婚姻风气。

4. 增设社会救助和法律责任专章

1950 年《婚姻法》和 1980 年《婚姻法》都规定对违反《婚姻法》的人

---

① 全国人大常务委员会法工委研究室编：《中华人民共和国婚姻法实用问答》，中国物价出版社，2001 年，第 70 页。

② 全国人大常务委员会法工委研究室编：《中华人民共和国婚姻法实用问答》，中国物价出版社，2001 年，第 70 页。

③ 民政部基层政权和社区建设司编：《婚姻登记管理资料汇编（1950—2003.5）》，中国社会出版社，2003 年，第 111 页。

④ 李晶等：《风雨 60 年〈婚姻法〉守望幸福中国》，《中国妇女（法律帮助）》，2010 期第 5 期。

要依法制裁，但是这两部《婚姻法》对于违法者缺少具体的应对制裁措施，这就使《婚姻法》的有关规定缺少可操作性，往往流于形式，违反《婚姻法》的成本很低。

《婚姻法修正案》增设第五章《救助措施与法律责任》，为遭受家暴、虐待、遗弃等行为的受害人提供多种方式的救济和帮助。第四十三、四十四、四十五、四十六、四十七条对虐待、遗弃等行为进行处罚、调解、自诉、公诉、制裁和赔偿等内容，充实了法律的内容，使禁止性规定更加科学和完善。需要注意的是，《刑法》和《治安管理条例》的内容关注的主要是肉体上的人身伤害，而《婚姻法修正案》对家暴的规定除了肉体伤害，还含有精神伤害。所以，本次修正《婚姻法》是对处理家庭伤害问题的完善。

法律规定了受害人求助于哪些单位和组织，有关单位和组织应如何救助受害人。和以往的法律措施比较，《婚姻法修正案》加强了公安机关在处理家暴问题中的责任，一改清官难断家务事的态度，对家暴冷漠的处理态度得以改变。《婚姻法修正案》规定了公安机关处理家暴的义务，反映了国家对婚姻领域问题性质的认识更深刻，国家意识到干预的必要性，婚姻领域的问题不能完全等同于私事，婚姻领域的自由具有边界。

增加了离婚赔偿制度。第四十六条规定了导致离婚的四种原因，此时无过错方有权要求对方进行损害赔偿，即"重婚的，有配偶者与他人同居的，实施家庭暴力的，虐待、遗弃家庭成员的"。[①] 这具有很强的现实意义，通过损害赔偿，无过错方可以得到精神上或物质上的慰藉，使过错方付出代价，受到教育。这不仅有助于化解双方的矛盾，有利于社会稳定，体现了法律的正义性，还有助于警示他人的离婚侵权行为，对引导健康的社会风气具有较好的作用。

法律第四十七条对夫妻共同财产规定了保护措施。在离婚时，如果一方出现隐藏、转移、变卖和毁损夫妻共同财产的情况，或者伪造了债务，试图侵占另一方的财产，那么，在分割夫妻共同财产的时候，可以少分或不分。

---

① 民政部基层政权和社区建设司编：《婚姻登记管理资料汇编（1950—2003.5）》，中国社会出版社，2003年，第114页。

即使在离婚以后，如果发现对方有以上行为，还可以向法院起诉，要求再次分割夫妻之间的共同财产。① 这一条内容关注了改革开放后人们的财产数量日益丰厚，而且财产形式多样化的背景，有助于保护弱势一方的财产权益，公平分割财产。

从这一章的内容看，相对于 1950 年、1980 年两部《婚姻法》，《婚姻法修正案》重视国家对婚姻的干预，国家认识到对婚姻领域的放任自流会导致自由、平等、权利等意识的畸形发展，这是对 1980 年《婚姻法》颁行 20 年实践经验的总结。

从以上内容可以看出，《婚姻法修正案》强调了男女平等、一夫一妻和婚姻自由的基本原则，同时重视保护妇女、儿童和老人这些弱势群体的合法权益，既推动了婚姻自由，也维护了社会稳定，保障了公平和正义。《婚姻法修正案》具有鲜明的伦理性，不仅重视在道德上倡导和维护平等、和睦、文明的社会主义家庭关系，而且还注意体现社会主义伦理道德的具体要求，把某些道德准则上升为法律规范，"做到导之以伦理，约之以道德，规之以法律"，② 有助于结合法律和道德两方面的力量解决婚姻问题，并且为我国社会主义婚姻家庭关系的建设指明了方向。

《婚姻法修正案》取得的发展要放在共和国成立以来婚姻法制建设的历程中来衡量，也应放在共和国成立以来的社会变革历程中来考量。修正的内容是对当时的社会变革引发的婚姻问题的呼应，要看到"法律既引导社会变迁，亦受社会变迁影响，法律与社会在相互变革中各臻成熟"。③ 我国处理婚姻问题的政策也与时俱进，婚姻法律制度的变化是国家婚姻家庭立法理念变革的反映，是我们党治国理政理念的反映，《婚姻法修正案》的内容反映了《婚姻法》从形式正义向实质正义的发展。

正义应当是"每个个人，不论其性别、种族、国籍、阶级或社会背景，

---

① 民政部基层政权和社区建设司编：《婚姻登记管理资料汇编（1950—2003.5）》，中国社会出版社，2003 年，第 114 页。

② 杨大文主编：《婚姻家庭法》，中国人民大学出版社，2000 年，第 48 页。

③ 许国鹏等：《试析当代中国法律在社会变迁中的工具职能》，《当代法学》2001 年第 9 期。

都应当被给予充分的机会去过一种有价值的生活"。① 形式正义强调法律制度应该给每个人平等地分配机会和资源，立法者重视立法过程的正当性，只要过程合法、正当，可以不考虑立法的结果如何，至于结果的状况则取决于个人的努力和客观因素。但是，形式正义忽略了一点，就是每个人的家庭背景、经济条件、文化程度存在着差异，形式正义把民事主体和社会生活进行了简单化对待，它实际上掩盖了本质上不正义的观念和行为。1950 年《婚姻法》和 1980 年《婚姻法》由于过于原则性和笼统性，缺少可操作性，导致其所追求的婚姻自由、平等、一夫一妻、保护弱者权益等内容在实践中经常得不到有效保障，婚姻领域的违法现象频繁发生，婚姻中的正义经常流于形式。

实质正义重视对弱势群体的倾斜性保护，它实际上承认并尊重了人的差异性。保护妇女、未成年人和老人等弱势群体，这样才能使弱者和强者能够实现事实上的平等。罗尔斯将实质正义称为社会正义，他主张对弱者有倾斜性的保护，这需要通过差别原则达到"补不足"的目的，即用形式上的不平等手段达到实质上平等的效果。② 他的观点比较恰当地解释了为何要保护弱者。《婚姻法修正案》增强了法规的可操作性，重视保护弱者权益等立法理念，向实质正义迈出了一大步。

另外，《婚姻法修正案》从重视对人的管制向尊重人的私权发展。由于受到前苏联婚姻家庭立法模式的影响，我国 1950 年《婚姻法》重视对婚姻家庭的调控，目的是"促进具有决定一切意义的社会生产力底发展"。③ 而1980 年《婚姻法》和 2001 年《婚姻法修正案》的立法理念都重视保障公民意思自治的原则，扩大公民的私法自治权利。从其内容可略见一斑，在夫妻财产制度的规定中，从开始的单一的法定夫妻共同财产制发展到法定共同财产制度和约定财产制度共存，后来又完善了约定财产制度，并确立了个人特有财产制。这个过程是持续扩大个人决定自己财产状况的自由和

---

① ［美］E·博登海默著，邓正来译：《法理学（法律哲学与法律方法）》，中国政法大学出版社，2004 年，第 263 页。

② ［美］约翰·罗尔斯著，何怀宏等译：《正义论》，中国社会科学出版社，1988 年，第 72 页。

③ 刘素萍主编：《婚姻法学参考资料》，中国人民大学出版社，1989 年，第 45 页。

权利。《婚姻法》内容的发展昭示了对个人自由和平等的认定，体现了以人为本的关怀。

从实施过程来看，《婚姻法修正案》对婚姻领域的问题也把握着恰当的干预程度，做到既维护良性的风气，也避免侵犯私人领域的人权。例如处理婚外情的时候掌握着干预程度，对婚外情进行具体分析，并进行适度的干预，尽管有条款规定夫妻之间有互相忠诚的义务，违反就是违法。但"有一点必须注意，有这种行为的人应负民事责任，而不是刑事责任，两者不可混为一谈，这并不像一些人想象的那样，有这种行为的人就会被逮起来了。比如对第二者，他所应负的民事责任就是在他离婚时要给对方相应的补偿"。① 所以，给主张"控制"者戴上保守的帽子有些不当，应深入了解如何控制，才能更深刻地理解"控制"者的观点。

总的来看，从 1950 年到 1980 年再到 2001 年，《婚姻法》的制定、实施与修正过程反映了中国社会的现代化转型，即"法律的增加都伴随着从部落到现代生活、从身份到契约、从社区到社会、从机械性一体化到有机一体化、从亲属社会到城市社会的演化"。② 在这个过程中，《婚姻法》的发展越来越表现出对自由、平等和权利的推进，不断从形式正义向实质正义推进，人们越来越切实地享受到社会发展和法制建设带来的红利。

二、道德规范在《婚姻法修正案》中的渗入

法律不是万能的，《婚姻法》对婚姻秩序的调节不能替代道德的调节作用。婚姻家庭作为伦理实体，也需要道德规范，而且，中国丰富的传统美德资源对调整婚姻家庭关系具有非常积极的作用。在 90 年代，国家就强调加强社会主义道德建设，重视以德治国，而且重视法律和道德结合的作用。2000 年 6 月，江泽民《在中央思想政治工作会议上的讲话》中强调了法律和道德结合的重要性，他指出法律和道德都是用来规范人们思想、行为的方式，都是维护社会秩序的途径，两者各有各的作用，而且两者之间是密切联

---

① 《〈婚姻家庭法〉人们拭目以待》，《文荟》1998 年 8 月 31 日。
② ［美］唐纳德·布莱克著，唐越等译：《法律的运作行为》，中国政法大学出版社，2004 年，第 154 页。

系、互相补充的关系，"法治以其权威性和强制手段规范社会成员的行为，德治以其说服力和劝导力提高社会成员的思想认识和道德觉悟，道德规范和法律规范应该互相结合，统一发挥作用"。① 这种思想为修正《婚姻法》指明了方向，《婚姻法修正案》重视融入道德因素，重视道德与法律结合处理婚姻问题。

1. 夫妻关系：互相忠实，互相尊重

相对于 1980 年《婚姻法》，《婚姻法修正案》在总则中增加了"夫妻应互相忠实，互相尊重"的规定。忠实和尊重是中华民族的传统美德，"互相"表示对夫妻双方的平等要求。忠实不等于从一而终，而是互相信任、不欺骗、在婚姻中真诚专一地对待对方的思想和行为。婚外情、"包二奶"和重婚都是不忠实的表现。尊重是尊敬和重视，重视夫妻双方人格的平等，是一种平等相待的言行和心态，家暴就是不尊重对方的表现。

为了落实夫妻互相忠实、互相尊重的原则，《婚姻法修正案》增加了相关的具体规定。在总则中，除了延续 1980 年《婚姻法》规定的"禁止重婚"，还增设了禁止有配偶者与他人同居。在第十条，还把重婚规定为无效婚姻。

"忠实"和"尊重"都有维护一夫一妻制度的内在要求。1950 年《婚姻法》和 1980 年《婚姻法》都强调了一夫一妻制，但是这仅仅是作为一条基本原则存在，在实践中如何保障一夫一妻的婚姻制度，法律并没有明确的规定。《婚姻法修正案》在此基础上规定要对配偶忠实，反对重婚，也反对未登记但事实上与他人以夫妻名义公开同居行为，一个人不允许同两个以上的人同时结婚，对违反一夫一妻制度的行为进行了明确规定，这使一夫一妻制具有了明确的保障措施，可操作性增强了。这是实现两性平等的必要条件，也是两性相爱，建立美满婚姻的要求。

《婚姻法修正案》第四十六条规定"有配偶者与他人同居"导致离婚的，无过错方有权请求损害赔偿。这一条是对广大群众要求严惩婚外情、"包二奶"等问题的呼应。但是立法者没有感情用事，对婚外性和"第三者"并未采取立法措施进行严惩，尽管明确规定了配偶一方的法律责任，但是没有追

① 《江泽民文选》第 3 卷，人民出版社，2006 年，第 91 页。

究"第三者"在法律上的民事责任，除非明知他人有配偶还与之结婚的构成了重婚罪，这要受到刑事处罚。可以说这基本上采纳了法学界专家学者的建议，例如有学者提出的"把道德的东西还给道德"。另外，这与《婚姻法》的性质也有关系，"婚姻法是协调婚姻和家庭之间关系的法律，它不能跨越到家庭、配偶之外，而第三者恰恰是婚姻、家庭、配偶之外的第三方。因而婚姻法无法制约它，这就是法律上的不可操作性"。①《婚姻法》的修正要呼应当时民意，但是民意往往带有一定的感情色彩，所以对待民意要扬弃地采纳，而不能无原则地采纳，毕竟法律必须严谨和理性，需要立足全局，具有长远的布局，而非仅仅是对问题的一时解决。但《婚姻法修正案》对人们的呼声又是非常人性，没有放任婚外同居行为，所以，第四十六条规定有过错一方承担经济赔偿责任，这是对过错方的一种惩罚，也是对无过错方的救助。这体现了《婚姻法修正案》既关注解决当下的问题，又立足长远，深思熟虑。

《婚姻法修正案》第十条增设了无效婚姻制度，这也是保证配偶互相忠实的重要措施。法律规定有以下情形属于无效婚姻：重婚是有配偶者对一夫一妻制度的践踏，必然是无效婚姻，这是对民众反对"包二奶"和重婚行为的呼应，也是维护神圣的一夫一妻制度的需要。对"有禁止结婚的亲属关系的"的规定是出于考虑优生优育和保障下一代的健康。"婚前患有医学上认为不应当结婚的疾病，婚后尚未治愈的"是为了保护结婚者的婚姻幸福，否则会给另一方带来无尽的痛苦，如果违反此条，健康的一方可以以此为理由提出离婚，法院也会认定婚姻无效，这有利于当事人顺利离婚。最后一种情况是未到法定婚龄缔结的婚姻也属于无效婚姻，这是显而易见的原因。对于无效婚姻制度的增设，巫昌祯教授表示了肯定："这是很有必要的，它填补了一项立法空白，但对未履行结婚登记手续的'事实婚姻'未做明确规定……我个人认为，如果符合结婚的实质要件，仅仅未经登记，而不登记又有正当原因的，应该予以承认，这有利于社会稳定和保护妇女儿

---

① 熊燕：《刘胡乐谈婚姻法修正案热点问题》，《云南日报》2002年3月22日。

童的权益。"①

《婚姻法修正案》还明确禁止破坏社会主义家庭道德关系的行为。例如总则第三条规定了四个方面的"禁止"内容，并且在第五章的第四十五、四十六条规定了违反者的处罚和赔偿措施。这些禁止性规定对于制裁"包二奶"、重婚、家暴等破坏一夫一妻、家庭和谐的丑恶现象，维护婚姻家庭的和谐稳定具有积极的意义。

2. 家庭关系：敬老爱幼，互相帮助，维护平等、和睦、文明的婚姻家庭关系

《婚姻法修正案》在总则中增加了敬老爱幼的原则。敬老爱幼是中华民族的传统美德，中国自古就有"老吾老以及人之老，幼吾幼以及人之幼"的美德，重视敬老爱幼有助于增进婚姻家庭的和谐。

《婚姻法修正案》非常重视父母对子女的教育、抚养和保护责任，这有助于保障未成年人的权益，该法第二十一条、二十三条、二十五条都加入了补充性的条款。

进一步完善了祖孙间、兄弟姐妹间的抚养关系。该法第二十八条说明了祖父母、外祖父母对孙子女、外孙子女的抚养、赡养关系形成的原因，将"父母已经死亡或父母无力抚养"补充为祖孙之间形成抚养、赡养关系的原因之一。第二十九条规定了当父母已经去世或者父母没有能力抚养未成年的弟弟、妹妹时，那么，有负担能力的兄、姐对未成年的弟、妹存在扶养义务，这既考虑到弟、妹的健康成长，也考虑到了兄、姐的抚养能力，这是一条人性化的规定。在这条规定的基础上，增加了"由兄、姐扶养长大的有负担能力的弟、妹，对于缺乏劳动能力又缺乏生活来源的兄、姐，有扶养的义务"。② 这体现了同辈家人之间互相帮助的爱心精神，这种规定有助于兄弟姐妹团结在一起渡过难关。

加强了对老年人婚姻家庭权益的保护。在现实生活中，老年人的婚姻家

① 巫昌祯著：《我与婚姻法》，法律出版社，2001 年，第 19 页。
② 民政部基层政权和社区建设司编：《婚姻登记管理资料汇编（1950—2003.5）》，中国社会出版社，2003 年，第 112 页。

庭权利经常被侵犯，这引起了立法部门的重视。所以，第三十条增加了保护老年人婚姻家庭权利的内容，规定"子女应当尊重父母的婚姻权利，不得干涉父母再婚以及婚后的生活。子女对父母的赡养义务，不因父母的婚姻关系变化而终止"。[①] 这条规定保障了老年人的再婚权利，而且再婚还能得到子女的赡养，生活得到保障。

以上敬老爱幼、兄弟姐妹之间的抚养、赡养等规定，不仅有助于促进平等、和睦、文明的婚姻家庭关系，还有助于促进社会秩序的稳定。

3. 保护弱势群体

弱势群体主要是指老人、妇女和儿童，他们在婚姻家庭关系事务中往往处于弱势地位。该法重视对弱势群体的保护，增加了有关的规定，例如在总则第三条增加了保护妇女和儿童的内容："禁止家庭暴力，禁止家庭成员间的虐待和遗弃。"[②] 尽管没有说明是针对妇女和儿童，实际上家暴的受害者主要是这两类人。第四条内容是倡导婚姻家庭美德："家庭成员间应当敬老爱幼，互相帮助，维护平等、和睦、文明的婚姻家庭关系。"[③] 妇女、儿童和老人都是和谐婚姻家庭关系的受益者。第四章的内容也有相关规定，例如对怀孕妇女、分娩妇女的保护，离婚后对子女的抚养，以及家庭土地承包经营中享有的权益等方面对保护弱者的规定。这一条规定重视对妇女和儿童生活的保障。

《婚姻法》之所以要加强保护弱者的功能，主要有以下三个方面的原因。

首先，国家的社会主义性质决定了《婚姻法》的一个重要社会功能就是保护弱者。《婚姻法》作为国家处理婚姻事务的法律化语言，必须关心社会的所有群体。党全心全意为人民服务的宗旨也必然体现在《婚姻法》保护社会各群体的利益，这个过程彰显的是国家对公平和正义的维护。

其次，《婚姻法》保护弱者是承认和尊重了不同群体的强弱差异。国家

① 民政部基层政权和社区建设司编：《婚姻登记管理资料汇编（1950—2003.5）》，中国社会出版社，2003年，第112页。

② 民政部基层政权和社区建设司编：《婚姻登记管理资料汇编（1950—2003.5）》，中国社会出版社，2003年，第109页。

③ 民政部基层政权和社区建设司编：《婚姻登记管理资料汇编（1950—2003.5）》，中国社会出版社，2003年，第109页。

采取不同的婚姻政策对待不同的群体，有意识地对弱势群体进行特别保护，这样才能促进弱势群体和强势群体事实上的平等。这体现出《婚姻法》充满了温情和关爱，也比较明显地体现了《婚姻法》是道德化的法律。

再次，这是维护社会秩序的需要。妇女、儿童和老人等弱势群体权利如果受到践踏，对其不公平待遇达到一定的程度，弱势群体所产生的反应将对婚姻秩序产生冲击，进而可能给社会秩序的和谐稳定带来消极影响，国家利益也将受到损害。某项社会调查显示，有 96.1% 的人认为修改后的《婚姻法》应对家庭暴力加以制裁。[①] 这说明广大群众对家庭暴力的危害性反应比较强烈。再如老年人再婚，长期以来，老年人再婚受到子女阻碍的现象较为严重，而且孤寡老人独自生活又使他们的生存状况令人担忧。再婚是老年人安度晚年的一条重要途径，改革开放后，老年人再婚现象逐渐凸显，对全国 60 岁以上人口的调查中，没有配偶的占近一半，即 3508 万多人，其中包括 3336 万人丧偶，69.5 万人离婚，102.5 万人未婚独身，老年人离婚和再婚的人数都在逐年增长。[②] 但是在再婚的过程中，老年人的权益被干涉的现象非常严重，老年人再婚往往会遭到儿女的干涉，甚至出现子女暴力干涉父母再婚的事件，这大多与赡养老人、财产分割等事情有关。所以《婚姻法修正案》第三十条增加了对老年人再婚自由的保障措施，强调子女不能干涉父母再婚的自由，也不能干涉父母再婚以后的生活，子女不能因为父母再婚就终止对父母的赡养义务。此条规定保障了老年人的婚姻自由权益，对于改变国人的养老模式也是一种探索和保障措施。在子女给父母养老的基础上，老人再婚搭伴养老成为一种新方式，还有助于增加老人的生活乐趣。国家保障老年人再婚权益的一系列保障措施，非常突出地表现为重视孝道，这一定程度上反映了国家养老政策的改变，也是国家对孝道衰微的一种应对措施。在传统社会，孝道依靠宗教信仰、社会舆论、宗族组织和法律等因素得以贯彻，但共产党执政打破了这些传统的东西，1950 年《婚姻法》在消除封建主义的过程中，大力批判包办婚姻，这使传统色彩的孝道被削弱，并促进了新民主

---

① 巫昌祯著：《我与婚姻法》，法律出版社，2001 年，第 27 页。
② 中国年鉴编辑部编：《中国年鉴》（总第 11 期），中国年鉴社、华嘉集团，1991 年，第 434 页。

主义婚姻家庭关系的建立。同时，在 20 世纪八九十年代，尤其是在市场经济发展的背景下，传统孝道的身前孝敬、奉养父母，对父母进行物质和精神方面的多重赡养逐渐减弱，这是因为"没有了传统宗族体制与宗教信念和仪式的支持，所谓父母之恩的观念开始被削弱，上下两代人的关系变得更加理性，更具有自我利益的意识。子女对父母从具有强烈人身性质的责任变成了仅有工具意义的金钱义务"。[①] 代际关系的这种变化使亲情淡化，老年人的权益常常得不到保障。

婚姻家庭美德本身并不具有强制性，但把美德融入法律中，这有助于美德在婚姻家庭领域真正发挥作用，从而有助于形成和谐的婚姻家庭关系。

三、《婚姻法修正案》的不足

《婚姻法修正案》在诸多方面取得了成绩，它丰富了婚姻家庭法的内容，解决了当时人们呼声较大的婚姻家庭问题，并积累了新的立法经验。但由于《婚姻法修正案》主要解决婚姻家庭领域比较突出的焦点问题，例如"包二奶"、已婚者与他人同居、家庭暴力、离婚理由、无效婚姻和可撤销婚姻等，有重点、有针对性地对某些条文进行修改和补充，它更像是一个应急法案，没有解决婚姻家庭法"体系化、规范化和系统化的问题"。[②]

该法不足之处主要与修正《婚姻法》的理念有关。全国人大法工委修改《婚姻法》的思路是"两步到位，分期完善"，也就是先解决社会上一些突出的问题，而把有些问题放在法典化的民法里，到那个时候来力求他的全面、完善。[③] 也就是这次修正的《婚姻法》具有过渡性质，"在我国民法典的总则、物权、债权等主要篇章未出台之前，婚姻法尚不能作较大的修改"。[④] 立法机构的立法思路有着长远和全局的思考，某些不足一定程度上可以理解为立法部门有意为之的立法策略，是为了将来民法典的颁布留有继续修改的空间，届时，修改的条件会更成熟，修改的内容会更完善，2021 年颁布的《民

---

① 雷明贵：《〈婚姻法〉中的社会变迁》，《行政与法》2010 年第 10 期。

② 张玉敏主编：《新中国民法典起草五十年回顾与展望》，法律出版社，2010 年，第 384 页。

③ 贺莉丹等：《共和国〈婚姻法〉的前世今生》，《新民周刊》2011 年第 36 期。

④ 叶英萍著：《婚姻法学新探》，法律出版社，2004 年，第 15 页。

法典》已经证实了这一点。

基于过渡性的修正《婚姻法》的思路，修正《婚姻法》的主要任务是，填补立法空白，针对存在的问题增设必要的法律条款，充实薄弱环节，完善现有的法律，增强法律的可操作性。在这种立法思想的指导下，婚姻法的修正出现某些不足。

有些内容没有涉及。例如没有提及离婚后子女的探视权问题。自从1980年《婚姻法》确立了计划生育的基本国策，独生子女问题逐渐突出，夫妻离婚后，子女被判归一方，如果不让对方探视，这个问题法院执行庭也无法执行。这成为人们关注的一个热点问题，但这次修改《婚姻法》没涉及。再例如没有呼应该法的名称是《婚姻法》还是《婚姻家庭法》的争论。

《婚姻法修正案》尽管增添、修改了部分内容，但依然表现出一定的粗略性、概括性，可操作性有待提升。例如界定"夫妻之间相互忠诚"的具体标准不明确，再例如关于军人离婚的规定，"军人一方有重大过错"，什么是"重大过错"比较模糊，在实现中难以把握，缺少可以量化的具体标准。《修正案》中规定夫妻财产可以"约定"，应该说是观念的进步，但实际操作和判定则较为困难。比如夫妻一方是私人老板，另一方不了解他的经营状况，他的财产如何确定、谁来配合调查？这些都没有明确规定。再如，夫妻双方的约定是否自愿很难得到保证，如果是在高兴时签约，不高兴时又反悔，怎么办？何种条件下具有法律效力？法该第四十三条规定，如果遭遇家庭暴力或者被家庭成员虐待，受害人有权提出请求，所在居民委员会、村民委员会以及所在单位应当进行劝阻、调解。但是该规定没有明确什么是家暴，家暴和虐待的界限在哪里，这就使有关部门难以介入。对受害人的救济方式也没明确，对施暴者的惩处力度也不好把握。法案第四十六条规定了导致离婚的四种情形，无过错方有权请求损害赔偿。但是，谁承担赔偿和如何承担损害赔偿不明确。曾被热烈讨论的重婚问题，在该法案中并未全面提出应对措施。对重婚认定具体标准没确定，重婚者的法律责任认定模糊，例如重婚者是否仅承担刑事责任，是不是涉及民事责任；而且，对重婚实行不告不理的自诉原则，重婚一方往往是强势群体，受害一方自诉有难度，即使受害人自诉，但是《刑法》规定对重婚者"处二年以下有期徒刑或者拘役"，这对重婚者震慑力度不大。另外，对于"第三者"也要具体问题具体分析才能确定是否惩罚及如何惩罚，这就造成有关条款在实践中不易执行。

本章小结

为了维护社会的整体利益，国家要处理婚姻领域的家庭暴力、婚外情、重婚等问题，以构建和谐的婚姻秩序和社会秩序。改革开放后，尽管国家对婚姻领域的政治化干预逐渐淡化，婚姻逐渐回归私人领域，但是这并不意味着国家不干预婚姻领域。私人领域也有边界，如果婚姻领域的事情危害到国家、社会和他人的利益，那么，国家干预也是必须的。因为婚姻领域的新问题会随着社会的发展不断发生，国家对婚姻秩序的调整也必然不是一劳永逸。婚姻秩序的重构实际上是对婚姻各主体权益关系的调整，这种调整使婚姻关系中各主体的权益实现新的平衡，从而实现婚姻秩序的暂时和谐，进而对社会秩序的和谐产生积极影响。

改革开放后的社会转型使道德和法律都难以充分发挥作用，两者结合解决婚姻问题成为更好的选择。在法律中融入婚姻美德，重视法治和德治相结合重塑婚姻秩序，这对于构建和谐婚姻秩序和社会秩序具有长远的积极意义。法律和道德犹如鸟的两翼，对于构建和谐婚姻秩序和社会秩序缺一不可，相辅相成，相得益彰。法律道德化重视把法律内化为人们的道德品质，道德法律化重视将道德融为法律，这两个过程的不断推进，有助于培育遵纪守法的公民，也有助于形成更人性化的法律。这次《婚姻法》的修正体现了国家更加以人为本、以人民为中心的治国理念，对个性和人性表达了充分的尊重，体现了婚姻法规从形式正义到实质正义转变的过程。

结　语

通过对改革开放后八九十年代婚姻嬗变的动力、婚姻制度、择偶、结婚和离婚等内容的梳理和分析，我们可以大概了解这一时期婚姻嬗变的基本脉络，从中我们也可以理解婚姻嬗变所体现的个性解放历程与程度，进而更好地探索如何构建和谐的婚姻秩序。

一、个性解放的路径

《现代汉语大词典》对"个性"的解释是"事物的特性，即一事物区别于其他事物特殊的性质"。① 有关学者对个性的阐释也大同小异，例如阮青从哲学的主体性问题层面理解个性，"个性是指个体主体所具有的特殊本性"。徐绍刚认为"个性解放"所讲的"个性"与一般所讲的个性不同，"它是一个具体的历史的范畴，是人在社会实践中形成的关于个体的特殊规定性"。② 个性在一定的社会实践活动中产生和发展，在这个过程中会遇到很多障碍。

---

① 现代汉语大辞典编委会编：《现代汉语大词典》，汉语大词典出版社，2000年，第281页。
② 徐绍刚：《个性解放新论》，中共中央党校1997级博士论文，2000年，第3页。

恩格斯认为，尽管我们的历史是自己创造的，但是在特定的条件下创造的历史，"经济的前提和条件归根到底是决定性的，但是政治等等的前提和条件，甚至那些萦回于人们头脑中的传统，也起着一定的作用，虽然不是决定性的作用"。① 恩格斯的意思是，人的生活环境制约着人的行为方式。从恩格斯的话语中我们也可以体悟到一点，人的个性解放也需要打破各种束缚。部分学者也曾有过类似阐释，例如阮青认为之所以需要个性解放，是因为各种外在的或内在的因素束缚了人的个性，要解放个性，促使人全面而自由地发展，个人能具有自主性、创造性，就需要打破束缚，个性解放要研究的是"束缚产生的必然性，束缚的种类，打破束缚的手段，个性解放的目的，个性解放的必然性、必要性，个性解放过程中所存在的规律等问题"。② 徐绍刚认为个性解放就是为了把个人从各种束缚中解放出来，使每个人都具有独立的人格，能自由地发挥个人才能。③

　　尽管以上哲人和学者对个性解放的解释表述不同，但都强调了个性解放过程中人的主体性和主动性，强调要突破来自外部或自身的束缚。婚姻领域的个性解放也需要突破来自国家、社会、家庭等因素的束缚，个性解放的路径就隐含在其中。从改革开放后婚姻嬗变的内容和脉络观察，个性解放主要有三条路径。

　　一是从国家本位转向家庭本位，然后向个人本位发展。国家本位强调个人对国家的服从，要为国家利益做贡献，从而获得个人生活的价值。共和国成立到改革开放前的主流是国家本位的价值取向，无论是恋爱、择偶、结婚和离婚，个人应表现出维护国家利益的取向，而不能表现出对家庭和个人利益的追求，否则就会受到批判。

　　国家通过集体主义价值观导向和严密的管理机制塑造婚姻生活的国家本位。国家不断强调国家、集体利益在婚姻领域的重要性，并且通过单位、社区等组织机构实现国家对婚姻的管控。个性不会被国家认同，因为个性往往

---

① 《马克思恩格斯选集》第 4 卷，人民出版社，1995 年，第 696 页。
② 阮青：《中国个性解放之路——20 世纪中国个性解放思潮研究》，华东师范大学出版社，2004 年，第 16 页。
③ 徐绍刚：《个性解放新论》，中共中央党校 1997 级博士论文，2000 年，第 3 页。

隐含着突破管控和约束的因素，隐含着追求自由的冲动和对国家管控的反抗，这与国家的稳定与发展诉求相冲突，所以，个性往往会受到来自政治、经济、道德等多方面的约束。

共和国成立到改革开放的 30 年间，国家本位下的婚姻是一个具有政治色彩的事物。"左"的思潮盛行，"以阶级斗争为纲"支配着社会各领域，"政治第一"主导着人们的思想和行为，人们的思想和行为被纳入政治导向之中，这种政治生态衍生的价值判断标准表现为唯成分论和泛道德化特征，政治化与泛道德化共同影响着婚姻领域。一是强调爱情、择偶、婚姻的革命化和社会主义意识形态色彩。强调婚姻是个人的小事，反对个人把精力投入到个人感情上，追求爱情被视为资产阶级情调，被认为影响革命工作。批判重视经济、感情的择偶标准，鼓励缔结理想一致的革命婚姻。二是婚姻被视为国家、集体和社会齐抓共管的公事。离婚往往被贴上道德败坏的标签，强调离婚需要正当理由，而不重视当事人的感情状况。法院往往倾向不判决离婚，而重视调解和好，低离婚率被视为社会主义优越性的表现。尽管 1950 年《婚姻法》规定了婚姻自由原则，而且国家也严厉批判家庭包办婚姻，家庭对子女婚姻的管控力逐渐减弱，但这并不意味着个人的婚姻自由度增强了，家庭包办婚姻虽然弱化了，但国家对个人的管控逐渐增强，随着集体化运动的不断升级，个人被从家庭中剥离出来，但被纳入了国家的集体组织中，集体严重干预着私人生活。在这种情况下，个人并未成为自由的个人，个性常常与资产阶级个人主义混为一谈，无视个性、压制个性成为常态。

随着改革开放的推进，人们逐渐摆脱了农村人民公社和城市单位体制的管控，国家逐渐减弱了对婚姻生活的干预，国家对婚姻领域直接的政治干预逐渐淡化，维护政治管控的因素，例如政治化的价值观、单位体制及人民公社制度都逐渐弱化，个人从集体回归家庭，家庭增强了对个人的控制。婚姻逐渐回归私人领域，逐渐成为家庭领域的事情，婚姻的国家本位也逐渐转向家庭本位。

家庭本位重视个人对家庭的服从，维护家庭的利益，从而使个人生活的价值得以体现。梁漱溟 1949 年曾言中国是一伦理本位社会，即中国人首重家庭，就家庭关系推广发挥，而以伦理组织社会消融了个人与团体。① 在传统社会，家族本位下的婚姻目的是"合二姓之好，上以事宗庙而下以继后世"。这种婚姻价值取向"完全是以家族为中心，不是个人的，也不是社会的"。② 家族利益是第一位的，缔结婚姻首先重视孝道，重视传宗接代，要求从一而终，当事人的感情不被重视。经过单位体制对家族体制的冲击，改革开放后的家庭已经不是家族体制下的家庭，此时的家庭拥有土地的使用权，而没有所有权，这时的家庭对其成员的控制和影响力远远弱于家族体制下的家庭。同时，在改革开放浪潮的冲击下，尽管人们依然尊重父辈，重视孝道和家庭责任，崇尚白头偕老，这和传统家族制度下的婚姻家庭在形式上有类似之处，但家庭本位的价值观具有了新时代的特征。例如青年人择偶时，尽管听从父母的建议，但代际协商逐渐成为主要择偶模式。婚礼的举行重视家庭在社会上的影响，重视构建社会网络、展现家庭实力等目的，但也逐渐尊重个人在婚礼中的自主性。尽管社会要求人们离婚时要重视家庭责任和家庭稳定，但当事人为摆脱不幸福婚姻而离婚得到越来越多的理解。所以，改革开放后家庭本位的发展融入了越来越多的尊重个人的因素，家庭本位呈现了越来越多的代际平等和男女平等的因素。但在家庭本位背景下，个性也会受到家庭的约束，因为个性意味着对家庭权力格局的冲击。

在改革开放的影响下，国家本位和家庭本位不断发生裂变和重构，随着人们思想的解放、市场经济体制的建立和发展及政治、文化等方面的改革，人们的自由、平等、权利和契约等意识不断提升，个人本位得以逐渐发展。

个人本位是相对于国家本位和家庭本位的价值观而言的。其基本内涵是在个人与国家、家庭的关系中，强调个人利益是出发点和落脚点，强调个人自由和权利。在个人本位中，婚姻被视为一种个人行为，个人要不要结婚，与谁结婚，怎样结婚，婚姻是否维系都成为个人自由自主决定的事情。个人本位有两类，一种是完全以个人利益为核心，只重视个人自由和权利而忽视责任和义务。这种价值观漠视对国家、社会、家庭和他人的责任，在婚姻领

---

① 梁漱溟著：《中国文化要义》，学林出版社，1987年，第77—94页。
② 瞿同祖著：《中国法律与中国社会》，中华书局，2003年，第97页。

域产生了某些消极影响。另一种是良性的个人本位，它强调个人的权利和自由，以个人利益为立足点表达对婚姻的诉求，婚姻的价值是基于个人的立场，但同时兼顾国家、集体和家庭的利益，对国家发展、社会稳定和家庭和谐无消极影响。改革开放后，这两种个人本位都在发展，在国家的管控下，良性的个人本位越来越明显。

从国家本位到家庭本位进而向个人本位发展，体现的是从公到私的发展逻辑。对个人来讲，无论是国家本位，还是家庭本位，都是个人在不同层面上为公服务的价值观。它们强调的是为国家、社会、集体和家庭的利益服务甚至献身，在这两种价值观和对应的社会环境中，个人自由、平等和权利意识受到约束。"在崇公抑私的社会准则和贵公贱私的道德定性之下，无论是人们处理社会关系的方式，还是社会舆论，往往以公共秩序和社会道德的名义，对个人的言行拥有褒贬、限制甚至裁决的权力，而个人几乎没有讲论权利的余地"。① 这是国家本位和传统的家庭本位价值观对人们生活的影响。需要注意的是，私是相对的，家庭相对于国家是私，个人相对于家庭是私。改革开放后，婚姻从国家本位发展到家庭本位是主要的变化，虽然也出现了向个人本位发展的趋势，但是这个时期的个人本位基本上是在家庭本位框架内发展。这一时期的私，主要是指国家本位这个层面的公过渡到家庭层面的私。随着社会的发展，个人自由度的继续提升，未来社会里个人层面的私会逐渐凸显。

从国家本位到家庭本位再向个人本位发展，体现的是婚姻从政治问题向社会问题变化的逻辑。改革开放使婚姻逐渐成为一个社会问题，国家把婚姻视为服务社会秩序和国家建设的工具，在这种理念下，国家对婚姻的政策沿着两条路径展开。一是重视维护婚姻秩序，消除个人对社会产生的消极影响。例如在 1980 年《婚姻法》中，提高结婚年龄，把计划生育政策定为基本国策，保护军婚等内容具有明显的服务国家建设和维护社会稳定的意图。当婚姻领域的重婚、"包二奶"、家暴等现象日趋凸显，国家重视以伦理道德

---

① 李长莉：《公私领域及私观念的近代演变——以晚清上海为例》，刘泽华等著：《公私观念与中国社会》，中国人民大学出版社，2003 年，第 237 页。

对婚姻进行规范，强调夫妻互相忠实、尊老爱幼，以经济惩罚的方式约束婚姻不忠行为，这些措施都有助于国家对社会稳定秩序的维护。二是当个人的婚姻观念和行为没有对国家建设和社会稳定产生消极影响，国家会不断推进婚姻自由和平等，满足个人对幸福生活的追求。例如 1980 年《婚姻法》和此后的婚姻法规都重视婚姻自由、男女平等、保护弱者等原则。《婚姻法》从形式正义不断向实质正义迈进，人们的公平和正义诉求得到不断的保障。有关的婚姻制度不断呼应和满足人们的诉求，这对维护社会秩序无疑是有益的。这两条路径殊途同归，都是为国家建设和社会稳定服务。

从国家本位到家庭本位再向个人本位发展，体现的是从重视婚姻的国家、社会责任转向重视个人婚姻幸福体验的逻辑，也就是从婚姻的集体主义价值诉求转向婚姻的个人主义价值诉求。在传统社会，人们被要求重视对家族、家庭的责任，在单位体制下，人们被要求重视对国家和集体的责任，个人幸福被忽视，个人婚姻质量得不到保障。改革开放后婚姻的嬗变体现了人们越来越重视对婚姻的个人幸福体验，而不是把婚姻价值依托在单位、家庭的整体利益上。改革开放后，人们对婚姻质量的诉求贯穿婚姻的全程，从恋爱、择偶到举行婚礼、离婚、再婚等行为，人们越来越关注个人在婚姻中的幸福体验。

个性解放的第二条路径是人们从突破外部束缚进而突破内在束缚。外部束缚是来自国家、社会和家庭等方面的政治、经济、文化、伦理道德的约束，内在束缚是自己的思想观念、经济等因素对个性解放的制约。例如，个人的文化素质形成的认知水平，个人的经济独立状况等因素都会制约人们对自由、平等和权利的追求能动性的强弱。改革开放后，社会的不断开放、人口的流动、教育的普及和法制建设等改革与发展的措施，既提升了人们的文化素质，也使个人经济状况不断改观，人们不仅破除了自身对婚姻自由、平等和权利的人治障碍，也有能力在实践中敢于追求自己想要的婚姻生活，人们决定个人婚姻的主观能动性增强，例如决定自己是否要独身，是否要离婚。

个性解放的第三条路径是从实现个人个性解放进而推动他人个性解放。

正如梁景和教授认为个性解放除了包含人对自身的塑造，还包括对他人自我塑造的态度，"人自主的塑造自己，自主的选择自己的生活方式，自主的贡献于社会……个性解放是个人对自身的塑造，是对自我生活方式的选择，也是自身对他人自我塑造和生活方式选择的宽容、理解、体谅、认同、保护和尊重"。① 人在自主塑造自己，进行个人个性解放的同时，也逐渐具有了支持他人个性解放的素质，个性解放越来越高的人，往往越会对他人个性解放表示理解和支持。例如，人们摆脱了"父母之命，媒妁之言"的包办婚姻的束缚，越来越重视当事人之间的爱情对婚姻的积极意义，就越能理解他人的试婚、独身、离婚等行为，改革开放后的婚姻嬗变明显地体现了这一点，对他人个性解放的理解和支持有助于营造个性解放的积极环境，有助于每个人的个性解放。

以上三条个性解放的路径并非彼此割裂，而是交融在一起的整体。这三条路径体现了改革开放后个性解放的特征，这让我们理解了个人是如何从各类束缚中解放出来，日趋独立的个人来自哪里，又是如何成长起来的过程，这有助于理解当前的个人状态，并对个性继续解放的方向进行相对科学的判断。

个性不断解放的趋势会在中国人的婚姻中得到不断强化，这源于各种因素的合力推动。科技的发展越来越快，人们的交际工具日趋便捷，例如QQ、微信的出现，自媒体时代已经来临并且会日趋强化，这使人和人之间的交往日趋个体化和私密化，减弱了人们交往和交流时的对外依赖性，科技的发展越来越多地破除婚姻的束缚。个人经济上独立和自由日益瓦解外部因素对个体的束缚，社会的流动自由日益增强为人们的交往提供了更广阔的空间和更多的选择机会。另外，政治上的不断改革，以人为本的治国理念也为人们个性的解放提供了良好的社会环境，例如以人民为中心的发展理念重视民生，婚姻是民生的重要内容，国家的重视有助于促进人们的婚姻自由、平等和幸福感。

---

① 梁景和等著：《现代中国社会文化嬗变研究（1919—1949）——以婚姻・家庭・妇女・性伦・娱乐为重心》，社会科学文献出版社，2013 年，第 518 页。

　　婚姻领域个性解放的路径过程反映了否定之否定的规律。经历了思想被禁锢、个性被政治严重束缚的集体主义时代，当群体性社会向个体性社会过渡时，人们的思想犹如脱缰之马，迅速摆脱政治因素和传统因素的束缚，人们对婚姻自由的诉求日趋高涨，代际之间、夫妻之间的自由度逐渐提高。但是，在经历了十几年对个体权利、自由的追求，婚姻领域的乱象也让人们意识到，个性自由是有限度的，个性解放必须遵守社会规范，在一定条件下，婚姻领域的事情也不是个人私事，也不可任意而行。

　　需要注意的是，个性在解放的过程中出现了积极和消极两种发展方向。一种是积极的个性解放。积极个性是对社会产生积极动能的特殊本性，人们在追求个人自由和利益的同时，也重视尊重和维护他人的利益，维护人与人之间关系的平等、互利。它强调个人的权利和自由，以个人利益为立足点表达对婚姻的诉求和行动，表达基于个人立场的婚姻价值诉求，但同时兼顾国家、集体和家庭的利益，这是国家发展、社会稳定和家庭和谐所需要的个性解放。例如，青年人择偶时重视与父辈之间的代际协商，举行婚礼时与家庭协商，这既实现了个人自由也维护了家庭利益，积极的个性带来具有正面价值的个性解放。对于积极个性要鼓励，要创造条件去解放。

　　另一种是消极的个性。消极个性是对社会产生消极动能的特殊本性，它完全以个人利益为核心，只重视个人自由和利益，漠视对国家、社会、家庭和他人的责任，或者仅仅把他人视为实现个人利益的工具，甚至损害他人的自由和利益。这类个性解放的消极性主要表现在两个方面，一是自立性不足，对家庭存在较强的依赖性。这与中国传统的家庭观念有关，父母大都会把帮助子女成家视为不可推卸的责任。而且，这关乎一个家庭和为人父母者在社会上的颜面，进而影响到这个家庭在社会上的地位，父母对子女的无限满足客观上制约了子女自立性的提高。随着西方个人主义思潮传入中国，青年人对个人主义存在曲解之处，他们从中汲取了追求个人自由和权利等因素，但忽略了对国家、社会和家庭的责任，在这种情况下他们高度关注个人自由和个人利益，而缺少对国家、社会和家庭的责任感。另外，随着家庭小型化，对孩子的溺爱加重。对上海市一所学校学生家庭的调查发现，1991

年，溺爱型家庭所占比例已达 40%，而隔代的溺爱尤烈。在北京儿童教育咨询中心，因隔代溺爱带来困惑的年轻父母日益增多。一些青少年个人主义恶性膨胀，一切以自我为中心。① 这些在溺爱型家庭中成长起来的孩子，自立能力相对较弱，他们长大结婚时更可能产生对父母的依赖。青年人"一方面觉得自己有权要求父母无条件的经济支持，另一方面又要求独立自主"，所以"说不上他们有多少真正的独立自主"。② 二是缺少责任感。消极的个性解放缺乏对社会、家庭的责任感，例如青年人只想接受父辈的资助，而不想对家庭尽义务。浙北农村的一项调查显示，"新媳妇们大多把公婆对他们的经济资助视为当然，而拒绝继续留在大家庭内承担回报的义务"。③ 这种以个人利益为核心的个性解放，缺少对他人利益的重视，表现出对社会秩序的破坏性，例如恋爱时的不道德行为，玩弄他人，以及"包二奶"等行为。

个性解放的两个发展方向启示我们，应鼓励积极的个性解放，批判、约束甚至以法律管控消极的个性解放，个性解放的多向性要求我们思考如何建设和谐婚姻秩序的问题。

二、和谐婚姻秩序的构建

面对婚姻领域的种种问题，试图完全用过去的道德教化去调节婚姻秩序已不可能，我们需要采取新措施去应对，做到既能促进婚姻自由，促进积极的个性解放，也能维护婚姻秩序和谐局面。和谐的婚姻秩序是指与婚姻相关的各利益主体之间权利和责任明确，各自利益能得到有效保障，婚姻正常运转的良好状态。

构建和谐的婚姻秩序有其必要性。婚姻是构成社会的基本要素之一，通过婚姻组建的家庭是社会运行的基本单元，和谐的婚姻秩序是和谐社会秩序的重要条件。构建和谐的婚姻秩序，就是在婚姻领域构建夫妻之间、个人与家庭、个人与社会的和谐关系。国家、社会和个人是一个命运共同体，它作

---

① 中国年鉴编辑部编：《中国年鉴》（总第 11 期），中国年鉴社、华嘉集团，1991 年，第 434 页。
② ［美］阎云翔，龚小夏译：《私人生活的变革：一个中国村庄里的爱情、家庭与亲密关系（1949—1999）》，上海书店出版社，2006 年，第 250 页。
③ 曹锦清等著：《当代浙北乡村的社会文化变迁》，上海远东出版社，2001 年，第 363 页。

为一个整体影响着个人的婚姻和生活质量，个人的状态受整体的制约。个人离不开社会，正如马克思说："人是最名副其实的政治动物，不仅是一种合群的动物，而且是只有在社会中才能独立的动物。"① 只有构建了和谐的婚姻秩序，进而促进和谐的社会秩序，个人的自由、平等和权利才能得到保障，个人只有遵守秩序规则，遵守相应的道德与法律，才有助于建立和谐的婚姻秩序和社会秩序。

在传统社会的家族体制下或共和国的单位体制中，都存在维系和谐婚姻秩序的机制。在家族体制下，孝道、三从四德等伦理制度维护着家族成员的上下尊卑秩序。在单位体制中，集体主义道德和单位对职工生活的控制维护着成员的婚姻秩序。在以上体制下，道德是婚姻秩序的基本调节方式，法律是辅助方式。这两种方式使社会各主体的利益皆能得到保障，安稳地处于各自上下尊卑的位置上，这使和谐婚姻秩序得以维系。

改革开放后的 20 余年间，群体性社会向个体性社会过渡。在社会的过渡时期，旧的婚姻秩序逐渐解体，而新的婚姻秩序还未成熟，这就容易发生混乱，从而对国家、社会、家庭和个人的利益产生消极的影响，构建和谐的婚姻秩序成为有待解决的问题。

如何构建和谐的婚姻秩序？显而易见，继续使用群体性社会的方式已经难以奏效，群体性社会的道德已经难以对改革开放时代的人形成约束，因为维护婚姻和谐秩序的方式的社会基础已经趋于解体。从群体性社会向个体性社会过渡时期的法律有一个成熟的过程，此时的法律更多地是指明了人不应做什么，表现得比较原则和笼统，可操作性较差，这从共和国成立后的《婚姻法》的变化可见此特征。道德与法律难以有效约束消极个性解放，约束只能使人知道不做什么，而不知道应该干什么。而且，市场经济的发展已经孕育出强大的个性力量，约束只能治标不治本，在 20 余年间，婚姻领域不断出现的乱象已经说明了这一点。而且，约束和干预还可能产生对人权的侵犯，这在关于《婚姻法修正案》的大讨论中有些专家学者曾有阐述。

从根本上讲，构建和谐婚姻秩序的关键措施是培育法治素质成熟的个

---

① 《马克思恩格斯全集》第 2 卷，人民出版社，1995 年，第 2 页。

人。随着法治社会建设的逐渐完善，法律对社会秩序的调节作用越来越成为主要方式。要培育法治素质成熟的个人，关键的方法是用法律确定个人的权利和义务，明确个人的利益范围，明确个人对他人的义务范围。从共和国成立到20世纪结束，历次《婚姻法》及其他婚姻法规的颁布实施、修改正是法律逐渐明确人们的权利和义务的过程，人们的权利和义务越来越具体、清晰，法律的可操作性越来越强。人们越来越清晰地知道哪些是自己不容侵犯的权利，他人的哪些权利不能侵犯。随着市场经济的发展，人与人的关系已经从服务和服从国家和社会的整体利益逐渐转为重视个人的独立利益。人与人、人与社会的核心关系是利益关系，当个人的权利受到侵犯，可以诉诸法律，若他人未尽义务，个人也可以诉诸法律。当每个人都明确了自己在法律上的权利和义务，人与人、人与社会之间的行为便产生合理的边界，这样，人和人之间、人和社会之间的和谐秩序才具有了基本条件。

仅靠法律不能单独完成构建和谐婚姻秩序的任务，还需要美德的融入。前文已经谈到，法律和道德都具有各自的适用范围，两者结合才能更好地解决婚姻问题。《婚姻法修正案》就把传统美德融入了法律，这使道德具有了法律的强制性，这为维护和谐婚姻秩序增加了力量和人性化的因素。国家已经开始融合法律和道德共同推动和谐婚姻秩序的构建，随着这项工作的深入，婚姻秩序会越来越和谐，进而促进社会越来越和谐。

在群体性社会，个人根据既定的伦理道德规范明确自己在群体中的位置。个人按照规范的要求对待他人以便与他人和谐相处，如果没有按照相应的道德规范行事，群体有能力对个人进行约束或惩罚，因为只有群体才能保障个人的生存，个人离开群体不能生存。但是，伴随着群体性社会向个体性社会的过渡，群体性社会对个人的约束机制解体了，个人也逐渐产生了越来越明确的个体利益。而且，社会也为个人提供了越来越广阔的个人生存和发展的空间。在这种背景下，个人如何与他人相处才能既保障个人的自由，同时促进社会的和谐呢？

对于个人来讲，应明确自由有限度，不应侵犯他人利益。对于自由的追求是人类的本性，但是，自由绝不是一项毫无限制的绝对权利，"自由不应是人的权利的宣言，应是人的责任的宣告"。① 关于对自由的限制，罗尔斯指出："自由是人所固有的随意表现自己一切能力的权利，他以正义为原则，以他们的权利为限制，以自然为原则，以法律为保障。"② 但是，追求个人正当利益，不能危害他人、国家和社会的利益，例如"包二奶"、重婚、家庭暴力行为就伤害了配偶的权益。尊重和促进个人自由，但是个人自由不能侵犯国家、社会和他人利益，要严格约束极端个人主义的发展，邓小平同志在1980 年就曾经指出："在思想政治方面肃清封建主义参与影响的同时，绝不能丝毫放松和忽视对资产阶级思想和小资产阶级思想的批判，对极端个人主义和无政府主义的批判。"③

人们应该认识到私权也有边界。这包括婚姻家庭领域的事情，在一定限度内是私事，但是当影响到他人的人身安全和危及社会和谐的时候，例如家庭暴力，私事就向国家可以干预的公事转化，产生这种私权认知的个性就需要管控。正如密尔指出社会权威可以对个人自由施加限制的原因："人类之所以有理有权可以个别地或集体地对其中任何分子的行动自由进行干涉，唯一的目的只是自我防御。"④

人们在追求个人利益的时候，也要重视对家庭和社会的责任和义务。由于中国传统文化对国人的影响深远，重视责任和义务是中国婚姻文化的基本底蕴。完全以个人利益为核心的个人本位很难发展，人是社会的人，是家庭的人，责任和义务伴随着始终。

每个人要尊重别人的个性。既然个体性社会的个人是具有独立人格的个体，而且法律也赋予了个人越来越多的自由，那么尊重别人的人格和独立就是应有之义，"每一个个体的自由都是由另一个个体获得自由的前提"。⑤ 尊重他人的个性和自由也就是在保护自己的个性和自由。人和人之间应该有自由的空间，例如有人预言将来的婚姻是宽松的婚姻，就是夫妻两个人不必每

① ［俄］别尔嘉耶夫著，徐黎明译：《人的奴役与自由——人格主义哲学的体认》，贵州人民出版社，1995 年，第 31 页。
② ［法］罗伯斯比尔著，赵涵舆译：《革命和法制审判》，商务印书馆，1999 年，第 137 页。
③ 《邓小平文选》第 2 卷，人民出版社，1983 年，第 336 页。
④ ［英］约翰·密尔著，程崇华译：《论自由》，商务印书馆，1982 年，第 10 页。
⑤ 禹燕著：《女性人类学》，东方出版社，1988 年，第 67—68 页。

天如胶似漆地相处在一起，夫妻捆在一起太紧，两人就没有了自由的空间，既携手生活，也要保持距离和独立空间，才能维持新鲜感。善于调节距离，两个人不要捆得太死，以便为爱情留出自由呼吸的空间。① 如果认为结了婚就可以没有距离，势必造成不断的纠纷。孔子曾指出唯女子与小人为难养也，近之则不逊，远之则怨。实际上并不是仅仅女子如此，任何人都可能成为不逊无礼的小人。在漫漫人生旅途中，每个人都有自己的秘密，互相尊重对方的隐私才有助于形成健康的伴侣关系。

其实，这种预言在现实生活中已经初见端倪，"宽松的婚姻"在 20 世纪末已经有了某些迹象。例如上海有一些前卫的青年选择"分偶"这种婚姻形式，即结婚了仍各自住在自己家中，只在周末相聚。这避免了朝夕相处可能发生的琐碎和厌倦。保持情人状态能使各自生活独立自由，感情也能相对新鲜。② 再如一些人为了增进夫妻之间的爱情，即使在同一个地方工作，夫妻之间也刻意减少在一起共同生活的时间，只在周末或约定的时间相处，让夫妻之间保持一种新鲜感，从而起到增强夫妻之间感情的效果，提升婚姻质量和生活质量。③ 未来社会的婚姻缔结与否将会成为一种自由的选择，夫妻之间更加呈现出独立个体之间的协作特征，互相尊重对方的个性，婚姻从一种刻板的社会组织向某种宽松的伴侣关系过渡，这种伴侣关系的婚姻，主要以感情来维系，靠共同的价值标准来调节，未来的婚姻伦理、道德规范也会不断变化，并把婚姻纳入一种更加人性的系统中。

上述能促进婚姻秩序和谐的个人素质会随着社会的发展逐渐提升。因为全社会的教育水平在整体上升，人们的道德素质也会随之提高，人们的法律意识和法治素质也会越来越高，社会的政治、经济和文化的整体向好对个人素质的提升是一种综合推动。在这个基础上，我们可以预见，道德和法律结合对婚姻秩序的调节会更加有效，和谐社会秩序的构建也具有了更坚实的基础。

尽管我们不知道未来社会的婚姻会发生什么样的具体变化，正如杰西·

---

① 周国平：《宽松的婚姻》，《中国青年》2000 年第 24 期。
② 晓伏：《70 年代生人亮出自己的旗》，《中国青年》2000 年第 18 期。
③ 潘林：《家庭新情报》，《青年一代》1995 年第 7 期。

伯纳德所说："在事实还没有发生以前，任何人要设想婚姻是怎样的，这办不到……对那些生活在其中的人来说，所有的形式都是非常自然的。"① 也如蒙太尼指出："可以断言，自从婚姻问世以来，人们就纵向冲破已有的婚姻习俗的制约；而当冲破它之后，又希望以一种新的婚姻法规来约束自己。由此来看，婚姻就是一种悬而未决的问题了。"② 但和谐的婚姻秩序是国家和人们所追求的共同目标，构建和谐的婚姻秩序，进而构建和谐的社会秩序，都要落实到满足个人的需求和利益，同时构建相应的约束消极个性的机制，以维护全社会的整体利益，只有这样，人类的命运共同体才是一个和谐的系统。

---

① ［美］阿尔温·托夫勒著，朱志焱等译：《第三次浪潮》，生活·读书·新知三联书店，1983 年，第 282 页。
② ［美］布雷多克著，王秋海等译：《婚床：世界婚俗》，生活·读书·新知三联出版社，1986 年，第 23 页。

参 考 文 献

一、古籍

B

（清）陈立撰，吴则虞点校：《白虎通疏证·卷十·婚娶》（下），中华书局，
1994年。

H

（汉）班固撰，（唐）颜师古注：《汉书·卷六十四·朱买臣传》，中华书局，
1962年。

S

［清］阮元校刻：《十三经注疏》（上下册），中华书局，1980年。

Y

于春海评译：《易经·序卦传》，吉林文史出版社，2006年。

二、辞书

P

彭立荣主编：《婚姻家庭大辞典》，上海社会科学院出版社，1988年。

Q

乔志强主编：《中国近代社会辞典》，山西高校联合出版社，1994年。

S

申士垚、傅美琳编著：《中国风俗大辞典》，中国和平出版社，1991年。

W

吴泽霖总纂：《人类学词典》，上海辞书出版社，1991年。

X

中国社会科学院语言研究所词典编辑室编：《现代汉语词典》，商务印书馆，
2012年。

Z

中国大百科辞典编委会编：《中国大百科辞典》（五）（社会学），中国大百科
　全书出版社，1999 年。

三、经典理论著作

D

《邓小平文选》，人民出版社，1993 年。

J

《江泽民文选》，人民出版社，2006 年。

M

《马克思恩格斯选集》，人民出版社，2012 年。

《毛泽东选集》，人民出版社，1991 年。

四、报纸和杂志

1. 报纸

A

《安徽法制报》《安徽经济报》

B

《北京日报》

C

《城市快报》

D

《大河报》《大连日报》《东营日报》《当代体育》

F

《发展导报》

H

《河北工人报》

J

《江苏工人报》《京华时报》《解放日报》

L

《辽宁日报》

N

《牛城晚报》《宁波日报》

Q

《齐鲁石化报》

R

《人民日报》《人民法院报》

S

《深圳法制报》《寿光日报》《社会科学报》《深圳商报》《四川日报》

T

《团结报》

G

《光明日报》

W

《文汇报》《温州都市报》

X

《新华月报》《现代护理报》《信息时报》《西南工商报》《上海法治报》《香港
　文汇报》

Y

《云南日报》

Z

《中国青年报》《中国妇女报》《中华读书报》《中国税务报》《中国报道》《中
　国民兵》《中华工商时报》《中国质量报》《中国社会报》

2. 杂志

B

《八小时以外（津）》

C

《传奇故事（百家讲坛中旬）》《传承》

D

《东方女性》《大时代文学》

F

《妇女生活》《法治周末》《乡镇企业》

H

《婚姻与家庭》《婚姻与家庭·性情读本》《黑龙江民政》《湖南法学》《环球人物》《淮河晨刊》

J

《家庭》《健康与美容》《今日中国》《健康之友》

L

《莲池周刊》

M

《民情》《美育》

Q

《青年一代》《求是杂志》《青年文摘》《青年探索杂志》

R

《人物》《人民司法》

S

《社会》《社会杂志》《书摘》《社会工作》《深圳周刊》《散文百家》

W

《文荟》

X

《现代妇女》《浙江消防》《新华每日电讯》《小康》《新民周刊》

Z

《中国青年》《民主与法制》《中国妇女》《政法论坛》《中国律师》

五、资料汇编

B

北京市地方志编纂委员会编：《北京志·政务卷·民政志》，北京出版社，2003 年。

D

沈崇麟、杨善华主编：《当代中国城市家庭研究》，中国社会科学出版社，1995 年。

中国农村家庭调查组编：《当代中国农村家庭：14 省（市）农村家庭协作调查资料汇编》，社会科学文献出版社，1993 年。

G

安凤兰、张引编：《姑娘喜欢什么样的小伙子：婚姻介绍所专辑》，春风文艺出版社，1985 年。

张薇、罗依主编：《国民心态访谈》，中国物资出版社，1998 年。

H

山东省民政厅编：《婚姻登记工作文件资料汇编》，1988 年（内部资料）。

民政部基层政权和社区建设司编：《婚姻登记管理资料汇编（1950—2003.5）》，中国社会出版社，2003 年。

孙立坤编著：《河南当代家庭变迁调查》，人民出版社，2004 年。

李银河、马忆南主编：《婚姻法修改论争》，光明日报出版社，1999 年。

刘素萍主编：《婚姻法学参考资料》，中国人民大学出版社，1989 年。

《民主与法制》编辑部编：《婚姻案件 100 例》（增订本），民主与法制杂志社，1981 年。

M

民政部计划财务司编：《民政统计历史资料汇编（1949—1992）》，冶金印刷厂印刷，1993 年。

R

全国人大常委会办公厅研究室编：《人大工作常用法律汇编（2022 年版）》，中国民主法制出版社，2022 年。

S

上海文广新传媒集团电视新闻中心评论部主编：《30 年：民间的记忆》，上海辞书出版社，2009 年。

刘应杰、张其仔策划，刘达临等著：《社会学家的观点：中国婚姻家庭变迁》，中国社会出版社，1998 年。

沈崇麟、杨善华、李东山主编：《世纪之交的城乡家庭》，中国社会科学出版社，1999 年。

X

全国人大常委会法制工作委员会刑法室：《刑事法律适用手册——刑事办案551 问》，人民法院出版社，1994 年。

石国亮主编：《形势与政策 2011·春》，研究出版社，2011 年。

Z

五城市家庭研究项目组编：《中国城市家庭——五城市家庭调查报告和资料汇编》，山东人民出版社，1985 年。

梁景和主编：《中国现当代社会文化访谈录（第五辑）》，首都师范大学出版社，2016 年。

国家统计局编：《中国人口统计年鉴 2001》，中国统计出版社，2001 年。

中国社会科学院法学研究所编：《中国法治 30 年（1978—2008）》，社会科学文献出版社，2008 年。

全国人大常务委员会法工委研究室编：《中华人民共和国婚姻法实用问答》，中国物价出版社，2001 年。

中国年鉴编辑部编：《中国年鉴》（总第 11 期），中国年鉴社、华嘉集团，1991 年。

六、著作

B

白国琴著：《百年中国社会图谱——从旧婚丧嫁娶到新礼仪风俗》，四川人民出版社，2003 年。

孟广宇、方晓、岫梅著：《边缘婚姻：中国农村婚恋纪实》，北方文艺出版社，1999 年。

C

房宁、王炳权、马利军等著：《成长在中国——当代中国青年的国家民族意识研究》，人民出版社，2002年。

王宽让、贾生华著：《传统农民向现代化农民的转化》，贵州人民出版社，1994年。

D

［美］马斯洛著，许金声、程朝翔译：《动机与人格》，华夏出版社，1987年。（25）

冷溶、汪作玲主编：《邓小平年谱》，中央文献出版社，2004年。

中共中央文献研究室编：《邓小平同志论教育》，人民出版社，1990年。

谢中立著：《当代中国社会变迁导论》，河北大学出版社，2000年。

孙立平著：《断裂：20世纪90年代以来的中国社会》，社会科学文献出版社，2003年。

罗琼主编：《当代中国妇女》，当代中国出版社，1994年。

陆学艺著：《当代中国农村与当代中国农民》，知识出版社，1991年。

陈靖宇编著：《大清后宫秘史》，中国华侨出版社，2007年。

黄希庭著：《大学生心理学》，上海人民出版社，1988年。

曹锦清、张乐天、陈中亚著：《当代浙北乡村的社会文化变迁》，上海远东出版社，2001年。

孙立坤著：《当代河南家庭变迁调查》，人民出版社，2004年。

潘绥铭、［美］白维廉等著：《当代中国人的性行为与性关系》，社会科学文献出版社，2004年。

［美］克里南伯格著，沈开喜译：《单身社会》，上海文艺出版社，2014年。

［美］阿尔温·托夫勒著，朱志焱、潘琪、张焱译：《第三次浪潮》，生活·读书·新知三联书店，1983年。

E

蒋月著：《20世纪婚姻家庭法：从传统到现代化》，中国社会科学出版社，2015年。

严昌洪著：《20 世纪社会生活变迁史》，人民出版社，2007 年。

鲁迅著：《二心集·习惯与改革》，《鲁迅全集》（第 4 卷），人民文学出版社，1981 年。

F

李秀华著：《妇女婚姻家庭法律地位实证研究》，知识产权出版社，2004 年。

［美］E·博登海默著，邓正来译：《法理学（法律哲学与法律方法）》，中国政法大学出版社，2004 年。

［美］唐纳德·布莱克著，唐越、苏力译：《法律的运作行为》，中国政法大学出版社，2004 年。

赵捷著：《反对拐卖：行动与反思的研究》，云南人民出版社，2012 年。

G

董怀良著：《改革开放以来中国婚姻"私事化"研究（1978—2000）》，社会科学文献出版社，2016 年。

雷洁琼主编：《改革以来中国农村婚姻家庭的新变化——转型期中国农村婚姻家庭的变迁》，北京大学出版社，1994 年。

殷一平著：《高级灰——中国城市中产阶层写真》，中国青年出版社，1999 年。

刘泽华、张荣明等著：《公私观念与中国社会》，中国人民大学出版社，2003 年。

H

吉国秀著：《婚姻仪礼变迁与社会网络重建——以辽宁省东部山区青源镇为个案》，中国社会科学出版社，2005 年。

刘达临著：《婚姻社会学》，天津人民出版社，1987 年。

雷渡桥主编：《混沌初开——来自当代大学生心灵的报告》，中山大学出版社，1995 年。

叶英萍著：《婚姻法学新探》，法律出版社，2004 年。

李煜、徐安琪著：《婚姻市场中的青年择偶》，上海社会科学院出版社，2004 年。

杨大文、郑立、刘素萍著：《婚姻法与婚姻家庭问题讲话》，人民出版社，
　　1979 年。

岳庆平撰：《婚姻志》，上海人民出版社，1999 年。

白南生、宋洪远著：《回乡，还是进城——中国农村外出劳动力回流研究》，
　　中国财政经济出版社，2002 年。

张和生著：《婚姻大流动：外流妇女婚姻调查纪实》，辽宁人民出版社，
　　1994 年。

［英］罗素著，靳建国译：《婚姻革命》，东方出版社，1988 年。

张铭远：《黄色文明：中国文化的功能与模式》，上海文艺出版社，1990 年。

刘新平著：《婚姻中国》，中国工人出版社，2005 年。

河山、肖水著：《婚姻法修订与实务》，新华出版社，2001 年。

杨大文主编：《婚姻家庭法》，中国人民大学出版社，2000 年。

［美］布雷多克著，王秋海、闵夫、李豫生译：《婚床：世界婚俗》，生活·
　　读书·新知三联出版社，1986 年。

何君主编：《婚姻法一本全》，中国法制出版社，2004 年。

J

杨善华著：《经济体制改革和中国农村的家庭与婚姻》，北京大学出版社，
　　1995 年。

［美］W. 古德著，魏章玲译：《家庭》，社会科学文献出版社，1987 年。

唐建光主编：《解禁：中国风尚百年》，金城出版社，2011 年。

邓伟志、徐新著：《家庭社会学导论》，上海大学出版社，2006 年。

奚晓明主编：《解读最高人民法院司法解释之民事卷》（上），人民法院出版
　　社，2011 年。

胡福明总纂，沈秉钧（卷）主编，江苏省地方志编纂委员会编：《江苏省志
　　·70·民政志》，方志出版社，2002 年。

K

［美］弗克斯·巴特菲尔德著，张久安等译：《苦海沉浮——挣脱 10 年浩劫
　　的中国》，四川文艺出版社，1989 年。

张萍著：《旷夫怨女——大龄未婚问题透视》，陕西人民出版社，1992 年。

L

［美］阎云翔著，李放春、刘瑜译：《礼物的流动：一个中国村庄中的互惠原则与社会网络》，上海人民出版社，2000 年。

徐安琪著：《离婚心理》，中国妇女出版社，1988 年。

《雷锋日记诗文选》，战士出版社，1982 年。

黄仁柯著：《鲁艺人——红色艺术家们》，中共中央党校出版社，2001 年。

廖世洁、游仲伦、唐小强著：《恋爱书简》，四川人民出版社，1982 年。

王燕鸣著：《恋人·夫妻·情爱——现代婚恋难题解析》，农村读物出版社，1988 年。

曾盛聪、林滨、葛桦等著：《伦理的嬗变——十年伦理变迁的轨迹》，人民出版社，2005 年。

［英］约翰·密尔著，许宝骙译：《论自由》，商务印书馆，2008 年。

M

徐匋著：《媒妁与传统婚姻文化——媒妁面面观》，农村读物出版社，1991 年。

［美］莫里斯·迈斯纳著，杜蒲、李玉玲译：《毛泽东的中国及后毛泽东的中国》，四川人民出版社，1989 年。

N

李银河著：《女性主义》，山东人民出版社，2005 年。

孙淑敏著：《农民的择偶形态：对西北赵村的实证研究》，社会科学文献出版社，2005 年。

鲁迅著：《呐喊 彷徨》，万卷出版公司，2015 年。

禹燕著：《女性人类学》，东方出版社，1988 年。

P

《中国青年》编辑部编：《潘晓讨论：一代中国青年的思想初恋》，南开大学出版社，2000 年，第 145 页。

Q

陈映芳著：《"青年"与中国的社会变迁》，社会科学文献出版社，2007 年。

［芬］尤卡·格罗瑙著，向建华译：《趣味社会学》，南京大学出版社，
　　2002 年。

R

刘政、于友民、程湘清主编：《人民代表大会工作全书（1949—1998）》，中
　　国法制出版社，1999 年。

［美］阿历克斯·英格尔斯著，殷陆君译：《人的现代化——心理·思想·态
　　度·行为》，四川人民出版社，1983 年。

树军编：《京城婚事》，九州图书出版社，1997 年。

宋强、乔边等著：《人民记忆五十年》，甘肃人民出版社，1998 年。

［芬兰］E. A. 韦斯特马克著，李彬译：《人类婚姻史》（三卷本），商务印书
　　馆，2002 年。

［俄］别尔嘉耶夫著，徐黎明译：《人的奴役与自由——人格主义哲学的体
　　认》，贵州人民出版社，1995 年

S

［美］阎云翔著、龚小夏译：《私人生活的变革：一个中国村庄里的爱情、家
　　庭与亲密关系（1949—1999）》，上海书店出版社，2006 年。

吴忠等主编：《市场经济与人口分析》，北京大学出版社，1994 年。

费孝通著：《生育制度》，商务印书馆，1999 年。

［法］卢梭著，何兆武译：《社会契约论》，商务印书馆，2003 年。

邓伟志、胡申生著：《上海婚俗》，文汇出版社，2007 年。

周伟文、严晓萍、刘中一著：《生存在边缘——流动家庭》，河北人民出版
　　社，2002 年。

T

李银河著：《同性恋亚文化》，今日中国出版社，1998 年。

［奥］弗洛伊德：《图腾与禁忌》，中国民间文艺出版社，1986 年。

黄传会著：《天下婚姻——共和国三部婚姻法纪事》，文汇出版社，2004 年。

W

巫昌祯著：《我与婚姻法》，法律出版社，2001 年。

[美] 杜赞奇著，王福明译：《文化、权力与国家：1900—1942 的华北农村》，
　　江苏人民出版社，1996 年。

唐达、严建平、赵人俊著：《文化传统与婚姻演变：对中国婚姻文化轨迹的
　　探寻》，文汇出版社，1991 年。

黄昊著：《为了新中国——1949 年聊城地区南下干部研究》，中国社会科学出
　　版社，2019 年。

X

刘霓著：《西方女性学》，社会科学文献出版社，2001 年。

安云凤主编，吴来苏、王淑芹、黎德化著：《性伦理学新论》（第 2 版），首
　　都师范大学出版社，2002 年。

张玉敏主编：《新中国民法典起草五十年回顾与展望》，法律出版社，
　　2010 年。

张枬、王忍之编：《辛亥革命前十年间时论选集》第 2 卷下册，三联书店，
　　1959 年。

[英] 霭理士著，潘光旦译：《性心理学》，生活・读书・新知三联书店，
　　1988 年。

王延平、王顺安著：《西方社会病》，人民日报出版社，1992 年。

郑保卫著：《新闻理论教程》，北京师范大学出版社，2012 年。

费孝通著：《乡土中国　生育制度》，北京大学出版社，1998 年。

梁景和等著：《现代中国社会文化嬗变研究（1919—1949）——以婚姻・家
　　庭・妇女・性伦・娱乐为重心》，社会科学文献出版社，2013 年。

大力、丛笑著：《笑声泪影：中国人六十年婚恋往事》，中国发展出版社，
　　2012 年。

杨一万主编：《新〈婚姻法〉讲话》，广西人民出版社，2001 年。

Y

房先平著：《隐忧与希望——中国社会年报（2001 年版）》，兰州大学出版
　　社，2001 年。

苏晓康等著：《阴阳大裂变》，江苏文艺出版社，1987 年。

Z

［美］阎云翔著，陆洋等译：《中国社会的个体化》，上海译文出版社，
　　2012 年。

林明鲜著：《中国的婚姻与社会干预的变迁》，山东人民出版社，2010 年。

曾毅主编：《中国八十年代离婚研究》，北京大学出版社，1995 年。

梁景和主编：《中国社会文化史的理论与实践》，社会科学文献出版社，
　　2010 年。

宋晓明、刘蔚主编：《追寻 1978——中国改革开放纪元访谈录》，福建教育出
　　版社，1998 年。

袁亚愚著：《中美城市现代的婚姻和家庭》，四川大学出版社，1991 年。

［英］艾华著，施施译：《中国的女性与性相：1949 年以来的性别话语》，江
　　苏人民出版社，2008 年。

黄传会著：《中国婚姻调查》，作家出版社，2011 年。

杨一凡、陈寒枫、张群主编：《中华人民共和国法制史》，社会科学文献出版
　　社，1997 年。

中国政法大学"中国法治 30 年"课题组编：《中国法治 30 年回顾与展望
　　（1978—2008）》，厦门大学出版社，2009 年。

王歌雅著：《中国现代婚姻家庭立法研究》，黑龙江人民出版社，2004 年。

徐扬杰著：《中国家族制度史》，人民出版社，1992 年。

葛红兵著：《障碍与认同——当代中国文化问题》，学林出版社，2000 年。

葛承雍著：《中国传统风俗与现代化》，陕西人民出版社，2002 年。

郑丹丹著：《中国城市家庭夫妻权力研究》，华中科技大学出版社，2004 年。

潘光旦著：《中国之家庭问题》，商务印书馆，1926 年。

郭传火著：《中国当代试婚潮》，作家出版社，1993 年。

张希坡著：《中国婚姻立法史》，人民出版社，2004 年。

中国民俗学会编：《中国民俗学研究》（第一辑），中央民族大学出版社，
　　1994 年。

翟学伟著：《中国人的脸面观》，（台北）桂冠图书股份有限公司，1985 年。

［加］朱爱岚著，胡玉坤译：《中国北方村落的社会性别与权力》，江苏人民
　　出版社，2004 年。

张紫晨著：《中国民俗与民俗学》，浙江人民出版社，1985 年。

徐安琪等著：《中国婚姻质量研究》，中国社会科学出版社，1999 年。

潘绥铭著：《中国性现状》，光明日报出版社，1995 年。

王怀安、顾明、林准、孙琬钟主编：《中华人民共和国法律全书》（增补本），
　　吉林人民出版社，1990 年。

全国人大常委会法制工作委员会审定：《中华人民共和国常用法律法规全书
　　2012 年修订版》，中国民主法制出版社，2012 年。

黄宗智主编：《中国乡村研究》（第四辑），社会科学文献出版社，2006 年。

刘达临著：《中国当代性文化》，生活·读书·新知三联书店，1992 年。

韩笑编：《中外名人论性爱、婚姻与家庭》，经济日报出版社，1999 年。

裘敬梅编著：《中华人民共和国婚姻法释义与适用指南》，中国人民公安大学
　　出版社，2001 年。

［美］约翰·罗尔斯著，何怀宏等译：《正义论》，中国社会科学出版社，
　　1988 年。

阮青著：《中国个性解放之路——20 世纪中国个性解放思潮研究》，华东师范
　　大学出版社，2004 年。

梁漱溟著：《中国文化要义》，学林出版社，1987 年。

瞿同祖著：《中国法律与中国社会》，中华书局，1981 年。

辜鸿铭著，黄兴涛、宋小庆译：《中国人的精神》，广西师范大学出版社，
　　2001 年。

曹锦清、陈中亚著：《走出"理想"城堡——中国"单位"现象研究》，海天
　　出版社，1997 年。

中国妇女社会地位调查课题组：《中国妇女社会地位概观》（全国卷一），中
　　国妇女出版社，1993 年。

张兴杰、王骝编：《震荡中的变迁：中国社会年报（1999 年版）》，兰州大学

出版社，1999 年。

七、论文集

D

巫昌祯等主编：《当代中国婚姻家庭问题》，人民出版社，1990 年。

法律出版社编：《离婚问题论文选集》，法律出版社，1958 年。

中国婚姻家庭研究会编：《当代中国婚姻家庭》，中国妇女出版社，1986 年。

F

杜芳琴：《发现妇女的历史——中国妇女史论集》，天津社会科学院出版社，
1996 年。

上海市妇女学学会、上海市婚姻家庭研究会编：《妇女研究在上海》，上海科
学普及出版社，1995 年。

G

徐绍刚：《个性解放新论》，中共中央党校 1997 级博士论文。

H

中国婚姻家庭研究会编：《婚姻家庭文集》，法律出版社，1984 年。

昆明市妇联婚姻家庭、家庭教育研究会：《婚姻家庭·家庭教育论文集》，
1988 年。

J

包宗顺：《鉴证与探索——农村改革三十年》，凤凰出版社，2011 年。

L

辽阳市妇女联合会：《辽阳市"家和万事兴"和谐家庭论坛优秀论文集》。

Z

刘英、薛素珍主编：《中国婚姻家庭研究》，社科文献出版社，1987 年。

张紫晨著：《张紫晨民间文艺学民俗学论文集》，北京师范大学出版社，
1993 年。

《中美妇女问题研讨会论文集》，中国妇女出版社，1991 年。

八、博士、硕士学位论文

D

周由强：《当代中国婚姻法治的变迁（1949—2003）》，中央党校 2004 年博士学位论文。

朱丽娟：《当代中国婚姻家庭制度演变的观念基础》，吉林大学 2011 年博士学位论文。

G

张学见：《改革开放以来我国离婚率嬗变研究——以社会历史背景变迁为视角》，首都师范大学 2008 年硕士学位论文。

H

柴俊琳：《河南城乡离婚问题研究（1978—2000）》，华中师范大学 2007 年硕士学位论文。

J

李亚娟：《建国以来的婚姻法律与婚姻家庭变迁——从 1950 年婚姻法到 2001 年婚姻法修正案》，西北工业大学 2003 年硕士学位论文。

九、期刊论文

B

纪秋发：《北京青年的婚姻观——一项实证调查分析》，《青年研究》1995 年第 7 期。

C

宋丽娜：《从彩礼的层次看农村女性的婚姻自主性》，《湖北财经高等专科学校学报》2010 年第 1 期。

于晓青：《传统文化中的彩礼及其流变》，《河南省政法管理干部学院学报》2008 年第 2 期。

徐安琪：《草率结合——新婚家庭不幸的祸根》，《当代青年研究》1984 年第 7 期。

汪国华：《从熟人社会到陌生人社会：城市离婚率趋高的社会学透视》，《北京科技大学学报》2007 年第 1 期。

高云虹：《从婚姻法的修订看我国法制化进程》，《唯实》2002 年 Z1 期。

薛素珍：《从社会传统观念与习俗看大龄青年婚姻问题的障碍》，《上海青少年研究》1984 年第 10 期。

张立平、樊平：《传统农业地区的婚姻特征——山东省陵县调查》，《社会学研究》1993 年第 5 期。

黄瑞旭、杨新连、靳光谨：《"彩礼"问题调查》，《青年研究》1986 年第 8 期。

谢如娟：《成人礼、成人意识与妇女解放》，《中国妇女管理干部学院学报》1995 年第 1 期。

朱丽娟、钱大军：《从传统到现代的嬗变——新中国离婚自由规定的变迁》，《法制与社会发展》2011 年第 2 期。

D

田先红、陈玲：《打工经济对农村青年婚姻生活的影响》，《当代青年研究》2008 年第 12 期。

余逸群：《大学生恋爱心理与恋爱道德要求》，《北京青年政治学院学报》2003 年第 2 期。

李银河：《当代中国人的择偶标准》，《中国社会科学》1989 年第 4 期。

于晶：《订婚习惯法与国家制定法冲突的实证研究——我国西北农村地区订婚习惯法透视》，《黑龙江社会科学》2006 年第 1 期。

李萍：《当前我国农村离婚率上升的社会学分析》，《中国青年研究》2011 年第 5 期。

刘易平：《当代中国社会变迁背景下高离婚率的社会学分析》，《四川理工学院学报》2012 年第 2 期。

倪金仲、吴国钧：《对当前城区离婚状况的调查》，《政法论坛》1986 年第 3 期。

田毅鹏：《"典型单位制"的起源和形成》，《吉林大学社会科学学报》2007 年第 4 期。

武秀英：《对"试婚"同居的道德评价》，《河北大学学报》2005 年第 5 期。

楼静波：《当代青年的婚恋和性价值观》，《青年研究》1991 年第 1 期。

王伟：《独身问题的伦理思考》，《道德与文明》1990 年第 2 期。

E

秦燕、李亚娟：《20 世纪 80 年代的婚姻法律与婚姻家庭变迁》，《当代中国史
　　研究》2003 年第 3 期。

G

庄龙玉、简小鹰：《个人主义视域下农村青年婚姻"啃老"现象探究——以
　　黑龙江省 D 村为例》，《西北人口》2013 年第 3 期。

姚立新、王迎春：《关于社会主义市场经济条件下恋爱婚姻和家庭伦理道德
　　的思考》，《新疆师范大学学报》1996 年第 1 期。

杨新科：《改革开放条件下中国择偶观念的变化及发展趋势》，《西北人口》
　　1997 年第 3 期。

苏珊：《改革开放和中国农村的婚姻家庭变化》，《西南科技大学学报》2005
　　年第 1 期。

曹学恩：《改革开放以来婚姻习俗演变述论》，《唐都学刊》2010 年第 4 期。

许多湍：《改革开放 30 年中国人择偶偏好的变迁及其社会成因》，《东北师大
　　学报》2008 年第 6 期。

王水珍：《改革开放 30 年与青年择偶观念的变迁》，《中国青年研究》2008 年
　　第 1 期。

范海燕、胡泳：《改革开放以来中国妇女婚姻观念的变迁》，《中华女子学院
　　学报》1997 年第 4 期。

程美东：《改革开放以来中国婚姻家庭制度的嬗变》，《中国特色社会主义研
　　究》2003 年第 6 期。

杨大文：《改革开放以来的婚姻家庭立法与妇女权益保障》，《中华女子学院
　　学报》2008 年第 12 期。

巫昌祯、夏吟兰：《改革开放三十年中国婚姻立法之嬗变》，《中华女子学院

学报》2009 年第 1 期。

《改革开放后婚姻史上的第一次》，《文史博览》2010 年第 2 期。

巫昌祯：《贯彻执行新婚姻法　制止索取彩礼和大操大办的歪风》，《政法论坛》1980 年第 2 期。

H

李银河：《婚礼的变迁》，《江苏社会科学》2002 年第 5 期。

萧扬：《婚姻法与婚姻家庭 50 年》，《中国妇运》2000 年第 5 期。

陈新欣：《婚外性关系及道德评判》，《浙江学刊》1998 年第 6 期。

卢淑华：《婚姻观的统计分析与变迁研究》，《社会学研究》1997 年第 2 期。

荣娥、吴俊映：《婚姻礼仪的功能弱化、仪式变迁与村庄文化——以鄂中荣村调查为例》，《理论界》2009 年第 5 期。

秦美珠：《〈婚姻法〉修改草案讨论评述》，《华东理工大学学报》1999 年第 2 期。

雷明贵：《〈婚姻法〉中的社会变迁》，《行政与法》2010 年第 10 期。

J

费孝通：《家庭结构变动中的老年赡养问题——再论中国家庭结构的变动》，《北京大学学报》1983 年第 3 期。

《〈家庭〉杂志关于婚姻的基础和婚姻道德问题的讨论》，《伦理学与精神文明》1984 年第 4 期。

于浩成：《坚持和发展民主和法制是党的坚定不移的方针》，《法学杂志》1980 年第 1 期。

张华清：《近代中国传统家族制度的瓦解及其社会影响》，《湖南师范大学社会科学学报》2020 年第 5 期。

韦忠语：《江北县农村青年恋爱婚姻的变化》，《青年研究》1984 年第 3 期。

L

叶文振：《论市场经济对婚姻关系的影响和对策》，《人口研究》1997 年第 3 期。

韩玲：《论当代赣中南农村婚姻习俗中的彩礼和嫁妆》，《农业考古》2010 年第 3 期。

刘学俊、邹义壮、武士强：《离婚者婚姻质量的调查分析》，《健康心理学杂志》2001 年第 9 卷第 5 期。

刘绍贤：《论人道主义的实质》，《东北师大学报》1984 年第 2 期。

徐鸿武、朱峻峰：《两种根本对立的历史观——马克思主义与资产阶级人道主义的区别》，《社会科学辑刊》1984 年第 5 期。

潭向北：《论社会主义的婚姻基础》，《西北政法学院学报》1986 年第 1 期。

孙韶林：《恋爱能不考虑婚姻吗?》，《道德与文明》1985 年第 4 期。

M

张艳敏、王秀玲：《马克思婚姻观视野下的我国协议离婚制度》，《河北青年管理干部学院学报》2011 年第 4 期。

N

吴天慧：《农村"高价彩礼"的社会学分析》，《湖北科技学院学报》2016 年第 6 期。

全国妇联联合调查组：《农村婚姻彩礼上升的社会成因——福建省清流县婚姻彩礼情况调查分析》，《福建论坛》1987 年第 4 期。

山东省妇联：《农村婚嫁移风易俗状况调查》，《山东法学》1987 年第 3 期。

S

王凤荣、孙长春：《市场经济与农民婚姻现状》，《黑龙江省政法管理干部学院学报》1999 年第 4 期。

许多澍：《十五年间征婚主体及其择偶标准的变迁——以征婚广告为分析切入点》，《长白学刊》2005 年第 5 期。

秦淮：《时尚婚礼的文化解读》，《兰州学刊》2012 年第 5 期。

李华伟：《社会学视角下的老年再婚者离婚原因探析》，《社会科学论坛》2007 年 2 月（下）。

朱英瑞：《树立无产阶级的爱情观》，《伦理学与精神文明》1983 年第 4 期。

王格：《社会主义初级阶段的婚姻基础》，《复印报刊资料（社会学）》1988 年第 4 期。

韩庆祥：《社会主义市场经济与人的塑造》，《中国社会科学》1995 年第 3 期。

刘世军：《社会转型期的中国政治体制改革》，《上海社会科学院学术季刊》
　　2000 年第 1 期。

许国鹏、殷宏亮：《试析当代中国法律在社会变迁中的工具职能》，《当代法
　　学》2001 年第 9 期。

T

王宗萍：《透视出生性别比偏高现象》，《人口研究》2003 年第 5 期。

W

孔祥荣、王晓燕、曹桂英：《547 名大学生恋爱心理的调查分析》，《中国健康
　　教育》1997 年第 9 期。

徐安琪：《我国城市婚姻的现状及其趋势》，《社会学研究》1991 年第 3 期。

苏建军：《我国当代青年试婚现象的伦理解析》，《当代青年研究》2000 年第
　　4 期。

X

雷洁琼：《新中国建立以来婚姻家庭制度的变革》，《北京大学学报》1988 年
　　第 3 期。

共青团中央研究室：《向张海迪学习什么》，《青年研究》1983 年第 6 期。

钟瑛：《新中国成立初期选择计划经济体制的原因与评价研究述评》，《中共
　　党史资料》2007 年第 4 期。

伊凡奈：《选择、交换和家庭》，《当代家庭理论》1979 年第 2 期。

魏红珊：《炫耀消费与身份焦虑》，《文艺理论与评论》2005 年第 1 期。

徐安琪、叶文振：《性生活满意度：中国人的自我评价及其影响因素》，《社
　　会学研究》1999 年第 3 期。

Y

张世飞：《1978 年至 1992 年青年婚姻观的若干变化》，《江西科技师范学院学
　　报》2011 年第 6 期。

Z

刘力：《中国社会变革过程中的个体主义倾向》，《中国农业大学学报》2007

年第 1 期。

赵子祥：《中国市场经济的发展与婚姻家庭演进的态势》，《社会科学辑刊》
  1997 年第 3 期。

单光鼐：《中国青年婚姻观的变化趋势》，《青年研究》1986 年第 7 期。

田晓虹：《转型期择偶模式的实态与变化》，《浙江学刊》2000 年第 1 期。

孙晓娟、陈维涛、赵东红：《中国城市化进程与离婚率之间的实证分析》，
  《长春理工大学学报》2012 年第 3 期。

杨雅彬：《中国家族制度的演变》，《社会科学战线》1993 年第 4 期。

胡乔木：《中国为什么犯 20 年的"左"倾错误》，《中共党史研究》1992 年第
  5 期。

文献良：《中国人性别比研究》，《社会科学》1993 年第 5 期。

喻国明、刘夏阳：《〈中国社会人际关系与现状调查〉总体报告》，《中国人民
  大学学报》1993 年第 2 期。

徐强、马素琴：《中西方婚礼服发展对当今婚礼服设计的影响》，《江苏丝绸》
  2006 年第 2 期。

徐安琪：《中国离婚的现状、特点及其趋势》，《上海社会科学院学术季刊》
  1994 年第 2 期。

张：《中国 1980—1992 年诉讼离婚状况》，《社会学研究》1993 年第 5 期。

跋语一

梁景和

我 1984 年 9 月起师从龚书铎先生和李侃先生学习中国近代文化史，我的硕士学位论文的题目是《20 世纪初年中国社会习俗的变化》，文中涉及婚姻习俗的变革。1987 年硕士毕业后，我到辽宁师范大学历史系任教，继续研讨中国近代习俗的演变，并把关注点集中到婚姻、家庭、女性、性伦几个方面。1991 年 9 月我到湖南师范大学历史系师从林增平先生攻读博士学位，我确定的博士学位论文的题目是《近代中国陋俗文化嬗变研究》，其中婚姻、家庭、女性、性伦就是论文的主要内容。博士毕业后我一直在这个领域进行研究，先后发表了二十余篇关于婚姻变革方面的学术论文。我招收的学生也有研究婚姻问题的，其中有三篇博士后研究报告，四篇博士论文，十三篇硕士论文。近十多年来，我为硕士研究生讲授的课程，婚姻问题是其中的一项重要议题。

2007 年首都师范大学历史学院成立了中国近现代社会文化史研究中心，2016 年更名为首都师范大学社会文化史研究中心，婚姻问题是这个中心一个重要的研究领域。"中国二十世纪婚姻·家庭·性别·性伦文化学术研讨会"是中心定期主办的重要年会之一。《婚姻·家庭·性别研究》是中心编辑的重要辑刊之一。

长期的学术积累，奠定了我们深入研究婚姻问题的基础。2010 年开始，全国哲学社会科学规划办公室每年开始组织国家社会科学基金重大项目的申报工作。我从此也开始了从婚姻领域申报国家重大基金项目的思考，并组织筹备组开展申报"20 世纪中国婚姻史研究"项目的研讨会。从 2013 年 5 月 18 日到 2015 年 4 月 11 日的两年中，我们筹备组共召开了八次研讨会，重点讨论了 20 世纪中国婚姻变革的研究理论、研究方法、框架结构、基本线索、主要内容、重要问题、史料范围、参考文献、经典阅读等。通过这样的准备工作，增强了我们申报重大基金项目的信心。

2015 年暑期我们提交的选题"20 世纪中国婚姻史研究"获批列入 2015

年国家社会科学基金重大项目。至此我们开始了申报工作，主要由我和余华林来填写申报书，余华林为此付出了很多的精力。我们用了近二十天的时间轮流修改了五六次投标书，于 2015 年 8 月 18 日撰写了八万五千余字的项目投标书。投标书的主要内容包括选题价值、研究现状、发表成果、总体框架、预期目标、研究思路、研究方法、重点难点、创新之处、研究资料、参考文献等。本项目由我担任首席专家，由肖爱树、余华林、张志永、李秉奎、王歌雅作为子项目负责人，后来王栋亮增换为子项目负责人，并由王栋亮、余华林、李慧波、李秉奎、董怀良作为第一至第五卷的撰著者，他们每人负责撰写一卷三四十余万字的研究专著。

2015 年 11 月 5 日我们投标的"20 世纪中国婚姻史研究"经专家评审和全国哲学社会科学规划领导小组批准，被立为 2015 年度国家社会科学基金重大项目，项目批准号为 15ZDB050。

2015 年 12 月 5 日首都师范大学社科处组织国家社会科学基金重大项目"20 世纪中国婚姻史研究"的开题论证会，会议由首都师大社科处副处长解小青主持。北京市哲学社会科学规划办主任王祥武和首都师范大学校长宫辉力到会致辞。项目开题论证会由郑师渠教授主持，专家组成员还有虞和平、陈理、刘小萌、孙燕京、王跃生、杨念群、左玉河。专家组成员对该项目的开展提出了非常重要的中肯的建议和意见。在此，我代表课题组向各位专家表示由衷的感谢！

2015 年 12 月 5 日下午与晚上召开了首届"20 世纪中国婚姻史研究"学术研讨会，项目首席专家、子课题负责人和课题组成员参加了会议。2016 年以后，课题组每年召开两次"20 世纪中国婚姻史研究"学术研讨会，分别在 4 月和 10 月举行，至 2019 年已经举行了九届"20 世纪中国婚姻史研究"学术研讨会。2018 年 4 月第六届"20 世纪中国婚姻史研究"学术研讨会之前，会议的主题一般是课题组成员介绍课题的资料搜集、研究思路、书稿结构、撰写进度、研究中发现的问题等事项，并对这些问题进行分析与研讨。从 2018 年 10 月第七届"20 世纪中国婚姻史研究"学术研讨会开始，会议的主题改由课题组成员审议和讨论撰写的书稿，并提出具体的修改意见。

子课题负责人王歌雅和张志永教授每年要来京参加课题组的学术会议，并对项目的诸多议题给予指导，付出了很多的心血，为课题的进展和最终完成做出了重要的贡献，我代表课题组全体成员向他们表示由衷的感谢和崇高的敬意！

课题组的五位主笔王栋亮、余华林、李慧波、李秉奎、董怀良每人负责著述一卷。他们当年都是四十岁左右的年轻人，他们作为历史学博士和博士后，都是自己单位的中坚力量，工作强度很大。在自己的家庭中，他们上有老下有小，家务劳作很多，家庭负担很重。这个重大项目对他们来说，是一项额外的重任，是我给他们肩上压上的一副重担。十余年来他们付出的辛劳，已经深深地印在我的脑海当中。在他们身上我学到了很多：学识、意志以及奋进的精神。我深知若没有他们默默努力，任劳任怨，来肩负这副重担，就不可能有这个项目的最终完成。可以想像，他们这么多年克服了多少困难，顶住了多少压力，经历了怎样的艰辛和困苦。他们都是我的学生，在这里不知如何表达才能反映我的内心感受！我喜欢他们！我欣赏他们！我感谢他们！

我还要感谢首都师范大学社科处的解小青、杨阳、郑文涛、褚怡敏、芦玮、刘丁鑫、黄胤英、李志成等老师，多年来，他们给了我很多的帮助、支持和关照！在结项过程中，得到褚怡敏的悉心指导。我向他们表示感谢！

由于我在引导和要求上还有很多不到位的地方，使得书稿还存在诸多不尽如人意之处，希望得到各位方家的批评指正！谢谢！

2022 年 12 月 31 日

跋 语 二

王歌雅

在国家社会科学基金重大项目"20 世纪中国婚姻史研究"（15ZDB050）系列研究成果即将付梓之际，多有欣喜与感受。如古语所云："采庶子之春华，忘家丞之秋实。"

有幸和"20 世纪中国婚姻史研究"项目团队结缘，仰赖于跨学科研究中国婚姻家庭问题的初衷与共识，仰赖于婚姻家庭法学与婚姻家庭史学在研究资料、研究方法、研究观点、研究特色上的互通与交流、参酌与启示，仰赖于学界同仁的并肩同行、启迪共进。正所谓："三人行，必有我师焉。"

早在我撰写《中国婚姻伦理嬗变研究》之时，就曾重点关注过史学领域尤其是婚姻家庭史学的研究成果，这一领域的研究成果为我梳理、分析、研究中国古代、近代、现代婚姻伦理的内涵、变革、超越奠定了史料基础。尤其是梁景和先生的《近代中国陋俗文化嬗变研究》，为我探究中国近代婚姻伦理的思想变革提供了充分、详实、多维的文化史、风俗史、女性史、婚姻史的研究资料与研究视角。在此，谨向从事婚姻家庭领域研究的学界前辈、专家、老师、同仁表达敬意与谢意！

自 2015 年参加"20 世纪中国婚姻史研究"课题组以来，有幸与张志永、王栋亮、余华林、李慧波、李秉奎、董怀良诸位老师一同开会研讨，共同探讨课题研究中的重点、难点问题，集思广益、获益良多。特别是课题组的五位主笔王栋亮、余华林、李慧波、李秉奎、董怀良诸位老师，勤奋耕耘、严谨治学、着力探究、才华超群，他们的努力与付出保障了课题研究的稳步推进并取得了系列优质研究成果。在此，谨向"20 世纪中国婚姻史研究"课题组的诸位老师、同仁表达敬意！学海无涯，书山有路。

"改革开放时期婚姻变革研究（1980—2000）"是"20 世纪中国婚姻史研究"的重要组成部分。分析、总结、提炼改革开放时期婚姻变革的社会背景、文化场域、观念风貌、礼俗内涵、制度变迁，对于深入挖掘、充分阐释改革开放时期婚姻变革的价值与功能具有重要意义。董怀良老师撰写的"改革开放时期婚姻变革研究（1980—2000）"，详实记录了改革开放时期婚姻变革的全貌，为多维认知这一时期的婚姻变革奠定了观念基础与风俗基础，也为全面领略 20 世纪中国婚姻史的变迁提供了资料佐证与认知路径。源深流长，细致微观。

"20 世纪中国婚姻史研究"系列研究成果，为我们回顾、总结、界定 20 世纪中国婚姻史的变迁与风貌、内涵与气质提供了丰富详实的史料，也为我们重温、感受、认知 20 世纪中国的婚姻习俗、婚姻文化、婚姻制度、婚姻规范、婚姻观念、婚姻生活铺陈了丰富多彩的画卷。

由衷感谢"20 世纪中国婚姻史研究"课题组的诸位老师、同仁给予我的智慧启迪与学术情意！

海内知己，天涯比邻。

行而不辍，未来可期！

2023 年 3 月 20 日

跋语三

张志永

婚姻家庭问题涉及每一个人，它既关乎人性、人心、人情，又关乎经济、政治、社会、文化等制度，婚姻家庭问题研究是社会史研究的重点、热点和难点。

早在 2000 年 9 月，我到复旦大学历史系攻读中国近现代史专业博士学位，有幸师从姜义华先生。正是在姜先生悉心指导下，我开始涉足婚姻家庭领域研究。我博士毕业后，本意继续研究婚姻家庭领域的课题，也在河北省档案馆等地搜罗了部分档案，断续地发表了几篇小论文，但旋即被拉入晋察冀边区史研究的课题组中，转移了研究的焦点，放松了对婚姻家庭领域的研究，至今想来，颇为遗憾。

2015 年，承蒙梁景和教授盛情相邀，我参加了国家社会科学基金重大项目"20 世纪中国婚姻史研究"（15ZDB050）课题组，忝为其中之一子课题新中国婚姻史（1950—1966）卷的负责人。此前，我与梁景和教授素未谋面，但久仰大名，在撰写博士论文时，亦参考了梁教授的《中国陋俗批判》《近代中国陋俗文化嬗变研究》等论著，这对我那时研究建国初期婚姻家庭制度的变革帮助颇大；此次得以向梁教授当面请教，得偿夙愿。梁教授温文尔雅，学识渊博，待人接物颇有长者风范。在与梁教授的多次交谈中，我不仅进一步加深了对中国婚姻家庭史的认识，更促进了对社会文化史、女性史、性伦史等领域的了解，获益匪浅。

惭愧的是，我加盟"20 世纪中国婚姻史研究"课题组后，蓦然发现，在自己放松了研究婚姻家庭领域的期间，该领域情况已经发生了巨大变化，特别是崛起了许多年轻博士，他们朝气蓬勃，思想活跃，富有冲劲、干劲，李慧波博士就是其中之一。在他们面前，自愧宝刀已老，所以，我虽名为子课题负责人，但实际上是李慧波博士负责了该子课题研究。其间，我多次应召入京，参加了开题会、讨论会、结项会等学术活动，审阅了开题报告和书稿，也提供了一些粗浅的建议，其实并未做出什么实质性的贡献，顶多起到了"顾问"作用，且可能犯了"瞎指挥"的错误。

一般而言，婚姻制度是社会变迁的最明显的表征。整个 20 世纪，可谓中国社会变革最剧烈、最迅速的一个世纪，从封建专制制度到民主共和制度，从半殖民地半封建社会到社会主义社会，从清王朝、中华民国到中华人民共和国，乃至新中国又分为改革开放的前、后两个时期，剧烈的社会变迁必然反映到婚姻制度上来，这自然增加了研究 20 世纪婚姻制度的难度和价值。历经八年努力，梁景和教授主持的"20 世纪中国婚姻史研究"课题大功告成，皇皇巨著，近二百万言，从整体上对这 100 年来婚姻制度情况进行了系统的梳理，厘清了各个时期婚姻观念的演进、婚姻制度的嬗替、婚姻礼仪风俗等的变迁，不仅填补了 20 世纪中国婚姻史研究的一个空白，也有助于进一步认识社会变迁与婚姻制度改革的关系，了解普通民众婚姻生活在 20 世纪巨大社会变革中的变化情况，从而更好地认识 20 世纪中国革命、建设和改革开放的巨大成就和历史贡献，可喜可贺。当然，囿于搜集原始档案资料较为困难、新冠疫情的影响等原因，该项成果难免存在着若干瑕疵，但是，瑕不掩瑜。尤其是课题组的年轻的博士们，颇有坐"冷板凳"的精神，敏于思考，勤于科研，未来可期。

寥寥数语，略抒感怀，是为跋语。

2023 年 6 月 10 日

婚姻寄语

梁景和

婚姻是人类在相当长的历史时期内绝大多数人的最基本的生活方式之一。

人们追求着高质量的婚姻生活，高质量的婚姻生活是个体的感受和体验，很少是他人的评头品足。

婚姻生活的方式是在变化的，人们需要的是渐变，而不是短时期内的大动荡。

人们需要法律来解放与约束婚姻，人们更需要不断调适的法律来规范婚姻，法律是为婚姻服务的，婚姻不是法律的殉葬品。

我们尊重婚姻的个体选择，指观念、行为、态度和方式的选择，在宽容众生的多元之外，婚姻当事人之间则需要更多的和谐与吻合。

婚姻追求爱，被爱是幸福的，爱则更幸福，所以人们听到更多的是"我爱你"，很少是"你爱我"。

婚姻是个体的自由，也是个体的约束。

婚姻要尊重个体的感受，也要顾及最直接相关者的感受。

婚姻中充满了矛盾，而矛盾的不断化解，就是婚姻的一次次升华。

婚姻是严肃的，婚姻也是诙谐幽默的。

婚姻是美好的，要大胆追求；婚姻是痛苦的，但可以苦中取乐。

婚姻是精神的，也是物质的，还是政治的和社会的，人们追求婚姻中的天人合一。

婚姻是有生命的，在婚姻的有生之年，人们要善待婚姻。

信仰爱情如信仰上帝，你信仰他，他就存在，不信仰他，他就不存在。人们是否真正信仰上帝这是生活经验决定的，人们是否真正信仰爱情，这同样是生活经验决定的。

婚姻生活需要创造，婚姻生活应当是五颜六色的万花筒。

后 记

时间犹如弹指一挥间，开展项目研究的一幕幕犹似在昨天，历历在目。"二十世纪中国婚姻史研究"是国家社会科学基金重大项目，我承担了项目改革开放时期（1980—2000）的研究，这项研究带给我学术上的锻炼和成长，也有对生活的感悟。项目研究能取得阶段性的成果，除了自己付出了一定努力，还源于我的导师梁景和教授的悉心指导，梁老师在项目研究过程中总揽全局，多次召开研究团队会议，并做出高屋建瓴的指导，我获益匪浅，感谢梁老师！在项目研究的过程中，张志永老师、王歌雅老师都提出了宝贵的建议，感谢两位老师！研究还得益于研究团队的互相启发和帮助，余华林、李秉奎、王栋亮、李慧波四位同学也是项目的团队成员，尽管各自负责不同时期的项目研究，但我们在团队会议中多次互相提出了建议，学术灵感在思想的碰撞中不断产生，感谢一起奋斗的同学们！

对于改革开放时期研究的兴趣源于生活。我出生在鲁西北的农村，那时"文革"刚刚结束，家庭的政治、经济条件不好，父母总是说幸好有邓小平，幸好有改革开放，我们才有了改变命运的机会。随着改革开放的发展，我的家庭状况逐年好转，生活越来越富裕，我也参加了工作，我的家庭变迁历程是也是改革开放时代社会变迁的一个缩影。我对于改革开放充满了感恩之心，也产生了探索这一时期的愿望。尽管自己生活在改革开放时代，但是对它的认知相对感性。我的博士论文是对改革开放后婚姻的研究，这为我理解改革开放时代提供了一个机会，"二十世纪中国婚姻史研究"重大项目研究使我有了进一步深入探索这个时代的契机。通过研究发现，婚姻领域的变革与社会变革是密切联系在一起的，婚姻是分析改革开放时代的有效窗口。这个时代不仅是中国人民逐渐富起来的时代，而且是人的思想和行为逐渐现代化的时代，波澜壮阔的社会改革对人的解放产生了全方位的影响，婚姻嬗变也反映着改革开放的复杂进程，这是一个学术研究的宝藏领域。

研究过程并非一帆风顺。我有一定的资料基础，但相对于博士论文，此项目的问题意识改变了，理论、方法、逻辑等也随之改变，对资料需要重新思考和解读。改革开放后有关婚姻的资料非常多，开始时理不出头绪，项目的篇章结构长期不能稳定下来，研究团队的每次会议总是有较多的调整。后来随着思考的深入，总的问题意识和分问题意识逐渐清晰，对资料的取舍、解读的深浅有了相对清晰的依据，使用的理论和方法也逐渐清晰，篇章结构也逐渐稳定下来。但是，真正把一个问题分析清楚又常常伴随着诸多困难，迷茫和停滞经常发生，只能再回到资料，并参阅有关理论和已有研究成果，以期能获取一些启发。由于工作繁忙，白天忙于琐碎的日常事务，晚上才能推进一点研究工作，这也造成研究进展速度缓慢。尽管研究的过程经历了诸多困难，但是当对问题产生了渐悟和顿悟，问题解决之后，难以名状的豁然开朗和愉悦也令人难以忘怀。

经过项目研究，我对学术也有了新的感悟。长期的科研工作，让我感觉学术研究实际上也是一场人生的修行，首先要有热爱之情，这样才会产生持续的动力，科研工作要坐冷板凳，惟有热爱才能不断克服其中的困难。做好任何事情都需要持之以恒的精神，科研工作尤其需要这种精神，对某一问题的思考和探究，得出的结论只是向真理靠近了一些，若要进一步接近真理，就需要进一步的研究，而不是浅尝辄止，所以学术研究就像马拉松运动。若想在某一领域取得新进展，需要以新知识和新实践突破已有认知对自己的束缚，不断突破自我，才能在学术研究中产生更有价值的成果。

在项目研究中，由于各种原因造成的不足也显而易见。例如需要进一步加强理论分析，进一步突出婚姻嬗变的时段性，进一步揭示婚姻嬗变的复杂性，加强这一时期与之前之后时期的比较以突出这个时代的婚姻特色，等等。这些不足是我今后将努力探究之处，作为一名科研工作者，也应该以更大的勇气和毅力把这项研究推进到更新、更深的层次。